Dominik Ender

Die Reitenden Tiroler Landesschützen/Kaiserschützen

Die Geschichte der Gletscherhusaren

„Noch als Tiroler Landesschützen gehorchten wir dem Kriegesruf:
es galt des Reiches Ehr' zu schützen, nicht nur was uns die Heimat schuf.
Im Osten, Süden und Südosten, wo immer nur der Feind gedroht,
fand er bereits uns auf dem Posten: ‚Sieg oder Tod im Alpenrot!'
Zum Sieg Erzherzog Karl uns führte, sein Korps mit unserem Edelweiß,
vom Lorbeer der ihm reich gebührte, erblüht uns der schönste Preis.
Dem Kaiser Karl laßt uns schwören, daß unser Dank nie Grenzen kennt.
Laßt ewig treu ihm angehören, uns die er seine Schützen nennt!"[1]

[1] Kaiserschützen-Gedicht, [http://www.kaiserschützen.tirol/deutsch.html], eingesehen am 01.04.2020.

Impressum:

Druck: Stader Media, Warwitzstraße 1, 5023 Salzburg.

ISBN: 978-3-901185-93-9
Cover: Tiroler Landesmuseum Ferdinandeum, Innsbruck. Fotografie „Patrouille des 3. Schwadron der III. Tiroler Kaiserschützen in Galizien" (GGF/1217).

Inhaltsverzeichnis

I. Einleitung 6

1. „Militärgeschichte“ als Forschungsfeld 8
   1.1 Der Ansatz der „neuen Militärgeschichte“ 8
   1.2 „Operationsgeschichte“ auf der gefechtstechnischen Führungsebene .. 9
   1.3 „Verortung“ der Studie 10
2. Überblick zum Forschungsstand 11
3. Methodik und struktureller Aufbau 19
4. Quellenlage und Quellenkritik 22

II. Von berittener Infanterie zu Reitenden Landesschützen 31

1. Die Aufstellung der „Landesschützen zu Pferd in Tirol und Vorarlberg“. 31
   1.1 Adjustierung und Bewaffnung 40
   1.2 Die Garnisonen des Tiroler Kavallerieverbandes 48
   1.3 Ausbildung und Einsatztauglichkeit der berittenen Tiroler 57
   1.4 Kampfwert und Kampfkraft 70
2. Das Pendant zu den Reitenden Tirolern: Die Dalmatinski zemaljski strijelci 72
   2.1 Die berittenen Dalmatiner Landesschützen im Bosnien-Herzegowina Feldzug 76
   2.2 Adjustierung und Ausrüstung der berittenen Dalmatiner 80

III. Tiroler Landesschützen/Kaiserschützen - Kaiserjäger - Standschützen.. 81

IV. Die Entwicklung und (Kriegs-)Wandlung der Reiterwaffe 84

1. Die Entwicklung der Kavallerie 84
2. Die Pferdeassentierung der österreich-ungarischen Armee 86
3. Versorgungsbedarf der k.u.k. Kavallerie 90
4. Die Kriegsgliederung berittener Eskadrone in der k.u.k. Wehrmacht .. 92
5. Die Wandlung der Reitertruppe 94

V. Der Gefechtskalender der Reitenden Tiroler Landes-/Kaiserschützen .. 100

1. Die Reitenden Tiroler Landesschützen im Ostfeldzug gegen das Russländische Reich 103
   1.1 Gefechtskalender 1914 - Kriegsbeginn bis Limanowa-Lapanów 103
   1.2 Gefechtskalender 1915 - Vom „Großen Sieg in Westgalizien“ bis Zarwaniecki 116
2. Die neue Front im Südwesten 139
3. Die Reitenden Tiroler Landesschützen an der Südwestfront 146
   3.1 Gliederung und Organisation 1915 147
      3.1.1 Die nördliche und südliche Ortlerfront 148

3.1.2 Die Abwehrkämpfe bei der Hochfläche von Folgaria-Lavarone .. 158
3.1.3 Die Verteidigungsriegel der Dolomitenfront ... 161
3.1.4 Die Verteidigung des Küstenlandes: Die Front am Isonzo ... 165
3.1.5 Das Ende des Kriegsjahres 1915 ... 170
3.2 Gliederung und Organisation 1916 ... 172
3.2.1 Der Kampf in der südlichen Ortlerfront (Rayon II Tonale) ... 173
3.2.2 Der Patrouillen- und Stellungskrieg der Reitenden Tiroler Landesschützen ... 176
3.2.3 Die Verteidigungslinie an der südlichen Ortlerfront ... 177
3.2.3.1 Der Monte Rosole Stützpunkt ... 180
3.2.3.2 Der Pallon della Mare Stützpunkt ... 181
3.2.3.3 Der Forno-Gletscherstützpunkt „Polarzeltlager" ... 183
3.2.3.4 Eskadrons-Stützpunkte ... 191
3.2.3.5 Der Monte Vioz Stützpunkt ... 196
3.2.4 Die italienischen Gebirgsverteidigungsstellungen ... 199
3.2.5 Die Front südlich des Tonale: Paradiso – Presena – Maroccaro – Presanella ... 203
3.2.6 Die Reitenden Tiroler an der Gardaseefront ... 208
3.2.7 Reitende Tiroler Landesschützen am Isonzo ... 212
3.2.8 „Strafexpedition" gegen Italien: Die Südtirol-Offensive ... 213
3.3 Gliederung und Organisation 1917 ... 217
3.3.1 Die südliche Ortlerfront ... 220
3.3.2 Die 12. Isonzoschlacht oder: Die Durchbruchsschlacht an der Südwestfront ... 223
3.3.3 Die Kämpfe auf der Hochfläche von Asiago ... 230
3.4 Gliederung und Organisation 1918 ... 234
3.4.1 Kampf um die südliche Ortlerfront: Der Presena Kessel ... 236
3.4.2 Der Kampf um die Pasubio-Stellung ... 241
3.4.3 Die Junischlachten 1918: Altolà sul Piave ... 243
3.4.4 Kriegsende ... 250

VI. Der Kampfwert der Reitenden Tiroler Landesschützen/Kaiserschützen 1914-1918 ... 260

VII. Gefechtskalender der Reitenden Dalmatiner Landesschützen ... 265
1. Vom Balkan zum Isonzo ... 265
2. Die Reitenden Dalmatiner Landesschützen an der Isonzofront 1915-1918. 267
3. Südtirol, Siebenbürgen und Montenegro/Albanien: Die Stationen 1916-1918 ... 272

VIII. Vergleich der Reitenden Tiroler Landesschützen mit den Reitenden Dalmatiner Landesschützen ... 275

IX. Zusammenfassung 278

Konkordanz der Ortsnamen 282

Personenregister 284

Abkürzungsverzeichnis 287

Quellen und Literaturliste 289

Anhang/Faksimiles 308

I. Einleitung

Deutsche Erfolge und österreich-ungarische Niederlagen prägten das erste Kriegsjahr 1914. Die einzige Wand, die Österreich-Ungarn hierbei nach den Misserfolgen im Ostfeldzug und Balkangebiet noch hielt, war das verbündete Deutsche Reich und dessen Waffenhilfe. Erst nach der Durchbruchsschlacht bei Gorlice-Tarnów am 2. Mai 1915 änderte sich die strategische Situation Österreich-Ungarns gravierend. Die große, drängende Gefahr im Nordosten war für das Erste gebannt, jedoch erfuhren die Mittelmächte mit dem Kriegseintritt des italienischen Königreiches auf Seiten der Entente im Mai 1915 den nächsten Rückschlag. Das Königreich Italien galt auf Grund vergangener militärischer Auseinandersetzungen als „emotionaler Feind", während das Russländische Reich als „slawischer Feind" angesehen wurde. Der deutsche Generalfeldmarschall Paul von Hindenburg vermerkte in Bezug auf die militärische Einstellung zum Kampf der k.u.k. Armeen im Ersten Weltkrieg in seinen Memoiren: „In Galizien, das heißt gegen Russland, focht Österreich-Ungarn nur mit dem Verstande, gegen Italien aber auch mit dem Herzen."[2] An der Südwestfront stand anfänglich lediglich eine Truppe aus der dritten Linie zur Verteidigung bereit. Die Verteidigungsbereitschaft jener Soldaten der Tiroler Front im Hochgebirgskrieg bot jedoch Raum für instrumentalisierte Bewunderung für Patriotismus und Einsatzwillen sowie der Schaffung einer Art „Louis Trenker - Berge in Flammen-Szenario". Der Nährboden für eine soldatische „Heldenverehrung" in kollektivem Gedächtnis sowie Literatur war geschaffen.

Das Gebirge wurde durch den in das Hochgebirge verlagerten Krieg buchstäblich zur Festung. Kaiserschützen-Generalmajor Rudolf Miksch-Hermanny vermerkte diesbezüglich,

> „[...] dass im Juni 1915 Landesschützen als erste österr[eichische] Truppe das erste Gefecht in Gletscher und Eis mit Erfolg bestanden haben und merkwürdig ist das Schicksal: gegen Ende des Krieges - im September 1918 - führten Kaiserschützen das letzte Gefecht in der Gletscherwelt mit ungebrochener Kraft durch!"[3]

Entschieden wurde in den Frontabschnitten vom Ortler über den Gardasee bis zu den Dolomiten jedoch nichts, die eigentliche Front mit Hauptkampflinie und dem Schwerpunkt kriegsentscheidender Kämpfe war der Isonzo.

---

[2] Paul von Hindenburg, Aus meinem Leben, Leipzig 1920, S. 260.

[3] PA-VRTKsI Originalentwurf der Rede von Generalmajor Rudolf Miksch-Hermanny der 150-Jahr-Feier des Tiroler Kaiserschützenbundes.

Unter jenen im Ostfeldzug gegen das Russländische Reich sowie im Verteidigungskrieg gegen das Königreich Italien an der Südwestfront im Kriegseinsatz stehenden Truppenteilen der österreich-ungarischen Wehrmacht befanden sich die Eskadronen einer Tiroler Kavalleriedivision mit dem Namen „Reitende Tiroler Landesschützen/Kaiserschützen". Es kann zurecht gefragt werden, warum es dieser Arbeit bedarf, wenn schon das Gros der Kriegsschauplätze des Ersten Weltkrieges, insbesondere die Ostfront sowie die Südwestfront und im Speziellen die Tiroler Front in zahlreichen Standard- und Monumentalwerken, allen voran in jenen von Manfried Rauchensteiner, Heinz von Lichem, Michael Forcher, Erwin A. Schmidl, Alexander Jordan, Walther Schaumann und Wolfgang Etschmann sowie zum „Guerra Bianca" Ulrico Martinelli, Luciano Viazzi, Gianni Pieropan als auch von den „Frontkämpfer" und hierbei im Besonderen von Offizieren der ehemaligen k.u.k. Armee, aufgearbeitet wurde. Die Eskadronen der Reitenden Tiroler Landesschützen/Kaiserschützen der k.k. Landwehr wurden jedoch in allen bis dato veröffentlichten wissenschaftlichen Studien entweder lediglich marginal erwähnt oder verfielen einer gänzlichen Bedeutungslosigkeit. Lehner begründete dies überwiegend auf dem Faktum, dass die Reitenden Tiroler Landesschützen/Kaiserschützen „[...] nie in großer Formation [kämpften], [sie] waren meist anderen Truppen unterstellt, daher schienen sie fast nie in Schlagzeilen und Siegesmeldungen auf."[4] Lehner führt des Weiteren aus, dass es „[...] bedauerlich [wäre] und [...] eine Lücke in der Aufarbeitung der Tiroler Landesverteidigung bedeuten [würde], wenn die Taten dieser Landwehrkavallerie vergessen würden."[5] Doch dass die Reitenden Tiroler Landesschützen/Kaiserschützen an zahlreichen Frontgebieten am Kriegsgeschehen beteiligt waren und oftmals selbstständig - vor allem im Hochgebirge an wichtigen Frontabschnitten zwischen Ortler und Gardasee in den südlichen Ortlerbergen etwa - die Front gegen die Streitkräfte des Königreichs Italien zwischen Mai 1915 und dem Kriegsende 1918 hielten, ist ebenso ein Faktum, das mit der vorliegenden Studie als erstmalige Gesamtdarstellung beleuchtet werden soll.

[4] PA-VRTKsI-VIHL. Unsere Kaiserschützen, unveröffentlichtes Manuskript. Heft 1 (38 Seiten), Innsbruck 1999, S. 29.
[5] PA-VRTKsI-VIHL. Unsere Kaiserschützen, unveröffentlichtes Manuskript. Heft 2 (34 Seiten), Innsbruck 2003, S. 23.

1. „Militärgeschichte" als Forschungsfeld

1.1 Der Ansatz der „neuen Militärgeschichte"

Während Ableitungen der „Kriegsgeschichte" beziehungsweise der ‚Kriegswissenschaft' seit dem späten Mittelalter darauf abzielten, Erfahrungen und Schlüsse aus ebendieser zu erzielen und zu vermitteln, erkannte erstmals Clausewitz, dass der militärische Vorgang selbst eine Variable der gesellschaftlichen Heranbildung und der Krieg nicht als sein eigenes Leitmotiv, sondern als politisches Ereignis zu verstehen war.[6] Folgend brach Delbrück vor dem ersten Kriegsjahr 1914[7] den „applikatorischen-Methodenkanon", dem Lehren von Krieg in der Friedenszeit auf Grundlage großer Feldzüge und Militärstrategen im Sinne der Generalstäbe sowie Militärakademien, auf.[8]

Ein weiterer Perspektivenwechsel hin zu einer kulturgeschichtlichen Orientierung der Militärgeschichte erfolgte mit der so genannten „neuen Militärgeschichte" oder „Militärgeschichte in der Erweiterung".[9] Shakespeares Vers aus dem Werk Richard III. „Tomorrow in the battle, think on me, and fall thy edgeless sword: despair and die"[10], spiegelt treffend Strömungen der „neuen Militärgeschichte" wider, welche in älteren Forschungen der Bedeutungslosigkeit verfielen. Im Gegensatz zu den älteren Ansätzen der Kriegs- und Schlachtengeschichte wird das Militär aus mentalitäts- sowie sozialgeschichtlichen Blickwinkeln betrachtet. Im Ansatz der „neuen Militärgeschichte" steht hierbei die Korrelation zwischen Gesellschaft und Militär, in welcher das Militär in sich als soziale Gruppe mit seiner Repräsentation und seinen Wirkungen nach außen aufgezeigt wird.[11] Bezugnehmend auf Kroener wird in der „neuen Militärgeschichte" somit „Geschichte nicht nur [als Geschichte] erlittener, sondern auch ausgeübter Gewalt verstanden."[12]

---

[6] Jörg Echternkamp, Militärgeschichte, in: *Docupedia-Zeitgeschichte. Begriffe, Methoden und Debatten der zeithistorischen Forschung,* [https://docupedia.de/zg/Militaergeschichte], eingesehen 14.06.2021.

[7] Richtungsweisend waren hierbei die von Hans Delbrück zwischen den Jahren 1900 und 1920 publizierten Werke *Geschichte der Kriegskunst im Rahmen der politischen Geschichte*.

[8] Benjamin Ziemann, Militärgeschichte. Perspektiven auf Militär und Gesellschaft im 19. und 20. Jahrhundert, in: *Aus Politik und Zeitgeschichte* (16-17/2020), S. 4-10, hier S. 5.

[9] Bernhard R. Kroener, Militär, Staat und Gesellschaft im 20. Jahrhundert (1890-1990), in: *Enzyklopädie Deutscher Geschichte (Band 87)*, hrsg. v. Lothar Gall, Oldenburg 2011, S. 1-140, hier S. 60.

[10] Mónica Martínez Sariego, *Tomorrow in the battle think on me*. Haunting ghosts, remose and guilt in Shakespeare's *Richard III and Javier Marías*, in: *Visitors from beyond the Grave. Ghosts in World Literature*, hrsg. v. Dámaris Romero González/Israel Muñoz-Gallarte/Gabriel Laguna-Mariscal, Coimbra 2019, S. 173-186, hier S. 181.

[11] Isabelle Deflers/Anke Fischer-Kattner, Was ist Kulturgeschichte der Gewalt? Antworten aus der Neuen Militärgeschichte [https://www.unibw.de/geschichte/prof/fnz/aktuell], eingesehen am 10.06.2021.

[12] Kroener, Militär, Staat und Gesellschaft, S. 59.

Den Ansatz der „neuen Militärgeschichte" kennzeichnete die Verschiebung der Geschichtsschreibung weg von „großen Männern und Ereignissen" hin zu Strukturen der Sozialgeschichte, dem Triumvirat von Klasse, Geschlecht und Gender sowie seit den 1980er Jahren, zur „neuen" Kulturgeschichte. Während in der derzeitigen wissenschaftlichen Forschung der Diskurs zur finalen Abgrenzung der „neuen Militärgeschichte" schwer zu bestimmen ist, fällt es umso leichter zu definieren, welche Kriterien jener Ansatz nicht erfüllt, nämlich die vermeintliche „unzeitgemäße Forschung" von Taktik, Kampagnen, militärischen Führungspersönlichkeiten, Waffen und Logistik.[13]

Bourke vermerkte in ihrem im Jahr 2006 erschienenen Essay, dass der Terminus der „neuen Militärgeschichte", der „new military history", jedoch eine unzutreffende Bezeichnung für jenen Ansatz der Militärgeschichte darstellt, da sich der Grundgedanke bereits in den 1960er Jahren entwickelte.[14] Das Konzept dahinter, so Hutečka, war „to find a new way of understanding and analyzing warfare in its historical context."[15] Die Weiterentwicklung der „neuen Militärgeschichte" erfolgte in den 1970er und 1980er Jahren, in welcher die Schwerpunktsetzung auf militärische Konflikte gelegt und als ganzheitliches Konzept angesehen wurden. Hutečka führt diesbezüglich aus, dass der daraus resultierende Fokus auf die sozialen und kulturellen Voraussetzungen, Effekte und Konsequenzen der Kriegsführung als der richtige Pfad zum Verständnis der Rolle der militärischen Konflikte in der Vergangenheit angesehen wurde. Die militärischen Institutionen verblieben im Mittelpunkt der Analyse und wurden als Instrumentarium oder Basis für größere soziale Strukturen, im Zusammenspiel mit neuem Vokabular aus Klasse, Gender, Identität, individueller Erfahrung sowie Erinnerung, angesehen.[16] Die Phasen der Entwicklung von der Kriegsgeschichte hin zum Ansatz der „neuen Militärgeschichte" subsumiert Hutečka als „a move from ‚military history' to a ‚history of war and warfare'"[17].

1.2 „Operationsgeschichte" auf der gefechtstechnischen Führungsebene

In Bezug auf Wegner würde eine Verdrängung der Operationsgeschichte aus dem Methoden- und Themenspektrum der Geschichtswissenschaft eine Limitierung der historischen Analyse von Kriegen darstellen und ein

[13] Jiří Hutečka, „New" Military History of the First World War. Achievements and Limits, in: *Dějiny-teorie-kritika (1/2018)*, S. 99-123, hier S. 104.
[14] Joanna Bourke, New Military History, in: Palgrave Advances in Modern Military History, hrsg. v. Matthew Hughes/William J. Philpott, London 2006, S. 258-280, hier S. 258.
[15] Hutečka, „New" Military History of the First World War, S. 104.
[16] Ebd., S. 104-105.
[17] Ebd., S. 105.

Defizit im Sinne der Historiographie hervorrufen.[18] Neugebauer formulierte, dass „[f]ür den Teil der Militärgeschichte, der sich unter Beachtung der geschichtswissenschaftlichen Methoden mit den Aktionen von Streitkräften im Kriege beschäftigt, […] heute der Begriff ‚Operationsgeschichte' gebräuchlich […] [ist]."[19] Jene Operationsgeschichte beinhaltet im klassischen Sinn drei Ebenen[20] – von der taktischen über die operative zur strategischen Führungsebene –, während die unterste Führungsebene, die gefechtstechnische Ebene nicht beleuchtet wird.

Die Operationsgeschichte als Geschichte der Kriegsführung, kriegerischer Handlungen und Kampagnen stilisiert sich selbst zum Pivot für die Militärgeschichte, da jene Sparten für alle benachbarten Teildisziplinen, welche sich mit Militär und Krieg befassen, weitläufig abseits liegen.[21] Horath schrieb über die Bedeutung von Operationsgeschichte als Militärgeschichte, dass „Militärgeschichte als integrierte Teildisziplin […] sich also gerade da bewähren müssen [wird], wo marschiert und desertiert, gelagert und gehungert, geplant und befohlen, getötet und gestorben wurde."[22] Die vorliegende Arbeit beleuchtet diesem Ansatz folgend jene Aspekte der „untersten" gefechtstechnischen Führungsebene im allgemeinen Feld der Geschichtsforschung, welche sich in der „klassischen Operationsgeschichte" nicht widerspiegeln.

1.3 „Verortung" der Studie

Neben dem vorrangigen Ziel, einen militärhistorischen Mehrwert zu schaffen und vorhandene Forschungslücken aufzuzeigen und für die Zukunft zu öffnen, sollte die vorliegende Studie nichtsdestoweniger als Pivot betrachtet werden, welches die „Österreichische Geschichte" mit der genannten militärischen „Operationsgeschichte auf der gefechtstechnischen Führungsebene" als auch „regionaler Zeitgeschichte" im Sinne eines „innerdisziplinären" Brückenschlages im allgemeinen Feld der Geschichtswissenschaften vereint. Die Arbeit fungiert diesbezüglich als Dreh- und Angelpunkt im Sinne einer Vernetzung und eines übergreifenden Perspektivenwechsels in fachlicher, inhaltlicher, zeitlicher und räumlicher Hinsicht.

---

[18] Bernd Wegner, Wozu Operationsgeschichte?, in: *Was ist Militärgeschichte?*, hrsg. v. Thomas Kühne/Benjamin Ziemann, Paderborn u.a., 2000, S. 105-113, hier S. 108.

[19] Karl-Volker Neugebauer, Grundzüge der Deutschen Militärgeschichte. Historischer Überblick (Band 1), Freiburg 1993, S. 9.

[20] Gefechtstechnische Führungsebene: Kompanie. Taktische Führungsebene: Bataillon. Operative Führungsebene: Brigade. Strategische Führungsebene: Kommando der Streitkräfte.

[21] Daniel Horath, Rezension zu: Thomas Kühne/Benjamin Ziemann, Was ist Militärgeschichte?, Paderborn 2000, in: H-Soz-Kult, 15.02.2001, [https://www.hsozkult.de/publicationreview/id/reb-3238], eingesehen 21.07.2021.

[22] Ebd.

2. Überblick zum Forschungsstand

Vor der Rekonstruktion und Analyse der Rolle der Reitenden Tiroler Landesschützen/Kaiserschützen im Ersten Weltkrieg im Allgemeinen und an der Front zwischen Ortler und Gardasee im Speziellen, wird anhand von Publikationen von ehemaligen Kriegsteilnehmern des Ersten Weltkrieges sowie Historikern aufgezeigt, welche Elemente und Aspekte aus der Geschichte der Reitenden Tiroler Landesschützen/Kaiserschützen bis dato behandelt wurden. Einen ersten Vorstoß, die Geschichte der berittenen Tiroler Kavallerieeinheit in Form von vier kurzen Einsatzberichten aufzuarbeiten, wagte der damalige Kaiserschützen-Major Josef Kodera in Zusammenarbeit mit Karl Werkmann und Oskar Fontana durch eine Zusammenfassung verschiedener Kaiserschützen-Kriegstätigkeiten im Jahr 1918 erschienenen Werk *Heldenkämpfe der Kaiserschützen 1914-1918. Nach Berichten von Mitkämpfern*[23]. Die in dieser Publikation abgedruckten Gefechtsberichtsauszüge wurden, im direkten Vergleich mit den Originalquellen, jedoch nicht richtig, beziehungsweise unvollständig, oftmals in Datum, Länge sowie Inhalt falsch wiedergegeben, was zu einer Verfälschung des Einsatzkalenders der Reitenden Tiroler Landesschützen/Kaiserschützen führte, beziehungsweise Leerstellen in ihrer Kriegsgeschichte hinterließ. Zur Gegenüberstellung wurden vom Autor dieser Arbeit alle vorhandenen Gefechtsberichte aus dem Ersten Weltkrieg von den Reitenden Tiroler Landesschützen/Kaiserschützen aus dem Österreichischen Staatsarchiv gehoben und Koderas Werk beziehungsweise den abgedruckten Quellen gegenübergestellt. Lediglich ein dreiseitiger Bericht über „Die Kämpfe an der Strypa", welcher nicht mehr im Österreichischen Staatsarchiv unter den Originalquellen aufgefunden werden konnte, ist hierbei noch zusätzlich in Koderas Publikation abgedruckt.[24]

Eine kritische Betrachtung der österreichischen Nachkriegs- beziehungsweise Heeresliteratur ist auch deshalb nötig, da jenes Schriftgut, wie es Hochedlinger beschreibt, großteils von einer „k. u. k. Nostalgie und antiquarischer Freude am ‚Zauber der Montur' getragen ist."[25] Beispielhaft hierfür steht die von Lichem verfasste Aufarbeitung *Spielhahnstoß und Edelweiß. Die Friedens- und Kriegsgeschichte der Tiroler Hochgebirgstruppe „Die Kaiserschützen" von ihren Anfängen bis 1918: K. k. Tiroler Landes-*

---

[23] Josef Kodera/Karl Werkmann/Oskar Fontana, Heldenkämpfe der Kaiserschützen 1914-1918. Nach Berichten von Mitkämpfern, Wien 1918, S. 81-95.

[24] Kodera/Werkmann/Fontana, Heldenkämpfe der Kaiserschützen 1914-1918, S. 90-92.

[25] Michael Hochedlinger, Quellen zum kaiserlichen bzw. k. k. Kriegswesen, in: *Quellenkunde der Habsburgermonarchie (16.-18. Jahrhundert). Ein exemplarisches Handbuch (=Mitteilungen des Instituts für Österreichische Geschichtsforschung, Ergänzungsband 44)*, hrsg. v. Josef Pauser/Martin Scheutz/Thomas Winkelbauer, Wien-München 2004, S. 162-181, hier S. 163.

schützen-Kaiserschützen-Regimenter Nr. I - Nr. II - Nr. III.[26]. In jenem Werk erfolgt eine generelle Geschichtsrekonstruktion der damaligen drei Tiroler Landesschützen-Regimenter und deren militärischer Einsätze sowie Operationen als auch ein kurzer Abriss über die Reitenden Tiroler Landesschützen/Kaiserschützen, um, in seinen Worten, das Leid der k.k. Soldaten und deren „heldenhaften, elitären und ruhmreichen Einsatz" für Vaterland und Kaiser mit dem Ziel, deren Taten vor dem kollektiven Vergessen zu bewahren.[27] Dabei ergibt sich in den genannten Publikationen von Lichem neben einer adäquaten wissenschaftlichen Aufarbeitung auf Grundlage gründlicher Quellenarbeit ein weiteres Problem: Das Einfließen einer Verklärung sowie einer Glorifizierung des Soldaten im Krieg als Held, die Darstellung der Kampfhandlungen als Ruhmestaten und das Ertragen von außergewöhnlichen physischen und psychischen Friktionen im Kriegseinsatz - eine Hochstilisierung des Tötens und Leidens an der Front. Dieselbe Problematik trifft auch auf Gunther Langes Werk *Front in Fels und Eis. Der Weltkrieg im Hochgebirge*[28] aus dem Jahr 1933 zu, in dem Langes etwa die Überreste des Hochgebirgskrieges als „[...] Zeugen des Heldentums [...]"[29] deklariert.

In Bezug auf die Südwestfront gegen Italien im so genannten Rayon II des Tonale-Abschnittes und dem Einsatz der Reitenden Tiroler Landesschützen/Kaiserschützen schreibt Lichem im ersten Band seines dreibändigen Werkes *Krieg in den Alpen. 1915 bis 1918*, dass es über die „[...] schier unerträglichen Mühen im Kampf gegen den Winter über dieses Kapitel der Tiroler Geschichte keine Aufzeichnungen [...] [gebe], schier nichts - es ist ein Kapitel namenloser und vergessener Helden."[30] Bis dato nicht konsultierte Akten aus der Abteilung Kriegsarchiv des Österreichischen Staatsarchivs in Wien lassen jedoch präzise Rekonstruktionen der Kriegslage im Hochgebirge, deren Aufträge und Stellungen sowie der Einsatztätigkeiten der Reitenden Tiroler Landesschützen/Kaiserschützen auf den Gipfeln der Südwestfront, im Speziellen der Westfront der Tiroler Front, zu. Das Werk von Lois Köll, *Der Krieg auf den südlichen Ortler-Bergen 1915-1918*[31], erschienen als Schlernschriften Nr. 162 im Jahr 1957, lässt zunächst vermuten,

---

[26] Vgl. Heinz von Lichem, Spielhahnstoß und Edelweiß. Die Friedens- und Kriegsgeschichte der Tiroler Hochgebirgstruppe „Die Kaiserschützen" von ihren Anfängen bis 1918: K. k. Tiroler Landesschützen-Kaiserschützen-Regimenter Nr. I - Nr. II - Nr. III, Graz 1977.

[27] Sabine A. Haring, Wir-Gefühle, Feindbilder und Feindseligkeit, in: *Emotion, Habitus und Erster Weltkrieg. Soziologische Studien zum militärischen Untergang der Habsburger Monarchie im ersten Weltkrieg*, hrsg. v. Helmut Kuzmics/Sabine A. Haring, Göttingen 2013, S. 269-468, hier S. 369-370.

[28] Vgl. Gunther Langes, Front in Fels und Eis. Der Weltkrieg im Hochgebirge, München 1933, S. 130.

[29] Ebd., S. 143.

[30] Heinz Lichem, Krieg in den Alpen 1915-1918. Band 1: Ortler-Adamello-Gardasee, Augsburg 1992, S. 180.

[31] Lois Köll, Der Krieg auf den südlichen Ortler-Bergen 1915-1918 (= Schlernschriften Nr. 162), Innsbruck, 1957.

dass hier eben jene Geschichte der Reitenden Tiroler Landesschützen/ Kaiserschützen an jenem Schwergewicht der Westfront der Tiroler Front bereits rekonstruiert wurde. Köll schrieb diesbezüglich: „Über die Kämpfe auf den südlichen Ortler-Bergen, die zum ‚Rayon II' gehörten (Cevedale-Presanella, mit dem Tonalepaß als militärischem Brennpunkt [...]) liegen bisher österreichischerseits nur spärliche und zum Teil mangelhafte oder überschwängliche, sogar irrige Angaben vor [...]."[32] In jener Schlernschrift wird jedoch der Krieg auf der südlichen Ortlerfront im Großen wiedergegeben, und nur in geringem Ausmaß auf k.k. Landesschützen Teileinheiten verwiesen. Die eigentliche Rolle der Reitenden Tiroler Landesschützen/ Kaiserschützen wird hierbei nur im Hinblick auf deren Besatzung der so genannten Vioz Hütte marginal beleuchtet und darauf beschränkt. In diesem fast 40 Jahre nach Kriegsende publizierten Werk werden überdies auch einige essenzielle Fakten falsch wiedergegeben. Beispielsweise spricht Köll von der 85. Landesschützenbrigade im Rayon II, als Verteidiger der Tonale Front, welche jedoch in der k.u.k. Armee nie aufgestellt worden war und auch in den Originalquellen der Tonale Front nicht aufscheint.[33] Das von Eduard Fröhlich publizierte Werk *Der Kampf um die Berge Tirols. In österreichischer und italienischer Darstellung. Quellenstudie*[34] ließe auch vermuten, dass hierbei die Ortlerfront behandelt würde, jedoch werden nur Schwerpunktkämpfe, wie etwa die Anfangskämpfe in Südtirol[35], der Col di Lana, die Südtiroloffensive sowie der Kampf um den Ortigara und Pasubio, dargelegt.

Das von Moritz Lempruch, dem ehemaligen Kommandanten des Abschnittes Rayon I der Westfront der Tiroler Front, im Jahr 1925 veröffentlichte und durch Beiträge von Mitkämpfern und Helmut Golowitsch, Peter Brandl, Hubert Fankhauser, Manfred Haringer sowie Wolfgang Joly ergänzte Werk *Ortlerkämpfe 1915-1918. Der König der Deutschen Alpen und seine Helden*[36] beschreibt primär den Verlauf der Bezwingung des Hochgebirges vor Kriegsbeginn, die Entwicklungen, die zum Kriegseintritt des Königreiches Italien führten, sowie den Kriegseinsatz diverser Standschützenbataillone mit Urgenzen zum Hochgebirgskrieg, wobei Lempruch ausschließlich die

---

[32] Ebd., S. 7.
[33] Ebd., S. 8.
[34] Vgl. Eduard Fröhlich, Der Kampf um die Berge Tirols. In österreichischer und italienischer Darstellung. Quellenstudie, Bregenz 1932.
[35] Mit dem Begriff ‚Südtirol', ‚Rayon III-Südtirol', ‚Südtirol-Armeen' oder ‚Südtirol-Offensive' wird in Bezug auf den Ersten Weltkrieg der Raum des Trentino bis dur damaligen Reichsgrenze beziehungsweise die k.u.k.Truppen in diesem Raum assoziiert. Zur Begriffsbestimmung Südtirol bis 1918 vgl. Hans Heiss, „Man pflegt Südtirol zu sagen und meint, damit wäre alles gesagt." Beiträge zu einer Geschichte des Begriffes „Südtirol", in: *Geschichte und Region/Storia e regione* (9/2000), hrsg. v. Hans Heiss u.a., Bozen 2000, S. 85-109, hier S. 99.
[36] Moritz Lempruch, Der König der deutschen Alpen und seine Helden. Ortlerkämpfe 1914-1918 (Nachdruck von 1925), ergänzt durch historische Beiträge, hrsg. v. Helmut Golowitsch, Nürnberg 2005.

Lage und Kämpfe im Rayon I rekonstruierte. In Bezug auf die Reitenden Tiroler Landesschützen wird nur ein marginaler Querverweis genannt, mit einem Abdruck von Költs zuvor erwähnten Werk, gezogen und deren Wirken - obgleich der Titel einen anderen Aufschluss bieten könnte - in der mittleren Ortlergruppe respektive der Ortlerabschnitte der Tiroler Front, nicht beziehungsweise nur marginal erwähnt. Zusätzlich stellen sich mitunter Angaben in jenem Werk - vorrangig rezitiert aus Werken ehemaliger Kriegsteilnehmer - mit dem gehobenen Quellenmaterial anders dar. Auch Jochbergers Artikel *Der Erste Weltkrieg in den Ortleralpen*[37] im Sammelband *Tirol vor und im I. Weltkrieg. Der Erste Weltkrieg 1914-1918. Die Tiroler Front 1915-1918* ließe erahnen, dass der Frontabschnitt der Reitenden Tiroler Landesschützen/Kaiserschützen nachgezeichnet werden würde, jedoch werden die Ortleralpen von Jochberger nur als das Rayon I definiert - der südlichen Ortlerfront wird keine Bedeutung beigemessen.

Im Ausstellungsreprint von Hannsjörg Ubl *Der Erste Weltkrieg 1914-1918. Die Tiroler Front 1915-1918. Die große Ausstellung zum Krieg in den heimatlichen Bergen*[38] ist die Tiroler Front allumfassend nachgezeichnet, jedoch stimmen teilweise die dort veröffentlichten Angaben nicht mit den Originalquellen überein. Beispielsweise wird auf den Beilagen der Rayone I-II sowie IV und V des Kriegsjahres 1915 nur die 3. Marschschwadron der Reitenden Tiroler Landesschützen/Kaiserschützen als in jenen Abschnitten stehende Einheiten genannt, obwohl erstens der Terminus Schwadron[39] erst ab 1917 in Bezug auf die Reitenden Tiroler Landesschützen Bedeutung hatte und zweitens neben der 3. Marscheskadron im Rayon II auch die 4. Fußeskadron der Reitenden Tiroler Landesschützen/Kaiserschützen im Abschnitt Pejo-Tonale stand.[40]

Das Werk von Alphons Wrede *Geschichte der k. und k. Wehrmacht. Die Regimenter, Corps, Branchen und Anstalten von 1618 bis Ende des XIX. Jahrhunderts*[41] aus dem Jahr 1903 gibt durch kurze Abrisse der Landwehr-Kavallerieeinheiten bis zum Ende des 19. Jahrhunderts Aufschluss über die Aufstellungsjahre der Reitenden Tiroler Landesschützen/Kaiserschützen sowie der Reitenden Dalmatiner Landesschützen/Schützen-

[37] Vgl. Wolfgang Jochberger, Der Erste Weltkrieg in den Ortleralpen, in: *Tirol vor und im I. Weltkrieg. Der Erste Weltkrieg 1914-1918. Die Tiroler Front 1915-1918*, hrsg. v. Südtiroler Schützenbund, Bozen 2005, S. 163-172.

[38] Vgl. Hannsjörg Ubl, Der Erste Weltkrieg 1914-1918. Die Tiroler Front 1915-1918. Die große Ausstellung zum Krieg in den heimatlichen Bergen, Bozen 2005, Beilage D2-D10.

[39] Schwadron beziehungsweise Eskadron war die kavalleristische Bezeichnung für eine Kompanie.

[40] Vgl. PA-VRTKsI 06/09/1915. k.u.k. 54. Halb.Brig Kdo. Ordre de bat d. 54. HalbBrig Kdo. sowie PA-VRTKsI Präs. Nr. 7694. K.u.k. Militärkommando in Innsbruck. 19. April 1915, Verlegung der Fusseskadron in den Subrayon II.

[41] Alphons Wrede, Geschichte der k. und k. Wehrmacht. Die Regimenter, Corps, Branchen und Anstalten von 1618 bis Ende des XIX. Jahrhunderts, Band 5, (=Supplement zu den „Mittheilungen des k. und k. Kriegs-Archivs"), Wien 1903.

division. Selbiges gilt für das vom damaligen Präsidialbüro des Ministeriums für Landesverteidigung publizierten Werk *Schematismus der k. k. Landwehr und der k. k. Gendarmerie der im Reichsrate vertretenen Königreiche und Länder für 1914*[42].

Im Sammelband *Die k.k. Landwehr Gebirgstruppen. Geschichte, Uniformierung und Ausrüstung der österreichischen Gebirgstruppen von 1906 bis 1918*[43], mit einem Beitrag von Hermann Hinterstoisser unter der Überschrift „Die Uniformierung der Reitenden Tiroler Landesschützen"[44], ist eine generelle Beschreibung der Adjustierung der Reitenden Tiroler zu finden, welche jedoch nur auf einer Seite und nur in den wesentlichsten Grundzügen in Bezug auf die Uniformierung wiedergegeben wird. Zudem beinhaltet jenes Werk den Aufsatz *Reitende Tiroler Landes- bzw. Kaiserschützen im Ersten Weltkrieg*[45] von Meinrad Pizzinini, ein kurzer zweiseitiger, übersichtsmäßiger Abriss der Reitenden Tiroler Landesschützen vom Kriegseintritt bis Kriegsende. In der Publikation von Alexander Hönel *Die Adjustierung des k.u.k. Heeres (Band 2). 1868-1918. Die Kavallerie*[46] hingegen wird nur auf die k.u.k. Kavallerieeinheiten der Dragoner, Husaren sowie Ulanen eingegangen, jedoch nicht auf die Tiroler sowie Dalmatiner Landwehrkavallerie. Enrico Acerbi hingegen widmet sich in seinem Buch *Le truppe da montagna dell'esercito austro-ungarico nella Grande Guerra 1914-1918*[47] im Unterkapitel „Cavalleria da „montagna", in einem kurzen Abriss der k.k. Landwehr Kavallerie in Form der Reitenden Tiroler Landesschützen/Kaiserschützen sowie den Reitenden Dalmatiner Landesschützen/Schützendivision. Der im Jahr 1961 erschienene halbseitige Artikel von Rudolf Granichstaedten-Czerva, *Die „Gletscher-Husaren". Die Geschichte der Reitenden Tiroler Kaiserschützen*[48] lässt im Titel viel versprechen, liefert aber nur generelle und oberflächliche Informationen über die Reitenden Tiroler Landesschützen/ Kaiserschützen.

---

[42] Vgl. Präsidialbureau des Ministeriums für Landesverteidigung, Schematismus der k. k. Landwehr und der k. k. Gendarmerie der im Reichsrate vertretenen Königreiche und Länder für 1914, Wien 1914.

[43] Vgl. *Die k.k. Landwehr Gebirgstruppen. Geschichte, Uniformierung und Ausrüstung der österreichischen Gebirgstruppen von 1906 bis 1918*, hrsg. v. Hermann Hinterstoisser, Wien 2006.

[44] Hermann Hinterstoisser, Die Uniformierung und Ausrüstung der k.k. Landwehr-Gebirgstruppen, in: *Die k.k. Landwehr Gebirgstruppen. Geschichte, Uniformierung und Ausrüstung der österreichischen Gebirgstruppen von 1906 bis 1918*, hrsg. v. Hermann Hinterstoisser, Wien 2006, S. 79.

[45] Meinrad Pizzinini, Reitende Tiroler Landes- bzw. Kaiserschützen im Ersten Weltkrieg, in: *Die k.k. Landwehr Gebirgstruppen. Geschichte, Uniformierung und Ausrüstung der österreichischen Gebirgstruppen von 1906 bis 1918*, hrsg. v. Hermann Hinterstoisser, Wien 2006, S. 72-73.

[46] Vgl. Alexander Hönel, Die Adjustierung des k.u.k. Heeres (Band 2). 1868-1918. Die Kavallerie, Wien 1999.

[47] Vgl. Enrico Acerbi, Le truppe da montagna dell'esercito austro-ungarico nella Grande Guerra 1914 - 1918, Rossato 1991, S. 122.

[48] Vgl. Rudolf Granichstaedten-Czerva, Die „Gletscher-Husaren". Die Geschichte der Reitenden Tiroler Kaiserschützen, in: *Der Soldat. Unabhängige Zeitung für Wehr- und Sicherheitspolitik (16/1961)*, S. 11.

Im mehrbändigen Generalstabs-Monumentalwerk *Österreich-Ungarns letzter Krieg 1914-1918*[49] (ÖULK), herausgegeben vom Kriegsarchiv des Österreichischen Staatsarchivs in den Jahren 1931-1938, erfuhr die Kriegsgeschichte der k.u.k. Wehrmacht in Form einer Rekonstruktion auf Divisions- und selbstständiger Brigadeebene aller österreich-ungarischen Fronten, eine tiefgründige Aufarbeitung. Laut Egger wurde das Generalstabswerk jedoch „[...] ganz im Sinne der alten und bewährten Kriegsgeschichtsschreibung geschrieben [...]."[50] Hierbei muss jedoch angemerkt werden, dass jenes Werk selektiv[51] Österreich-Ungarns Kriegsereignisse an allen Fronten widerspiegelt. Verdeutlicht wird dies mit dem Faktum, dass große Verbände sowie Truppenteile der österreich-ungarischen Armee - obwohl durchgehend existent und im Kriegseinsatz an den verschiedenen Frontabschnitten stehend - eine teilweise oder gänzliche Auslassung in der Kriegsgeschichte beziehungsweise in den Worten des Generalstabswerkes, eine Marginalisierung der „mitgemachte Kriegsereignisse" erfuhren.

Neben dem Generalstabswerk wurden auch Veröffentlichungen ehemaliger Befehlshaber verschiedener Frontabschnitte, beispielsweise der bereits genannte k.u.k. Offizier Moritz Lempruch mit den Ausführungen aus dem Kampfabschnitt der Ortlerfront oder Viktor Schemfils Darstellungen der Pasubiokämpfe, miteinbezogen, um vor allem Instradierungen der Reitenden Tiroler Landesschützen an den jeweiligen Kriegsschauplätzen in Kontrast zu „Meilensteinen des Kriegsverlaufes" an der Südwestfront bringen zu können. In Bezug auf jene „Offiziersgeschichtsschreibung" muss jedoch beachtet werden, dass Verteidigungs- sowie Rechtfertigungsstrategien für den Krieg respektive eine ausgewählte Rhetorik angestrebt wurden. Laut Überegger wurde in der Tiroler Kriegs-Geschichtsschreibung „[d]ie Dolchstoß-Legende, der Mythos von ‚im-Felde-unbesiegt', die Rhetorik von ‚Opferbereitschaft' und ‚Heldentum' und der verklärte, ja ästhetisierende Blick auf den Krieg [...] das ‚Output' [...] [was] sich als ‚Kriegsgeschichte' etablierte."[52] Auch Hochedlinger kritisiert in Bezug auf die literarische Aufarbeitung der österreichischen Militärgeschichte, dass

> „[...] das bisher Geleistete eher bescheiden ausgefallen ist, die Forschungslücken aber umso gewaltiger erscheinen. Als allgemeines Charakteristikum sticht das eklatante Mißverhältnis zwischen

---

[49] Vgl. ÖULK, *Das Kriegsjahr 1914-1918*. Band 1-7, hrsg. v. Edmund Glaise-Horstenau, Wien 1931-1938.

[50] Rainer Egger, Das Kriegsarchiv vom Ersten zum Zweiten Weltkrieg, in: *Mitteilungen des Österreichischen Staatsarchivs (49/2001)*, S. 13-40, hier, S. 35.

[51] Vgl. Kapitel: Quellenlage und Quellenkritik.

[52] Oswald Überegger, Tabuisierung - Instrumentalisierung - verspätete Historisierung. Die Tiroler Historiographie und der Erste Weltkrieg, in: *Biographien. Vite di provincia (= Geschichte und Region/Storia e regione 1/2002)*, hrsg. v. Hannes Obermair/Carlo Romeo, Innsbruck u.a. 2002, S. 127-150, hier S. 129.

dem Reichtum des in österreichischen Archiven und Sammlungen schlummernde Quellenmaterials und der Seichtheit vieler, lediglich aus älterer Literatur destillierter Darstellungen ins Auge."[53]

Beispielhaft hierfür steht die kolportierte „Feuertaufe" der Reitenden Tiroler Landesschützen/Kaiserschützen, die in der bestehenden Literatur fälschlicherweise mit dem 9. September 1914 und der Schlacht von Lelechowka angegeben wird. Lichem schrieb beispielsweise über den „Ersteinsatz" der Reitenden Tiroler Landesschützen an der Ostfront wie folgt: „Die Reitenden Tiroler Landesschützen, oft auch als ‚Gletscher-Husaren' bezeichnet, erlebten erstmals das Feuer des Gegners in der Nähe von Lelechowka am 9. September 1914."[54] Hierbei wird als effektives Kampfeintrittsdatum der Reitenden Tiroler Landesschützen/Kaiserschützen an der Ostfront der Beginn der Gefechtshandlungen im Raum Rawa-Ruska in der Schlacht bei Lelechowka wiedergegeben. Dies stimmt jedoch nicht mit dem vorliegenden Quellenmaterial der Reitenden Tiroler Landesschützen/Kaiserschützen überein, denn die ersten namentlichen Erwähnungen in Kampfhandlungen an der Ostfront stammen einerseits aus dem Rückzugsgefecht der Schlacht an der Gnila Lipa[55] vom 28. bis 31. August 1914 im Tagebuch des Dragoners Leutnant Tassilo Wimmersperg[56], den Kriegsaufzeichnungen des Reitenden Tiroler Landesschützen/Kaiserschützen-Offiziers Franz Foltin[57] und andererseits aus einer abgedruckten Quelle vom 2. September 1914 aus der Schlacht bei Grodek in der Publikation Helden des Roten Kreuzes. Aus den Akten des k.u.k. General-Inspektorates der freiwilligen Sanitätspflege[58] von Emil Woinovich und Alois Veltze.

Bezugnehmend auf das Pendant der Reitenden Tiroler Landesschützen/Kaiserschützen sind auch die Reitenden Dalmatiner Landesschützen/Schützendivision in der deutsch- sowie kroatischsprachigen Literatur entweder nur marginal erwähnt oder verfallen der gänzlichen Bedeutungslosigkeit. Beispielsweise sind zur Aufstellung respektive des Gefechtskalenders der Reitenden Dalmatiner Landesschützen/Schützendivision lediglich historische Zeitungen wie die Agramer Zeitung sowie

[53] Hochedlinger, Quellen zum kaiserlichen bzw. k. k. Kriegswesen, S. 163.
[54] Lichem, Spiehahnstoß und Edelweiß, S. 71.
[55] Vgl. Hermann Fröhlich, Geschichte des Steirischen K. u. K. Infanterie-Regimentes Nr. 27 für den Zeitraum des Weltkrieges 1914-1918, Band 1, Graz 1937, S. 40-43.
[56] Vgl. SI_PAM/1645/005/001/00023. Spomini na prvo svetovno vojno: nadporočnik Tassilo vitez Wimmersperg, zbral Otto Gariboldi (Eigene Übersetzung: Erinnerungen an den Ersten Weltkrieg: Leutnant Tassilo, Ritter von Wimmersperg, gesammelt von Otto Gariboldi). Vgl. im speziellen Auszug Tagebucheintrag Leutnant Tassilo Wimmersperg vom Rückzugsgefecht bei Turkocin – Stanimirz.
[57] Vgl. PA-EH Kriegsaufzeichnungen des Reitenden Tiroler Landesschützen/Kaiserschützen Franz Foltin.
[58] Emil Woinovich/Alois Veltze, Helden des Roten Kreuzes. Aus den Akten des k.u.k. General-Inspektorates der freiwilligen Sanitätspflege, Wien 1915, S. 70-73.

der bereits genannte *Schematismus der k. k. Landwehr* vorhanden. Feldzüge und Kriegsbeteiligungen scheinen überwiegend, wenngleich hierbei auch nur lückenhaft, zumeist in Werken über Österreich-Ungarns Bosnien-Herzegowina Feldzug im Jahr 1878, auf. Das k.u.k. Generalstabswerk *Die Occupation Bosniens und der Hercegovina durch k.u.k. Truppen im Jahre 1878. Nach authentischen Quellen*[59] der damaligen Abteilung für Kriegsgeschichte sowie eine Festschrift an Kaiser Franz Joseph, *Geschichts- und Kulturbilder aus den Habsburgischen Erbländern. Eine Festgabe an das österreichische Volk zur Jubelfeier des Kaiser Franz Joseph I*[60] rekonstruieren hierbei in Ansätzen das Wirken der Dalmatiner Kavallerieeinheit in Kampfeinsätzen auf Kriegsschauplätzen vor dem Ersten Weltkrieg. Eine zeitgenössischere Sichtweise auf den Bosnienfeldzug und die berittenen Dalmatiner liefert hierbei der Artikel von Tado Oršolić, *Sudjelovanje dalmatinskih postrojbi u zaposjedanju Bosne i Hercegovine*[61]. In der Weltkriegsliteratur wird auf die Reitenden Dalmatiner Landesschützen/Schützendivision nur in geringem Ausmaß bei den Kämpfen der Isonzoschlachten im Artikel von Mate Božič *Dalmatinske pukovnije iskazale su iznimnu hrabrost u borbi protiv Talijana, radilo se o brutalnim bitkama prsa o prsa*[62] eingegangen.

Abschließend seien noch zwei umfassende Werke zum Ersten Weltkrieg erwähnt. Erstens, *Krieg um die Alpen. Der Erste Weltkrieg im Alpenraum und der bayerische Grenzschutz in Tirol*[63] von Alexander Jordan, welches eine tiefgreifende Analyse über das generelle Kriegsgeschehen im Alpenraum und kontrastiert Überschneidungen und Divergenzen von politischen sowie militärischen Entscheidungen im Ersten Weltkrieg liefert. Zweitens, Manfried Rauchensteiners Publikation *Der Tod des Doppeladlers. Österreich-Ungarn und der Erste Weltkrieg*[64]. Rauchensteiner rekonstruiert die wichtigsten kriegsentscheidenden militärischen Ereignisse an allen Fronten des Ersten Weltkrieges mit österreich-ungarischer Beteiligung und schafft als Standardwerk einen präzisen Gesamtüberblick über die Kriegsjahre 1914-1918 an Ost-, Balkan sowie der Italienfront.

[59] Vgl. o.A., *Abtheilung für Kriegsgeschichte des k.k. Kriegs-Archivs*, Die Occupation Bosniens und der Hercegovina durch k.u.k. Truppen im Jahre 1878. Nach authentischen Quellen. Wien 1878.
[60] Vgl. o.A., *Österreichs Hort*, Geschichts- und Kulturbilder aus den Habsburgischen Erbländern. Eine Festgabe an das österreichische Volk zur Jubelfeier des Kaiser Franz Joseph I 1908 (Band 2), Wien 21910.
[61] Eigene Übersetzung: Beteiligung dalmatinischer Truppen an der Besetzung von Bosnien und Herzegowina. vgl. Oršolić Tado, Sudjelovanje dalmatinskih postrojbi u zaposjedanju Bosne i Hercegovine, in: *Radovi Zavoda za povijesne znanosti HAZU u Zadru (2000)*, S. 287-303.
[62] Eigene Übersetzung: Dalmatische Regimenter haben im Kampf gegen die Italiener außerordentlichen Mut bewiesen, es war ein brutaler Nahkampf. vgl. Mate Božič, PRIČA IZ PRVOG SVJETSKOG RATA: Dalmatinske pukovnije iskazale su iznimnu hrabrost u borbi protiv Talijana, radilo se o brutalnim bitkama prsa o prsa. [https://dalmatinskiportal.hr/hrvatska/prvi-svjetski-rat/39545], eingesehen 17.10.2020.
[63] Alexander Jordan, Krieg um die Alpen. Der Erste Weltkrieg im Alpenraum und der bayerische Grenzschutz in Tirol (= Zeitgeschichtliche Forschungen Band 35), Berlin 2008.
[64] Manfried Rauchensteiner, Der Tod des Doppeladlers. Österreich-Ungarn und der Erste Weltkrieg, Graz 1993.

3. Methodik und struktureller Aufbau

Die vorliegende Arbeit ist in neun unterschiedliche, jedoch in sich aufbauende Abschnitte eingeteilt. Um das Forschungsvorhaben tiefgründig analysieren zu können rücken drei wesentliche Schwerpunkte in den Fokus: Im ersten Teil wird der aktuelle Forschungsstand und die vorhandene Quellenlage bei gleichzeitiger Quellenkritik beleuchtet. Im zweiten Teil steht ein Abriss über die Anfänge der k.k. Landwehr-Kavallerie in Bezug auf Aufstellung, Uniformierung und Ausbildung der Reitenden Tiroler Landesschützen/Kaiserschützen sowie der Reitenden Dalmatiner Landesschützen/Schützendivision im Mittelpunkt der Ausführungen. Ein notwendiger Exkurs befasst sich näher mit der Entwicklung der Reiterwaffe im Allgemeinen und deren signifikante Wandlung im Zuge einer Technologisierung der Front im Speziellen. Der dritte Teil stellt die Rekonstruktion der militärhistorischen Aspekte dieser berittenen Tiroler Einheit in den Mittelpunkt, einerseits mit einem kurzen Abriss des österreich-ungarischen Feldzuges im Osten gegen das Russländische Reich und andererseits durch eine genaue Analyse der Südwestfront gegen das italienische Königreich und das Wirken der Reitenden Tiroler Landesschützen/Kaiserschützen im Kriegsgeschehen bis zum Kriegsende. Hierbei rückt vor allem die westliche Tiroler Front in den Vordergrund der Untersuchung. Um eine adäquate Rekonstruktion des Kriegsverlaufes an der Gebirgsfront sicherzustellen, wird hierbei auch zusätzlich in Ansätzen auf richtungsweisende Gefechte und einschneidende Ereignisse in Bezug auf die k.u.k. Wehrmacht an der Südwestfront eingegangen.

Der vielschichtigen Thematik des Ersten Weltkriegs, der Kriegsschauplätze der österreich-ungarischen Streitmacht sowie im Speziellen der Rolle der Reitenden Tiroler Landesschützen/Kaiserschützen im Kriegseinsatz könnte sich aus unterschiedlichen Perspektiven genähert werden. Um die Geschichte der Reitenden Tiroler Landesschützen, deren operative Unternehmungen an der Ostfront sowie deren strategischen Einsatz an der Tiroler Front bestmöglich zu rekonstruieren, wurde in der vorliegenden Arbiet der Ansatz der Militärgeschichte als Operationsgeschichte jedoch auf Grund der Quellen nicht im klassischen Sinne im „Raum“ zwischen der taktischen und strategischen Führungsebene, sondern durch eine Neubewertung der gefechtstechnischen Ebene, mittels mediendiskursivem Ansatz mit deskriptiv-hermeneutischer Herangehensweise, gewählt. Dazu wurden Quellen kriegsgeschichtlicher Provenienz aus regionalen, nationalen und übernationalen Archiven sowie qualitative Zeugnisse aus Ego-Dokumenten ehemaliger Kriegsteilnehmer und historische Tageszeitungen des ehemaligen Kronlandes Tirol herangezogen.

Befunde der genannten Quellengattungen werden im Folgenden im kontrastiven Vergleich mit facheinschlägiger wissenschaftlicher Forschungsliteratur deskriptiv-analytisch dargestellt. Diese Zugänge zielen bewusst darauf ab, die Geschichte der Reitenden Tiroler Landesschützen/Kaiserschützen nicht im Sinne einer Generalstabshistorie mit der Sichtweise der Offiziere der k.u.k. Armee „von oben" wiederzugeben, sondern sukzessive von der oberen militärischen Führungsebene bis auf die Kompanieebene/Eskadronsebene/Schwadronsebene der berittenen Tiroler Truppe – in anderen Worten von der Entscheidung einer Aufstellung von Reitenden Tiroler Landesschützen/Kaiserschützen bis hin zu deren Eskadron und sogar Zugs- und Gruppentätigkeit – zu beleuchten, um alle geschichtlichen Meilensteine der Reitenden Tiroler Landesschützen/Kaiserschützen auch adäquat auf den untersten Ebenen der militärischen Führung zu rekonstruieren. Hierbei wurden für die Kriegsjahre 1914-1918 von Verlustlisteneinträgen über Auswertungen von Originalquellen der verschiedenen Eskadronen der Reitenden Tiroler Landesschützen/Kaiserschützen so genannte „Gefechtskalender" erstellt, wodurch die Untersuchung der Kriegsbeteiligung aller Teileinheiten[65] der Reitenden Tiroler Landesschützen/Kaiserschützen vollzogen werden konnte. Überdies wurden bei der Rekonstruktion des Gefechtskalenders der Reitenden Tiroler Landesschützen/Kaiserschützen an der Südwestfront das Wesen und die Eigenheiten des Gebirgskrieges respektive der Gebirgsverteidigung in den Fokus gerückt. Um den Kampfwert der Reitenden Tiroler Landesschützen/Kaiserschützen auf den Kriegsschauplätzen des Ersten Weltkrieges abzuleiten, wurde in der vorliegenden Arbeit die Entwicklung der Einsatzführung der Reitertruppe in den verschiedenen topographischen und geographischen Einsatzgebieten analysiert.

Basierend auf den Ausarbeitungen des Generalstabswerkes *Österreich-Ungarns letzter Krieg 1914-1918* aus den Jahren 1931-1938, weiterführender Literatur über die Ostfront und den Isonzoschlachten sowie Originalquellen aus dem Österreichischen Staatsarchiv werden bestehende Forschungslücken im Hinblick auf den Kriegsverlauf der Reitenden Tiroler Landesschützen/Kaiserschützen als auch der Reitenden Dalmatiner Landesschützen/Schützendivision aufgezeigt, welche bis dato nicht ausreichend erforscht worden sind, wodurch sich die folgende Analyse einer thematischen Rekonstruktion widmet.

Bei der Rekonstruktion der Geschichte der Reitenden Tiroler Landesschützen/Kaiserschützen ergeben sich dabei folgende Fragestellungen: Erstens, wie setzte sich der „Gefechtskalender" der Reitenden Tiroler

[65] Als Teileinheiten werden die einer Kompanie unterstellten Züge bezeichnet.

Landesschützen/Kaiserschützen in den Kriegsjahren 1914-1918 zusammen? Schaumann vermerkte, dass sich die Reitenden Tiroler Landesschützen/Kaiserschützen „[...] im Reiterkampf als Divisionskavallerie auf den Schlachtfeldern des Ostens und ab 1915 an der hochalpinen Südwestfront, zum größten Teil im Infanterieeinsatz“[66] bewährten. Hierbei stellt sich die zweite Frage nach der Entwicklung der Reitenden Tiroler Landesschützen/Kaiserschützen von einer ursprünglichen Tiroler Kavallerie-Meldeeinheit zu einer abgesessenen Gebirgskampfeinheit in der k.k. Landwehr. Wie und respektive aus welchen Gründen änderte sich die Aufgabe der Reitenden Tiroler Landesschützen/Kaiserschützen während des Kriegsverlaufs? Was lässt sich ableiten im Hinblick auf das Kriegsbild im Kampfeinsatz gegen das Italienische Königreich? Des Feldmarschall Conrads „Guerilla-Kavallerietruppe“? Stellte der Kampfwert der Reitenden Tiroler Landesschützen/Kaiserschützen den einsatzbestimmenden Faktor dar? Drittens, welche Gemeinsamkeiten und Unterschiede der k.k. Reitenden Tiroler und der Reitenden Dalmatiner Landesschützen/Schützendivision waren von deren Aufstellungen bis zum Kriegsende vorhanden beziehungsweise zeigten sich?

Durch die Auswertung von Originalquellen in Form von Kriegsaufzeichnungen eines Reitenden Tiroler Landesschützen/Kaiserschützen Offiziers aus dem Privatarchiv Dr. Erhard Hartung, Befehlen, Stellungsbehelfen, Weisungen, Skizzen und Ego-Dokumenten, gehoben aus dem Österreichischen Staatsarchiv Wien, dem Jüdischen Historischen Museum Hohenems sowie durch die Analyse historischer Zeitungen, erschließen sich in dieser Arbeit Erkenntnisse, die die Geschichte der Reitenden Tiroler Landesschützen/Kaiserschützen von deren Aufstellung 1872 bis zum Kriegsende im November 1918 widerspiegeln. Da sich in den herangezogenen Quellen oftmals militärische respektive stenographische Abkürzungen befinden, wurden jene Abkürzungen vom Autor dieser Arbeit in deren Transkription in eckigen Klammern vervollständigt, um einerseits den Quellenwert zu bewahren und andererseits die Leserlichkeit zu gewährleisten. Erwies sich der Quellenwert in den Originalakten aufgrund von Beschädigungen, Verschmierungen oder Unleserlichkeit bereits als niedrig, wurden bei jenen Passagen Auslassungen vorgenommen und dementsprechend gekennzeichnet.[67]

Zur Sicherstellung der geschichtlichen Korrektheit werden die Reitenden Tiroler Landesschützen/Kaiserschützen in der vorliegenden

[66] Schaumann, Die Gebirgstruppen Westeuropas, S. 164.

[67] Als Ersatzzeichen für Beschädigungen, Verschmierungen, Unleserlichkeit in Originalquellen wurde das Symbol der Auslassung [...] gewählt.

Arbeit ab dem Kriegsbeginn bis zum Jahr 1917 als Reitende Tiroler Landesschützen deklariert und folgend bis Kriegsende als Reitende Tiroler Kaiserschützen bezeichnet. Das gilt auch für die Reitenden Dalmatiner Landesschützen/Schützendivision, welche zeitgleich mit dem Tiroler Pendant in Reitende Dalmatiner Schützendivision umbenannt wurden. Um die Authentizität der Quellen zu wahren, wurden vom Autor dieser Arbeit die Bezeichnung Schwadron aus den jeweiligen verwendeten Originalakten übernommen, ansonsten jedoch die Reiterkompanien bis 1917 in deren ursprünglichen Form als Eskadrone bezeichnet.[68] Wenn im Folgenden allgemein von Soldaten der k.u.k. Armee die Rede ist, werden immer jene an den jeweiligen Frontabschnitten eingesetzten Truppenkontingente des Vielvölkerheeres der Habsburgermonarchie, an einigen Frontabschnitten auch im Zusammenwirken mit Soldaten des Deutschen Reiches, angesprochen. Selbiges gilt für die Bezeichnung „Reiter" ab dem Kriegsjahr 1915. Sollten die Reitenden Tiroler Landesschützen/Kaiserschützen respektive die Reitenden Dalmatiner Landesschützen/Schützendivision nicht explizit als Divisionskavallerie ausgewiesen werden, so werden unter dem genannten Begriff immer abgesessene infanteristische Soldaten betitelt.

4. Quellenlage und Quellenkritik

Der im Österreichischen Staatsarchiv, Abteilung Kriegsarchiv tätige Historiker Hochedlinger beschreibt den Umgang mit der eigenen Militärgeschichte in Österreich folgendermaßen:

> „Das hartnäckige Desinteresse der zünftigen Historie an militärgeschichtlichen Fragestellungen [...] [hat] in Österreich eine lange Tradition: es ist nicht zuletzt das Produkt einer seit dem 19. Jahrhundert fest etablierten Arbeitsteilung zwischen der akademischen Geschichtsforschung einerseits und der bewaffneten Macht andererseits, die bis 1918 und in veränderter Gestalt bis 1938/1945 über Generalstab und Kriegsarchiv hauptsächlich relevanten militärhistorischen Quellen kontrollierte und in weiterer Folge auch ihre Auswertung unangefochten monopolisierte."[69]

Hochedlinger führt diesbezüglich weiter aus, dass „[d]ie späteren Publikationen des Generalstabs bzw. des Kriegsarchivs ihnen [den noch vorhandenen Feldakten Anm. d. Verf.] nur entnommen [hatten], was damals für interessant und wichtig empfunden wurde."[70] Dies kann als

[68] Vgl. Kapitel: Quellenlage und Quellenkritik.
[69] Hochedlinger, Quellen zum kaiserlichen bzw. k. k. Kriegswesen, S. 162.
[70] Ebd., S. 163.

größtes Manko der k.u.k. Militärgeschichtsschreibung bezeichnet werden und trifft versinnbildlicht ganzheitlich auf die Geschichte der Reitenden Tiroler Landesschützen/Kaiserschützen zu, denn, da jener Verband nur als ein Teil des großen militärischen Ganzen beziehungsweise der österreich-ungarischen Kriegsmaschinerie angesehen wurde, blieb deren Geschichte – von der Aufstellung bis zur Beorderung in den Weltkrieg und deren Wirken sowie deren Ende – zu großen Teilen ungeschrieben. Da sich die „Waffentaten" der Reitenden Tiroler Landes- und Kaiserschützen hauptsächlich auf Kompanie- respektive Eskadronsebene sowie auch auf Feldwachen- und Maschinengewehr-, und Patrouillenebene vollzogen hatten, fand deren „Weltkriegsgeschichte" auf Grund der zuvor beschriebenen, selektiven Auswahl von als relevant angesehener Militärgeschichte keine oder nur eine randnotizliche Erwähnung im Generalstabswerk.

Die generelle Quellenlage ist jedoch von dem Umstand geprägt, dass große Quellenbestände beziehungsweise Feldakten der k.u.k. Wehrmacht des Ersten Weltkrieges, welche bis zur Kompanieebene reichten, bis 1920 in der Wiener Stiftskaserne gelagert wurden, jedoch nicht aufgearbeitet oder verzeichnet worden waren. Am 30. November dieses Jahres, brach ein bis dato ungeklärter Brand im Archiv der Stiftskaserne aus, welcher zahlreiche operative Feldakten vernichtete.[71] Das Fehlen von Feldakten über die Trupp-, Zugs- und Kompanieebene (Eskadronsebene) der Reitenden Tiroler Landesschützen/Kaiserschützen als auch die der Reitenden Dalmatiner Landesschützen/Schützendivision gründete sich jedoch primär auf folgende Faktoren: Auf Grund des Charakters des Bewegungskrieges im Kriegsjahr 1914 sowie der einfachen Befehlsgebung fiel das Feldaktenmaterial der niederen Heeresorganisationen dürftig aus. Ab dem Kriegsjahr 1917 wurde bei der Abgabe der Feldakten eine weitreichende Selektion angewandt. Operative Feldakten wurden diesbezüglich nur noch ab der Brigadeebene aufwärts an das Kriegsarchiv abgeliefert, die der k. u. Landwehr (Landsturm) wurden an das k. u. Landesverteidigungsministerium nach Budapest abgeführt, wobei Abschriften wiederum an das Kriegsarchiv abgegeben wurden. Die nicht-operativen Feldakten wurden an die Militärkommandos oder das Kriegsministerium (Registratur) übergeben sowie die Regimentsakten an die Ersatzkörper verteilt. Als Folge der Verluste beim Zusammenbruch im Kriegsjahr 1918 sind diesbezüglich große Fehlbestände an Feldakten vorhanden.[72]

Laut dem damaligen Leiter der Abteilung des Kriegsarchives Wien,

---

[71] Egger, Das Kriegsarchiv vom Ersten zum Zweiten Weltkrieg, S. 33-34.
[72] O.A., Inventare Österreichischer Archive. VIII. Inventar des Kriegsarchivs Wien (Band 2), Wien 1953, S. 6.

Gerhard Artl, ist „[v]on den Reitenden Tiroler Kaiserschützen selbst [...] nur wenig Aktenmaterial vorhanden. Von den Rang- und Einteilungslisten bzw. Verlustlisten abgesehen [seien] nur wenige Aktenstücke erhalten."[73] Für die vorliegende Arbeit konnten dennoch neben den Gefechtsberichten noch weitere Akten aus dem Kriegsarchiv herangezogen werden. Zahlreiche dieser Quellen konnten trotz der Tatsache, dass sie weder in der Archivplansuche aufscheinen noch der gängigen Suchtektonik entsprachen, für die vorliegende Arbeit gewonnen werden, wodurch eine präzise Rekonstruktion der Geschichte der Reitenden Tiroler Landesschützen/Kaiserschützen, vor allem am italienischen Kriegsschauplatz der Tiroler Front vollzogen werden konnte. Die Akten zu den Reitenden Tiroler Landesschützen/Kaiserschützen sind im Österreichischen Staatsarchiv bis auf Verlustlisten und Personenlisten nicht im Teilbestand „Reitende Tiroler Landesschützen/Kaiserschützen" (OeStA-KA-AdT Landwehr IR und Kaiserschützenjäger rTKSch), sondern im Karton „Reitende Schützen Regimenter" mit der Signatur *KA AdTk 1724 Reit.Sch.Reg* auffindbar, obwohl es sich formal ja nicht um ein Regiment, sondern eine „Division" beziehungsweise ein „Halbregiment" handelte. Dies gilt analog für die noch kleineren Dalmatiner Landesschützen. Als Reitende Schützenregimenter (Nr. 1-6) wurden ab 1916 nur die zu Kriegsbeginn bestehenden k.k. Landwehrulanenregimenter Nr. 1-6 bezeichnet.[74] Im Ersten Weltkrieg bestand ein Regiment aus mindestens sechs Eskadronen.[75] Im Jahr 1914 wäre vorgesehen gewesen, eine Neuformierung der Reitenden Tiroler Landesschützen als auch der Reitenden Dalmatiner Landesschützen durchzuführen und jede der beiden „Divisionen" auf sechs Eskadronen und damit zu einem „Alpenschützen-Regiment" zu erweitern.[76] Diese Planungsgrundlage wurde jedoch in der k.u.k. Wehrmacht nie umgesetzt. Eine mögliche Erklärung der Nomenklatur könnte sein, dass, nach Cappellano, „computando come un reggimento i 5 squadroni di triatori montati tirolesi e dalmati"[77].

Der im Kriegsarchiv tätige Historiker Fiedler vermerkte in Bezug auf den Karton *Reit.Sch.Reg* wie folgt: „Das Material ist größtenteils ungeord-

---

[73] E-Mail Dominik Ender mit Dr. Gerhard Artl über die Aktenlage zu den Reitenden Tiroler Kaiserschützen, 28.12.2018.

[74] *Verordnungsblatt für die k.k. Landwehr*, Zirkularverordnung vom 21. März 1917, Präs. Nr. 6129 (Normalverordnungsblatt 15/17), S. 80.

[75] PA-VRTKsI-VIHL Unsere Kaiserschützen, unveröffentlichtes Manuskript. Heft 1, S. 31.

[76] *Grazer Tagblatt* (08.11.1913), S. 14.

[77] Filippo Cappellano, L'Imperial regio Esercito austro-ungarico al fronte italiano (1915-1918). Dai documenti del Servizio informazioni dell' esercito italiano, Rovereto 2002, S. 256. Eigene Übersetzung: Eine mögliche Erklärung der Nomenklatur könnte diesbezüglich sein, dass, nach Cappellano, „die 5 Schwadrone der Reitenden Tiroler und Dalmatiner zusammen als ein Regiment gezählt [wurden]".

[78] E-Mail Dominik Ender mit Dr. Harald Fiedler über Feldakten Reitende Tiroler Landesschützen/Kaiserschützen Bestand im ÖStA/KA, 12.03.2021.

net bzw. wenn, dann grob chronologisch."[78] Die verwendeten Begriffe – etwa „Schwadron" statt „Eskadron" – deuten darauf hin, dass die vorhandene Ordnung der Akten erst gegen Kriegsende oder danach erfolgt ist. Ein Großteil der Kavallerieeinheiten der k.u.k. Wehrmacht wurde ab dem Zeitpunkt ihrer Formierung als Schwadron bezeichnet, die Ausnahme bildeten hierbei jedoch die Reitenden Tiroler Landesschützen/Kaiserschützen sowie die Reitenden Dalmatiner Landesschützen/Schützendivision, deren Einheiten bis zur generellen Umgliederung respektive Umbenennung der k.k. Landesschützen-Verbände im Jahr 1917 ausschließlich als Eskadrone die Bezeichnung fanden. Mit der zusätzlichen Auswertung von zahlreichen vorhandenen Verlustlisten[79] der Reitenden Tiroler Landesschützen/Kaiserschützen aus den Kriegsjahren 1915 und 1917 konnte sogar eine Rekonstruktion des „Gefechtskalenders" der Eskadronen an der Ostfront sowie an der Südwestfront auf Kompanieebene sukzessive vervollständigt werden. In Verbindung mit Aufzeichnungen aus der *Rettenberger Schützenchronik* konnten einerseits jene militärischen Einheiten, bei welchen die Reitenden Tiroler Landesschützen/Kaiserschützen im Kriegsverlauf angegliedert waren, nachgezeichnet werden. Andererseits ergaben die Eintragungen in der Chronik wiederum Aufschlüsse über die einzelnen Stationen und Gefechte der Reitenden Tiroler Landesschützen/Kaiserschützen von der Ostfront sowie Südwestfront und eine weitere Vervollständigung des Gefechtskalenders.[80] Durch die so genannte *Nafziger Collection of Orders of Battle*[81], einer US-amerikanischen Quellensammlung von Schlachtordnungen und Gefechtsaufstellungen vom Heiligen Römischen Reich 1625 bis Ende des Zweiten Weltkrieges 1945, konnte, in Verbindung mit den vom Österreichischen Staatsarchiv bereits erwähnten publizierten Bänden des Generalstabswerks *Österreich-Ungarns letzter Krieg 1914-1918*, die Truppenzugehörigkeiten sowie die Verortung der Reitenden Tiroler Landesschützen/Kaiserschützen im Ersten Weltkrieg, komplettiert werden.

Im Tiroler Landesmuseum/Ferdinandeum ist in der Bibliothek des so genannten „Kaiserschützenmuseums" eine handschriftliche Urgenz zu den Reitenden Tiroler Landesschützen/Kaiserschützen im „Gefechtstagebuch des I. Regiment"[82] zu finden, zusätzlich konnte ein Quellendokument aus dem Jüdischen Museum Hohenems[83] gehoben werden, wodurch

---

79 Namentliche Verlustlisten k.k. Reitenden Tiroler Landesschützendivision der Jahre 1915 und 1917. vgl. OeStA-KA VL VLI 78 Reit. Tir. Lds. Schtz. Div. sowie: OeStA-KA VL VLI 193 Reit. Tir. Lds. Schtz. Div.

80 *Rettenberger Schützenchronik*, zweiter Teil: Tradition, Rettenberg bei Kolsass, o.D.

81 Vgl. The Nafziger Collection of Orders of Battle der Jahre 1914-1918.

82 Vgl. TLM-Tiroler Landesmuseen, KSM-Bibliothek, Kiste VI. Rudolf Florio, Aus der Geschichte der Kaiserschützen. „Das Gefechtstagebuch des I. Regiment", S. 44.

83 Vgl. JHM-A 1840. Abschrift des Brigadekommando Befehls vom 19. Juni 1918, Gefecht an der Hochfläche von Asiago.

die Quellenlage ergänzt werden konnte. Jene Quelle gibt Aufschluss über den Kampfeinsatz von Teilen der Reitenden Tiroler Landesschützen/ Kaiserschützen im Juni 1918 bei der Junischlacht gegen das Englische Expeditionskorps im Grappa Massiv. In den British National Archives in Kew sind zu jener Thematik jedoch nur 51-seitige Stellungsskizzen und Aufmarschpläne zu finden, jedoch keine Akten über direkte Kampfhandlungen mit k.u.k. Truppen respektive Gefechte mit den Reitenden Tiroler Landesschützen/Kaiserschützen.[84]

In Bezug auf die Archivlandschaft in Österreich, Italien und Slowenien lässt sich die Quellenlage zu den Reitenden Tiroler Landesschützen/Kaiserschützen wie folgt beschreiben: Bis zum Jahr 1938 waren die Feldakten der Reitenden Tiroler Landesschützen/Kaiserschützen im Tiroler Landesarchiv (TLA) im Bestand „Einzelne Regimenter des k.u.k. 14. Armeekorps: [...] Tiroler reitende Schützen" archiviert.[85] Diese Akten mussten nach dem „Anschluss" Österreichs an das Deutsche Reich auf Grund einer Weisung aus Berlin im Jahre 1940 an das damalige Heeresarchiv Wien (Kriegsarchiv Wien) abgetreten werden. Durch Auslagerungen der Archivalien im Heeresarchiv Wien erlitt jener Bestand jedoch größere Verluste, welcher die Feldakten zu den Reitenden Tiroler Landesschützen/Kaiserschützen umschloss.[86] Außer einem Evidenzprotokoll der Reitenden Tiroler Landesschützen/Kaiserschützen lassen sich keine militärstrategisch-operativen Akten über den Einsatz und das Wirken der Eskadronen im Ersten Weltkrieg diesbezüglich mehr finden.[87] Im Südtiroler Landesarchiv in Bozen sind keine Quellen zur Thematik der Reitenden Tiroler Landesschützen/Kaiserschützen auffindbar.[88] Im Trentiner Staatsarchiv lässt sich nur eine indirekte Quelle zu den Reitenden Tiroler Landesschützen/Kaiserschützen finden, jedoch sind auch dort keine operativen Feldakten zu jener Einheit vorhanden.[89] Im Gegensatz dazu kann im Regionalarchiv Marburg/Maribor (Prokrajinski arhiv Maribor) im Kriegstagebuch eines Angehörigen des Dragonerrgiments 5 eine Eintragung über die Reitenden Tiroler Landesschützen/Kaiserschützen aus den anfänglichen Gefechtshandlungen an der Ostfront gehoben werden.[90]

[84] Vgl. The National Archives London WO153/779. Italy: British front on Asiago 1918.
[85] Otto Stolz, Geschichte und Bestände des staatlichen Archivs (jetzt Landesregierungs-Archives) zu Innsbruck (= Inventare Österreichischer Staatlicher Archive Band VI.), Wien 1938, S. 130.
[86] Email Dominik Ender mit Dr. Gertraud Zeindl über Feldaktenbestand „k.u.k. 14. Armeekorps: Tiroler reitende Schützen" im TLA, 05.03.2021. sowie o.A., Publikationen des Österreichischen Staatsarchivs. VIII. Inventar des Kriegsarchivs Wien (=II. Serie: Inventare österreichischer Archive), Wien 1953, S. 168.
[87] Vgl. Werner Köfler, Militaria im Tiroler Landesarchiv, in: *Mitteilungen des Österreichischen Staatsarchivs (49/2001)*, S. 391-400.
[88] Vgl. Hubert Gasser, Das Militärschriftgut in den Staatsarchiven Bozen und Trient, in: *Mitteilungen des Österreichischen Staatsarchivs (49/2001)*, S. 411-416.
[89] Vgl. Kapitel: Ausbildung und Einsatztauglichkeit der berittenen Tiroler.
[90] Vgl. SI_PAM/1645/005/001/00023. Spomini na prvo svetovno vojno: nadporočnik Tassilo vitez Wimmersperg, zbral Otto Gariboldi (Auszug Tagebucheintrag Leutnant Tassilo Wimmersperg vom Rückzugsgefecht bei Turkocin – Stanimirz).

Das Privatarchiv des Vereines *Reitende Tiroler Kaiserschützen Innsbruck* mit Sitz in Innsbruck beinhaltet einerseits einzelne Quellendokumente[91], vorrangig über Kartenmaterial aus den Jahren 1915, welche Auskünfte über Positionen der eingesetzten Einheiten der Reitenden Tiroler Landesschützen/Kaiserschützen der südlichen Ortlerfront liefern. Andererseits wird in jenem Privatarchiv der Vorlass Heinz Lehner mit mehreren unveröffentlichten Manuskripten über die Geschichte der k.k. Landesschützen/ Kaiserschützen sowie hierbei im Speziellen zwei Manuskripte mit Auszügen über die Reitenden Tiroler Landesschützen/Kaiserschützen archiviert. Die Bedeutung jenes Vorlasses liegt darin, dass der Onkel von Heinz Lehner ein Angehöriger der 3. Eskadron der Reitenden Tiroler Landesschützen/Kaiserschützen in den Kriegsjahren 1914-1918 war und somit Zeitzeugeninformationen aus erster Hand (Oral History) bei der Erstellung der Manuskripte mit einflossen.[92]

Zusätzlich konnten Ego-Dokumente aus dem Privatarchiv Dr. Erhard Hartung, dessen Vater Franz Foltin im Ersten Weltkrieg als Zugskommandant bei der 2. Eskadron sowie als Kommandant der 3. Eskadron der Reitenden Tiroler Landesschützen/Kaiserschützen diente, herangezogen werden. Die über die Kriegszeit zum Großteil auf Oleaten-Papier geschriebenen und handschriftlich verfassten Quellen beinhalten einen persönlichen Bericht über die „Feuertaufe" der 2. Eskadron im Ostfeldzug sowie persönliche Aufzeichnungen, die Großteils für die Familie bestimmt waren, jedoch Einblicke über die Militärzeit im Ersten Weltkrieg von Franz Foltin darlegen.[93]

Um den Fehlbestand der Quellen aus der österreichischen Archivlandschaft auszugleichen, wurden bereits veröffentliche Ego-Dokumente und publizierte Zeitzeugenberichte, wie beispielsweise Tagebuchauszüge des Soldaten Franz Kögler[94] von der Ostfront aus den Jahren 1914-1915 oder der Bericht über die südliche Ortlerfront des ehemaligen k.u.k. Heeresbergführers und Kaiserjägeroffiziers Robert Mayr, abgedruckt in den *Mitteilungen des Österreichischen Alpenvereins des Zweiges Innsbruck* unter dem *Titel Erlebnisse am Monte Vioz (3644 m) im Jahre 1917*[95] oder der unter

[91] Es kann bei einem Teil dieser Quellendokumente gemutmaßt werden, dass diese im Österreichischen Staatsarchiv/Kriegsarchiv gehoben worden sind und ohne Signatur gesammelt wurden.
[92] Um eine lückenloste Rückverfolgbarkeit zu gewährleisten, wurden diese Archivalien als PA-VRTKsI-VlHL gekennzeichnet.
[93] Vgl. PA-EH Kriegsaufzeichnungen des Reitenden Tiroler Landesschützen/Kaiserschützen Franz Foltin sowie PA-EH Persönliche Aufzeichnungen des Reitenden Tiroler Landesschützen/ Kaiserschützen Franz Foltin über seine Familie und seinen Werdegang.
[94] Vgl. Franz Kögler, Meine Kriegserlebnisse. 1. Weltkrieg, Ostfront, Juni 1914 bis September 1915, [https://studylibde.com/doc/2089512/franz-k%C3%B6gler--meine-kriegserlebnisse--1.-weltkrieg--ostfr...], eingesehen am 26.09.2019.
[95] Robert Mayr, Erlebnisse am Monte Vioz (3644 m) im Jahre 1917, in: *Mitteilungen des Österreichischen Alpenvereins des Zweiges Innsbruck (1/1974)*, S. 1-4.

dem Titel *Rückzugserlebnisse*[96] verschriftlichte Bericht des Reitenden Tiroler Kaiserschützen Matt herangezogen. Vor allem der letztgenannte Text hat, da nur zwei Wochen nach Kriegsende zwischen 18. und 22. November 1918 verfasst, einen starken Quellenwert, da einerseits der Rückzugsweg der Reitenden Tiroler Landesschützen/Kaiserschützen von der südlichen Ortlerfront nach Innsbruck sowie die allgemeine Stimmungslage nach Kriegsende aus der Sicht eines Reitenden Tiroler Landesschützen/Kaiserschützen eruierbar sind. Andererseits konnten auf Grund der adjustierungstechnischen Alleinstellungsmerkmale der Reitenden Tiroler Landesschützen/Kaiserschützen auf den Fotos und Aufnahmen der österreich-ungarischen Kriegsberichterstattung, obwohl teilweise die übernommene historische Originalbeschreibung Fehler in der Benennung inkludierte[97], die Soldaten jenes Truppenkörpers identifiziert und so deren Gefechtskalender vervollständigt werden.[98] Mit jenen Dokumenten konnten somit Querverweise der Reitenden Tiroler Landesschützen/Kaiserschützen im Kriegsgeschehen hergestellt und der Quellenwert der Archivdokumente der Ostfront sowie Südwestfront verifiziert werden. Überdies wurden österreich-ungarische Zeitungsmedien, wie beispielsweise die *Innsbrucker Nachrichten, die Oesterreichisch-ungarische Wehr-Zeitung, das Tiroler Volksblatt, die Neue Tiroler Stimmen* sowie die *Meraner Zeitung* und der *Bote für Tirol und Vorarlberg*, der Jahre 1872 bis 1937 verwendet, um Anschauungen, Ausbildungen, Einsätze und Kriegshandlungen der Reitenden Tiroler Landesschützen/Kaiserschützen zeitgenössisch multikausal nachzeichnen zu können. Vor allem die in den Aufstellungsjahren bis zum Beginn des Ersten Weltkrieges publizierten historischen Zeitungen[99] liefern in der vorliegenden Arbeit als historische Quellen unerlässliche Erkenntnisse und zeigen essenzielle Entwicklungen über die Zeitspanne von der Formierung der Reitenden Tiroler Landesschützen/Kaiserschützen bis zu deren Kriegseintritt auf. Zusätzlich konnte mit der Hilfe historischer Kartensätze und Quellen aus dem Staatsarchiv Wien die ehemalige Kaserne der Reitenden Tiroler Landesschützen im Garnisonsort Innsbruck eruiert und lokalisiert werden. Durch jenen modus operandi konnte der Quellenbestand zu den Reitenden Tiroler Landesschützen/Kaiserschützen vervollständigt und die Geschichte jenes Verbandes ad-

[96] *Kriegs-Zeitung des Akademischen Turn-Vereines Graz (216/1918)*, S. 6.
[97] Vgl. OeStA-KA BS I WK. Bildersammlung 1. Weltkrieg.
[98] Bei historischen Fotos als Geschichtsquellen muss jedoch beachtet werden, dass jene Ausschnitte immer nur Einzelfälle darstellen und multikausal mit den geschichtlichen Ereignissen in Zusammenhang gebracht werden müssen, um repräsentativ zu sein.
[99] Vor allem die historischen Zeitungen der Kriegsjahre erforderten hierbei eine kritische Reflektion in Bezug auf die vorherrschende Stimmungslage sowie die beinhaltende Propagandaintention.

äquat nachgezeichnet werden.

In Bezug auf die Operationsakten der vorgesetzten taktischen Führungsebenen der Reitenden Tiroler Landesschützen/Kaiserschützen während der Kriegsjahre 1914-1918, aufbewahrt in der Abteilung Kriegsarchiv des Österreichischen Staatsarchives, muss hierbei berücksichtigt werden, dass die taktische Ebene von Bataillon - Brigade - Division - Armee nach dem Grundsatz der Auftragstaktik geführt wurde. Die taktische Ebene „plant und führt nach den Prinzipien der Auftragstaktik den Kampf der verbundenen Waffen[100] und den Einsatz der verbundenen Kräfte in einem ihr zugewiesenen Einsatzgebiet."[101] Somit lässt sich auch erklären, warum nur in Einzelfällen Querverweise bis auf die Eskadronsebene oder sogar Zugsebene der Reitenden Tiroler Landesschützen/Kaiserschützen zu finden sind.[102]

Bezugnehmend auf die Reitenden Dalmatiner Landesschützen/Schützendivision sind Originalquellen in noch geringerer Anzahl als jene der Reitenden Tiroler Landeschützen/Kaiserschützen vorhanden. Im Privatarchiv der Familie Goldegg befindet sich das Kriegstagebuch des Reitenden Dalmatiner Landesschützen und folgend bei den Reitenden Tiroler Landeschützen/Kaiserschützen dienstzugeteilten Anton Ritter von Goldegg und Lindenburg. Das Tagebuch ist in Kurrent verfasst und umfasst den Zeitraum von 29. Oktober bis 30. Dezember 1915 an der Isonzofront bei Tolmein.[103]

Das bereits genannte Österreichische Staatsarchiv, Abteilung Kriegsarchiv, zählt hierbei wie beim Tiroler Pendant einerseits nur einen Karton, welcher als „Verlustlisten Rt. Dalm. Lds. Schtz.Div"[104] gekennzeichnet ist,

---

[100] Der Begriff des „Kampfes der verbundenen Waffen" entwickelte sich erst aus den Erfahrungen der Kampfführung des Ersten Weltkrieges und umfasst das räumliche sowie zeitliche Zusammenwirken einzelner Kräfte der verhandenen Waffengattungen.

[101] Bundesministerium für Landesverteidigung, Militärlexikon (MilLex), Wien 2020, S. 523.

[102] Vgl. Operationsakten der vorgesetzten Führungsebene der Reitenden Tiroler Landesschützen/Kaiserschützen 1914-1918: OeStA-KA FA GAK Italienische Front Rayonskommando II (Befehlsbeitragbuch, Abfertigungen der 54. Halbbrigade (88. Landesschützenbrigade); OeStA-KA AhOB Op 832 (Aufmarsch Vorbereitung 108. Landsturm-Infanterie-Brigade/Aufmarsch Behelf); OeStA-KA FA NFA BK KavBrig Gruppe Vevér; OeStA-KA FA NFA DK ID 50. ID; OeStA-KA FA NFA BK IBrig/GebBrig. 55. GebBrig; OeStA-KA FA NFA DK ID 1. ID OeStA-KA FA NFA DK ID 48. ID; OeStA-KA FA NFA DK ID 8. ID; OeStA-KA FA NFA KK XXI. Korps; OeStA-KA FA NFA KK XIV. Korps Edelweiß (Operative Akten 01.02. -30.09.1017); OeStA-KA FA NFA BK IBrig/GebBrig 98. KSchBrig; OeStA-KA FA NFA BK IBrig/GebBrig 15. IBrig; OeStA-KA FA NFA DK ID 19.ID; OeStA-KA FA NFA DK ID 6. ID; OeStA-KA FA NFA DK ID 18. ID; OeStA-KA FA NFA DK ID 22. SchD; OeStA-KA FA NFA GAK Italienische Front Rayonskommando II (Operative Akten: 4 Telegraphendepeschenbücher für Meldungen der unterstehenden Truppen und Anstalten an das Rayonskommando II 24.05.1915-10.01.1916 und 28.02.-23.07.1916 sowie operative Akten 01.11.-31.12.1916); OeStA-KA FA NFA GAK Italienische Front Rayonskommando I (Operative Akten: 31.05.-04.12.1915); OeStA-KA FA NFA DK ID 52. ID; OeStA-KA FA NFA KK XV. Korps (Operative Akten: Nr. 1-214 vom 27.7.-31.8.1914); OeStA-KA FA NFA KK V. Korps (neu)/GK Erzh. Peter Ferdinand; OeStA-KA FA NFA HHK AK/AGKdo 10. Armee.

[103] Vgl. PA-G Kriegstagebuch des Reitenden Dalmatiner Landesschützen und Reitenden Tiroler Landesschützen/Kaiserschützen Anton Ritter von Goldegg und Lindenburg von 29.10.1915-30.12.1915.

[104] Vgl. OeStA-KA VL VLI 78 Rt. Dalm. Lds. Schtz. Div.

jedoch keine Dokumente enthält. Andererseits findet sich bei den Feldakten auf Eskadronsebene wiederum fälschlicherweise im gleichen Karton wie bei den Reitenden Tiroler Landesschützen/Kaiserschützen, *KA AdTk 1724 Reit.Sch.Reg.*, nur ein Blatt über die „Waffentat" eines Reitenden Dalmatiner Landesschützen. Es wäre in der vorliegenden Studie zu weit gegriffen, die gesamte Geschichte der Reitenden Dalmatiner Landesschützen/Schützendivision detailliert nachzuzeichnen, jedoch wurden für einen historischen Vergleich Aspekte und der Gefechtskalender der Reitenden Dalmatiner Landesschützen/Schützendivision vom Autor dieser Arbeit rekonstruiert, um einerseits Lücken in der Geschichte der Reitenden Dalmatiner Landesschützen/Schützendivision aufzuzeigen sowie andererseits einen Grundstock für zukünftige Forschungsleistungen zu legen.[105]

[105] Vgl. Operationsakten der vorgesetzten Führungsebene der Reitenden Dalmatiner Landesschützen/Schützendivision 1914-1918: OeStA-KA FA NFA DK ID 58. ID; Zeidler OeStA-KA BA MMThO IV Z 54; OeStA-KA FA NFA BK IBrig/GebBrig 2. GebBrig; OeStA-KA FA NFA BK IBrig/GebBrig 4. GebBrig; OeStA-KA FA NFA BK IBrig/GebBrig 5. GebBrig; OeStA-KA FA NFA BK IBrig/GebBrig 6. GebBrig; OeStA-KA FA NFA BK IBrig/GebBrig 8. GebBrig; OeStA-KA FA NFA DK ID 18. ID; OeStA-KA FA NFA DK ID 47. ID; OeStA-KA FA NFA DK ID 50. ID; OeStA-KA FA NFA BK IBrig/GebBrig 14. GebBrig; OeStA-KA FA NFA DK ID 61. ID; OeStA-KA FA NFA DK ID 57. ID; OeStA-KA FA NFA DK ID 59. ID; OeStA-KA BS I WK Fronten Rumänien, 1131; OeStA-KA FA NFA DK ID 60. ID; OeStA-KA FA NFA DK ID 53. ID; OeStA-KA FA NFA HHK AK/AGKdo 5. Armee (HGK Boroević); OeStA-KA FA NFA KK XV. Korps; OeStA-KA FA NFA KK XVI. Korps; Operative Akten 1915: OeStA-KA FA NFA KK XVI. Korps 2073 bis 2095; Operative Akten 1915: OeStA-KA FA NFA KK XV. Korps 1899 bis 1918; OeStA-KA FA NFA KK XVII. Korps; Operative Akten 1916: OeStA-KA FA NFA KK XVII. Korps 2270 bis 2284; OeStA-KA FA NFA KK VI. Korps; OeStA-KA FA AOK OpAbt Kriegsgliederungen Akten 29; OeStA-KA FA NFA HHK AK/AGKdo 3. Armee; OeStA-KA FA NFA KK XIX. Korps; OeStA-KA FA AOK OpAbt Kriegsgliederungen Akten 222; Operative Akten 1916: OeStA-KA FA NFA KK XIX. Korps 2572 bis 2591;

II. Von berittener Infanterie zu Reitenden Landesschützen

Die k.k. Reitenden Tiroler und Dalmatiner Landesschützen/Kaiserschützen/Schützen-Eskadronen bildeten zusammen mit sechs Ulanen Regimentern das Rückgrat der k.k. Landwehr Kavallerie. Duruy schrieb über die k.k. Tiroler und Dalmatiner Kavallerieeinheiten:

> „Die 5 Eskadronen der berittenen Tiroler und Dalmatiner Landesschützen bilden in Österreich-Ungarn eine wirkliche Kavallerie. Ihre Reiter - ob in Tirol und Vorarlberg oder in Dalmatien - sind in den Bergen geboren und ihre kleinen Pferde sind an die besonderen Schwierigkeiten des Gebirgslandes vollkommen gewöhnt."[106]

Acerbi vermerkte über jene operativ ausgerichtete k.k. Landwehr „Gebirgskavallerie": „Tra le truppe speciali con compiti operativi in montagna gli Austroungheresi ebbero anche la ventura di utilizzare una sorta di cavalleria da montagna. Due unità speciali di cavalleria, *Reitende Dalmatiner Schützen e Reitende Tiroler Kaiserschützen* [...]."[107]

1. Die Aufstellung der „Landesschützen zu Pferd in Tirol und Vorarlberg"

Lehner konstatierte in Bezug auf eine berittene Tiroler Einheit: „Es mag zunächst verwundern, dass dem Truppenkörper der Kaiserschützen eine Kavallerieeinheit angehörte. Die Ursprünge lagen aber weit zurück [...]."[108] Die ersten Ansätze einer Tiroler Kavallerie-Einheit lassen sich bereits im Jahr 1809 erkennen, als Tiroler Kommandanten in Gefechten der Tiroler Landstürmer mit berittenen bayerischen und französischen Truppen auf den so genannten Wiltener Feldern bei Innsbruck den Mangel an berittenen Truppen bemerkten. Als Folge dieser Erfahrung begann mit der Proklamation vom 4. Mai 1809 des Feldmarschallleutnant Gabriel von Chasteler, die Formierung und Ausrüstung einer Tiroler „Bauern-Defensons-Kavallerie". Jene, nach Granichstaedten als „tirolisches Kavallerie-Korps" bezeichnete Formation wurde anfänglich von Oberstleutnant

[106] Franz Duruy, Österreich-Ungarn und Italien, Wien 1910, S. 45.
[107] Acerbi, Le truppe da montagna dell'esercito austro-ungarico nella Grande Guerra, S. 122. Eigene Übersetzung: Acerbi vermerkte über die k.k. Landewehr ‚Gebirgskavallerie': „Zu den österreich-ungarischen Spezialtruppen mit operativen Aufgaben im Gebirge zählte eine Art Gebirgskavallerie. Dies waren zwei spezielle Kavallerieeinheiten, die Reitenden Dalmatiner Schützen und die Reitenden Tiroler Kaiserschützen."
[108] PA-VRTKsI-VIHL. Unsere Kaiserschützen, unveröffentlichtes Manuskript. Heft 2, S. 21.

Paul von Taxis sowie Major Martin von Teimer aus entbehrlichen Pferden sowie Beutepferden aufgestellt. Die Mannschaft setzte sich aus ranzionierten Soldaten[109], primär aus entflohenen Kriegsgefangenen, sekundär aus von ihren Offizieren wegen Gebrechen, Verbrechen oder Desertion zurückgelassenen Soldaten zusammen. Die Adjustierung jener Tiroler Kavallerie-Einheit waren grüne sowie blaue Jacken mit roter Aufschlagfarbe. Die Aufgaben der neuen Truppe sollten vor allem Kurier- und andere Ordonanztätigkeiten umfassen. Die Gesamtstärke des Reiterkorps belief sich am 28. September 1809 bereits auf 100 Mann.[110] Diese Entwicklung stagnierte allerdings bis Mitte des Jahrhunderts und nach 1848 waren weder Kavallerieeinheiten in Tirol stationiert noch wurden Soldaten für solche Einheiten aus Tirol rekrutiert.[111]

Obwohl das Gelände Tirols nicht für einen Kampfeinsatz berittener Truppenteile prädestiniert war, zeigte sich, dass schnelle und bewegliche Reitertruppen für Aufklärungs- und Meldetätigkeiten im Einsatz essenziell waren. Dem Kronland Tirol stand es hierbei in Bezug auf seine militärischen Privilegien zu, eine eigene Kavallerieeinheit zu etablieren.[112] Auf Grund des Landwehrgesetzes von 1869[113], im Speziellen des Landesverteidigungsgesetzes für Tirol vom 19. Dezember 1870, welches am 8. Jänner 1871 Gültigkeit erlangte, begann ab diesem Zeitraum die Aufstellung von zehn Tiroler Landesschützenbataillonen und zwei Kompanien Landesschützen zu Pferd.[114] Jene, als „Landesschützen zu Pferd in Tirol und Vorarlberg" titulierten Kompanien sollten primär als berittene Infanterie[115] mit einer Kriegsdienststärke von 358 Mann und 318 Pferden sowie einem Friedens-Kader von einem Offizier, 27 Mann und 21 Pferden errichtet werden.[116] Der *Bote für Tirol und Vorarlberg* vermerkte im Juni des Aufstellungsjahres hierzu, dass die Landesschützen zu Pferd in Tirol und Vorarlberg, „[...] nach dem Gesetze überhaupt keine eigentliche Cavallerie-Truppe [seien] und man [...] sich daher unter dem Cadre derselben einen Cadre für berittene Infanteristen, Jäger oder Schützen vorzustellen [habe]."[117]

Dieser Kader wurde als „Cadre-Commando für die Landesschützen zu Pferd" geführt und sollte die Abrichtung der Pferde sowie die Ausbildung der einberufenen Offiziere und Mannschaften und die gesamte

[109] Als ranzionierter Soldat wurde ein aus Kriegsgefangenschaft befreiter Soldat bezeichnet.
[110] Rudolf Granichstaedten-Czerva, Andreas Hofers alte Garde, Innsbruck 1932, S. 68-70.
[111] *Neue Tiroler Stimmen (15.03.1872)*, S. 2.
[112] Walther Schaumann, Die Gebirgstruppen Westeuropas, in: *ASMZ: Sicherheit Schweiz: Allgemeine schweizerische Militärzeitschrift (137/1971), S. 163-169*, hier S. 164.
[113] O.A., *Traditionstruppen des Bundesheeres*, Die „Reitenden Tiroler Kaiserschützen", Wien 1937, S. 1.
[114] Oswald Gschließer, Zur Geschichte des Heerwesens in Tirol. 4. Teil (Schluss). Die Zeit von 1861 -1914, in: *Veröffentlichungen des Museums Ferdinandeum (40/1960), S. 60-208*, hier S. 84-85.
[115] O.A., *Traditionstruppen des Bundesheeres*, Die „Reitenden Tiroler Kaiserschützen", Wien 1937, S. 1.
[116] *Oesterreichisch-ungarische Wehr-Zeitung „Der Kamerad" (08.03.1872)*, S. 1.
[117] *Bote für Tirol und Vorarlberg (22.06.1872)*, S. 1.

Standes- als auch Evidenzführung wahrnehmen.[118] Das Cadre-Kommando der Landesschützen zu Pferd befand sich im so genannten Boscaroll'schen Hause in der Bahnhofstraße in Innsbruck.[119] Die Intention, eine Reitertruppe mit zwei Kompanien in Tirol zu stationieren, folgte einerseits der Logik, im Kriegsfall eine eigene, mit den örtlichen Gegebenheiten und Verhältnissen vertraute berittene Einheit zu besitzen, die zudem schnell einsatzfähig sein konnte. Andererseits sollte dadurch die allgemeine Wehrkraft in Tirol gesteigert werden, wodurch die regulären Kavallerieeinheiten des österreich-ungarischen Heeres bei Bedrohung der Grenzen nicht mehr nach Tirol instradiert hätten werden müssen.[120] Die Zeitung *Neue Tiroler Stimmen* schrieb am 15. März 1872 diesbezüglich:

> „Es wurde hiedurch [...] nach zwei Richtungen Rechnung getragen, und zwar: a) dem Lande im Kriegsfalle eine eigene, mit den örtlichen Verhältnissen vertraute Reitertruppe geschaffen, b) die Detachirung von regulärer Kavallerie, an der wir ohnedies keinen Ueberfluß haben und die überdies durch Abkommandierungen aller Art empfindlichen Abbruch erleidet, im Kriege entbehrlich gemacht und dadurch die Wehrkraft des bestehenden Heeres gehoben."[121]

Die Landesschützen zu Pferd in Tirol und Vorarlberg wurden jedoch nicht als „Landesschützen-Eskadron" geführt, sondern jeweils als „Landesschützenkompanie zu Pferd", da diese nicht als ein in sich geschlossener, eigenständiger Verband respektive Kavallerietruppenkörper galten, sondern der Kader zunächst im Kriegsfall im Verbund mit Kampftruppen lediglich im infanteristischen Kampf sowie als Melde-, oder Ordonnanzreiter herangezogen werden hätte sollen.[122] Diese zwei „Kompanien zu Pferd" wurden ursprünglich als Nummer 1 und Nummer 2 gekennzeichnet.[123] Die Rekrutierung für die neu geschaffene Kavallerieeinheit erfolgte anfänglich ausschließlich aus dem gesamten Kronland Tirol.[124] Die *Innsbrucker Nachrichten* schrieben zu dieser Thematik, dass die in Innsbruck bestehende Einheit

> „[...] am 1. November 1872 als Landesschützen zu Pferd aufgestellt wurde. Der damalige Landesverteidigungskommandant in Tirol und Vorarlberg FML Franz Graf Thun-Hohenstein vermisste bei

---

[118] Wrede, Geschichte der k. und k. Wehrmacht, S. 567.
[119] *Neue Tiroler Stimmen (05.11.1872)*, S. 4.
[120] *Oesterreichisch-ungarische Wehr-Zeitung „Der Kamerad" (08.03.1872)*, S. 1.
[121] *Neue Tiroler Stimmen (15.03.1872)*, S. 1.
[122] Gschließer, Zur Geschichte des Heerwesens in Tirol, S. 84-85.
[123] Rudolf Granichstaedten-Czerva, Die „Gletscher-Husaren". Die Geschichte der Reitenden Tiroler Kaiserschützen, in: *Der Soldat. Unabhängige Zeitung für Wehr- und Sicherheitspolitik (16/1961)*, S. 11.
[124] Wrede, Geschichte der k. und k. Wehrmacht, S. 567.

den Manövern und kleinen Übungen Meldereiter und stellte den Antrag, eine den Gebirgsverhältnissen entsprechende Reiterabteilung aufzustellen. Dies geschah auch, und zwar wurde vorerst eine Kadre von zwei Eskadronen aufgestellt, um, wie es in den organisatorischen Bestimmungen heißt, einen Teil der für Tirol bestimmten regulären Kavallerie zu bilden. Der Truppe wurde die Bestimmung zuteil, als mit den Landes- und Ortsverhältnissen, dem Straßen und Wegnetz und den Gebirgsübergängen vollkommen vertraut, vorzugsweise zum Nachrichten-, Kundschafter-, und Meldedienst verwendet zu werden. Es wurde bestimmt, daß die Mannschaft aus dem ganzen Lande auszuwählen sei und die Landesverteidigungsoberbehörde zur Truppe die intelligentesten Leute einzuteilen habe. Die Leute sollen überdies kräftig, gute Schützen und mit der Wartung der Pferde schon vertraut sein. Schwache und kurzsichtige Leute und solche ohne Schulbildung dürfen nicht eingeteilt werden."[125]

Dieser Eintrag spiegelt in Bezug auf den Kader der Landesschützen zu Pferd bereits die Intention der militärischen Führung wider, aus den beiden Kavalleriekompanien eine „Eliteeinheit" zu entwickeln, da nur jene Reiter beziehungsweise Soldaten für die Verwendung in jenem Verband in Frage kamen und ausgewählt wurden, die dem hohen Anforderungsprofil entsprachen. Beispielgebend hierfür stand der damalige Zögling und spätere Rittmeister der Reitenden Tiroler Landesschützen, Franz Foltin, welcher als Kursbester mit doppelter Auszeichnung[126] an der k.k. Landwehr Kadettenschule in Wien ausmusterte und am 20. Juni 1907 zur Division der Reitenden Tiroler Landesschützen transfertiert wurde.[127] Obwegs vermerkte über die Begehrlichkeit, bei den Reitenden Tiroler Landesschützen Dienst zu versehen: „Es war vor dem Krieg ein Wunsch vieler junger Tiroler, bei den berittenen [Landesschützen beziehungsweise] Kaiserschützen ihren Militärdienst abzuleisten."[128]

Mit der Führung der zwei Landesschützenkompanien zu Pferd wurde zunächst der Rittmeister und Kämmerer Gebhard Freiherr von Seyffertitz betraut.[129] Bereits am 30. August 1872 übernahm ein Rittmeister des 12. Ulanenregiments[130], Gustav Freiherr von Tinti, die zwei Kompanien.

---

[125] *Innsbrucker Nachrichten (09.03.1912)*, S. 6.
[126] PA-EH Schulnachricht über den Zögling Franz Foltin für das Schuljahr 1901/02 der k.k. Landwehr-Cadettenschule in Wien, 3. Jahrgang, 07.07.1902.
[127] PA-EH Aufzeichnungen des Kriegsarchivs Wien über den militärischen Werdegang von Franz Foltin.
[128] Günther Obwegs, „...ich mach halt' immer einen guten Gedanken...". Eine Spurensuche, Terenten 2003, S. 58.
[129] Granichstaedten-Czerva, Die „Gletscher-Husaren", S. 11.
[130] *Oesterreichisch-ungarische Wehr-Zeitung „Der Kamerad" (30.08.1872)*, S. 4.

Oberleutnant Franz Foltin. Foto: PA-EH.

Auf diese folgten die Rittmeister Josef Castiglione (1882), Karl Freiherr von Vevér (1891), Karl Dammers (1893), Karl Schudawa (1895), Bela von Szilvasy (1902), Emil Hofsaß (1908) und Major Moritz Srnka (1911)[131] sowie als letzter Kommandant bis Juni 1918[132], Oberst Ferdinand Kafka[133]. Dem „löblichen Officierskorps der berittenen k.k. Tiroler-Landesschützen" respektive den berittenen Tiroler Landesschützen wurde im Jahr 1895 vom Innsbrucker Komponisten Lautner sogar der „Berittene Landesschützen Marsch für Pianoforte" gewidmet.[134]

Der Kader der Tiroler Kavallerie setzte sich anfänglich - entgegen den ursprünglichen Planungen - aus zwei Offizieren, nämlich dem Kommandanten und dem Instruktionsoffizier, drei Unteroffizieren, 36 Mannschaften und 24 Pferden zusammen, wurde alsbald jedoch je Kompanie auf 180 Kadersoldaten, darunter jeweils fünf Offiziere, erweitert und laut veranschlagter Aufstellungsplanung kontinuierlich aufgestockt.[135] Bereits Ende des Jahres 1872[136] wurde damit begonnen, den Normalstand einer Landesschützen-Kompanie zu Pferd sowie deren Ergänzungskader auf berittene und unberittene Teile im Offiziers- sowie Mannschaftsstand, auch den Ersatzkader betreffend, zu erweitern. Diese Entwicklung setzte sich im Laufe des Jahres 1873 weiter fort. Im Stand der Kompanie waren ein Rittmeister (Hauptmann), zwei Oberleutnante, zwei Leutnante sowie bei den Mannschaftsfunktionen ein Kadett-Offiziers-Stellvertreter (dieser war 1872 noch nicht Teil der Kompanie), drei Oberjäger, vier Zugsführer, sechzehn Unterjäger, hundertdreißig Schützen, ein Hornist sowie ein Curschmied. Zudem waren noch dreizehn Schützen, fünf Offiziersdiener und ein Riemer bei der Kompanie als unberittener Truppenteil eingegliedert. Der Ersatzkader zählte 1872 einen Hauptmann, einen Oberjäger, einen Zugsführer, 4 Unterjäger, 16 Schützen sowie 4 unberittene Schützen und einen Offiziersdiener[137], ein Jahr später dieselben 28 Mann, jedoch nun bereits 21 Ersatz-Pferde[138]. Die Gesamtstärke belief sich hiermit im Einsatzverband 1872 auf 179 Mann und 159 Pferde[139], im Jahr 1873 auf

---

[131] *Innsbrucker Nachrichten (09.03.1912)*, S. 6.
[132] PA-VRTKsI Befehl Nr. 138. Innsbruck 14. Juni 1918. Verlautbarung des Befehles des Kommandos der Reitenden Tiroler Kaiserschützen.
[133] Granichstaedten-Czerva, Die „Gletscher-Husaren", S. 11.
[134] A[...] Lautner, Berittene Landesschützen. Marsch f. Pfte. Mk 1. Innsbruck, in: *Musikalisch-literarischer Monatsbericht über neue Musikalien, musikalische Schriften und Abbildungen für das Jahr 1895 (67/1895)*, hrsg. v. Friedrich Hofmeister, S. 97.
[135] Granichstaedten-Czerva, Die „Gletscher-Husaren", S. 11.
[136] Franz Czuba, Die Organisation des k.u.k. Heeres in ihrem gegenwärtigen Zustande systematisch dargestellt, Wien 1872, S. 35.
[137] Czuba, Die Organisation des k.u.k. Heeres, S. 35
[138] Alfred Jurnitschek, Die Wehrmacht der österreichisch-ungarischen Monarchie im Jahre 1873, Wien 1873, S. 668.
[139] Czuba, Die Organisation des k.u.k. Heeres, S. 35.

180 Mann sowie 161 Pferde, im Ergänzungskader 28 Mann und 21 Pferde.[140] Im Gegensatz zu den regulären Kavalleriekompanien der gemeinsamen österreich-ungarischen Wehrmacht konnten die Kompanien der Tiroler Landesschützen zu Pferd somit auf acht weitere Unteroffiziere zugreifen.[141]

Während der konstituierenden Sitzung des Tiroler Landtages am 20. Dezember 1873 wurde eine Regierungsvorlage bezüglich der Novellierung des bereits erwähnten Tiroler Landesverteidigungsgesetzes verabschiedet. Im selben Zug wurden die zwei Landesschützenkompanien zu Pferd in „Eskadronen" umbenannt. Zu den bereits vorhandenen zwei Eskadronen und zehn Landesschützen-Feldbataillonen wurde für den Ernstfall eine massive Aufrüstung mit zusätzlichen zehn Reservebataillonen und zehn Ergänzungskompanien, mit einer Gesamtmobilmachungsstärke von 23.000 Mann veranschlagt. Überdies wurden eigene Bataillonskader an den Hauptorten jedes einzelnen Bataillonsbezirkes aufgestellt sowie ein gemeinsamer Kader für die berittene Tiroler Einheit mit dem Standort Innsbruck angeordnet. Das Landesverteidigungsgesetz sah zudem nun vor, alle zwei Jahre Bataillonswaffenübungen im Verbund mit größeren Heereseinheiten in der Dauer von drei Wochen durchzuführen, zu welchen alle Angehörigen der Landesschützenbataillone einberufen werden konnten.[142] Im Einsatzfall hätten 1872 die aktiven Kompanien sowie die Ergänzungskompanie den Marsch an die Front antreten müssen, wobei 1 Offizier und 57 Mannschaften als Rücklassteile in der Ergänzungs-Kompanie-Station verblieben wären, um durch die Aufnahme von Freiwilligen den Einsatzkader weiter zu erhöhen beziehungsweise auszubilden und als Reserve bereitzustellen.[143] Eine Generalmobilmachung der Landesschützenbataillone sowie der beiden Landesschützen-Kompanien zu Pferd wäre durch die Einberufung aller Angehörigen dieser Truppenkörper mittels Auffüllung der taktischen Schlüsselpositionen und der Übernahme der erforderlichen Pferde vonstatten gegangen. Die Indienststellung von bereits berittenen Pferden sowie die Aushebung zusätzlicher Dienstpferde für Reserveeinheiten wäre durch das Pferde-Aushebungsgesetz ermöglicht worden. Nach erfolgter Formierung und dem Ausfassen der Ausrüstung wäre eine Bereitschaftsmeldung an das Tiroler Landesverteidigungskommando erfolgt, welche durch den Kommandanten selbst oder einem Delegierten auf Ordnungsgemäßheit und Einsatzfähigkeit überprüft worden wäre. Die Demobilmachung der berittenen Landesschützen wiederum wäre analog der für die Landwehr geltenden

[140] Jurnitschek, Die Wehrmacht der österreichisch-ungarischen Monarchie, S. 668.
[141] Czuba, Die Organisation des k.u.k. Heeres, S. 35.
[142] Gschließer, Zur Geschichte des Heerwesens in Tirol, S. 87.
[143] Czuba, Die Organisation des k.u.k. Heeres, S. 35

Bestimmungen einhergegangen.[144]

Die größte organisatorische Umstrukturierung der Tiroler Landesschützenbataillone erfolgte ab 1. Mai 1893, anfänglich nur auf dem Papier, jedoch ab 1895 schlussendlich mit der vollzogenen Zusammenführung der 1871 aufgestellten zehn, aus Kaderformationen bestehenden Landesschützenbataillone in drei Landesschützenregimenter. Hierbei wurde aus den Landesschützenbataillonen Nr. I bis III (Unterinntal, Innsbruck-Wipptal, Oberinntal) sowie dem X. (Vorarlberg), das Tiroler Landesschützenregiment Nr. I zusammengesetzt. Aus den Bataillonen Nr. IV bis VI (Oberetschtal, Etsch- und Fleimstal, Pustertal) entstand das Tiroler Landesschützenregiment Nr. II, aus den drei Welschtiroler Landesschützenbataillonen wurde das Tiroler Landesschützenregiment Nr. III gebildet. Die Gesamtstärke jedes Regiments betrug somit mindestens drei Bataillone. Die Reorganisation der Landesschützenbataillone betraf auch die zwei als Kader aufgestellten Eskadronen der Landesschützen.[145] Gschließer schrieb in Bezug auf die Wandlung der Landesschützen zu einer dem gemeinsamen k.u.k. Heer in Bewaffnung, Ausbildung und Altersstruktur gleichwertigen Truppe wie folgt:

> „In den Jahren 1893 bis 1895 streiften diese Landesschützen ihren milizartigen Charakter ab und wurden zu einer stehenden Truppe, gegliedert in drei Landesschützenregimenter und zwei Eskadronen ‚Berittene Tiroler Landesschützen' mit zweijähriger aktiver Dienstzeit."[146]

Eine effektive Restrukturierung der Landesschützen-Kavallerie wurde jedoch erst im Jahr 1894 verwirklicht. Die Tiroler Kavallerie-Einheit wurde nun unter der Bezeichnung „Berittene Tiroler Landesschützen" geführt.[147] In der k.u.k. Soldatensprache hieß der Soldat des Tiroler Kavallerie-Verbandes, wie im *Lavantthaler Boten* beschrieben, „der berittene Tiroler Landesschütze[,] Gletscherhusar."[148] Der Tiroler Kavallerietruppenkörper setzte sich aus einem Divisionsstab in der Stärke von vier Offizieren und neun Mann sowie den zwei Kompanien respektive Feld-Eskadronen mit einer jeweiligen Gesamtstärke von acht Offizieren und 106 Mann zusammen. Der Ersatz-Kader wurde aus vier Offizieren und einem Mann gebildet und hatte im Einsatzfall den Auftrag, eine Ersatz-Eskadron in halber Eskadronsstärke zu stellen.[149] Der Stab der Tiroler Landes-

---

144 Jurnitschek, Die Wehrmacht der österreichisch-ungarischen Monarchie, S. 668.

145 Gschließer, Zur Geschichte des Heerwesens in Tirol, S. 169.

146 Oswald Gschließer, Das Kaiserschützenmuseum im Schloß Ambras bei Innsbruck, in: *Deutsches Soldatenjahrbuch 1973 (=Deutscher Soldatenkalender 21)*, S. 247-255, hier S. 249.

147 Lichem, Spielhahnstoß und Edelweiß, S. 32.

148 *Lavantthaler Bote (04.02.1899)*, S. 4.

149 Lichem, Spielhahnstoß und Edelweiß, S. 32.

schützen Kavallerieeinheit, der nunmehrigen „Division der berittenen Tiroler Landesschützen“[150], war bis zum Jahr 1912 in Innsbruck[151], ab 1913 in Trient[152], jedoch direkt dem Landesverteidigungskommando Innsbruck unterstellt.[153] Der Truppenstand der Tiroler Landesschützen wurde ab 1899 als „Activ“, „Nichtactiv“ oder „Im Verhältnisse der Evidenz“ geführt.[154] Für die drei aufgestellten Landesschützenregimenter waren Deutschsüdtirol, Welschtirol, Nordtirol und Vorarlberg gemeinsam mit den Heeres-Ergänzungsbezirken des Kaiserjägerregiments die territorial verantwortlichen Gebiete, in der sich die Ergänzungsbezirke I, II und III mit dem jeweiligen Ergänzungskommando, welche sich in den Orten der Regimentskommandos Innsbruck, Bozen und Trient befanden. In Bezug auf die berittenen Tiroler Landesschützen hatten sich diese primär aus all jenen Ergänzungsbezirken zu formieren.[155]

Die Bozner Zeitung vermerkte am 13. September 1906: „Der Kaiser hat mit Allerhöchster Entschließung vom 31. v. M. die Aufstellung einer dritten Eskadron der Division berittener Tiroler Landesschützen in Innsbruck mit 1. Oktober angeordnet.“[156] Jene dritte Tiroler-Kavallerie-Kompanie wurde als Eskadron Nummer 3 betitelt.[157] Vier Jahre später wurde zudem auch die Benennung der Tiroler Kavallerietruppe in „k.k. Reitende Tiroler Landesschützendivision“ abgeändert. Das *Tiroler Volksblatt* proklamierte am 1. Oktober 1910 die Neubezeichnung des einheimischen Truppenkörpers wie folgt: „Laut Verordnungsblatt Nr. 32 vom 21. d. M. hat die bisherige Division berittener Tiroler Landesschützen den Namen ‚k. k. Reitende Tiroler Landesschützen‘ zu führen.“[158]

Am 22. Juli 1911 änderte sich das Ergänzungssystem der k.k. Landwehr. Für die Landwehrkavallerie sowie Artillerie wurde die Assentierung der einzelnen Landwehrterritorialbereiche angepasst und ausgeweitet.[159] Im Jahr 1911 entsprach somit der Personalstand der drei Tiroler Eskadronen einer Stärke von 23 Offizieren, einem Tierarzt, vier Offiziersaspiranten,

---

[150] Ebd., S. 33.

[151] Präsidialbureau des Ministeriums für Landesverteidigung, Schematismus der k. k. Landwehr und der k. k. Gendarmerie der im Reichsrate vertretenen Königreiche und Länder für 1912, Wien 1912, S. 433.

[152] Präsidialbureau des Ministeriums für Landesverteidigung, Schematismus der k. k. Landwehr und der k. k. Gendarmerie der im Reichsrate vertretenen Königreiche und Länder für 1913, Wien 1913, S. 404.

[153] Ludwig W. Seidl, Seidls kleines Armeeschema. Dislokation und Einteilung des k. u. k. Heeres, der k. u. k. Kriegsmarine, der k. u. k. Landwehr und der königlich ungarischen Landwehr (76/1914), S. 153.

[154] Lichem, Spielhahnstoß und Edelweiß, S. 33.

[155] Gschließer, Zur Geschichte des Heerwesens in Tirol, S. 169.

[156] *Bozner Zeitung (13.09.1906)*, S. 4.

[157] *Politische Chronik der österreichisch-ungarischen Monarchie (8/1910)*, S. 550.

[158] *Tiroler Volksblatt (01.10.1910)*, S. 9.

[159] *Bozner Zeitung (22.07.1911)*, S. 1.

284 Mann und 226 Pferden.[160] Die Reitende Tiroler Landesschützendivision mit dem Garnisonsstandort Innsbruck befüllte ab diesem Zeitpunkt den Kader nur noch zur Hälfte aus dem Korpsbereich von Innsbruck, während die andere Hälfte exterritorial aus dem Prager Korpsbereich eingezogen wurde.[161] Durch jene variierende Assentierungspraxis entsprach die Umgangssprache bei der Reitenden Tiroler Landesschützen Division in Bezug auf den Mannschafts-Grundbuchstand 58% Deutsch, 38% Italienisch sowie 4% einer anderen Sprache.[162]

Der Tiroler Kavallerietruppenkörper wurde kontinuierlich - wie auch andere Waffengattungen des österreich-ungarischen Heeres - weiter aufgerüstet. So zählte zu Kriegsbeginn das Kontingent der reitenden Tiroler eine Gesamtstärke von 465 Soldaten und 410 Pferde.[163] Die k.k. Landwehrkavallerie des Ersten Weltkrieges setzte sich schließlich aus der „k.k. Reitenden Tiroler Landesschützendivision", der „k.k. Reitenden Dalmatiner Landesschützendivision" sowie den „k.k. Landwehr Ulanenregimentern Nr. 1-6" zusammen.[164]

1.1 Adjustierung und Bewaffnung

Die Verbände der Kavallerieeinheiten der k.k. Landwehr differenzierten sich von deren Pendants der österreich-ungarischen Wehrmacht hauptsächlich durch die unterschiedliche Adjustierung. Obwohl die Reitende Tiroler Landesschützendivision wegen ihrer Friedensstationierung, Mannschafts- und Pferdeergänzung für den Einsatz im Gebirge oder im Gebirgskrieg prädestiniert waren, verfügte diese jedoch den Anforderungen entsprechend zunächst über keine spezifisch angepasste Ausrüstung.[165] Im Jahr 1872 schrieb die *Neue Tiroler Stimme*, dass

> „[d]ie Bewaffnung der berittenen Tiroler Landesschützen [...] eine ihren Aufgaben entsprechende [sein müsste], ihre Adjustierung [sollte] eine praktische, den Terrain- und klimatischen Verhältnissen richtig angepaßte, die Ausrüstung der Pferde eine zweckmäßige und möglichst leichte sein."[166]

[160] Karl Ludwig Oertzen, Rüstung und Abrüstung: eine Umschau über das Heer-, und Kriegswesen aller Länder, Band 37, Berlin 1911, S. 164.
[161] *Bozner Zeitung (22.07.1911)*, S. 1.
[162] Ehnl, Die österreichisch-ungarische Landmacht nach Aufbau, S. 81.
[163] Schaumann, Die Gebirgstruppen Westeuropas, S. 164.
[164] Hans Dieter Hübner, Unterwegs auf historischen Spuren. Wanderungen und Exkursionen zu den Schwerpunkten der österreich-ungarischen Südtiroloffensive 1916. Von der Hochebene Lavarone-Vezzena und Lusern bis zu den Sieben Gemeinden (Band 3), Norderstedt 2016, S. 115.
[165] Stefan Rest/Christian Ortner/Thomas Ilming, Des Kaisers Rock im 1. Weltkrieg. Uniformierung und Ausrüstung der österreichisch-ungarischen Armee von 1914 bis 1918, Wien 2002, S. 344.
[166] *Neue Tiroler Stimmen (16.03.1872)*, S. 2.

Die Grundausstattung der Mannschaft der berittenen Tiroler setzte sich anfänglich aus einer braunen Bluse, hergestellt aus braunem Ärmelleibelstoff, welcher in Form und Schnitt den Dragonern des Heeres nachempfunden war, sowie einer braunen, mit Flanell gefütterten, Tuchbluse mit einer grünen Anhängschnur[167] und grünen Aufschlägen[168] zusammen. Der Mantel mit Kapuze war aus dünnem braunen Stoff, die Fäustlinge wiederum gleich den Dragonern. Die Tiroler Kompanien zu Pferd hatten jedoch anstatt der Knöpfe Hafteln aus Messing an den Mänteln.[169] Die Stiefelhose bestand aus blaugrauem Tuch mit grünem Passepoil, welche dem Farbton nach fast schwarz war. Zudem wurden hohe Stiefel mit Aufschnallsporen, im Gegensatz zu den Dragonern mit starken Nägeln besohlt, getragen.[170] Als Kopfbedeckung diente eine Feldkappe mit Federschmuck, anstatt der Halsbinde wurde bei dieser Einheit ein schwarzer Halsflor[171] mit grünen Fransen getragen.[172] Der Offizier besaß zudem einen braunen Waffenrock mit vier Seitentaschen, die Stiefelhose war wie jene der Mannschaften, der schwarze Halsflor unterschied sich jedoch durch goldene Fransen und sollte über einem weißen Hemdkragen getragen werden.[173] Zusätzlich zählte bei den Offizieren eine Offizierskartusche zur Grundausrüstung.[174] Ein schwarzer, runder und weicher Filzhut mit flacher Krempe sowie Jägerhorn-Emblem[175] aus vergoldetem Tombakblech mit silbernem Tiroler Adler innerhalb der Windungslichte[176] diente hierbei als Alleinstellungsmerkmal. Die Feldkappe der Offiziere war gleich der Landesschützen-Offiziere ohne Pferd.[177]

Die *Neue Tiroler Stimme* vermerkte hierbei über die „Erstausstattung" der Tiroler Landesschützen zu Pferd wie folgt:

> „Die Adjustierung derselben besteht aus einer leichten braunen Joppe und grauen Beinkleidern mit grüner Egalisierung, grauer Mütze mit Schirm, einem schwarzen über die Joppe heraushängenden Halstuche mit grünen Fransen, hohen Stiefeln mit Sporen zum Aufschnallen. Eine wärmere Joppe, die, im Falle sie nicht angezogen wird, über eine Schulter hängt, ähnlich wie der Dollmann [sic!] der Husaren, und ein grauer Mantel mit Halbkragen und Kapuze sind bestimmt, vor den Unbilden der Witterung zu schützen."[178]

---

[167] Jurnitschek, Die Wehrmacht der österreichisch-ungarischen Monarchie, S. 669.
[168] *Illustrirte Zeitung (2910/1899)*, S. 446.
[169] Jurnitschek, Die Wehrmacht der österreichisch-ungarischen Monarchie, S. 669.
[170] Ebd., S. 669.
[171] Wrede, Geschichte der k. und k. Wehrmacht, S. 567.
[172] *Innsbrucker Nachrichten (09.03.1912)*, S. 6.
[173] Jurnitschek, Die Wehrmacht der österreichisch-ungarischen Monarchie, S. 670.
[174] Rest/Ortner/Ilming, Des Kaisers Rock im 1. Weltkrieg, S. 344.
[175] Jurnitschek, Die Wehrmacht der österreichisch-ungarischen Monarchie, S. 670.
[176] Hinterstoisser, Die Uniformierung und Ausrüstung der k.k. Landwehr-Gebirgstruppen, S. 79.
[177] Jurnitschek, Die Wehrmacht der österreichisch-ungarischen Monarchie, S. 670.
[178] *Neue Tiroler Stimmen (05.11.1872)*, S. 2.

Nach zahlreichen Manövern und Erprobungen änderte sich hierbei im Jahr 1889 und 1894 die Adjustierung und Ausrüstung der berittenen Tiroler Landesschützen.[179] Die Adjustierung lehnte sich nun enger an die hechtgraue Version der Landwehr-Uniform an.[180] Diese bestand nun aus einem hechtgrauen Rock mit Taschenschnitt nach dem Muster der Ulanen. Die blaugrauen beziehungsweise fast schwarzen Stiefelhosen sowie die hohen Stiefel blieben unverändert, jedoch wurden nun steife Hüte (Jägerhut) mit Hahnen-Federbusch sowie aufgebogener rechter Krempe getragen.[181] Im Gegensatz zum Jägerhut der Kaiserjäger war jener der Reitenden Tiroler Landesschützen mit einem verschließbaren, sieben Zentimenter breiten Ansatz aus schwarzem Kaliko am Schweißleder versehen. Das obere, mit einem Saum bestückte Ende konnte hierbei zusammengezogen und der Federbusch darin versorgt werden. Als weitere Variante diente eine auf der Innenseite des Hutbodens angenähte Lederschleife. Das Sturmband des Jägerhutes war zweigeteilt und an der Innenseite befestigt.[182] Die Paradeadjustierung der berittenen Tiroler bestand aus dem hechtgrauen Rock, Jägerhut, Kavalleriesäbel und Kartusche.[183]

Mit Allerhöchsten Entschließung vom 29. Mai 1885 wurde verfügt, die Offiziere der k.u.k. Wehrmacht mit einem Pelzmantel auszustatten. Die Vorgabe für das Modell der berittenen Tiroler Landesschützen war aus dunkelblauem Tuch, während jener der berittenen Schützen in Dalmatien aus hechtgrauem Tuch zu fertigen war.[184]

Im Jahr 1905 erhielten die berittenen Tiroler Landesschützen eine neue Hutform, die als „hoher Gupf mit rundum abwärts gerichteter Krämpe" beschrieben wurde. Zudem zierte nun eine Spielhahnfeder die Kopfbedeckung. Anstatt der hohen Reiterstiefel waren die Mannschaften ab diesem Zeitpunkt bei den Manövern mit genagelten Bergschuhen und Gamaschen ausgestattet worden.[185] Im Jahr 1911 wurde bei den Reitenden Tiroler Landesschützen ein Burenhut mit Federschmuck eingeführt, welcher in ähnlicher Form mit Adlerfeder bereits von den Offizieren in den Jahren 1873 bis 1885 getragen worden war.[186] Überdies besaßen diese eine Kappe in Schiffchenform, welche im Schnitt jener glich, die standardmäßig in der Kavallerie eingeführt war, jedoch als Alleinstellungsmerkmal aus blaugrauem de facto fast schwarzem Tuch gefertigt wurde. An

---

179 *Innsbrucker Nachrichten (09.03.1912)*, S. 6.
180 Rest/Ortner/Ilming, Des Kaisers Rock im 1. Weltkrieg, S. 345.
181 *Innsbrucker Nachrichten (09.03.1912)*, S. 6.
182 Hinterstoisser, Die Uniformierung und Ausrüstung der k.k. Landwehr-Gebirgstruppen, S. 218.
183 Rest/Ortner/Ilming, Des Kaisers Rock im 1. Weltkrieg, S. 345.
184 *Militär-Zeitung (26.06.1885)*, S. 6.
185 *Innsbrucker Nachrichten (01.03.1905)*, S. 3.
186 *Pustertaler Bote. Politisches Lokal- und Provinzblatt (14.03.1911)*, S. 13.

Ein Zug der Reitenden Tiroler Landesschützen. Foto: PA-VRTKsI (Sammlung Spinn).

der Kappenvorderseite am unteren Rand waren zwei glatte, versilberte Knopfe angenäht und darüber eine goldgestickte Kokarde für Offiziere, für Mannschaften aus Tombakblech, angebracht.[187] Anfang des Kriegsjahres 1917 änderte sich das Achsel- sowie Kappenemblem bei den Offizieren aller drei Landesschützenregimenter und der Reitenden Tiroler Landesschützen zu einem nun zu führenden „K"[188] auf Uniform und Kopfbedeckung.[189]

Zu Kriegsbeginn 1914 diente den Mannschaften schlussendlich ein schwarzer Filzhut als Kopfbedeckung, an dem mit einer Einsteckӧse mit Jägerhorn Emblem und integriertem Tiroler Adler ein dunkelgrüner Hahnenfederbusch befestigt war. Der Schnitt des hechtgrauen Tuchrockes fand immer noch Anlehnung an den Ulanka der Ulanenregimenter.[190] Die Offiziere unterschieden sich durch mit Egalisierungstuch paspelierte Rockkanten, Patten und Taschen. Anstelle der Achselklappen war der Rock bei den Offizieren mit einer goldene Achselspange, bestehend aus einer Goldgespinst-Schlinge[191] mit schwarzer Ritzung aus doppelt gelegter Kantschnur[192], einer so genannten Attilaschnur, versehen, welche an der linken Schulter befestigt war und mit einem kleinen Knopf fixiert wurde.[193] Bei den Mannschaften war jene Spange in grasgrüner Farbe.[194] Zudem wies der Rock eine Reihe von sechs[195] weißen und glatten Metallknöpfen[196] sowie geschweifte Patten[197] an den nun vorhandenen zwei Brust- und Seitentaschen[198] auf. Die grasgrüne Egalisierung blieb wie schon vorher als Destinktion auf der Uniform an den Ärmelaufschlägen sowie dem Kragen vorhanden.[199] Der Mantel, nun aus hechtgrauem Tuch und ab diesem Zeitpunkt „Pelz"[200] genannt, wurde meistens über eine Schulter getragen.[201] Die Knöpfe dieses Modelles waren silbern, die Aufschlagfarbe grasgrün.[202]

---

[187] Hinterstoisser, Die Uniformierung und Ausrüstung der k.k. Landwehr-Gebirgstruppen, S. 225.
[188] Wie beim Vorgängermodell der Landesschützen mit der Abkürzung ‚FJI', Franz Joseph I, stand nun das ‚K' versinnbildlicht für des Kaisers Nachfolger, Karl.
[189] PA-VRTKsI-VlHL. Unsere Kaiserschützen, unveröffentlichtes Manuskript. Heft 1, S. 18.
[190] Günther Dirrheimer, Erläuterungen zu den Uniformbildern der österr.-ung. Armee im Ersten Weltkrieg, in: *Österreichische Militärische Zeitschrift (1082/1967)*, S. 72-76, hier S. 75.
[191] Rest/Ortner/Ilming, Des Kaisers Rock im 1. Weltkrieg, S. 344-346.
[192] Hinterstoisser, Die Uniformierung und Ausrüstung der k.k. Landwehr-Gebirgstruppen, S. 218.
[193] Rest/Ortner/Ilming, Des Kaisers Rock im 1. Weltkrieg, S. 346.
[194] Ebd., S. 344.
[195] Dirrheimer, Erläuterungen zu den Uniformbildern der österr.-ung. Armee im Ersten Weltkrieg, S. 75.
[196] Präsidialbureau des Ministeriums für Landesverteidigung, Schematismu für 1914, S. 345.
197 Dirrheimer, Erläuterungen zu den Uniformbildern der österr.-ung. Armee im Ersten Weltkrieg, S. 75.
[198] Rest/Ortner/Ilming, Des Kaisers Rock im 1. Weltkrieg, S. 344.
[199] Ebd., S. 346.
[200] In der Fachsprache wurde der Mantel mit Pelzkragen als Dolman bezeichnet.
[201] Dirrheimer, Erläuterungen zu den Uniformbildern der österr.-ung. Armee im Ersten Weltkrieg, S. 75.
[202] Rest/Ortner/Ilming, Des Kaisers Rock im 1. Weltkrieg, S. 344.

Reitender Tiroler Landesschütze Ostfront. Foto: PA-VRTKsI (Sammlung Spinn).

Die Folgeentwicklung des Pelzrockes, nach dem Muster des Jahres 1908 aus grobem, hechtgrauen Tuch[203] gefertigt, war dem Schnitt nach den Dragonern nachempfunden, innen nun mit einem weißen Lammfell gefüttert, außen mit einem schwarzen Pelzkragen versehen.[204] Im Gegensatz zum Vorgängermodell war jener Kragen nun nicht mehr als Stehkragen, sondern als breiter, aufstellbarer Umlegekragen konzipiert. Zusätzlich besaß der neue Pelzrock eine Halsspange an der Kragenunterseite, um den aufgestellten Kragen bei Bedarf zuzuknüpfen[205] sowie zwei Knopfreihen zu je acht weißmetallenen Knöpfen.[206] Zudem war der Pelzrock wie bei den Dragonerpelzröcken mit Umhängeschnüren versehen[207] und an jeder Taillenseite eine Tasche mit Patte vorhanden.[208] Der Pelzrock war ausschließlich für die Angehörigen der berittenen Tiroler Landesschützen normiert, die Reitenden Dalmatiner Schützen trugen nur den standardisierten Pelzmantel des Heeres als Überbekleidung.[209] Je nach Witterung wurde der Pelzrock im Felde, laut den damaligen gültigen Adjustierungsvorschriften, entweder umgehängt, angezogen oder am Sattel verpackt.[210] Die Stiefelhosen blieben blaugrau und wurden in die Stiefel gesteckt[211], die Anschnallsporen mit Riemen glichen jenen der Leibgarde-Eskadron.[212]

---

203 Rest/Ortner/Ilming, Des Kaisers Rock im 1. Weltkrieg, S. 347.
204 Dirrheimer, Erläuterungen zu den Uniformbildern der österr.-ung. Armee im Ersten Weltkrieg, S. 75.
205 Hinterstoisser, Die Uniformierung und Ausrüstung der k.k. Landwehr-Gebirgstruppen, S. 218.
206 Rest/Ortner/Ilming, Des Kaisers Rock im 1. Weltkrieg, S. 347.
207 Hinterstoisser, Die Uniformierung und Ausrüstung der k.k. Landwehr-Gebirgstruppen, S. 218.
208 Rest/Ortner/Ilming, Des Kaisers Rock im 1. Weltkrieg, S. 347.
209 Ebd., S. 347.
210 *Adjustierungsvorschrift für das k. u. k. Heer 1910/1911*, Teil I, Wien 1910/11, S. 34.
211 Dirrheimer, Erläuterungen zu den Uniformbildern der österr.-ung. Armee im Ersten Weltkrieg, S. 75.
212 Hinterstoisser, Die Uniformierung und Ausrüstung der k.k. Landwehr-Gebirgstruppen, S. 79.

Reitende Tiroler Landesschützen. Fotos: PA-VRTKsI (Sammlung Spinn).

Am 17. Juni 1911 wurden Unteroffiziere der Reitenden Tiroler Landesschützen in Lainz Kaiser Franz Joseph in der alten und der neuen Adjustierung vorgeführt, um die Unterschiede aufzuzeigen.[213] Die *Innsbrucker Nachrichten* vermerkten diesbezüglich, dass „[d]er Kaiser [...] [die] Unteroffiziere absitzen [ließ], die dann ihre Pferde ab- und aufzupacken begannen, um den Unterschied zwischen der früheren und der jetzigen Ausrüstung darzustellen."[214]

Feldmarschmäßig zu Pferd wurden anstatt des Filzhutes ab dem Jahr 1915 hechtgraue Feldkappen getragen.[215] Die allgemeine Rüstung entsprach jener der Landwehr-Kavallerie.[216]

Die Sattel der Pferde wurden auf eine sechsfach zusammengelegte Pferdedecke geschnallt und am Sattel in Front des reitenden Soldaten befanden sich zwei Packtornister. Hinten bei den Pferden befand sich ein grauer Hafersack aus Zwilch, über diesen die Pferdedecke oder der Pelzmantel und darunter die Essschale angebracht waren. Zudem waren auf der linken und rechten Seite zwei Packtaschen angebracht.[217]

Die Bewaffnung der Tiroler Landesschützen zu Pferd setzte sich mit „allerhöchster Entschließung" vom 23. Mai 1871 ursprünglich aus einem Frühwirth'lichen Repetiergewehr mit 104 Zentimeter Länge und einem Gewicht von 3,3 Kilogramm[218], einem Kavallerie-Revolver und einem Werndl-Haubajonett zusammen[219], wobei das Bajonett mit linksseitigem, halben Korb an einer in Ringen beweglichen Steckkuppel getragen wurde.[220] Die Offiziere hatten zusätzlich einen Kavalleriesäbel als Sekundärbewaffnung.[221] Im Jahr 1872 wurde der Tiroler Kavallerieeinheit zusätzlich ein kurzes Feldmesser[222] zugeführt.[223] Ab 1885 erfolgte für die Mannschaften der k.k. Landesschützen zu Pferd in Tirol und Vorarlberg die Zuweisung von leichten Kavalleriesäbeln der Gattung M.1877, allein bei den Kadett-Offiziersstellvertretern[224] blieb der vorgeschriebene Kavalleriesäbel des Typs M.1869 im Stand.[225] Allen Unteroffizieren, ausgenommen den Eskadronsriemern und Kurschmieden, wurde zudem der Gasser-Revol-

---

[213] *Innsbrucker Nachrichten (19.06.1911)*, S. 4.
[214] Ebd., S. 4.
[215] Dirrheimer, Erläuterungen zu den Uniformbildern der österr.-ung. Armee im Ersten Weltkrieg, S. 75.
[216] Hinterstoisser, Die Uniformierung und Ausrüstung der k.k. Landwehr-Gebirgstruppen, S. 79.
[217] Dirrheimer, Erläuterungen zu den Uniformbildern der österr.-ung. Armee im Ersten Weltkrieg, S. 75.
[218] Egon Sauer, Österreichische Kavallerie von den Anfängen bis zur Gegenwart, Wien 1997, S. 104.
[219] *Innsbrucker Nachrichten (09.03.1912)*, S. 6.
[220] Jurnitschek, Die Wehrmacht der österreichisch-ungarischen Monarchie, S. 669.
[221] *Innsbrucker Nachrichten (09.03.1912)*, S. 6.
[222] Das Feldmesser wurde als Patagan bezeichnet.
[223] *Neue Tiroler Stimmen (05.11.1872)*, S. 4.
[224] In weiterer Folge im k.u.k. Heer als Fähnrich bezeichnet.
[225] Hinterstoisser, Die Uniformierung und Ausrüstung der k.k. Landwehr-Gebirgstruppen, S. 80.

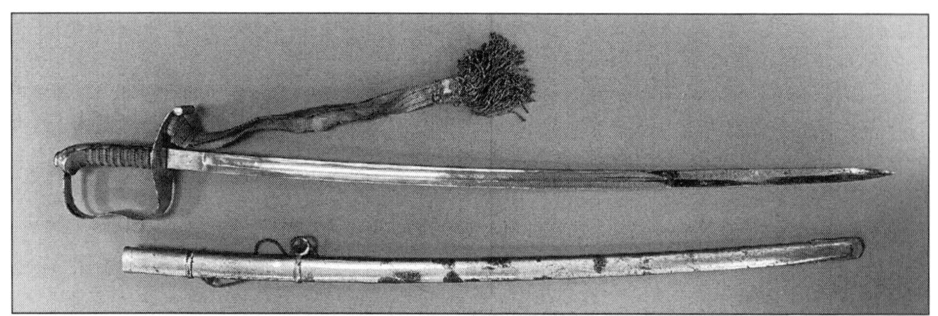

Kavalleriesäbel von Franz Foltin. Foto: PA-EH.

ver als Faustfeuerwaffe ausgegeben.[226] Die Chargen waren in der Bewaffnung gleich der Mannschaft.[227] Die Mannschaften waren zusätzlich ab dem Jahr 1889 mit Mannlicher-Karabinern bewaffnet, die Offiziere hatten stattdessen Reiterpistolen.[228] Bei Beginn des Ersten Weltkrieges war die Bewaffnung der Kavallerietruppen in der österreich-ungarischen Armee einheitlich. An Waffen wurden der Mannlicher 8mm M.95 Repetierkarabiner, ein Kavalleriesäbel sowie das Maschinengewehr der Infanterie, das M.7/12 System Schwarzlose, verwendet.[229]

1.2 Die Garnisonen des Tiroler Kavallerieverbandes

An jener Stelle in der Innsbrucker Kapuzinergasse, an der sich früher das „Fuchs'sche Haus"[230] beziehungsweise die Fuchs´sche Zündhölzelfabrik befunden hatte, waren in den vorhandenen Gebäuden im Jahr 1872 die Tiroler Landesschützen zu Pferd einquartiert worden. Deren Kader war bei der Bevölkerung zu jener Zeit als „Tintidragoner" bekannt, nach dem Kommandanten Rittmeister Baron Gustav von Tinti.[231] Bereits im Juni des Aufstellungsjahres begannen mit der Stadt Innsbruck Verhandlungen zur Adaptierung der Militärstallungen in der Kapuzinergasse, um sie als zweckmäßige Kasernenanlage bereitzustellen.[232]

Am 19. September 1872 stellte die Landesverteidigungsoberbehörde[233]

[226] Ebd., S. 80.
[227] *Innsbrucker Nachrichten (09.03.1912)*, S. 6.
[228] Ebd., S. 6.
[229] Anton Wagner, Der Erste Weltkrieg. Ein Blick zurück (=Truppendienst-Taschenbücher Band 7), Wien 21993, S. 26.
[230] OeStA-KA Terr GenKdo Innsbruck BauAbt (TR) 32. Innsbruck 10 – Kaserne der berittenen Tiroler Landesschützen. Projects-Skizze über die im ehemals Fuchs'schen Hause Nr. 5 in der Kapuzinergasse in Innsbruck vorzunehmenden Adaptierungsarbeiten.
[231] *Innsbrucker Nachrichten (31.08.1911)*, S. 1.
[232] *Innsbrucker Nachrichten (09.06.1872)*, S. 4.
[233] Das Ministerium für Landesverteidigung umfasste auch die Verwaltung der Landesverteidigung für Tirol und Vorarlberg, die Detailverwaltung wurde jedoch der Landesverteidigungsoberbehörde in Innsbruck übertragen.Vgl. Ferdinand Schmid, Das Heeresrecht der österreichisch-ungarischen Monarchie, Wien 1903, S. 231.

den Antrag auf Überlassung des so genannten Ingram'schen Anwesens, welches in der damaligen „oberen" Kapuzinergasse[234] errichtet worden war und sich seit 1862 im Grundbesitz der Stadt Innsbruck befand.[235] Jenes Anwesen schloss sich unmittelbar an die damaligen Militärstallungen an[236], welche seit 1. Juli 1863 den in Innsbruck stationierten Infanterietruppen dienten.[237] Von Seiten der Heeresverwaltung war dort geplant, den Kader der Landesschützen zu Pferd, einen externen Bataillonskader sowie die Offiziersaspiranten-Schule in den Gebäuden unterzubringen. Zusätzlich sollten auch Stallungen und eine eigene Reitschule errichtet werden.[238]

Nach anfänglichem Angebot, den gesamten Grund neben der bisherigen Militärstallung um 2 Florin zu mieten sowie das gesamte Anwesen um 40.000 Florin der Landesverteidigungsoberbehörde zu überlassen[239], wurde jenes Anbot im November von Seiten der Stadt Innsbruck widerrufen.[240] Dennoch konnte das Ingram'sche Anwesen in weiterer Folge am 18. April 1875 erworben werden.[241] Im Sommer des Jahres 1886 wurde der Umbau respektive die Adaptierung des vormaligen Anwesens zur Kasernenanlage für die Tiroler Landesschützen zu Pferd vollendet.[242] Die Kaserne bestand aus dem Hauptgebäude mit den Unterkünften für die Mannschaften der 1. und 2. Eskadron, einer gedeckten Reitschule, einem Kanzleigebäude, einem Magazingebäude, einem Unteroffizierswohngebäude, einer Waschküche, zwei Hufbeschlagschmieden, einem Hindernis-Garten im Norden der offenen Reitschule, einem Formierungsplatz, den Stallungen, dem Sattel- und Haferraum sowie einem Düngerplatz.[243] Die Militärstallungen umfassten im Gesamten 169 Stellplätze in sieben Stallunterteilungen. Der erste Stall war für 21 gesunde Offizierspferde, der zweite für ein leicht krankes Pferd, der dritte Stall für 54 gesunde Mannschaftspferde und Remonten[244], der vierte Stall für zwei leicht kranke Pferde, der fünfte und sechste Stall wiederum für 54 gesunde Mannschaftspferde und Remonten sowie zwei leicht kranke Pferde ausgelegt. Der siebte Stall umfasste 35 gesunde Mannschaftspfer-

[234] OeStA-KA Terr GenKdo Innsbruck BauAbt (TR) 32. Innsbruck 10 – Situation Saggenkaserne Innsbruck.
[235] *Innsbrucker Nachrichten (02.02.1931)*, S. 3.
[236] *Innsbrucker Tagblatt (15.09.1872)*, S. 3.
[237] *Innsbrucker Nachrichten (02.02.1931)*, S. 3.
[238] *Innsbrucker Tagblatt (15.09.1872)*, S. 3.
[239] Ebd., S. 3.
[240] *Neue Tiroler Stimmen (08.11.1872)*, S. 3.
[241] *Innsbrucker Nachrichten (02.02.1931)*, S. 3.
[242] *Neue Tiroler Stimmen (17.12.1886)*, S. 1.
[243] OeStA-KA Terr GenKdo Innsbruck BauAbt (TR) 28. Kaserne der reitenden Tiroler Landesschützen (Pläne). Situation des Kasernenetablissement der Reitenden Tiroler Schützen in Innsbruck.
[244] Als Remonte wird ein Pferd, welches noch in der Ausbildung, beispielsweise im Erlernen von Kommandos sowie der Gewöhnung an das Gerät, steht, bezeichnet.

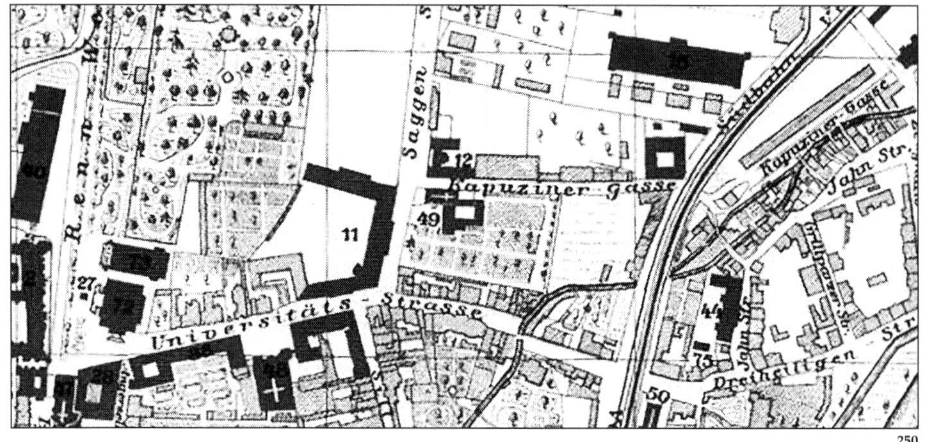

250

de und Remonten.[245]

Die Saggen-Gasse[246] Nummer 4, an der Ecke der Kapuzinergasse, der Abzweigung gegenüber der nördlichen Längsseite der Kapuzinerkirche[247], diente bis zu Kriegsbeginn 1914 als Kasernenareal für Teileinheiten der Tiroler Landesschützen-Kavallerie im Garnisonsort Innsbruck.[248] An der Kaserne war folgende Aufschrift angebracht:

„Die Felsenburg, die Gott uns gab,
Beschützen unsere Waffen,
Und will der Feind ein kühles Grab,
Wir werden's ihm verschaffen –"[249]

Als im Herbst 1906, wie bereits erwähnt, die dritte Eskadron der reitenden Einheit aufgestellt worden war, wurde dieser das Landgut Reichenau als zusätzliches Unterkunftsgebäude zugewiesen[251], der so genannte „Reichenauerhof".[252] Im Mai des Jahres 1907 führten Oberintendant Gerlich und k.k. Rittmeister Nasko der berittenen Tiroler Landesschützen in den Gemein-

---

[245] OeStA-KA Terr GenKdo Innsbruck BauAbt (TR) 32. Innsbruck 10 – Kaserne der berittenen Tiroler Landesschützen. Stallungen bei der reit. Tir. Schützenkaserne.
[246] *Bote für Tirol und Vorarlberg (16.06.1885)*, S. 1.
[247] *Neue Tiroler Stimmen (17.12.1886)*, S. 1.
[248] *Innsbrucker Nachrichten (21.10.1875)*, S. 13.
[249] *Vorarlberger Volksfreund (30.09.1915)*, S. 3.
[250] Josef Redlich, Plan von Innsbruck 1907. Kartenausschnitt Saggengasse/Kapuzinergasse. Die Kaserne der Landesschützen zu Pferd ist im Plan von Innsbruck mit der Nummer 12 gekennzeichnet. PA-VRTKsI (Sammlung Spinn).
[251] *Innsbrucker Nachrichten (09.03.1912)*, S. 6.
[252] *Bote für Tirol und Vorarlberg (24.07.1911)*, S. 2.

Reitende Tiroler Landesschützen in Innsbruck im Jahr 1910. Foto: PA-EH.

Reitende Tiroler Landesschützen in Innsbruck. Foto: JHM-f-brue-115.

den Naturns, Lana und Meran Verhandlungen über den Bau einer Kaserne für alle drei Eskadronen der berittenen Tiroler Landesschützen, wobei sich zwei Ansätze abzeichneten: In Naturs sollte das „Postwirtshaus" als Kasernengebäude einer Eskadron und in Meran der „Guflhof" samt Wiesengrund für zwei Eskadronen als Garnisonsstandort errichtet werden.[253] Der Gemeindeausschuss von Meran hatte hierzu sogar eine Erklärung abgegeben,

> „daß die Gemeindevertretung von Meran grundsätzlich bereit sei, gegen Entrichtung der tarif- und gesetzmäßigen Vergütung 1. eine Normalkaserne für die Division der berittenen Tiroler Landesschützen zur erbauen und beizustellen, 2. ebenso zur Fertigstellung der Kaserne die für ein Provisorium zur Aufnahme des Divisionsstabes und zweier eventuell dreier Eskadronen erforderlichen Unterkünfte (Baracken) beizustellen."[254]

Jene Planungen mit einer Garnison der berittenen Tiroler Landesschützen im Raum Naturns und Meran wurden jedoch nie verwirklicht. Im Jahr 1910, so geht aus den Akten des Trentiner Stadtarchives hervor, war wiederum geplant, für die berittenen Tiroler Landesschützen im südlichen Landesteil, im Trentino, eine Kaserne zu errichten. Anfänglich sollte die Wahl auf Gardolo fallen, wo bereits ein Flugplatz sowie ein Bahnhof vorhanden waren.[255] Im März des Jahres 1912 wurden die 1. sowie die 3. Eskadron tatsächlich in den südlichen Teil des Landes verlegt, und zwar nach Persen und Trient.[256] Die *Innsbrucker Nachrichten* schrieben: „Die so lange erwogene Frage der Neustationierung der Reitenden Tiroler Landesschützen-Division ist nun endgültig erledigt. Es kommt eine Eskadron nach Trient und eine nach Persen; die dritte bleibt in Innsbruck."[257]
Am 28. Februar 1912 veranstaltete die Stadt Innsbruck für die aus der Garnison Innsbruck abrückenden Teile der Tiroler Kaiserjäger sowie der Reitenden Tiroler Landesschützen ein Abschiedsfest in den Stadtsälen. In der Ansprache vermerkte der damalige Innsbrucker Bürgermeister Wilhelm Greil:

> „Gleichzeitig mit den Kaiserjägern verläßt uns auch die Division der Reitenden Tiroler Landesschützen, eine Truppe, welche ebenfalls aus Landeskindern besteht und schon seit ihrer Gründung im Jahre 1873 [sic!] in Innsbruck in Garnison liegt und daher auch schon lange das Heimatsrecht der Landeshauptstadt erworben hat.

---

[253] *Bozner Nachrichten (12.05.1907)*, S. 5.
[254] *Meraner Zeitung (04.10.1907)*, S. 2.
[255] Georgie Cacciaguera/Maria Maola Gatti, Military Structures of Trento: Conserving and Restoring Value, in: *Save Heritage: Safeguard of architectural visual, environmental Heritage (2011)*, S. 1-8, hier S. 5.
[256] *Innsbrucker Nachrichten (09.03.1912)*, S. 6.
[257] *Innsbrucker Nachrichten (12.01.1912)*, S. 4.

[...] ‚Die Tiroler Kaiserjäger und die Reitenden Tiroler Landesschützen leben hoch! hoch! hoch!'"[258]

Der Tiroler Schriftsteller Franz Kranewitter verfasste zum Garnisonswechsel dieser Truppen in den *Innsbrucker Nachrichten* einen Text unter dem Titel „Kaiserjäger! Reitende Tiroler Landesschützen!":

> „Auf Befehl des allerhöchsten Kriegsherrn seid Ihr im Begriffe von Eurem angestammten Stabsstandort abzureisen, werdet Ihr in den nächsten Tage [sic!] Euren langgewohnten Aufenthalt verlassen. [...] Ihr geht nun von uns. Nimmer werden wir die Töne Eurer Musik [...] Euren stolzen Mannesschritt, das Klappern der Hufe Eurer Pferde auf den Straßen hören."[259]

Am 11. März 1912 um 8 Uhr vormittags trat die 1. Eskadron von der Saggengasse aus über die Sillgasse, Museumsstraße, Burggraben, Maria Theresienstraße, Leopoldstraße bis zur Brennerstraße den Marsch nach Trient an. Beim Sonnenburger Hof, am Sattel zwischen Berg Isel und dem Wiltenberg, verabschiedete Erzherzog Eugen, der frühere Kommandant des XIV. Korps, die Truppen.[260] Ein in der *Reichspost* abgedruckter Bericht des Innsbrucker Buchhändlers und Schriftstellers Heinrich von Wörndle schilderte den Abmarsch der 3. Eskadron am 13. März 1912:

> „Munter, als ginge es zum Spazierritt, schlängelt sich im leichten Trabe von der im Sonnenschein rot leuchtenden Wiltener Stiftskirche herauf eine bunte Pferdegruppe. Voran auf lichtem Schimmel die ritterliche Gestalt des Oberkommandierenden, begleitet und gefolgt von stattlicher Suite - durchwegs in Champagneuniform: vor dem Kreuze am Hohlwege hält der erlauchte Führer, um ihn gruppiert in geradezu künstlerischem, buntem Bilde der gesamte Stab. Auf historischer Stätte, wo Tiroler Mut und Tiroler Treue fürs Kaiserhaus gerungen, nimmt Erzherzog Eugen Abschied von den braven ‚berittenen Tiroler Landesschützen' und mustert da nochmals die letzte Eskadron, die nun südwärts auf die Grenze zieht - einer unbestimmten Zukunft entgegen. [...] [E]in Kommando ertönt, in sausendem Galopp reitet der Rittmeister heran, seine Meldung zu erstatten, und wie festgemeißelt stehen die Rosse, da nun die Kolonne der ‚Berittenen', gemustert von den blitzenden Augen ihres Oberkommandierenden feldmäßig ausgerüstet vorbeireitet, kräftige

[258] *Innsbrucker Nachrichten (29.02.1912)*, S. 6-7.
[259] *Innsbrucker Nachrichten (02.03.1912)*, S. 1.
[260] *Allgemeiner Tiroler Anzeiger (11.03.1912)*, S. 6.

Garnisonswechsel der Reitenden Tiroler Landesschützen nach Pergine oder Triest. Foto: PA-MA (Sammlung Arnold).

Der Abschied der Reitenden Tiroler Landesschützen. Foto: PA-VRTKsI (Sammlung Spinn).

Garnisonswechsel der Reitenden Tiroler Landesschützen 1912. Foto: PA-VRTKsI (Sammlung Spinn).

> Figuren stramm im Sattel, fest im Züge die munteren Pferde, malerisch im wehenden hechtgrauen Ueberwurf und den flatternden Federbüschen! Ein dankender Gruß des Prinzen an den Führer der Truppen, herzliche kameradschaftliche ‚Servus' und ‚Leb' wohl' aus den Reihen der Offiziere, und in schneidiger Karrière sprengt der Rittmeister an die Tète: ‚Trab – Trab' – blasen die Trompeten – zwischen aufgestellten ländlichen Marktwagen und den Scharen neugieriger Zuschauer geht es staubaufwirbelnd den grünen Waldeshöhen des Silltales entgegen. [...] Der Kaiser hat unsere wackeren ‚Gletscher-Husaren' gerufen, daß sie gute Wacht halten in den flußdurchrauschten Tälern zwischen Ortler und Adamello: und das werden sie besorgen!"[261]

Das *Tiroler Volksblatt* vermerkte über den Marsch der 1. Eskadron der Reitenden Tiroler Landesschützen nach Trient am 16. März 1912: „Gestern vormittags langte aus Innsbruck die 1. Eskadron der berittenen Tiroler Landesschützen zu Pferd in Brixen ein. Eine Abteilung von hiesigen Offizieren kam den Truppen bei Neustift entgegen. Am Freitag werden sie wieder nach Trient weitermarschieren."[262] Am 20. März erreichte die 1. Eskadron ihre neue Kaserne in der Via Grazioli in Trient.[263]

---

[261] *Reichspost (03.04.1912)*, S. 1-2.
[262] *Tiroler Volksblatt (16.03.1912)*, S. 4.
[263] *Neue Tiroler Stimmen (22.03.1912)*, S. 5

[264]

Am 19. März 1912 traf die für Pergine bestimmte 3. Eskadron der Reitenden Tiroler Landesschützen in Trient ein und wurde dort, „[...] von einer großen, aus Landesschützenoffizieren gebildeten Kavalkade am Stadteingange begrüßt. Die Eskadron ritt durch die Vorstadt San Martino, am Kastell vorüber, durch die Porta Aquila und schlug dann ohne Aufenthalt den Weg nach Pergine ein."[265] Als Kasernenanlage in Pergine diente die so genannten Kaserne ‚Margoni' in der Via Tomaso Maier, in welcher anfänglich zwei Kompanien der Tiroler Landesschützen (IV. und V. Kompanie) mit 170 Mann untergebracht waren[266], bis die 3. Eskadron der Reitenden Tiroler Landesschützen das Gebäude in Pergine übernahm. Garnisonskommandant der Reitenden Tiroler Landesschützen in Trient wurde Major Srnka, in Persen Oberleutnant von Smolensky.[267]

Für die 2. Eskadron war zunächst ebenfalls angedacht, in eine Garnison im südlichen Landesteil Tirols, nach Bozen oder Bruneck, instradiert zu werden. Die *Bozner Nachrichten* vermerkten diesbezüglich: „[...] die zweite Eskadron der Reitenden Tiroler Landesschützen-Division, die seit der Transferierung der 1. und 3. Eskadron nach Trient und Persen allein noch in Innsbruck zurückblieb, [soll] nun ebenfalls für einen Garnisonsort jenseits des Brenners bestimmt sein."[268] Jene Einheit blieb jedoch in Innsbruck.[269]

Im Jahr 1913 waren Pläne für den Bau einer Kaserne für die Eskadro-

---

[264] Cartographen Anstalt Wagner und Debes Leipzig, Historische Karte Trient (Trento) 1914. Kartenausschnitt Via Grazioli. PA-VRTKsI (Sammlung Spinn).

[265] *Neue Tiroler Stimmen (21.03.1912)*, S. 5.

[266] Stenographische Protokolle des Abgeordnetenhauses des Reichsrates 1861-1918. Haus der Abgeordneten. 67. Sitzung der XVIII. Session am 12. Mai 1908. Interpellanza dei deputati Avancini, Olivia, Pagnini, Pittoni, Scabare sonsorti al Signor Ministro per la difesa del paese, concernete le condizioni sanitarie della guarnigione di Pergine, S. 8525.

[267] *Innsbrucker Nachrichten (16.02.1912)*, S. 3.

[268] *Bozner Nachrichten (16.05.1912)*, S. 4.

[269] *Innsbrucker Nachrichten (08.08.1912)*, S. 5.

nen der Reitenden Tiroler Landesschützen in Campo de Trentino vorgelegt worden. Wegen des Kriegsbeginnes wurde jedoch von der Realisierung des Vorhabens abgesehen.[270]

Ab Oktober 1914 dienten das so genannte „Ferrari-Anwesen" sowie das „katholische Gesellenhaus" in Innsbruck als Standorte der Ersatz-Abteilung der Reitenden Tiroler Landesschützen[271], bis ab Jänner des Kriegsjahres 1916 wiederum die eigentliche Innsbrucker Garnison der Reitenden Tiroler Landesschützen in der Saggengasse, einerseits für die Ersatz-Abteilung der Reitenden Tiroler Landesschützen und andererseits als Unterkunftsgebäude der Landwehr-Rekonvaleszenz-Abteilung für verwundete österreich-ungarische Soldaten fungierte.[272]

1.3 Ausbildung und Einsatztauglichkeit der berittenen Tiroler

Der Truppenübungsplatz der Tiroler Kavallerieeinheit befand sich in der Höttinger Au in Innsbruck.[273] Die Ausbildung der Mannschaften war zunächst mit insgesamt 15 Wochen festgesetzt, wobei nach der letzten Ausbildungswoche eine dreiwöchige Waffenübung folgte. Der nächste Ausbildungsturnus der neuen Rekruten der berittenen Kompanien wurde nach dem Abschluss der Waffenübung einberufen.[274] Bereits 1872 forderten die *Neuen Tiroler Stimmen* angesichts der vielfältigen Aufgaben eine Verlängerung der Ausbildung: „Die Aufgaben der berittenen Tiroler Landesschützen sind wichtige und mannigfaltige, und erscheint [sic!] zur Durchführung derselben eine zwölfwöchentliche Abrichtungsperiode im ersten Momente eine etwas knappe und kurze."[275] Nach einer Inspektion durch Oberst Gustav Baron Düdher wurde die Dienstzeit mit einem Jahr festgesetzt[276] Laut dem Bericht der *Innsbrucker Nachrichten* entwickelte sich

> „[d]ie neugeschaffene Truppe [...] ganz gut. [...] Im Jahre 1874 wurde zur Untersuchung, ob die neugeschaffene Truppe lebensfähig und zweckentsprechend sei, Oberst Gustav Baron Düdher des Dragoner Regiments ‚Kaiser Nikolaus I. von Rußland' Nr. 5 beauftragt, dieselbe zu inspizieren. Auf Grund der von diesem sodann vorgenommenen fachmännischen Visitierung, bez[iehungs]w[eise] auf Grund des hierüber erstatteten Berichtes gewann das Landesver-

---

[270] Cacciaguera/Gatti, Military Structures of Trento, S. 5.
[271] *Allgemeiner Tiroler Anzeiger (17.10.1914)*, S. 7.
[272] OeStA-KA NFA 900. k. u. k. Landesverteidigungs-Kmdt in Tirol. Op. Qu. Nr. 81. Bestimmungen über Spitalsabgabe und Spitalsentlassung. Aufstellung von Rekonvaleszenten-Abteilungen der Armee im Felde, 23.01.1916.
[273] *Innsbrucker Nachrichten (13.07.1014)*, S. 3.
[274] *Nachrichten (09.03.1912)*, S. 6.
[275] *Neue Tiroler Stimmen (16.03.1872)*, S. 2.
[276] *Innsbrucker Nachrichten (09.03.1912)*, S. 6.

teidigungsministerium die Überzeugung, daß die Truppe den Erwartungen entspreche und widmete nun ihrem allmählichen Ausbau größeres Interesse. Noch im gleichen Jahre wurde für dieselbe eine einjährige Dienstzeit festgesetzt, dann ging man allmählich vom Kadresystem ab und vermehrte den Mannschaftsstand von Jahr zu Jahr."[277]

Mit dem Beginn der einjährigen Dienstzeit erfolgte alljährlich in der Reitschule der Tiroler Kavallerietruppe in der Kapuzinergasse in Innsbruck, vormittags am Allerheiligentag, die Beeidigung der neuen Rekruten des jeweiligen Jahrganges.[278] Laut Witzleben konnten auf Grund der Verlängerung der Dienstzeit ab jenem Zeitpunkt immer genug Leute für die Ergänzung der bis dato zwei „Kriegs-Eskadronen" aufgestellt werden.[279] Die *Oesterreichisch-ungarische Wehr-Zeitung* schrieb hierbei über den Kader die Landesschützen zu Pferde im Jahr 1872:

> „Schon zum öfteren [sic!] hatten wir Gelegenheit, die ‚Landesschützen zu Pferde' durch die Straßen der Stadt reiten zu sehen oder in der nächsten Umgebung, so in Amras, Hall und Kranebitten, der kleinen Reitertruppe zu begegnen. Gewöhnlich waren es zwischen zwanzig und fünfundzwanzig Mann, frische junge Leute, welche auf den kleinen, aber kräftigen und lebhaften Pferden saßen. War nun die Erscheinung tirolischer Husaren (die Tiroler berittenen Landesschützen sind wohl den Dragonern ähnlicher. D. R.) schon überhaupt eine überraschende, so war sie es noch mehr durch die Festigkeit und Sicherheit, mit welcher unsere Reiterschützen in ihren Sätteln saßen. Es schien beinahe unglaublich, daß in so kurzer Zeit Mann und Roß schon so viel Schule sich angeeignet haben konnten, als es hier der Fall ist, und es macht dies den jungen Reitern gewiß ebensoviel Ehre, als ihrem vortrefflichen Meister, der hier allerdings ein Problem gelöst hat, daß noch vor nicht langer Zeit für beinahe unlösbar galt. Besonders gut sieht die Abteilung der Reiterschützen in voller Kriegsrüstung aus und macht so recht den Eindruck der Wehrhaftigkeit."[280]

In Bezug auf die Ausbildung der Kavallerieeinheiten schreibt Wagner, dass „[t]rotz durchgehender Bewaffnung mit Feuerwaffen [...][,] die Kavallerie überwiegend für den Kampf zu Pferd ausgebildet und erzogen"[281]

---

[277] *Innsbrucker Nachrichten (09.03.1912)*, S. 6.
[278] *Innsbrucker Nachrichten (02.11.1912)*, S. 3.
[279] Gerhard August von Witzleben, Beiheft zum Militair-Wochenblatt, Berlin 1876, S. 226.
[280] *Oesterreichisch-ungarische Wehr-Zeitung „Der Kamerad" (05.01.1873)*, S. 6.
[281] Wagner, Der Erste Weltkrieg. Ein Blick zurück, S. 27.

worden war. In der Ausbildung beziehungsweise bei den Waffenübungen der reitenden Einheit wurde jedoch sehr schnell klar, dass eine Kampfführung ausschließlich ‚hoch zu Ross' nicht zielführend war. Ohne Attacken und Schützengefechte in abgesessenem Zustand war kein effektiver Einsatz möglich. Das Hauptaugenmerk lag jedoch nicht in den klassischen Einsatzarten wie Angriff oder Verteidigung, welche den großen Heeresverbänden der k.u.k. Wehrmacht oblagen, sondern in der Aufklärungstätigkeit und dem Zuarbeiten von Informationen für das höhere Kommando. Die Kernkompetenz der berittenen Landesschützen beziehungsweise deren Auftrag war es, nach Witzleben, „[...] zu sehen, zu beobachten und zu melden."[282] Aufklären und Melden waren zur Hauptaufgabe der berittenen Truppe geworden. Die *Neue Tiroler Stimmen* schrieben, dass ihnen eine

> „[...] höchst wichtige [...] Verwendung [...] als Ueberbringer wichtiger mündlicher Meldungen und Befehle [zukommen würde]. Gerade in Tirol, wo den agirenden Truppen, die getrennt und meist weit von dem Hauptquartier entfernt sind, nur in wenigen Richtungen Telegraphen und Eisenbahn zur Disposition stehen, vom dem im Gefechte begriffenen Kommandanten es kaum möglich sein dürfte, die Zeit zu finden, um Meldungen und Berichte zu schreiben, erscheint die Errichtung einer Truppe, welche zu Pferd im Gebirge sowie in der Thalsohle fortkommt und im mündlichen Meldedienst ferm [sic!] und verlässlich ist, sehr dringend geboten."[283]

Zu diesem Zweck wurde bei den berittenen Landesschützen eine Botenjäger-Abteilung nach dem Vorbild der Feld-Gendarmen errichtet. Ursprünglich war geplant, im Kriegsfall jeder Reserve- beziehungsweise Halbbrigade sowie jedem Truppenkörper im Hauptquartier zwei Botenjäger zuzuteilen, mit dem Hinweis, Rücksicht auf deren Sprach-, und Lokalkenntnisse zu nehmen. Eine Anzahl von 15 Botenjägern pro Eskadron, im Gesamten 30 Mann, hätten somit aufgestellt werden sollen.[284] Die Kadersoldaten der Eskadronen hatten den Ruf, so führt Witzleben weiter aus, „[...] recht durchgängig und schneidig [zu reiten]. Dieses Resultat dürfte vorwiegend dem tüchtigen Offizier zuzuschreiben sein, der den Kadre im Frieden kommandiert - und der geringen Zahl ausgewählter Leute, welche auszubilden sind"[285], jedoch würden für die Heranbildung eines größeren Kavallerieverbandes aus der Organisation der berittenen

[282] Witzleben, Beiheft zum Militair-Wochenblatt, S. 226.
[283] *Neue Tiroler Stimmen (16.03.1872)*, S. 1.
[284] Ebd., S. 1.
[285] Witzleben, Beiheft zum Militair-Wochenblatt, S. 226.

Tiroler die Ressourcen nicht ausreichen.[286] Um die begrenzten Ressourcen der berittenen Tiroler Landesschützen zu schützen, durften diese im Frieden nicht zur Aufstellung von Ordonnanz-, Kurs-, oder Linienposten sowie im Kriegseinsatz zur Wartung der Pferde von externen berittenen Offizieren wie Generälen, Stabs- oder Oberoffizieren herangezogen werden. Dies hätte nämlich den Kampfwert der Eskadronen gravierend geschmälert beziehungsweise die Kadersoldaten unter verschiedene Führungen gestellt, welche eine Zersplitterung der Einheit zur Folge gehabt hätte.[287] Im Jahr 1870 schrieb der österreichische Generalstabsoffizier und Reichskriegsminister Franz Freiherr von Kuhn bezüglich eines Einsatzes von Kavallerie im Gebirge wie folgt:

> „Der Gebirgsboden passt nur wenig für Cavallerie, indem höchstens in den grösseren Thälern hie und da Strecken aufzufinden sind, welche sich für das Wirken der Cavallerie eignen. Da jedoch der Benachrichtigungsdienst hauptsächlich nur durch die Cavallerie versehen werden kann, ferner in den Kämpfen in grösseren, breiteren Thälern, so wie bei Ausfällen aus dem Gebirge in die anliegenden Ebenen ebenfalls Cavallerie, und zwar mit sehr grossem Vortheile verwendet werden kann, so wäre es ein grosser Fehler, ein für den Gebirgskrieg bestimmtes Corps nicht mit der Waffe auszurüsten.
> Dieselbe wird im Gebirge sogar sehr oft Gelegenheit finden, durch kühne Märsche und durch überraschendes Erscheinen in Flanke und Rücken des in ein Thal eingedrungenen Gegners, Schrecken und Verderben in dessen Reihen zu bringen, überhaupt den kleinen Krieg mit grossem Erfolge zu führen.
> Theilt man einem Gebirgscorps Cavallerie nach diesen Principien zu, so darf dies nicht in zu geringem Masse geschehen, da sich sonst die schwache Abtheilung, durch den im Gebirge höchst beschwerlichen Benachrichtigungs- und Patrouillendienst vor der Zeit aufreibt.
> Dass für den Gebirgskrieg nur eine leichte Cavallerie verwendet werden darf, ist von selbst erklärlich.
> Auch ist es gut, die nöthige Cavallerie nicht erst bei Ausbruch des Krieges in's Gebirge zu detachiren, sondern selbe schon im Frieden in's Gebirgsland zu dislociren, damit sie sich an den Dienst im Gebirge und der Huf der Pferde an den steinigen Boden gewöhne. Cavallerie, die in Gebirgsmärschen nicht geschult ist, wird ihre Pferde – welche sich erst an das nöthige ruhige Tempo und langsame Ersteigen des Gebirges gewöhnen müssen – vor der Zeit abhetzen."[288]

[286] Ebd., S. 226.
[287] *Neue Tiroler Stimmen (16.03.1872)*, S. 1-2.
[288] Franz Freiherr von Kuhn, Der Gebirgskrieg, Wien 1870, S. 17.

1872 schrieb die *österreichisch-ungarische Wehr-Zeitung* im Hinblick auf eine Gebirgsverwendung von Kavallerie: „Man verwende hiezu die berittenen Tiroler Landesschützen, bewaffne sie entsprechend und bilde sie insoweit zur Durchführung des Feuergefechtes aus, als es für die reguläre Kavallerie vorgeschrieben ist."[289] Die Leistungen der berittenen Landesschützen sollten sich nämlich - wie von Freiherr von Kuhn und der Wehrzeitung beschrieben - eben nicht nur auf alleinige standardmäßige Kavallerieaufgaben, Melde- und Aufklärungszwecke, sondern auch auf die Erfüllung von Aufträgen wie Feuerkampf in steinigem Gelände und unwirtlichen Bedingungen abzielen. Dies ließ somit schon erste Ansätze eines Kalküls von Gebirgsbeweglichkeit im Zusammenspiel mit dem Einsatz von Tragtieren erkennen. So lernten die Kadersoldaten der Eskadronen, sich zunehmend besser im Hochgebirge beziehungsweise auf schwierigem Untergrund zu bewegen. Den Pferden wurde zudem bei der Ausbildung und Dressur eine Schussfestigkeit angeeignet, um im aufgesessenen Feuerkampf nicht durchzugehen, ergänzt um so genannte „Distanzritte", bei denen die Leistungsfähigkeit von Reiter und Pferd als Vorbereitung für einen Kriegseinsatz „vorgeübt" wurde.[290] Die *Neue Tiroler Stimmen* vermerkten in Bezug auf den Gebirgskrieg und die Tiroler Landesschützen zu Pferd folglich:

> „Der Gebirgskrieg ist immer für die hiebei verwendeten Truppen der schwierigste und beschwerlichste, die Truppen haben nicht nur die gewöhnlichen Strapazen der Märsche zu ertragen, sondern es stellen sich ihnen durch die vielfachen Eigenthümlichkeiten des Gebirgslandes, die schwierige Verpflegung und Unterbringung ec. noch bedeutende Hindernisse entgegen. [...] Wie der Mann, so muß auch das Pferd an den Boden gewöhnt, für die Kriegsstrapazen entsprechend gebaut sein und hiezu abgerichtet werden."[291]

Im Rückblick schrieb der ehemalige Offizier der Reitenden Tiroler Landesschützen, Franz Foltin, 1937 zum Reiten in den Alpen:

> „Das Pferd ist ein Steppentier und seine Fähigkeiten und Eigenschaften sind besonders für die Ebene eingestellt. Die Erfahrung lehrt aber, daß sich Pferde nicht nur als Tragtiere, sondern auch als verläßliche Reitpferde in allen Regionen und Gebirgen bei entsprechender Schulung unter geschickten Reitern verwenden lassen [....]."[292]

---

[289] *Oesterreichisch-ungarische Wehr-Zeitung „Der Kamerad" (08.03.1872)*, S. 2.
[290] Erhard Oeser, Pferd und Mensch. Die Geschichte einer Beziehung, Darmstadt 2007, S. 128-131.
[291] *Neue Tiroler Stimmen (15.03.1872)*, S. 2.
[292] Franz Foltin, Reitkunst in Schule und Gelände. Studie nach bekannten Werken, theoretische Betrachtungen aus praktischer Erfahrung, rhytmische Gymnastik zu Pferde, Innsbruck 1937, S. 119.

Beim Geländereiten waren, nach Foltin, einerseits der Ausbildungs- und Kräftezustand sowie das Wesen des Pferdes, andererseits die Fähigkeiten des Reiters, die entscheidenden Faktoren. Ergänzend mussten bei Ausritten im Gelände die Witterungsverhältnisse und die Jahreszeit, die Geländewahl sowie die Reitdauer, der Beschlag des Pferdes sowie die Zäumung und Sattlung beachtet werden. Anfänglich sollten leichte Ritte mit den Pferden vollzogen werden, um sie mit der wechselnden Bodenart und den daraus resultierenden Gangarten vertraut zu machen und die Kondition der Pferde sowie den Ausbildungsstand des Reiters kontinuierlich zu steigern. Der Reiter war angewiesen, das Pferd bergauf nicht zu treiben und bergab zu führen. Sumpfiges Terrain sollte gemieden oder abgesessen passiert werden, wenn dazu nicht die Möglichkeit zur Umkehr vorhanden war. Um die Pferde gegenüber den Umfeldbedingungen abzuhärten und deren Leistungsfähigkeit zu steigern war vorgesehen, bei jeder Witterung respektive im Gelände in gleichmäßigem, ruhigen Tempo zu reiten.[293]

Die erste berittene „Brennerüberschreitung" der Tiroler Landesschützen zu Pferd mit 23 Mann zu Manövern in Südtirol wurde am 1. September 1874 durchgeführt.[294] Die Innsbrucker Nachrichten vermerkten über die Tiroler Landesschützen zu Pferd:

> „An den militärischen Uebungen im Fleimserthale betheiligen sich auch die hiesigen Landesschützen zu Pferd, welche ihre Tour von hier nach Pusterthal, von dort über die Gebirge nach Fleims und von dort nach Neumarkt nehmen, durch das Eisackthal zum Brenner und von dort nach Innsbruck zurückkehren."[295]

Des Weiteren wurde von 21. bis 24. Oktober desselben Jahres ein weiteres großes Manöver im östlichen Hochgebirge des Etschtales auf der Linie Hafling - Jenesien abgehalten, bei welcher eine Gebirgsbatterie und berittene Landesschützen inkludiert waren sowie gleichzeitig eine ähnlich zusammengestellte Einheit auf der Linie Bozen - Jenesien mit dem Auftrag das Leben im Felde im Hochgebirge, insbesondere auf dem Gebirgsrücken „Salten", sicherzustellen und das Gelände dementsprechend zu nutzen.[296] Auch die österreich-ungarische *Wehr-Zeitung* veröffentlichte einen Bericht über eine Gebirgsunternehmung der Tiroler Landesschützen zu Pferd:

„Ein recht interessanter Übungsritt verdient der Erwähnung umso-

---

[293] Ebd., S. 94-96.
[294] *Innsbrucker Nachrichten (07.09.1874)*, S. 5.
[295] *Innsbrucker Nachrichten (03.09.1874)*, S. 5.
[296] *Meraner Zeitung (05.09.1874)*, S. 2.

mehr, als derselbe einerseits mit Schützen gemacht wurde, welche erst 15 Wochen in der Abrichtung standen, andererseits die Boden- und Witterungsverhältnisse sehr in Betracht zu ziehen sind.

Major Baron Tinti, der Kommandant der Tiroler Landesschützen zu Pferd, ritt am 17. Dezember [...] mit dem, dem Kadre zugetheilten Oberlieutenant Joseph Castiglione der 5. Landwehr-Dragoner-Eskadron und 25 Schützen des Kadres der Tiroler Landesschützen zu Pferd von Innsbruck über die Lanserköpfe und die Ortschaften Vill, Igels Patsch und Matrey nach Steinach. Es wurde dieser Tag zur Uebung des Felddienstes verwendet. Das Patrouillieren an den steilen östlichen Hängen des Wippthales auf theils vom Schnee entblößtem, festgefrornem Boden, theils auf der mit Glatteis bedeckten Ellbognerstraße unterlag großen Schwierigkeiten, wurde aber anstandslos durchgeführt.

Am 18. wurde von Steinach aus, auf der Brennerstraße bis Stafflach vorgerückt, der Ort und die Brücke von den Schützen (zu Fuß) besetzt, und nachdem die Infanterie [...] nachgekommen war, eine Umgehung des am Brenner [...] stehenden Feindes durch das Falserthal und Uebergang über das Bobaunerjoch ausgeführt. Im Falsertal lag Schnee und waren die Wege durch Heuschlitten ausgefahren, daher ein rasches Vorkommen bis Inner-Fals möglich. Der Aufstieg auf 2 ½ Schuh breiten, stellenweise aber sehr steilen, durch das Ablassen von Langhölzern oft enorm glatten Serpentinen war sehr schwierig und bewiesen hiebei die in Tirol gekauften Pferde ihre außerordentliche Geschicklichkeit, Sicherheit und Ruhe im Steigen.

Auf der Höhe des Joches, ungefähr 4500 Fuß, lag 2 bis 3 Schuh tiefer Schnee und fiel dichter Nebel ein, sodaß selbst der Führer nur schwer den Punkt des Abstieges finden konnte. Der frisch gefallene Schnee trug die Pferde nicht, die kleinen Thiere brachen oft bis an den Bauch ein und konnten sich nur mühsam fortarbeiten. Der Abstieg, so steil, daß man von der höchsten Spitze des Joches unter sich die Brennerbahn sieht, mußte auf einem kaum 2 Schuh breiten Saumweg, der größtentheils eine Eisdecke war, anfangs 300 bis 400 Schritte gerade, später in nur ganz unbedeutenden Serpentinen enorm steil abwärts führt, bewerkstelligt werden. Holzhauer, die am Joche arbeiteten und mit Steigeisen versehen waren, wurden aufgefordert, gegen Bezahlung zur etwaigen Hilfeleistung mitzugehen. Sie verweigerten die Aufforderung und erklärten daß es unmöglich sei, mit Pferden da hinabzukommen. Bevor der Abstieg be-

gonnen, wurden frische scharfe Stollen eingeschraubt, doch selbst diese genügten an vielen Stellen nicht, sondern mußten Stufen (Haltepunkte) in das Eis mit dem Feldhacken eingehauen werden. Trotz dieser bedeutenden Schwierigkeiten trafen Reiter und Pferde unbeschadet auf der Brennerstraße bei See ein. Hier wurden schnell die Sättel gerichtet, und um den Kraftzustand der Pferde zu versuchen, bis Brennerbad (eine gute halbe Meile), getrabt. Dort wurde den Pferden Heu gegeben, eine halbe Stunde gerastet und sodann der Rückweg nach Stainach auf der Chauffee (2 Meilen) bewerkstelligt. Am dritten Tage, den 19., wurde vor Stainach, den Patrouillendienst übend, am linken Sill-Ufer […] nach Innsbruck eingerückt. Für Rekruten von fünfzehnwöchentlicher Ausbildung war dies eine ganz schöne Leistung. Die jungen Schützen sollen sich sehr schneidig und findig benommen haben. Von den Pferden war weder eines gedrückt noch marode noch krumm geworden.
Die in diesen drei Tagen, bei diesen bedeutenden elementaren Schwierigkeiten zurückgelegte Strecke betrug im Ganzen ungefähr 18 Meilen. Es ist hierdurch der Beweis geliefert, daß die Tiroler Landesschützen zu Pferd nicht blos bei günstigen Bodenverhältnissen, sondern auch im Winter bei gefrorenem Boden, Schnee und Eis ihren schwierigen Dienst auch im Hochgebirge werden leisten können.[297]

Die *Neue Tiroler Stimmen* schrieb in Bezug auf die Unternehmungen der Reitenden Tiroler, dass die berittenen Landesschützen „[m]it einem guten, schnell, weit und sicher schießenden Gewehre und einem Revolver bewaffnet, [...] in der Lage [sind], weitausgehende Streifzüge zu unternehmen sowie durch Ueberschreitung von Jochen den Feind in seinen Flanken zu beunruhigen."[298] Das *Tiroler Volksblatt* vermerkte im September 1876 über die Manöver bei Fondo wie folgt: „Besondere Erwähnung verdienen die Landesschützen [...] [a]uch die Institution der Landesschützen zu Pferd, welche Gelegenheit hatten, sich im Felddienste, resp. Ordonnanzdienste einzuüben, bewährte sich bei diesem Manöver vollkommen."[299] Ein Bericht des *Salzburger Volksblatt* vom September des Jahres 1884 schildert einen Übungsritt der Reitenden Tiroler Landesschützen und jenes Erlangen von Erfahrungswerten im Gebirge. Vom 16. bis 28. Juni 1884 vollzog eine Abteilung der berittenen Tiroler Kavallerietruppe in der Stärke von 4 Offizieren und 26 Mann einen Ritt über die nicht befahrbaren Pässe

[297] *Oesterreichisch-ungarische Wehr-Zeitung „Der Kamerad" (08.01.1874)*, S. 3.
[298] *Neue Tiroler Stimmen (16.03.1872)*, S. 1.
[299] *Tiroler Volksblatt (30.11.1876)*, S. 4.

des Joches über das Kühtai, der Piller und dem Jaufen, wobei der Übergang über das Kühtai bei großer Kälte und Schneewehen durchgeführt wurde.[300] Das Salzburger Volksblatt vermerkte über diese Unternehmung wie folgt:

> „[...] über einen Ritt der Landesschützen zu Pferd für Tirol und Vorarlberg, [...] der Gletscher-Husaren. Am 16. Juni [...] brach eine Abtheilung von 26 Tiroler Landesschützen zu Pferd unter Kommando des Rittmeisters Castiglione von Innsbruck auf, am 17, gelang unter heftigem Schneeschauer und bei eisiger Kälte der Uebergang von Grieß über das Kühtai-Joch nach Oezthal; am nächsten Tag wurde ueber den zweiten Paß der Weg nach Ried fortgesezt. Ueber den Fünstermünz-Paß, Mals und Meran gelangte die kühne Schaar am 26. über den Jaufen nach Sterzing und am 28. wieder nach Innsbruck. Eine Episode dieser an Strapazen und Mühsalen reichen Reittour bei Passierung des Kühtai-Joches [...] [wurde] folgendermaßen [geschildert]: ‚Eine besondere Passage bei Abstieg muß ich erwähnen, welche zwar unsere wackern ‚Gletscher-Husaren' nicht aus der Ruhe brachte [...]. Man denke sich einen schmalen Fußpfad, rechts senkrechte Felswände nach oben, links Abstürze von Hunderten von Fuß Tiefe, mit den schönsten Wasserfällen. Für den einzelnen Gemsjäger mag der Steig nichts Beunruhigendes haben, doch für eine Truppe von 30 Reitern war er mehr als kritisch. Bei den ersten Pferden ging es noch ganz gut, denn die hitzigsten unter ihnen traten, die Gefahr ahnend, ebenso sicher und vorsichtig wie einheimische Maulthiere auf, doch schon nach dem fünften oder sechsten Pferde begann sich der Rand des Pfades abzubröckeln und immer größer wurden die Stücke, welche sich nacheinander ablösten, bis endlich ein so großer Klumpen mit furchtbarem Getöse in den Abgrund stürzte, daß er einen meterbreiten Riß am Pfade zurückließ, worüber die letzten acht Pferde hinabspringen mußten. [...] Als diese Stelle glücklich passiert war, stürzte später das Pferd des Oberlieutenants Dammers und fiel, sich mehrmals überschlagend, tief hinunter in den Stuibenbach. Der Reiter fiel glücklicherweise auf einen Felsabsatz und kam mit einer allgemeinen Erschütterung und zerrissenen Kleidern davon, auch das Pferd erlitt nur einige nicht zu schwere Verletzungen."[301]

Im September des Jahres 1884 war die verpflichtende dreiwöchentliche Waffenübungsphase der Eskadronen der Landesschützen zu Pferd im

[300] Thomas Trautwein, Militär Märsche, in: *Mittheilungen des Deutschen und Oesterreichischen Alpenvereins (1/1884)*, S. 284, hier S. 284.
[301] *Salzburger Volksblatt (10.09.1884)*, S. 2.

Gebiet um Telfs veranschlagt worden. Der *Bote für Tirol und Vorarlberg* schrieb über die Waffenübung folgendermaßen:

„Am 6. September rückte die erste Abtheilung ein, am 7. und 8. kam der Rest, so dass im ganzen [sic!] 160 Mann und Pferde hier einquartiert waren. Was die Leistungen der Herren Officiere und der Mannschaft anbelangt, so kann mit Recht gefragt werden, dass dieselben in dieser kurzen Zeit geradezu Ueberraschendes zustande gebracht [haben]. Es hat ihnen dieses Zeugnis sowohl Se[ine] Majestät unser allergnädigster Kaiser, anläßlich der Manöver in Stams ausgestellt sowie aus Se[eine] Excellenz der Herr FZM. Graf Packeny [...]."[302]

Im *Allgemeiner Tiroler Anzeiger* wurde im Jahr 1911 unter dem Titel „Hochgebirgsritte" die Feldverwendbarkeit der Pferde sowie der militärische Ansatz der Reitenden Tiroler Landesschützen auf feindbesetztes Gebiet im Hochgebirge im Raum Trient-Lavarone wie folgt geschildert:

„[Die] [...] berittenen Tiroler Landesschützen oder reitende[.] Tiroler Schützendivision, wie die Truppe mit ihrem modernen Namen heißt [...] ist als Grenzschutz bei den Kaiserschützenbataillonen in Form von Patrouillen aufgeteilt und versieht den Aufklärungs und Nachrichtendienst in einer Weise und unter Verhältnissen, von denen sich der Laie gar keinen Begriff machen kann. [...] Der Dienst unserer berittenen Tiroler Landesschützen ist ein sehr schwer. Wenn schon unsere Fußtruppen in den Alpen den denkbar größten Strapazen ausgesetzt sind, um wieviel mehr erst die Kavallerie? Das Reiten im Flachlande ist eigentlich immer eine Art Sport, ungleich höher aber ist es im Hochgebirge einzuschätzen. Dort hat der Reiter nicht nur mit den schwierigsten Terrainverhältnissen zu kämpfen, sondern auch die Kräftezustände seines Pferdes bedingen seine größte Aufmerksamkeit und und nicht zuletzt sind es die Witterungsverhältnisse, die sich oben auf den einsamen Bergen, bei den schlechten Kommunikationen und Unterkünften, ganz anders fühlbar machen als im Flachlande. Trotzdem versieht jeder einzelne Mann seinen Dienst mit Freude und Pflichteifer. [...] Das Pferdematerial ist vorzüglich. [...] Höchstens zeigen Hautabschürfungen bei einzelnen Pferden von Stürzen oder unfreiwilligen Rutschpartien. Fesselverstauchungen gehören zu den Seltenheiten. Die Mannschaft hat ihr Verdienst an dem guten Zustand der Pferde. Man muß nur diese Reiter sehen, wie sie den Boden auszunützen verstehen. Bald sitzen sie auf den Pferden, bald laufen sie nebenher,

[302] *Bote für Tirol und Vorarlberg (30.09.1884)*, S. 2.

um rasch wieder aufzusitzen, dann geht es im Galopp über steinige Plateaus oder im Trabe auf schmalen Felsenpfaden vorwärts, bald führen sie ihre Tiere über steile Schneeflächen, immer bestrebt, zu schonen, wo es nur möglich ist. Und wagemutig sind sie alle. In 2000 Meter Höhe auf dem ungeeignetsten Terrain, wo meterhohe Felsblöcke herumliegen und große Löcher ausgebrochener Steine den Boden furchen, eine Attacke zu reiten, ist keine Kleinigkeit. [...] Das Hauptaugenmerk bei ihrer Ausbildung wird auf den Felddienst gerichtet. Wie jedermann weiß, verwendet man heute Kavallerie in erster Linie für den Aufklärungs- und Meldedienst, zur Sicherung und Verschleierung und speziell im Hochgebirge hat sich früher der Mangel an Kavallerie bedeutend fühlbar gemacht. Ein Kavallerist bewegt sich, auch im Gebirge, doch immer schneller vorwärts als ein Infanterist und die Geschwindigkeit ist beim Aufklärungs- und Nachrichtendienste eine der Hauptsachen. Oben in den Bergen trifft man nur immer kleine Patrouillen an; da tauchen sie auf, plötzlich, unvermutet und verschwinden hinter der nächsten Felskante. Wie wilde Reiter streifen sie herum, anscheinend ganz ohne Disziplin und Ordnung. Mehr als höchstens eine Schwadron wird man nie an einem Platze beisammen finden und das nur, wenn es sich um eine größere Aufgabe, beispielsweise eine Paßbesetzung handelt. Ein militärisches Bild von eigenartigem Gepräge bot sich [...] im vorigen Jahr auf der Filladonna bei Trient. Von der Stadt gesehen, erscheint der 2000 Meter hohe Berg fast unzugänglich [...] [a]ber von Lavarone aus ist ein Aufstieg auch für Pferde möglich. [...] Das Plateau der Filladonna war von einer kleinen Infanterieabteilung besetzt, die als Feindmarkierung gut gedeckt hinter Felsblöcken lag. Von Lavarone herauf kam eine Kavalleriepatrouille. Vorne zwei Mann, denen in etwa hundert Schritt Entfernung weitere zwölf mit einem Offizier folgten. Sie waren weit verteilt, jeder Reiter suchte sich selbst seinen Weg und kletterte mit seinem Pferde so gut es ging bergauf, fortwährend auf möglichste Deckung bedacht. Für die Pferde bedeutet der Aufstieg auf so steilem Terrain ein hartes Stück. Nach allen fünfzig Schritten bleiben die Tiere stehen, um zu verschnaufen, woran auch die dünne Luft in diesen Höhen mit die Schuld trägt. Am Plateau herrscht tiefe Ruhe. Nichts verrät den versteckten Feind und es scheint, als wäre überhaupt kein Mensch außer mir heroben. Von einzelnen Stellen aus fällt mein Blick hinunter auf Trient, das unscheinbar und verschwommen tief im Tale liegt. Gegen die Stadt zu fällt die Filladonna fast senkrecht ab. Weit unten schmiegt sich ein feiner, weißer

Dunstkreis wie ein schmaler Ring an die kahlen Wände. Da werde ich abgelenkt von meinen Betrachtungen. Auf der anderen Seite des Plateaus flattern grüne Federbüsche über den Kamm, dann sieht man zwei Reiter förmlich aus dem Boden wachsen und wie aus einer Versenkung emporkommen. Vorsichtig spähen sie über das etwa tausend Schritte lange Plateau, dann sprengen sie im Galopp über die Fläche und verschwinden hinter großen Felstrümmern. Die Infanterie rührt sich nicht. Dann kommt die eigentliche Patrouille in einer Schwarmlinie über den Kamm. Schon setzen die Pferde in Galopp über, als es hinter einem mächtigen Blocke aufblitzt - ein Schuß, dessen Knall dreifaches Echo auslöst. Die Pferde spitzen die Ohren und einen Moment scheint es, als wollten sie in Marsch-Marsch durchgehen, doch die Reiter reißen die Tiere herum und im nächsten Augenblicke sind die Kavalleristen nach allen Seiten auseinandergestoben. Knapp unter dem Kamm sammeln sie sich, springen ohne Kommando von den Pferden, zwei Mann bleiben bei diesen zurück, die anderen greifen nach den Karabinern und nachdem diese Szene nicht länger als wenige Sekunden gedauert hat, kriecht die Patrouille schon wieder zwischen den Steinen vorwärts. Ihre kleidsame graue Uniform ist dem Boden gut augepaßt und kommt ihnen beim Vordringen sehr zustatten. Näher am Feinde beginnt die Patrouille ein kleines Geplänkel, um wenigstens annähernd die Gewehrkräfte des Gegners bestimmen zu können und bald hat dann der Offizier eine Meldung ausgefertigt, die er einem der Kavalleristen übergibt. Der Betreffende eilt zu seinem Pferde, schwingt sich hinauf und jagt wie toll den Abhang hinab Wo dieser zu steil wird, setzt sich das Pferd auf die Hinterfüße und rutscht buchstäblich den Hang hinunter, daß Steine und Staub aufwirbeln. Oben hat sich indessen ein heftiges Gefecht entsponnen. Das Echo verdreifacht das Geknatter der Schießenden zwischen den Kanten und Wänden rollt es wie gellender Donner und [...] aus dem zarten Dunstmatel, der in den tiefen Bodenrinnen gegen Lavarone liegt, windet sich in langem Gänsemarsch eine Infanteriekolonne, die wie ein Wurm die Filladonna hinabkriecht, um oben am Plateau das von der Kavalleriepatrouille eingeleitete Gefecht fortzusetzen."[303]

Jene abgedruckten Berichte verdeutlichen einerseits die bewusste Steigerung der Gebirgs-Affinität der berittenen Tiroler Landeschützen mit ständigen, wiederkehrenden Übungsritten im Hochgebirge, andererseits

[303] *Allgemeiner Tiroler Anzeiger (02.05.1911)*, S. 1-3.

die Gefahren des Gebirges für Soldat und Pferd. Witzleben beschrieb die Einsatztauglichkeit der berittenen Landesschützen im Hochgebirge folgenderweise: „Wenn man denselben bei den übrigen Truppen scherzweise den Namen ‚Gletscher'-Husaren gab, so lag darin eine treffende Anerkennung ihrer Brauchbarkeit auch in schwierigem Terrain und ihres schneidigen Reitens."[304] Auch der Innsbrucker Schriftsteller Wörndle vermerkte über die Entwicklung der Tiroler Kavallerie-Einheit über die Folgejahre und deren nunmehrige Feldverwendbarkeit im Jahr 1913:

> „[H]eute sind unsere „Gletscher-Husaren" - so hat sie inzwischen der Volksmund umgetauft - ein wichtiger und integrierender Bestandteil der, man möchte sagen, tirolisch-landständlichen Truppen geworden, welcher sich gelegentlich verschiedener Manöverbewegungen [...] als vollständig zweckmäßig ausgebildeter und praktischer bewegungsfähiger Truppenkörper erwiesen hat."[305]

Die genannten Beispiele lassen hierbei schon erste Ansätze erkennen, die Gebirgsbeweglichkeit der reitenden Tiroler Einheiten im Zusammenwirken mit Gebirgsartillerie-Batterien sowie infanteristischen Landesschützeneinheiten als auch selbst in abgestiegenem Zustand, die Auftragserfüllung im Hochgebirge auszubilden beziehungsweise die Einsatzmöglichkeiten der Bewaffnung, Ausrüstung sowie die Pferde selbst auszutesten und anzupassen. Schmid stellte, bereits gestützt auf Erfahrungen des Krieges, dazu 1917 fest, dass die Reitenden Tiroler Landesschützen „[…] für die Verwendung im Gebirgskriege besonders geeignet [waren], […] jedoch [im Gegensatz zu ‚echten' Gebirgseinheiten] keine spezielle [Gebirgs-] Ausrüstung [besaßen]."[306] In weiterer Folge sollte dieses Vorüben der Gebirgsaffiniät, unter besonderer Berücksichtigung des Hochgebirgskrieges, unter dem Credo der „Organisation des Krieges" zu Friedenszeiten fallen und als Vorbereitung der Soldaten für den Ernstfall dienen.[307] Die *Tages-Post* vermerkte hierzu bereits im Jahr 1911, dass der „Garnisonswechsel der [Reitenden Tiroler Landesschützen-Division] nur ein weiteres Glied in jenen Maßnahmen [bildete], durch welche in den letzten Jahren fast alle für den Gebirgskrieg speziell organisierten Truppen von Nord- nach Südtirol disloziert wurden."[308]

---

[304] Gerhard August von Witzleben, Beiheft zum Militair-Wochenblatt, Berlin 1876, S. 226.
[305] *Reichspost (03.04.1912)*, S. 2.
[306] Hugo Schmid, Heerwesen. 2. Teil: Österreich-Ungarn. Lehr- und Lehrbehelf für Militär- Erziehungs- und Bildungsanstalten sowie Instruktionsbuch für Reserveoffiziersschulen, Wien 1917, S. 54.
[307] Lichem, Krieg in den Alpen. Band 1, S. 81-82.
[308] *Tages-Post (18.10.1911)*, S. 6.

1.4 Kampfwert und Kampfkraft

Es muss zu allererst eine strikte Trennung zwischen den Begriffen Kampfkraft und Kampfwert erfolgen, um den definierenden Wert - Kampfkraft oder Kampfwert - der Reitenden Tiroler Landesschützen/ Kaiserschützen im Ersten Weltkrieg zu bestimmen. Während die „Kampfkraft [...] das Leistungsvermögen einer Truppe [ist], das vor allem durch die personelle und materielle Stärke, durch taktische Leistungsparameter und durch Kräftemultiplikatoren bestimmt wird“[309], definiert sich der Kampfwert als „Eignung einer Truppe zur Durchführung eines bestimmten Auftrages.“[310] Die Eignung wird hierbei vor allem bestimmt durch den Zustand und die Art der militärischen Ausstattung und Ausrüstung sowie der Stand der eigenen Versorgung, der Ausbildung und dem Zustand der seelischen und körperlichen Verfassung der Truppen.[311] Zusätzlich können der Kampfwille der Einheit, der Ausbildungsstand sowie die Persönlichkeit der Kommandanten den Kampfwert dementsprechend beeinflussen.[312] In Bezug auf die Dienstvorschrift Taktisches Führungsverfahren, ist „[d]er Kampfwert einer Truppe [...] schwer messbar. Nichtsdestoweniger sind vor allem diese Faktoren von entscheidender Bedeutung für den Erfolg oder Misserfolg eines Einsatzes.“[313] Sollte der eigene Kampfwert als gering erkannt werden, muss eine Ausgleichsmöglichkeit, beispielsweise ein Stellungswechsel, ein Wechsel der Geländegegebenheiten, oder eine Anpassung der Einsatzführung an das jeweilige Gefechtsfeld geschaffen werden.[314]

Vom Kampfwert einer Truppe lässt sich wiederum deren Führungsprinzip im Einsatz ableiten. Kann der Kampfwert eines Verbandes als hoch bemessen werden, in anderen Worten, ist die Basis zur Durchführung einer wesentlichen Leistung hoch, so wird das Prinzip der Auftragstaktik angewandt. Auftragstaktik

> „ist ein Führungsprinzip, welches dem nachgeordneten Kommandanten unter Bereitstellung erforderlicher Kräfte und Mittel ein Ziel vorgibt, ihm jedoch in Art und Weise der Durchführung seines Auftrages Handlungsspielraum gewährt und das Handeln im Sinne der übergeordneten Führung beinhaltet.“[315]

---

[309] Bundesministerium für Landesverteidigung, Dienstvorschrift für das Bundesheer. Gebirgskampf/Bataillon, Wien 2018, S. 25.
[310] Ebd., S. 25.
[311] Bundesministerium für Landesverteidigung, Dienstvorschrift für das Bundesheer. Truppenführung, Wien 2004, S. 57.
[312] Bundesministerium für Landesverteidigung, Dienstvorschrift für das Bundesheer. Taktisches Führungsverfahren, Wien 2012, S. 90-91.
[313] Ebd., S. 90.
[314] Ebd., S. 90.
[315] Bundesministerium für Landesverteidigung, Militärlexikon (MilLex), S. 47.

Ist hingegen der Kampfwert einer Truppe als niedrig zu bewerten, wird mittels Befehlstaktik als modus operandi geführt, mit dem „[…] Führungsprinzip, welches dem nachgeordneten Kommandanten nicht nur die Zielsetzung eines Auftrages einschließlich erforderlicher Kräfte und Mittel vorgibt, sondern auch Einzelheiten der Durchführung vorschreibt."[316]

[316] Ebd., S. 70.

2. Das Pendant zu den Reitenden Tirolern: Die Dalmatinski zemaljski strijelci

Die ersten Ansätze einer berittenen dalmatinischen Einheit vermerkte Fürst Paul Anton Esterházy 1751 bei einem Ministerialbesuch, denn er wurde, laut Benedikt,

> „[...] von dem mit dem Platzkommando betrauten Offizier begrüßt, der ihm eine ‚Companie von der leichten Dalmatiner Reiterei' - den Vorläufern der berittenen Dalmatiner Landesschützen der österreichischen Armee - zuteilte, eine Ehre, die, wie Esterházy berichtet noch keinem fremden Minister zuteil geworden war."[317]

Die Aufstellung der leichten Dalmatiner Reiterei, der nun genannten *jahaćih strijelaca u Dalmaciji*, den „berittenen Schützen in Dalmatien", begann zwei Jahre nach der berittenen Tiroler Einheit im Jahr 1874.[318] Die Formierung eines berittenen dalmatischen Truppenkörpers wurde unter Verweis auf die berittenen Landesschützen zu Pferd in Tirol und Vorarlberg, welche als „trefflich beritten" und „vorzüglich geschult" galten, als Aufstellung einer weiteren „Elitetruppe" angesehen.[319] Für jene Formierung war Anfang Jänner des Jahres 1874 der damalige Kommandant der Tiroler Kavallerie-Einheit, Gustav Freiherr von Tinti, zur Aufstellung der berittenen Dalmatiner Landesschützen nach Dalmatien beordert worden. Die *Innsbrucker Nachrichten* schrieben diesbezüglich: „(Der Kommandant der Landesschützen zu Pferd), Baron Tinti, ist auf einige Monate nach Zara berufen worden, um die dortige berittene Landwehr zu errichten."[320]

Die Einheit wurde anfänglich aus Mannschaften aus in Ober-Dalmatien befindlichen Bezirken gestellt. Die Aufstellung der berittenen Schützen in Dalmatien erfolgte erstens durch Landwehr Rekruten, welche „[...] die Vorliebe für den Dienst zu Pferd [...]"[321] hatten, für die Ausbildungsdauer eines Jahres. Zweitens durch einjährig sowie zweijährig Freiwillige, wobei Letztgenannte sich verpflichteten, im Falle eines Kriegseinsatzes bis zu dessen Ende den Dienst zu versehen. Drittens durch Zuteilung von Reserve-Kadetten der Heeresorganisation.[322]

Mit der Führung des „Cadre der berittenen Schützen in Dalmatien", bestehend aus zwölf Mannschaften und acht Pferden[323], wurde zunächst

---

317 Heinrich Benedikt, Die Botschaft des Fürsten Anton Esterházy (Jänner 1751 - November 1752), in: *Mitteilungen des Instituts für Österreichische Geschichtsforschung (64/1956)*, S. 34-64, hier S. 35.
318 *Militär-Zeitung (06.04.1908)*, S. 99.
319 *Wiener Allgemeine Zeitung (27.01.1883)*, S. 3.
320 *Innsbrucker Nachrichten (02.01.1874)*, S. 3.
321 Wrede, Geschichte der k. und k. Wehrmacht, S. 451.
322 Ebd., S. 447-451.
323 *Militär-Zeitung (06.04.1908)*, S. 99.

Oberleutnant Michael Peič beauftragt.[324] Im Jahr 1885 übernahm Oberleutnant Anton Fischer das Kommando. Ihm folgten die Oberleutnante Franz Wokoun (1888-89) und Franz Beseljak (1889-95), dann die Rittmeister Joseph Stamm (1895-1900), Julius Köhler (1900-01) und Johann Steciuk (1901-07). Ab 1907 befehligte Oberstleutnant Julius Stöger-Steiner die nunmehr aus zwei Eskadronen bestehende Division der Reitenden Dalmatiner Landesschützen.[325] Als Divisionskommandant im Kriegsjahr 1914 befehligte selbiger die nunmehrige Division der Reitenden Dalmatiner Landesschützen.[326]

Die Rekrutenausbildung der Dalmatinischen Kompanie war ähnlich der Tiroler Einheit. Bei den berittenen Dalmatinern wurde in den Jahren 1874 bis 1889 eine Ausbildungszeit von drei Monaten veranschlagt, danach konnten jene Mannschaften während der folgenden sechs Jahre für jeweils drei Wochen im Jahr zu Waffenübungen herangezogen werden. Ab 1889 wurde die jährliche Waffenübungsdauer der berittenen Schützen in Dalmatien auf vier Wochen pro Jahr erweitert.[327] Zu den Waffenübungen der Landwehr von Dalmatien im Jahr 1877 wurden beispielsweise auch die berittenen Dalmatiner Schützen einberufen. Die Landwehr Kavallerie Einheit rekrutierte die Mannschaft hierbei aus den Ergänzungsbezirken Zara, Sebenico, Knin, Benkovac, Spalato, Imoschi, Macarsca, Sign und Lesina.[328]

Im Gegensatz zu den Reitenden Tiroler Landesschützen, welche lediglich in Waffenübungen den „Kampf der verbundenen Waffen" mit anderen Waffengattungen der k.k. Landwehr übten, wurden die berittenen Schützen in Dalmatien beim Okkupationsfeldzug in Bosnien im Jahr 1878 effektiv in Kriegshandlungen verwickelt.[329] Die Feldzeitung schrieb in Bezug auf das Wirken der berittenen Dalmatiner Landesschützen in Österreich-Ungarns Feldzug in Bosnien-Herzegowina, dass „[...] aufklärende reitende Dalmatiner Landesschützen auf dem Wege zwischen Crna und Čitluk in [einen] Kugelregen [gerieten]."[330] Im Bosnien-Feldzug erlangten die berittenen Dalmatiner Schützen in den Kampfhandlungen, vor allem bei der Okkupation der Herzegowina[331], neun Tapferkeitsmedaillen, fünf Silberne erster Klasse sowie vier Silberne zweiter Klasse.[332] Die berittenen

---

[324] Zur Postenbesetzung der Cadre-Kommandanten sowie Eskadrons-Kommandanten der Reitenden Dalmatiner Schützen, vgl. Wrede, Geschichte der k. und k. Wehrmacht, S. 461.
[325] Wrede, Geschichte der k. und k. Wehrmacht, S. 461.
[326] Präsidialbureau des Ministeriums für Landesverteidigung, Schematismus der k. k. Landwehr und der k. k. Gendarmerie der im Reichsrate vertretenen Königreiche und Länder für 1914, Wien 1914, S. 346.
[327] Wrede, Geschichte der k. und k. Wehrmacht, S. 451.
[328] *Militär-Zeitung (14.04.1877)*, S. 237.
[329] *Militär-Zeitung (31.07.1878)*, S. 485.
[330] *Feldzeitung. Streffleur's Militärblatt (26.10.1918)*, S. 13.
[331] Vgl. o.A., *Abtheilung für Kriegsgeschichte des k.k. Kriegs-Archivs*, Die Occupation Bosniens und der Hercegovina durch k.u.k. Truppen im Jahre 1878. Nach authentischen Quellen. Wien 1878.
[332] Wrede, Geschichte der k. und k. Wehrmacht, S. 461.

Dalmatiner Züge waren die einzigen berittenen Landwehrformationen, deren Angehörige vor Beginn des Ersten Weltkriegs in dieser Form ausgezeichnet wurden.[333]

Erst zwischen den Jahren 1889 und 1894 erfuhr der berittene Dalmatiner Truppenkörper einen personellen sowie materiellen Aufschwung in Bezug auf Aktivkader und Kaderpferde.[334] Wrede bemerkte hierzu, dass „[...] die berittenen Schützen in Dalmatien [ab 1889] die Bestimmung zum Ordonnanz-, Melde- und Aufklärungsdienst, das ist Vermittlung der Befehlsgebung, Einholung von Nachrichten über den Feind und die Terrain-Beschaffenheit [übertragen bekommen hatten]."[335] Im Kriegsfall erfolgte die Einsatzführung durch Einnahme einer Gliederung in eine Feldeskadron sowie eine Ersatz-Abteilung.[336]

Wie bei den Reitenden Tirolern erfolgte im Zuge der Landwehr-Reorganisation des Jahres 1894 auch bei den Dalmatiner Schützen eine Umbenennung der berittenen Kompanie in *Eskadron jahaćih strijelaca u Dalmaciji*, „Eskadron der berittenen Dalmatiner Landesschützen".[337] Die Eskadron der berittenen Dalmatiner Schützen wurde im Zuge dessen auf eine Friedens-Personalstärke von drei Offizieren, 42 Mannschaftssoldaten sowie 34 Reitpferden aufgestockt.[338] Der Gefechtsstand des Divisionsstabes lag in Sinj, die Ergänzung erfolgte aus dem Landwehrterritorialbereich Ragusa und der Garnisonsort der Eskadron war Kupari.[339]

Im Jahr 1908 erhielten die berittenen Dalmatiner Landesschützen eine weitere Feldeskadron, wodurch sich der Stand de facto verdoppelte. Sie wurden damit zur „Division" mit eigenem Divisionsstab und Ersatzkader.[340] Im *Neues Wiener Tagblatt* wurde über die Aufstellung einer zweiten Eskadron der berittenen Dalmatiner Landesschützen wie folgt vermerkt:

> „Da nun die Dislozierung von Heereskavallerie nach Dalmatien, also in ein Terrain, in welchem nur landesübliche Pferde klaglos fortzukommen vermögen, untunlich schien, stellte sich die Notwendigkeit ein, aus dem Lande selbst, die nötigen berittenen Truppen aufzustellen, oder mit anderen Worten, die bestehende Eskadron der Dalmatiner Landesschützen zu einer aus vorläufig zwei Eskadronen bestehenden Division zu entwickeln."[341]

---

333 *Militär-Zeitung (06.04.1908)*, S. 99.
334 Ebd., S. 99.
335 Wrede, Geschichte der k. und k. Wehrmacht, S. 451.
336 Ebd., S. 451.
337 Ebd., S. 451.
338 *Militär-Zeitung (25.10.1894)*, S. 300.
339 Seidl, Seidls kleines Armeeschema, S. 153.
340 *Militär-Zeitung (06.04.1908)*, S. 98.
341 *Neues Wiener Tagblatt (02.04.1908)*, S. 7.

Die Kavallerieeinheit wurde nach dem Vollzug der Neuformierungen im Jahr 1910 in der Landessprache als *Carsko-kraljevski odjel dalmatinskih konjičkih zemaljskih strijelaca*, „k.k. Reitende Dalmatiner Landesschützendivision", bezeichnet.[342] Mit der Zirkularverordnung für die k.k. Landwehr vom 21. März 1917 wurde die Reitende Dalmatiner Landesschützendivision in Reitende Dalmatiner Schützendivision umbenannt.[343]
Die *Militär-Zeitung* schrieb in Bezug auf die Division berittener Dalmatiner Landesschützen:

> „Die neue Division [...] ist vorwiegend für den Dienst im Gebirge bestimmt, wo ihr der Ordonnanz-, Melde- und Aufklärungsdienst, dann die schnelle Erreichung und Festhaltung wichtiger Punkte obliegt; sie ist für den Gebirgskrieg durch die aus den Bergen Dalmatiens stammende Mannschaft wie durch ein ausgezeichnetes Pferdematerial kleinen Schlages (150 bis 156 Zentimeter) besonders befähigt [...]."[344]

Beispielhaft für die proklamierte Verwendbarkeit der Division steht der Bericht von Hermann Schrötter, dienstzugeteilt bei der 2. Eskadron der berittenen Dalmatiner Landesschützen, über die Waffenübung des Landungsmanövers des Jahres 1911:

> „Der II. Eskadron der B[erittenen] D[almatiner] L[andes] Sch[ützen] zugeteilt, welche zu den Landungsmanövern bei Zara, beziehungsweise der Südpartei kommandiert war, machte ich zunächst den Ritt dieser Eskadron vom 10. bis 13. August über Drniš, Slap, Bencovac nach Zara mit. Die Strecke wurde derart bewältigt, daß man am ersten Tage bis Drniš 48.5 km mit einer Höhendifferen [sic!] von 186 m, am zweiten Tage bis Slap 27 km mit 235 m, am dritten Tage bis Benkovac 38.5 km mit 111 (173) m, am vierten Tage bis Zara 34 km mit 175 (191) m Höhendifferenz zurücklegte."[345]

Die Schilderung von Schrötter gibt einerseits Aufschluss über den militärischen Zweck der angesetzten Waffenübung, nämlich „Landungsmanöver" auf Küstengebieten vorzuüben, andererseits über die tägliche Belastbarkeit der Dalmatinischen Pferde in Bezug auf die bereits erwähnte Kriegsvorbereitung mittels Distanzritten. Im Gesamten belief sich die zurückgelegte Distanz auf 138 Kilometer und 785 Höhenmetern in vier

---

[342] Präsidialbureau des Ministeriums für Landesverteidigung, Schematismus 1914, S. 346.
[343] *Verordnungsblatt für die k.k. Landwehr*, Zirkularverordnung vom 21. März 1917, Präs. Nr. 6129 (Normalverordnungsblatt 15/17), S. 80.
[344] *Militär-Zeitung (06.04.1908)*, S. 99.
[345] Hermann Schrötter, Klimatische Beobachtungen und Studien anlässlich der Landungsmanöver in Dalmatien, August 1911, nebst Notizen zur Hygiene des Marsches, in: *Akademie der Wissenschaften. Mathematisch-Naturwissenschaftliche Klasse. Denkschriften (97/1921)*, S. 93-150, hier S. 94.

Tagen. Die *Agramer Zeitung* vermerkte zu den berittenen Dalmatiner Landesschützen im Landungsmanöver, dass

> „die eingelangten Nachrichten [...] übereinstimmend die vorzüglichen Leistungen der berittenen Dalmatiner Landesschützen hervor[heben], die in der Stärke von einer Eskadron an der Übung teilnahmen. [...] Bei der Natur des für die Verwendung der berittenen Dalmatiner Landesschützen in Betracht kommenden Kriegsschauplatzes kann eine Verstärkung dieser für den Aufklärungs-, Ordonnanz- und Meldedienst bestimmten [...] Truppe nur [...] begrüßt werden."[346]

Die Friedensstärke des Divisionsstabes betrug ab dem Jahr 1910 sieben Gagisten[347] sowie 18 Mann, die Eskadron setzte sich aus acht Offizieren, und 121 Mannschaften zusammen.[348] Im Gegensatz zu der Reitenden Tiroler Landesschützen Division, welche zum überwiegenden Teil Deutsch als Umgangssprache hatte, sprachen auf Grund ihres Assentierungsbereiches 82% des Reitenden Dalmatiner Landesschützen, laut Mannschafts-Grundbuchstand, kroatisch oder serbisch und nur 18% eine andere Sprache der k.u.k. Monarchie.[349] Der Personalstand der Reitenden Dalmatiner Landesschützen wurde wie der des Tiroler Pendants kontinuierlich aufgestockt. Im Jahr 1914 zählte eine normierte Eskadron vier Züge mit einer Gesamtstärke von 120 Soldaten.[350]

2.1 Die berittenen Dalmatiner Landesschützen im Bosnien-Herzegowina Feldzug

Es wäre zu weit gegriffen, die tieferen Hintergründe der so genannten „Ostkrise" an dieser Stelle zu erläutern. Um jedoch ein grundlegendes Verständnis für den Einsatz von Dalmatischen Einheiten respektive der berittenen Dalmatiner Landesschützen als Teil der k.u.k. Armee, auch im Hinblick auf deren Wirken im Ersten Weltkrieg, zu schaffen, wird in einem kurzen Abriss auf Österreich-Ungarns Bosnien-Herzegowina Feldzug des Jahres 1878 im Folgenden eingegangen. Um die Zusammenhänge betreffend der Okkupation Bosniens und der Herzegowina im Hinblick auf globalstrategisch-militärische Kausalitäten sowie Folgehandlungen in Bezug auf den Ersten Weltkrieg aufzuzeigen, wird an dieser Stelle auf die

---

[346] *Agramer Zeitung (19.09.1906)*, S. 5.

[347] Als Gagist wurden längerdienende Offiziere und Unteroffiziere der k.u.k. Armee bezeichnet, welche ihren Sold in Form einer monatlichen Zahlung (Gage), im Gegensatz zum niederrangigen Kader sowie Wehrpflichtigen, welche in alternierenden Zeitabschnitten die so genannte Löhnung bekamen.

[348] *Militär-Zeitung (06.04.1908)*, S. 98-99.

[349] Ehnl, Die österreichisch-ungarische Landmacht, S. 81.

[350] *Militär-Zeitung (16.02.1904)*, S. 46.

Heartland-Theorie[351] von Halford Mackinder verwiesen.

Am 13. Juni 1878 wurde Österreich-Ungarn im Zuge des Berliner Kongresses ermächtigt, die osmanischen Provinzen Bosnien und Herzegowina frei zu besetzen.[352] Die österreich-ungarische Expansion musste jedoch mit Waffengewalt herbeigeführt werden.[353] Am 31. Juli 1878 begann die Unternehmung der österreich-ungarischen Besetzung Bosnien-Herzegowinas mit der Überquerung der herzegowinischen Grenze bei Vrgorac. Die k.u.k. Truppen zählten im Gesamten 262.353 Soldaten und 6.280 Offiziere.[354] In der so genannten Ordre de bataille, der Schlachtordnung des Feldzuges der in Bosnien einrückenden k.u.k. Streitkräfte waren drei Züge der berittenen Dalmatiner Landesschützen, zwei Züge (½ Eskadron) als Divisionsreserve in Sign sowie ein Zug als Stabstruppe mit der 18. Infanterie-Truppen-Division unter Feldmarschall Freiherr von Jovanovic, im Kriegseinsatz.[355]

Anfänglich verlief der österreich-ungarische Vormarsch ohne größere Friktionen oder Verzögerungen, jedoch kam es immer häufiger zu heftigem Widerstand. Das erste schwerere Gefecht fand am 4. August in der Nähe des Ortes Čitluk im Kampf gegen irreguläre osmanische Truppen statt.[356] Schwer gangbares Gelände aus Karst-Gestein mit kargem Bewuchs zeichnete größtenteils die Marschwege der österreich-ungarischen Besatzungstruppen, welche nur unter Vorhuten und Flankensicherung vorrücken konnten.[357] Das *Prager Abendblatt* vermerkte über die Einsatztauglichkeit der berittenen Dalmatiner in jenem Einsatzraum, dass im Bosnien-Herzegowina-Feldzug „die berittenen Dalmatiner Landwehrschützen die Eignung für militärische und strategische Operationen auf zerklüftetem Gebirgterrain vollkommen [besaßen]."[358] Laut der österreich-ungarischen Einsatzplanungen musste beim Vormarsch auf Čitluk

> „[...] erwartet werden, auf Widerstand zu stossen oder doch zum mindesten während des Marsches beunruhigt zu werden. [...] Die Vorhut unter Commando des Oberstlieutenants v. Khoss des 7. Feld-Jäger-Bataillons bildete ein Zug berittener Dalmatiner Lan-

---

351 Vgl. Halford J. Mackinder. The Geographical Pivot of History in: *The Geographical Journal (4/1904)*, S. 421-437.

352 Bosnien und Herzegowina blieben formal ein Teil des Osmanischen und standen bis zur Annexion 1908 nur unter österreich-ungarischer Verwaltung.

353 Helmut Wohnout, Die Okkupation Bosnien-Herzegowinas 1878, in: *Des Kaisers Bosniaken. Die bosnisch-herzegowinischen Truppen in der k.u.k. Armee. Geschichte und Uniformierung 1878-1918,* hrsg. v. Neumayer Christoph/Schmidl Erwin A., Wien 2008, S. 14-40, hier S. 14.

354 Tado Oršolić, Sudjelovanje dalmatinskih postrojbi u zaposjedanju Bosne i Hercegovine in: *Radovi Zavoda za povijesne znanosti HAZU u Zadru (2000)*, S. 287-306, hier S. 304.

355 *Militär-Zeitung (31.07.1878)*, S. 485.

356 Oršolić, Sudjelovanje dalmatinskih postrojbi u zaposjedanju Bosne i Hercegovine, S. 301-302.

357 O.A., *Abtheilung für Kriegsgeschichte des k.k. Kriegs-Archivs,* Die Occupation Bosniens, S. 284-285.

358 *Prager Abendblatt (07.08.1878)*, S. 1.

desschützen und das Jäger-Bataillon Nr. 7 mit der eigenen und der Pionnier-Abtheilung des Infanterie-Regimentes Nr. 27. […] Schon während der ersten Zeit des Vorrückens brachten flüchtende Landleute die Nachricht, daß Aufständische aus Mostar in beträchtlicher Anzahl im Anmarsche seien und sich auf den Höhen bei Čitluk festzusetzen beabsichtigten, ferner, dass die christlichen Bewohner unter Todesdrohungen gezwungen würden, sich an dem Kampfe gegen die k. k. Truppen betheiligen.
Diese Angaben wurden sehr bald durch die Meldung der berittenen Dalmatiner Landesschützen bestätigt, welche um 11 Uhr Vormittags auf den Höhen zwischen Čitluk und Crna auf eine ungefähr 5[00]-600 Mann starke Insurgentenbande gestossen und mit lebhaftem Gewehrfeuer empfangen worden waren."[359]

Jene Schilderung zeigte den Auftrag der berittenen Dalmatiner Landesschützen wider, Aufklärungs-, und Meldereitertätigkeiten in ungänglichem Terrain sowie feindbesetztem Gebiet durchzuführen. Ein weiteres Beispiel der Meldetätigkeit der berittenen Dalmatiner Schützen im Bosnien-Feldzug war nach dem Gefecht bei Kremenac-Crnici am 20. August:

„Generalmajor Schluderer, der mit seiner 3. Gebirgsbrigade nach dem Gefechte bei Kremenac Crnici vom 17. August die von ihm erbetenen Verstärkungen erwartete, wurde durch den in der Nacht vernommenen Kanonendonner des Überfalls-Gefechtes bei Pasic Han beunruhigt und sandte um viereinhalb Uhr früh zwei berittene Dalmatiner Landesschützen gegen Pasic Han zurück. Sie trafen den Divisionär Freiherrn von Jovanovic, der sie mit dem schriftlichen Befehl: ‚Stolac sofort angreifen' an den Brigadier Generalmajor Schluderer zurücksandte. Am Wege wurden aber diese berittenen Schützen von Insurgenten aufgefangen, in Weiberkittel gesteckt und unter Schlägen in der Richtung gegen Mostar getrieben.
Generalmajor Schluderer, welchem die zwei Landesschützen zu lange ausblieben, befahl nun Oberleutnant von Sonnklar mit einer halben Kompanie des 3. Kaiserjägerbataillons gegen Pasic Han, der auch ohne Zwischenfall den Divisionär Freiherrn von Jovanovic traf. Letzterer dagegen hatte schon früher den Oberleutnant der Reserve Dr. Heiterer zu Generalmajor Schluderer mit der Anfrage vorgesendet, ob er den an ihn durch die Landesschützen ab-

[359] Die Occupation Bosniens und der Hercegovina durch k.u.k. Truppen im Jahre 1878, S. 284-285. sowie: o.A, *Österreichs Hort*, Geschichts- und Kulturbilder aus den Habsburgischen Erbländern. Eine Festgabe an das österreichische Volk zur Jubelfeier des Kaiser Franz Joseph I 1908 (Band 2), Wien [2]1910, S. 102.

geschickten Befehl zum Angriffe von Stolac erhalten habe, worauf Generalmajor Schluderer seinen Brigade-Generalstabsoffizier Oberleutnant Schrinner mit zwei berittenen Dalmatiner Landesschützen an den Divisionär zurücksandte, um diesem ausführlichen Bericht erstatten zu lassen. Schrinner traf um 12 Uhr mittags bei Divisionär Freiherrn von Jovanovic ein, der indessen schon durch Oberleutnant von Sonnklar von der Lage und Situation bei Generalmajor Schluderer unterrichtet worden war. Aus diesem Wechselspiel der gegenseitigen Boten entwickelte sich nun am 20. August nachmittags ein regelrechtes Gefecht. Als Oberleutnant Schrinner mit seinen beiden Landesschützen nämlich zu Generalmajor Schluderer zurückkehrte, mußte er sich bereits bei Oladinici durch eine Schar Insurgenten, die ihn mit Schnellfeuer empfingen, bis zu den Feldwachen der Brigade Schluderer durchschlagen. Hauptmann Donbauer kam ihm mit zwei Kompagnien des 33. Feldjägerbataillons zu Hilfe, gegen welche sich alsbald ein Insurgentenhaufe von etwa 1000 Mann ins Gefecht setzte und zum Angriffe schritt. [...] Der blutige Verlust an diesem Tage betrug für die k. k. Truppen 5 Mann tot und 4 verwundet. [...] Wachtmeister Kern von der Tragtiereskadron [erhielt für seinen Einsatz im Gefecht] die große silberne Tapferkeitsmedaille."[360]

Bei den berittenen Dalmatiner Landesschützen gerieten somit am 20. August 1878 ein Soldat und zwei Pferde in Gefangenschaft, ein Soldat wurde im Kampf erschossen.[361] Laut dem Verzeichnis des k.k. Ministeriums für Landesverteidigung waren dies die berittenen Dalmatiner Landeschützen Mate Prevnlj, welcher als vermisst galt sowie der – im Gegensatz zu dem Eintrag des Kriegsarchiv-Werkes – leicht verwundete Jukus Toma Metkovic.[362]

Bis zum 20. Oktober 1878 war das gesamte Gebiet von Bosnien und der Herzegowina in der Hand von Österreich-Ungarns entsandten Besatzungstruppen.[363] Die Gesamtverluste der k.u.k. Truppen in Bosnien beliefen sich auf 5.198 Soldaten, bei den berittenen Dalmatiner Landesschützen waren im Feldzug zwei tote und acht vermisste Landesschützen zu verzeichnen.[364]

---

360 O.A., *Österreichs Hort*, Geschichts- und Kulturbilder aus den Habsburgischen Erbländern. Eine Festgabe an Das österreichische Volk zur Jubelfeier des Kaiser Franz Joseph I 1908 (Band 2), Wien 21910, S. 110.
361 Die Occupation Bosniens und der Hercegovina durch k.u.k. Truppen im Jahre 1878, S. 321.
362 *Militär-Zeitung (18.11.1878)*, S. 4.
363 Oršolić, Sudjelovanje dalmatinskih postrojbi u zaposjedanju Bosne i Hercegovine, S. 304.
364 Die Occupation Bosniens und der Hercegovina durch k.u.k. Truppen im Jahre 1878, Beilage 12 (Ordre de bataille), S. 3-10.

2.2 Adjustierung und Ausrüstung der berittenen Dalmatiner

Die Uniformierung sowie Adjustierung war bei der Aufstellung der berittenen Dalmatiner Landesschützen analog der oberdalmatischen Landwehr-Schützen-Bataillone (Nr. 79 und Nr. 80). Als Uniform diente ein dunkelblauer Waffenrock sowie Pantalons mit scharlachroter Egalisierung, bei den Mannschaften zusätzlich eine scharlachrote Verzierung an der Uniformbluse. Zudem unterschieden sich Offiziere und Mannschaften durch die Kopfbedeckung – während die Offiziere den Jägerhut mit Emblem trugen, hatten die Mannschaften scharlachrote Feldkappen zu tragen. Erst 1883 wurde eine einheitliche Adjustierung respektive Uniformierung bei den berittenen Dalmatiner Landesschützen gleich der Landwehr-Schützen-Bataillone eingeführt, bei der Offiziere und Mannschaften alle den Waffenrock trugen.[365] Der Jägerhut samt Doppel-Adler-Emblem und Federbusch wurde erst im Jahr 1894 einheitlich bei der Dalmatiner Kavallerieeinheit eingeführt.[366] Die Bluse war von hechtgrauer Farbe mit grasgrüner Egalisierung, die restliche Adjustierung war gleich dem Tiroler Pendant.[367] Am 3. August 1901 wurde mittels Verordnung des Landesverteidigungsministers bestimmt, dass die berittenen Dalmatiner Landesschützen ab sofort den dunkelbraunen Kavalleriemantel mit grasgrüner Egalisierungsfarbe, analog der Reitenden Tiroler Landesschützen, zu führen hatten.[368] Im Jahr 1906 wurden bei der Dalmatiner Einheit Lederschuhe und Gamaschen zur Erprobung eingeführt.[369] Die Adjustierung im Kriegsjahr 1914 war im Allgemeinen an die Reitenden Tiroler Landesschützen angelehnt, ausgenommen das Emblem an der Kopfbedeckung. Während bei den Reitenden Tiroler Landesschützen der Tiroler Adler als Emblem getragen wurde, war bei den Reitenden Dalmatinern der Doppeladler angebracht. Zudem wurde von der Dalmatiner Division anstelle des Waffenrockes die Bluse getragen und anstatt des ‚Pelzes' der Waffenrock umgehängt.[370] Die berittenen Dalmatiner Landesschützen waren mit dem leichteren Kavallerie-Säbel als die berittenen Tiroler ausgestattet worden, die restliche Bewaffnung erfolgte wie bei der standardisierten k.k. Landwehr-Kavallerie.[371]

[365] Wrede, Geschichte der k. und k. Wehrmacht, S. 451.
[366] *Neue Freie Presse (07.07.1894)*, S 8.
[367] Wrede, Geschichte der k. und k. Wehrmacht, S. 461.
[368] *Militär-Zeitung (26.04.1901)*, S. 237.
[369] *Die Zeit (28.07.1906)*, S. 2.
[370] Präsidialbureau des Ministeriums für Landesverteidigung, Schematismus 1914, S. 346.
[371] Wrede, Geschichte der k. und k. Wehrmacht, S. 451.

III. Tiroler Landesschützen/Kaiserschützen - Kaiserjäger - Standschützen

Anlass zur Verwechslung bei den Landstreitkräften der „Gesamten bewaffneten Macht" Österreich-Ungarns sind oftmals ähnlich lautende Begriffe. Das aus der österreichischen als auch ungarischen Reichshälfte K.u.k. Heer sowie die k.u.k. Kriegsmarine unterstanden dem gemeinsamen k.u.k. (Reichs-)Kriegsministerium. Daneben gab es in beiden Reichshälften getrennte Landesverteidigungsministerien, denen jeweils die k.k. Landwehr in der österreichischen und die k.u. Honvéd in der ungarischen Reichshälfte unterstanden. Als Element der „dritten Linie" bestand in beiden Reichshälften getrennt der „Landsturm".[372]

Die Tiroler Landesschützenregimenter I-III gehörten ebenso wie die berittenen Tiroler Landesschützen zur k.k. Landwehr. Auf Grund ihrer „Leistungen" im Ersten Weltkrieg machte sie Kaiser Karl 1917 zu „Kaiserschützen". Daneben standen zwei weitere militärische Großverbände mit ähnlicher Nomenklatur.[373] Die so genannten „Kaiserjäger" waren im Jahr 1816, nach den Napoleonischen Kriegen, als Tiroler Jägerregiment aufgestellt worden und erhielten den Ehrentitel „Kaiserjäger". Die Soldaten dieses Verbandes wurden zum überwiegenden Teil aus Tirol und Vorarlberg eingezogen. 1895 erfolgte eine Umgliederung des Regiments mit der Aufstellung von drei weiteren Regimentern, die alle zum gemeinsamen k.u.k. Heere gehörten. Die Tiroler Kaiserjäger unterschieden sich von der standardmäßigen „Einheitsinfanterie" der k.u.k. Wehrmacht nur durch die schwarzen Jägerhüte, die graue Uniform sowie der Farbe des Lederzeugs. Obwohl die Kaiserjägerverbände ab dem Kriegseintritt Italiens auch an der Tiroler Südfront eingesetzt waren, waren sie nicht speziell für den Krieg im Hochgebirge ausgebildet beziehungsweise ausgerüstet worden.[374] Durch das „Tiroler Landlibell", aus Zeiten Kaiser Maximilians vom 23. Juni 1511, bestand in Tirol die Verpflichtung der Leistung von Kriegsdiensten zur eigenen Landesverteidigung durch ein Landesaufgebot aller Stände. Das Landlibell[375] stellte hierbei die Basis für das Standschützenwesen in Tirol dar und diese nach den Schießständen benannte

---

[372] Jordan, Krieg um die Alpen, S. 238.

373 Die Tiroler Herkunft sowie die ähnliche Nomenklatur von Landesschützen/Kaiserschützen, Kaiserjägern und Standschützen gibt immer wieder Anlass zu Verwechslungen der genannten militärischen Formationen.

[374] Erwin A. Schmidl, Ein Staat mit drei Armeen - das Heerwesen der Donaumonarchie, in: *Die k.k. Landwehr Gebirgstruppen. Geschichte, Uniformierung und Ausrüstung der österreichischen Gebirgstruppen von 1906 bis 1918*, hrsg. v. Hermann Hinterstoisser, Wien 2006, S. 12-15, hier S. 14-15.

[375] vgl. Martin P. Schennach, Das Tiroler Landlibell von 1511. Zur Geschichte einer Urkunde, Innsbruck 2011.

Formation war somit ausschließlich eine für den Verteidigungsfall vorgesehene Reservekraft. Wie die Kaiserjäger wurden auch die Standschützen nach der italienischen Kriegserklärung als Kontingent zur Grenzverteidigung aufgeboten, diese bestanden jedoch auf Grund der Verteilung der wehrfähigen Männer auf die regulären Verbände oft nur noch aus alten Männern, welche der Wehrpflicht nicht mehr entsprachen, oder aus jungen Burschen, die das wehrfähige Alter noch nicht erreicht hatten. Die Adjustierung der Standschützen differenzierte sich gegenüber den Landesschützen oder Kaiserjägern durch hecht- respektive feldgraue Blusen mit silbernem Tiroler Adler an beiden Seiten des Kragenparolis.[376]

Ab dem Jahr 1906 erfolgte die Entwicklung der k.k. Tiroler Landesschützen zur spezialisierten Gebirgstruppe. Mit Edelweiß am Kragenspiegel und Spielhahnstoß an der Feldkappe, sollten sie primär zur Verteidigung des eigenen Landes herangezogen werden. Durch §4 des Wehrgesetzes (in der Fassung von 1912) aber konnte die Landwehr „[...] im Kriege zur Unterstützung der gemeinsamen Wehrmacht [...] bestimmt“[377] werden. Daher wurden, wie es Gschließer formulierte,

> „[…] im August 1914 [als] der Krieg mit Rußland ausbrach, […] bedauerlicherweise auch die vor allem für einen allfälligen Krieg an der Südtiroler Grenze bestimmten und mit diesem Gebiet bestens vertrauten Landesschützenregimenter I-III und die drei Eskadronen starke Reitende Tiroler Landesschützendivision zur Abwehr der russischen Übermacht herangezogen[…].“[378]

Somit blieb den k.k. Tiroler Landesschützen, wie es Ulmer 1971 in einer heute doch sehr pathetisch anmutenden Formulierung ausdrückte, „[d]er Wunsch, in den ihnen vertrauten Bergen kämpfen zu dürfen [...] vorerst versagt. So zogen sie denn im August 1914 hinaus aus ihren geliebten Bergen in die Sümpfe und Wälder Galiziens.“[379] In der Zeit zwischen dem 15. und 20. August 1914 wurden alle drei Regimenter der Tiroler Landesschützen sowie die Reitende Tiroler Landesschützendivision per Eisenbahn an die Ostfront gegen das Russländische Reich entsandt.[380] Lichem schrieb in Bezug auf die vonstatten gehende Mobilisierung der Tiroler Landesschützen für den Ersten Weltkrieg: „Der Kaiser rief seine Tiroler

---

376 Schmidl, Ein Staat mit drei Armeen – das Heerwesen der Donaumonarchie, S. 15.
377 Gesetz vom 5. Juli 1912, betreffend die Einführung eines neuen Wehrgesetzes, S. 1
378 Gschließer, Das Kaiserschützenmuseum im Schloß Ambras bei Innsbruck, S. 250.
379 Toni Ulmer, Die Kaiser- bzw. Landesschützen (Geschichte, Organisation, Einsatz im Weltkrieg 1914/18), in: *Festschrift des Vereines Gebirgstruppen-Gedenkstätte Vorarlberg anläßlich der Weihe des Ehrenmales bei der Schattenburg in Feldkirch vom 21. bis 23.Mai 1971: 1914-1918, 1939-1945,* hrsg. v. Gebhard Bilgeri, Feldkirch 1971, S. 66-68, hier S. 67.
380 Michael Forcher, Tirol und der Erste Weltkrieg. Ereignisse, Hintergründe, Schicksale, Innsbruck-Wien 2014, S. 44.

– und alle kamen. Da frug kein Landesschütze, ob es gesetzlich rechtens sei – das wäre keinem eingefallen."[381] Kritischer äußert sich Steininger zu der Mobilisierung der Soldaten in Tirol, denn laut diesem waren „[...] ‚Einrücken' und ‚Heldentod' [...] staatlich organisiert, gesellschaftlich sanktioniert und literarisch überhöht [...]."[382] Aufschriften der Eisenbahnwaggons, welche von Tirol aus an die Front nach Galizien verlegten, verkündeten: „Der Zar wollt Landesschützen seh'n, paß auf! Wir zieh'n von uns'ren Höh'n!"[383] In Bezug auf die Reitenden Tiroler gab es neben dem allgemeinen Wahlspruch „Jeder für Alle"[384] auch solche Schmähschriften wie beispielsweise: „Die Russen werden schön spitzen, kommen die reitenden Landesschützen."[385]

[381] Heinz von Lichem, Spielhahnstoß und Edelweiß. Die Friedens- und Kriegsgeschichte der Tiroler Hochgebirgstruppe „Die Kaiserschützen" von ihren Anfängen bis 1918: K. k. Tiroler Landesschützen-Kaiserschützen-Regimenter Nr. I – Nr. II – Nr. III, Graz 1977, S. 93.
[382] Rolf Steininger, Der Große Krieg 1914-1918 in 92 Kapiteln, Reinbeck 2016, S. 92.
[383] Kurt Ahnert, Fröhliche Heerfahrt! 600 lustige Aufschriften auf Eisenbahnwagen. Erste Sammlung der volkskundlichen Soldatenbücher, Nürnberg 51917, S. 121.
[384] PA-VRTKsI-VIHL. Unsere Kaiserschützen, unveröffentlichtes Manuskript. Heft 1, S. 24.
[385] Ahnert, Fröhliche Heerfahrt! 600 lustige Aufschriften auf Eisenbahnwagen, S. 121.

IV. Die Entwicklung und (Kriegs-)Wandlung der Reiterwaffe

1. Die Entwicklung der Kavallerie

Die Kavallerie entwickelte sich aus der ritterlichen Reiterei; im 17. Jahrhundert kamen die Dragoner als eigentlich berittene Infanterie dazu. Diese Kavallerieeinheit war die erste Waffengattung, welche die Elemente der Feuerkraft und Schnelligkeit vereinte. Die Dragoner bildeten somit eine Mischung aus Infanterie und Kavallerie mit der Gefechtstechnik, an die gegnerischen Linien vorzudringen, dort mit dem kurzen Karabiner ein Feuergefecht einzuleiten um dann abgesessen den Kampf mit dem Degen fortzuführen und den Feind zu werfen.[386] Schwere wie leichte Reiterei entwickelte sich durch kontinuierliche Anpassung an die militärischen Veränderungen und Strategien im 19. Jahrhundert in Richtung einer „Einheitskavallerie". Hierbei bildete sich das allgemeine System des Bewegungsgefechtes. Die Reitertruppen agierten nun mit neuen Einsatzszenarien wie beispielsweise der operativen Marsch- und Flankensicherung respektive Überwachung und Aufklärungstätigkeiten, die Bildung einer Vorausabteilung oder Nachhut zur schnellen Inbesitznahme von Gelände oder der Verzögerung sowie guerilla-taktische Kämpfe durch Überfälle und Hinterhalte. Somit war der Übergang von der Kolonne in die Linienform der essenzielle Fortschritt aller in sich geschlossenen Kavallerieoperationen. Die Besonderheit der Kavallerietruppe spiegelte sich hierbei in deren Stärken Mobilität, Schnelligkeit und vor allem Durchschlagskraft wider. Dies ermöglichte jener Waffengattung eine Sonderstellung, welche sie im Besonderen für schnelle taktische Bewegungen beziehungsweise Angriffsaktionen prädestinierte.[387]

Einblick in die kavalleristische Gefechtstechnik gibt ein Bericht aus dem *Kärntner Tagblatt* über ein Manöver mit Beteiligung der berittenen Tiroler Landesschützen auf Kärntner Gebiet aus dem Jahr 1907:

> „Da rasselt und stampft es in der Niederung westlich von Lassendorf, die Säbelscheiden schlagen an die Sättel. Es sind berittene Tiroler Landesschützen. Sie gehen in geschlossener Kolonne über die Äcker vor, dem Feinde entgegen. Offenbar wollen sie gleichfalls den Rückzug decken. [...] [D]ie kampfeslustige Eskadron der Tiroler Landesschützen [hat sich] weiter zur Straße hinab begeben. Dort marschiert sie auf, die Säbel fliegen aus der Scheide; anfangs

---

[386] Oeser, Pferd und Mensch, S. 128-129.

[387] Ewald Hausdorf, Exkurs zum Verständnis der Waffengattung Kavallerie [https://cavallerie.at/exkurs-zum-verständnis-der-kavallerie/], eingesehen am 08.04.2020.

im Trab und dann im Galopp wird die im Kleefelde stehende Infanterie angeritten."[388]

Primär war die Verwendung von Schusswaffen in der kavalleristischen Gefechtstechnik nicht vorgesehen, eine Ausnahme stellte anfänglich hierbei nur der abgesessene Kampf dar.[389]

In Bezug auf Pöppinghege „[...] verliehen [Pferde] ihren Reitern die Aura des Besonderen und, im wahrsten Wortsinne, des Erhöhten. Kavalleristen pflegten ein elitäres Selbstverständnis, das an das mittelalterliche Ritterideal anknüpfte."[390] Im bereits erwähnten Bericht vom Innsbrucker Schriftsteller Wörndl wird in Bezug auf die Reitenden Tiroler Landesschützen deren Eskadronskommandant mit eben jenem ritterlichen Ideal beschreiben: „Voran auf lichtem Schimmel die ritterliche Gestalt des Oberkommandierenden [...]."[391] Traditionell war ein Kavalleriegefecht - ganz nach altem Ritterideal - ein Kampf mit Säbel oder Lanze, Mann gegen Mann.[392]

Noch im Jahr 1924 schrieb die *Tages-Post*: „Die österreichische Reiterei war seit jeher Garde, ob es Dragoner waren, Husaren, berittene Tiroler Schützen oder St. Barbaras Anvertraute. Der Geist des Reiterkorps lässt sich vielfach an den Offizieren messen."[393] Hierbei sollte jedoch beachtet werden, dass zwischen der Kavallerie - sowohl des gemeinsamen Heeres wie der Landwehren - die sich bis 1914 den „Reitergeist" bewahrte, auch wenn dies schon anachronistisch war, und den Tiroler und Dalmatiner Landesschützen, die von vornherein mehr berittene Infanterie als klassische Kavallerie waren, unterschieden werden muss.

Die Kavallerietruppe galt als exklusive Waffengattung, in welcher den Dienst zu versehen eine spezielle Ehrhaltung zukam. Der Grund hierfür entsprang der Reitertradition des Adelsstandes, der zumeist über Generationen den militärischen Dienst in eben jener Truppe versah.[394] Dieser Standesdünkel spiegelte sich auch in den Reihen der Offiziere der Reitenden Tiroler Landesschützen/Kaiserschützen wider. Im Zeitraum von 1875 bis 1914 dienten bei diesem Kavallerietruppenkörper im Gesamten

[388] *Kärntner Tagblatt (07.09.1907)*, S. 5.
[389] Hausdorf, Exkurs zum Verständnis der Waffengattung Kavallerie [https://cavallerie.at/exkurs-zum-verständnis-der-kavallerie/], eingesehen am 08.04.2020.
[390] Rainer Pöppinghege, Abgesattelt! - Die publizistischen Rückzugsgefechte der deutschen Kavallerie seit 1918, in: Tiere im Krieg. Von der Antike bis zur Gegenwart, hrsg, v, Rainer Pöppinghege, Paderborn 2009, S. 235-250, hier S. 235.
[391] *Reichspost (03.04.1912)*, S. 1.
[392] Hausdorf, Exkurs zum Verständnis der Waffengattung Kavallerie.
[393] *Tages-Post (05.08.1924)*, S. 8.
[394] Pöppinghege, Abgesattelt! - Die publizistischen Rückzugsgefechte der deutschen Kavallerie seit 1918, S. 235.

323 Offiziere. Davon waren ein Prinz, 29 Grafen, 31 Offiziere im Freiherrenstand, ein Baron[395], 12 Ritter, ein Vicomte[396], fünf Edle sowie 14 nobilitierte Offiziere im Adelsstand, was einem Anteil von 29 % aller Offiziere entsprach.[397] Deák nennt bei der Kavallerie 58% adelige Offiziere, bei den Jägern 24% und bei der Infanterie 14%. Der Anteil der adeligen Offiziere unter den Reitenden Tiroler Landesschützen war somit zwischen dem der Kavallerie und der Jägertruppe diesbezüglich relativ hoch.[398] Gemessen an der hohen Offizierszahl sowie derer im Adelsstand und den strengen Kader-Aufnahmekriterien können die Reitenden Tiroler Landesschützen/Kaiserschützen als eine sich als Eliteeinheit fühlende Truppe angesehen werden. Pöppinghege vermerkte diesbezüglich:

> „Die Kavallerie war nicht nur ein exklusiver Club, sondern pflegte dieses Selbstverständnis in Form eines besonders ausgeprägten soldatischen Traditionsbewusstseins. Dies hing auch mit der spezifischen Kampfweise per Pferd zusammen, da die Kavallerie beweglicher als jede Fußtruppe war. Als Angriffsformation entsprach sie zudem einem männlich-heroischen Ideal, das den vorwärtsstürmenden tapferen Soldaten propagierte."[399]

Jedoch vor dem Ersten Weltkrieg gab es bereits unterschiedliche Meinungen in Bezug auf die Daseinsberechtigung der Reitertruppe zwischen Reformern und Traditionalisten im Heer. Dabei wurde auf der konservativen Seite die Kavallerie im operativen Sinn als klassische berittene Angriffstruppe, als ein Gefechtsinstrument mit der Lanze gesehen, auf der anderen Seite galt diese Form des Nahkampfes als überholt und sie sollten der Feuerwaffe weichen. Im Reformansatz war das Pferd die logistische Einheit und das Fußgefecht der primäre Auftrag der Reitertruppe.[400]

2. Die Pferdeassentierung der österreich-ungarischen Armee

Die staatlichen Pferdezuchtanstalten der k.u.k. Armee befanden sich, verteilt auf das ganze österreich-ungarische Reichsgebiet, in Stadl, Prag, Graz, Göding, Agram, Livno, Mostar, Szekesfehervar, Nagykörös, Debreczen, Sadowa-Wiszina, Oberwikow, Sepsiszentgyörgy. Auf gesamt-öster-

---

[395] Der Adelstitel Baron entsprang aus der transleithanischen Reichshälfte und war vergleichbar mit dem Freiherr.
[396] Der französische Adelstitel Vicomte entsprach einem Rang zwischen Graf und Freiherr.
[397] Vgl. Präsidialbureau des Ministeriums für Landesverteidigung, Schematismus, 1875-1914.
[398] István Deák, Der K.(u.)K. Offizier 1848-1918, Wien-Köln-Weimar 1991, S. 193-194.
[399] Pöppinghege, Abgesattelt! - Die publizistischen Rückzugsgefechte der deutschen Kavallerie seit 1918, S. 248.
[400] Ebd., S. 242.

reich-ungarischem Gebiet gab es je nach Gegend unterschiedliche Pferdestärken für eine Assentierung. 2,5 Millonen Pferde des Gesamtkontingents von 4 Millionen Pferden konnten dabei in der ungarischen Reichshälfte aufgeboten werden. Vom Restkontingent stammten 750.000 aus Galizien, 600.000 aus dem Balkangebiet aus Bosnien und der Herzegowina. Tirol und Vorarlberg wiesen einen gemeinsamen Pferdebestand von insgesamt 26.000 Stück auf, das adriatische österreichische Küstenland 13.000 Pferde. Von jenem Gesamtbestand der österreich-ungarischen Monarchie wurden für den Kriegseinsatz 600.000 Stück als brauchbar ausgewiesen.[401] Im Gesamten waren bei den Mittelmächten 1,5 Millionen Pferde und Maultiere, bei der Entente sogar 2,5 Millionen Pferde im Kriegseinsatz.[402] Laut Hayden stellten „[h]orses and mules [...] the overwhelming majority of the power used to move men an machines – the true ‚horsepower' of the war effort. They served in a wide variety of roles, including being ridden, as draft animals pulling vehicles and guns, and as pack animals."[403]
Mit dem „Gesetz vom 21. Dezember 1912, betreffend die Stellung der Pferde und Fuhrwerke", Reichsgesetzblatt Nummer 235[404], wurde die Assentierung der Pferde auf dem Gebiet der österreich-ungarischen Monarchie geregelt. Der erste Paragraph beschrieb die „entgeltliche Enteignung" für eine Gesamtmobilmachung des Pferdeavoirs für die k.u.k. Wehrmacht im Kriegsfall:

> „Für die Zwecke der Mobilisierung sowie auch der Ergänzung auf den Kriegsstand der bewaffneten Macht oder irgend eines Teiles derselben sind die Pferdebesitzer verpflichtet, über Aufforderung der politischen Bezirksbehörde (Pferdeeinberufung) ihre Pferde mit den vorhandenen zugehörigen Tragtierausrüstungen gegen angemessene Entschädigung dem Staate in das Eigentum zu überlassen. Diese Verpflichtung dauert so lange fort, als sich die bewaffnete Macht oder ein Teil derselben auf dem Kriegstande befindet."[405]

Ausgenommen von jenem Gesetz waren gänzlich jene Pferde, welche das vierte Lebensjahr noch nicht vollendet hatten, sowie hochträchtige Stuten und Stuten mit Fohlen. Überdies durften Pferde, welche Teil des Kaiserhofes oder im Besitz von Personen mit Exterritorialrechten waren,

---

[401] Schmid, Heerwesen. 2. Teil: Österreich-Ungarn, S. 22.
[402] Pöppinghege, Abgesattelt! – Die publizistischen Rückzugsgefechte der deutschen Kavallerie seit 1918, S. 240.
[403] Jo Ellen Hayden, Horses and Mules, [https://www.worldwar1centennial.org/index.php/the-animals.html], eingesehen 05.05.2020
[404] Vgl. *Reichsgesetzblatt für die im Reichsrate vertretenen Königreiche und Länder*. Jahrgang 1912/235. Gesetz vom 21. Dezember 1912, betreffend die Stellung der Pferde und Fuhrwerke.
[405] Gesetz vom 21. Dezember 1912, betreffend die Stellung der Pferde und Fuhrwerke, S. 1.

und jene, die bereits im Friedensstand für einen Kriegseinsatz vorgesehen waren oder im Sinne eines anderen jeweiligen Einsatzes beziehungsweise Dienstes an der Heimatfront als unabkömmlich galten, nicht berücksichtigt werden. Alle Pferde, welche jedoch unter jenen §1 des Gesetzes betreffend der Stellung fielen, wurden zur Musterung einberufen, auf deren „Kriegsdiensttauglichkeit" kommissionell geprüft und dementsprechend als „gänzlich untauglich", „derzeit untauglich" oder „tauglich" beurteilt.[406]

Zusätzlich wurde heeresintern die so genannte „Feldverwendbarkeit" der unterschiedlichen Pferderassen beziehungsweise Pferdeklassen der österreich-ungarischen Wehrmacht für den Kriegseinsatz je nach Qualität in drei Klassen von Pferden differenziert. Die höchsten qualitativen Fertigkeiten stellten jene Pferde dar, welche der ersten Klasse entsprachen und dem Luxusmarkt entzogen wurden. Es folgten Pferde der zweiten Klasse mit dem Parameter der Durchschnittsleistung und jene, die nur von minderer Qualität, in anderen Worten, Pferde der dritten Klasse waren. Für den Kriegsdienst wurden nur Pferde als tauglich eingestuft, welche die Klassen eins oder zwei erfüllten.[407]

Die Pferde der ersten Klasse waren ausschließlich für die Verwendung im Bereich der höheren Kommanden bestimmt worden. Diese waren nur selten an den Hauptkampflinien respektive der Front im Einsatz, da Vollblutpferde beziehungsweise hochgezogene Halbblutpferde als zu wertvoll galten, um sie den strengen Feldstrapazen im Kampf sowie dem Feindfeuer auszusetzen. Die erste Klasse Pferde wurden zudem als zu nervenschwach eingestuft. Bei den berittenen Truppen selbst waren diese Pferde nur als Reservepferde im Gefechtstrain vorgesehen. Das „besser gezogene Zugpferd", wie der Noriker, stellte die Parameter für die Pferde zweiter Klasse dar. Die Pferde wurden vorrangig aus Industrieunternehmen oder besseren Wirtschaften bezogen und waren beispielsweise in Munitionskolonnen im Einsatz, wobei die Verpflegung dieser Pferde oftmals - auf Grund der allgemeinen Versorgungslage im Krieg - nicht adäquat sichergestellt werden konnte. Oftmals scheiterte der Einsatz an der nicht gewährten zeitlichen Anpassung an die neue Beanspruchung im Kriegseinsatz. Zu dieser Klasse zählte unter anderem auch der „Bosnier", eine sich als Gebirgspferd bewährte Pferderasse. Zusätzlich wurde bei den Pferden dieser Klassifizierung in der österreich-ungarischen Armee noch zwischen dem ungarischen und dem galizischen Halbblut unterschieden, da das ungarische Pusztapferd sowie der ungarische Juncker

---

[406] Ebd., S. 1-3.

[407] *Armeeblatt. Militärwissenschaftliche Wochenzeitschrift für die Interessen unserer Land- und Seemächte (25.03.1916)*, S. 4.

zu diesem Zeitpunkt bereits kaum mehr vorhanden waren. In Galizien hingegen war noch immer der Grundstock der Pferdezucht der Typus des harten Orientalen sowie des Steppenpferdes zu erkennen. Durch die vorgegebene Zuchtrichtung in den Vorkriegsjahren wurde bei der Veredelung des Pferdes das englische Vollblut miteinbezogen, wodurch sich der ursprüngliche Typus der Pferde durch die Züchtungseinflüsse änderte. Auf Grund dessen konnte jener veredelte Pferdeschlag dementsprechend im Kriegseinsatz eingesetzt werden.[408]

In Bezug auf die Einsatztauglichkeit wurde hierbei das österreich-ungarische Pferd im Vergleich mit den einheimischen Pferden der berittenen Dalmatiner Landesschützen, welche mit den Gegebenheiten eines Gebirgsterrains vertraut waren, als nur bedingt tauglich für den Gebirgsdienst angesehen. Abgänge sollte mit Käufen im pferdereichen Bosnien und Serbien gedeckt werden.[409] Winrow schrieb diesbezüglich, dass,

> „[r]eflecting Alpine and Balkan topography, the Austro-Hungarian army converted local troops from the Tyrol and Dalmatia into Mounted Rifles. The Tirolean Mounted Rifles, colloquially known as the Glacier Hussars, were mounted on local ponies, whilst in Dalmatia specially bred small ponies were used to enhance the mobility of Mounted Rifles' patrols."[410]

Für die Dienstpferde der berittenen Tiroler Landesschützen wurde anfänglich bestimmt, dass diese ausschließlich aus dem Kontingent der Tiroler Pferde bezogen werden durften.[411] Beispielsweise hatte die Tiroler Kavallerieeinheit im Jahr 1873 von ihrem Pferde-Gesamtbestand sieben Haflinger-Pferde, zwei jeweils aus Lana, Vöran, Hafling sowie eines aus Jenesien, zwei Haflinger-Pferde größeren Schlages aus Mezzolombardo und drei aus Ronsberg sowie eines aus Bruneck, durch den Kommandanten Rittmeister Freiherr von Tinti, zur Tiroler Kavallerieeinheit assentiert.[412]

Nach der offiziellen Pferdezählung im Jahr 1869 zählte der Pferdebestand in Tirol und Vorarlberg bis zum vollendeten dritten Jahr eine Gesamtzahl von 15.743 Stück.[413] Bei der Assentierung sollte ein besonderes Augenmerk auf einen ausdauernden und kräftigen Schlag sowie ein

[408] *Armeeblatt. Militärwissenschaftliche Wochenzeitschrift für die Interessen unserer Land- und Seemächte (25.03.1916)*, S. 4-5.
[409] E[...] P[...], Über Kriegshandlungen im albanischen und mazedonischen Gebirgslande, in: *Organ der Militärwissenschaftlichen Vereine (71/1905)*, hrgs. v. Ausschusse des Militärwissenschaftlichen Vereines in Wien, S. 85-122, hier S. 112.
[410] Andrew Winrow, The British Army Regular Mounted Infantry 1880-1913, New York 2017, S. 22.
[411] *Innsbrucker Nachrichten (09.03.1912)*, S. 6.
[412] *Oesterreichisch-ungarische Wehr-Zeitung „Der Kamerad" (05.01.1873)*, S. 6.
[413] *Oesterreichisch-ungarische Wehr-Zeitung „Der Kamerad" (08.03.1872)*, S. 1.

starkes Fundament des Pferdes mit hohem Tragvermögen gelegt werden. Der Remontenpreis war mit 300 Gulden festgesetzt worden.[414] In weiterer Folge wurde einerseits mit galizischen Pferderassen das Pferdekontingent der damaligen beiden Tiroler Eskadronen assentiert, da sich diese einerseits im Gebirge leicht akklimatisieren ließen und diese andererseits Standardpferde der österreich-ungarischen Armee darstellten.[415] Außerdem wurden auch ungarische Pferde[416] sowie Haflinger kleinen Schlages[417] sowohl bei der Reitenden Tiroler als auch bei der Dalmatiner Einheit eingesetzt. Um jedoch für die berittenen Tiroler Kompanien in den Dienst gestellt zu werden, mussten die Höhe der Tiroler Pferde mindestens dem Stockmaß zwischen 1,54 bis 1,60 Meter entsprechen.[418] Im Gegensatz dazu wurde für die Reitenden Dalmatiner Landesschützen ein kleineres Stockmaß von 1,50 bis 1,56 Meter festgelegt.[419] Lucas schrieb über diese Pferde:

> „The [Tirolean] unit horses were a special breed. Smaller than the standard cavalry mount they had great staying power for they were required to carry their riders and equipment for long periods in difficult terrain. [In] Dalmatia […] the horses they rode were of a special breed, famous for their headiness and smaller even than the beasts issued to the Tirolean Mounted Rifles."[420]

Acerbi vermerkte hierzu, dass „Particolarmente celebri erano le piccole e resistenti rimonte dalmate di razza *Haflinger* originaria dei Siebenbürgen (odierna Transilvania in Romania)."[421]

3. Versorgungsbedarf der k.u.k. Kavallerie

Bei den täglichen Ressourcenverteilungen der Verpflegung der Pferde bei der Kavallerie gab es in der k.u.k. Armee keine Spielräume, da das tägliche Futtermaß der Pferde standardisiert in der Gebührenvorschrift festgesetzt worden war.[422] Bei den einzelnen Zügen einer k.u.k. Kavalle-

---

[414] *Innsbrucker Nachrichten (09.03.1912)*, S. 6.
[415] *Illustrirte Zeitung (2910/1899)*, S. 446.
[416] *Oesterreichische Wehrzeitung (27.03.1931)*, S. 4.
[417] *Oesterreichische Wehrzeitung (02.09.1927)*, S. 3.
[418] Wrede, Geschichte der k. und k. Wehrmacht, S. 568.
[419] Ebd., S. 452.
[420] James Lucas, Fighting Troops of the Austro-Hungarian Army 1868-1914, New York 1987, S. 116.
[421] Acerbi, Le truppe da montagna dell'esercito austro-ungarico nella Grande Guerra, S. 122. Eigene Übersetzung: Acerbi vermerkte hierzu, dass „bei den Dalmatinern die kleine und widerstandsfähige Haflinger-Rasse (ursprünglich aus Siebenbürgen im heutigen Rumänien) besonders beliebt war."
[422] *Instruktionsbuch für die Einjährig-Freiwilligen des k.u.k. Heeres*. VIII Teil. Pferdewesen und Pferdekunde. Für Einjährig-Freiwillige der Kavallerie, Feldartillerie und Traintruppe, Wien 181907, S. 20.

rie Einheit hatten Unterabteilungskommandanten dafür zu sorgen, dass „[...] in den Zügen eine genaue Vormerkung geführt werde. Unter keiner Bedingung d[ur]f[te] gesunden Pferden von dem festgesetzten Futterausmaß etwas abgezogen werden."[423] Die Differenzierung der Tagesmenage am Beispiel einer Eskadron der Reitenden Tiroler Landesschützen nach den Verpflegungssätzen der k.u.k. Wehrmacht erfolgte pro Mann entweder in die so genannte „Volle Portion", die „Normale Portion" oder die „Reserve Portion". Die „Volle Portion" entsprach 2 Kilogramm Brot, 1,75 Kilogramm Zwieback, 2 Kaffeekonserven zu je 36 Gramm, 400 Gramm Rindfleisch, 140 Gramm Gemüse, ein halber Liter Wein, 36 Gramm Tabak sowie Salz und Würzmittel. Offiziere bekamen eine Zusatzverpflegung von wahlweise 5 Zigarren oder 25 Zigaretten. Die ‚Normale Portion' setzte sich aus 1,3 Kilogramm Brot, 1 Kilogramm Zwieback, 2 Kaffeekonserven zu je 46 Gramm, 400 Gramm Rindfleisch, 100 Gramm Gemüse sowie 18 Gramm Tabak zusammen. Die „Reserve Portion" war ein Verpflegssatz von 2 Kaffeekonserven zu je 46 Gramm, 200 Gramm Zwieback, eine 200 Gramm Fleischkonserve, 30 Gramm Salz sowie 18 Gramm Tabak. Der Tagesverpflegsbedarfsatz pro Pferd respektive Tragtier der Reitenden Tiroler Landesschützen betrug 7 Kilogramm Hafer und 12 Kilogramm Heu.[424]

Mit der Gesamtstärke der Reitenden Tiroler Landesschützendivision zu Kriegsbeginn von 465 Soldaten und 410 Pferden[425] entsprach dies im Endeffekt einem standardmäßigen täglichen Verpflegsbedarf von 4.920 Kilogramm Heu und 2.870 Kilogramm Hafer bei den Pferden. Die Gesamtmenage der Division bei „Voller Portion" waren hierbei 930 Kilogramm Brot, 813,75 Kilogramm Zwieback, 186 Kilogramm Rindfleisch, 65,1 Kilogramm Gemüse, 930 Kaffeekonserven, 232,5 Liter Wein und 16,74 Kilogramm Tabak sowie in der „Normalen Portion" 604 Kilogramm Brot, 465 Kilogramm Zwieback, 186 Kilogramm Rindfleisch, 46,1 Kilogramm Gemüse, 930 Kaffeekonserven und 8,37 Kilogramm Tabak. Die „Reserve Portion" des Tagesbedarfes entsprach 930 Kaffeekonserven, 465 Fleischkonserven sowie Zwieback mit einem Gesamtgewicht von je 93 Kilogramm, 8,37 Kilogramm Tabak sowie 13,95 Kilogramm Salz.

Die veranschlagten Rationen konnten im Laufe des Krieges mengenmäßig jedoch nicht eingehalten werden.[426] Gemäß den Quellen wurde beispielsweise am 3. April 1918 befohlen: „Die tägliche Fleischportion für [die] Mannschaft der eigenen Wehrmacht darf 180 g, für Kriegsgefangene

---

[423] Ebd., S. 20.
[424] PA-VRTKsI-VlHL. Unsere Kaiserschützen, unveröffentlichtes Manuskript. Heft 2, S. 9.
[425] Schaumann, Die Gebirgstruppen Westeuropas, S. 164.
[426] PA-VRTKsI Befehl Nr. 78. Innsbruck 3. April 1918. Fleischportion für Mannschaft.

150 g pro Mann und Tag nicht übersteigen. Mindestens ein fleischloser Tag pro Woche muß unbedingt eingehalten werden." Bereits zwei Wochen später, am 18. April 1918, wurde ein Folgebefehl erlassen, wonach 100 Gramm Fleisch mit 175 Gramm Brot surrogiert[427] werden mussten.[428] Ab 1. Juni 1918 wurde folgend auch die „Rauhfuttergebühr" pro Pferd auf 3 Kilo und 400 Gramm pro Tag gesenkt. Überdies wurde veranschlagt, dass bei Heumangel das Rauhfutter mit Stroh ausgeglichen werden musste.[429] Aufgerechnet auf die gesamten Truppen der k.u.k. Wehrmacht stellte somit der tägliche Verpflegssatz für Mensch und Tier hohe Anforderungen an die Verpflegsgestellung sowie die Nachschubstätigkeit zu Kriegszeiten.

4. Die Kriegsgliederung berittener Eskadrone in der k.u.k. Wehrmacht

Nach Cappellano setzte sich die Kavallerie der österreich-ungarischen Wehrmacht wie folgt zusammen:

> „Come in tempo di pace, la cavalleria a.u. e constitutia attualmente: da reggimenti dell Esercito comune (15 di dragoni, 16 di ussari, 11 di ulani - numerati da 1 a 13 saltando il 9 ed il 10); da reggimenti della Landwehr austriaca (6 di ulani ‚Reitende Schützen', 1 divisione - gruppo di 3 squadroni di ‚Reitende Tiroler Kaiserschützen', 1 divisione - gruppo di 2 squadroni di ‚Reitende Dalmatiner Schützen'); da reggimenti della Honvéd ungherese (10 di ussari e 4 di Landsturm [...]). Totale 63 reggimenti di cavalleria (computando come un reggimento i 5 squadroni di triatori montati tirolesi e dalmati)."[430]

Das Kompanie-Äquivalent der österreich-ungarischen Kavallerie war, wie bereits erwähnt, die so genannte Eskadron respektive Schwadron. Bei den Reitenden Tiroler Landesschützen erfolgte die Änderung der Bezeich-

[427] Als Surrogat wird ein Lebensmittelersatz bezeichnet.
[428] PA-VRTKsI Befehl Nr. 91. Innsbruck 18. April 1918. Fleischsurrogierung.
[429] PA-VRTKsI Befehl Nr. 128. Innsbruck 3. Juni 1918. Futtergebühr ab 1. Juni.
[430] Cappellano, L'Imperial regio Esercito austro-ungarico al fronte italiano (1915-1918), S. 256. Eigene Übersetzung: In Bezug auf Cappellano setzte sich die Kavallerie der österreich-ungarischen Wehrmacht wie folgt zusammen: „In Friedenszeiten ist die österreich-ungarischen Kavallerie folgendermaßen konstituiert: durch Regimenter der gemeinsamen Armee (15 Dragoner, 16 Husaren, 11 Ulanen - nummeriert von 1 bis 13, wobei 9 und 10 übersprungen werden); durch Regimenter der österreichischen Landwehr (6 Ulanen, ‚Reitende Schützen', 1 Division - eine Gruppe von 3 Schwadronen ‚Reitende Tiroler Kaiserschützen', 1 Division - eine Gruppe von 2 Schwadronen ‚Reitende Dalmatiner Schützen'); durch Regimenter der ungarischen Honvéd (10 Husaren und 4 Landsturm [...]). Insgesamt 63 Kavallerieregimenter (die 5 Schwadrone der Reitenden Tiroler und Dalmatiner zusammen als ein Regiment gezählt)."

nung von Eskadron in Schwadron bei der Umstrukturierung im Kriegsjahr 1917. Eine solche „Kavalleriekompanie" hatte eine Gesamtstärke von 150-180 Reitern und gliederte sich grundsätzlich in vier Züge. Drei Eskadronen bildeten eine, wie es formal bis 1917 hieß, „Division". Diese „Division" darf nicht mit dem Großverband einer (Infanterie- oder Kavallerie-) Division verwechselt werden – dieser hieß daher in Österreich-Ungarn bis 1917 „Truppendivision". Eine Kavallerie-Truppendivision bestand aus zwei Kavalleriebrigaden mit einer Stärke von vier bis sechs Kavallerieregimentern. Ein Kavallerieregiment bestand üblicherweise aus zwei Divisionen.

Eine Eskadron mit einem voll aufgefüllten Personalstand in seinen vier Zügen kam in entwickeltem Zustand in Gefechtsformation auf insgesamt 68 Rotten[431] und im Gesamten auf 60 Meter Frontlänge, wobei hierbei die Zugsabstände der jeweiligen Eskadrone vernachlässigbarer waren als das Fehlen von einzelnen Reitern oder gesamten Zügen. In Kolonne hingegen war die Frontabdeckung einer Eskadron mit einer Breite von 17 Metern und einer Tiefe von 60 Metern bemessen. Ein Zug mit einer Gesamtstärke von 35 Pferden gliederte sich hierbei in so genannte Rottenkolonnen zu Vieren mit acht bis neun Abteilungen.[432]

Während des Ersten Weltkrieges wurden für den infanteristischen Einsatz so genannte „Fuß-Eskadronen" beziehungsweise „Schützen-Eskadronen" aufgestellt, welche bei der Ersatzeskadron einberufen und ausgebildet wurden – ohne Reitausbildung auf Grund des schnellen Bedarfes an der Front.[433] Bei den Reitenden Tiroler Landesschützen bestand die Ersatz-Kompanie ab Jänner 1915 aus einem Offizier, einem Wachtmeister, zwei Zugsführern, sechs Korporälen, vier Patrouillenführern sowie 88 Landesschützen (Sollstärke). Die Adjustierung und Ausrüstung wurde hierbei auch im Sinne eines primären infanteristischen Einsatzes angepasst und wich von der klassischen Reitenden Tiroler Landesschützen Kavallerie Adjustierung und Ausstattung ab. An Bekleidung und Ausrüstung wurde für den Ersatzkader der Reitenden Tiroler Landesschützen wie folgt festgesetzt: Die gesamte Mannschaft war mit Karabinern und Bajonetten sowie 120 Patronen Kriegstaschenmunition pro Mann zu bewaffnen. In Bezug auf die Adjustierung wurde als Grundausstattung eine Kappe hechtgrau ohne Tuchhülse, eine Bluse der Landwehr-Fußtruppe, eine Kniehose und ein Mantel nach dem Vorbild der Artillerie, ein Paar

[431] Als Rotte werden die in einer militärischen Ordnung in Linie, mindestens zwei hintereinanderstehende Soldaten oder Organisationselemente bezeichnet.
[432] Ewald Hausdorf, Klassische Formation und Veränderung der Taktik [https://www.cavallerie.at/exkurs-zum-verst%C3%A4ndnis-der-kavallerie/klassische-formationen-und-ver%C3%A4nderung-der-taktik/], eingesehen am 08.04.2020. Vgl. auch Exercier-Reglement für die k. u. k. Cavallerie, Teil I und Teil II, Wien 1899/99.
[433] Hausdorf, Exkurs zum Verständnis der Waffengattung Kavallerie.

Stiefel oder Lederschuhe mit Wadenstutzen, ein Hosenriemen, eine Garnitur Kaliko- sowie Wollwäsche mit jeweils einem Hemd und einer Gattie (Unterhose) gewirkt, einem Paar Socken, ein Paar Wollhandschuhe sowie eine Feldflasche aus Aluminium aus dem so genannten Kriegsvorrat ausgegeben. Dazu kam Kompaniegerät in Form von 50 Spaten mit Futteral für Infanterie, vier Lagerhacken mit Futteral, vier Beilpicken mit Futteral, zwei Wassereimer, zwei Laternen mit Tragring sowie eine elektrische Taschenlampe (für den Offizier) gestellt. Als Zusatzausrüstung waren ein gestricktes Leibchen in graumelierter Farbe, zwei Paar schafwollene Fußlappen, eine Leibbinde, ein Schal, ein Paar Fußwärmer, ein Schneemantel und eine Schneehaube, eine Pelzweste, zwei Papierwesten, zehn Paar Papierfußlappen, ein Kavallerieleibriemen mit Karabinerstrupfen, eine Bajonetttasche, ein Karabinerriemen, vier Patronentaschen zum Karabiner, ein Mantelriemen, eine Legitimationsblattkapsel, eine Garnitur Säckchen für Verpflegsartikel, ein Rucksack, ein Brotsack mit Feldflaschentasche und Esschalenschleife, Feldstecher und Bussolen nach Zuweisung des vorgesetzten Kommandos, vorgesehen.[434]

5. Die Wandlung der Reitertruppe

Durch die Weiterentwicklung in der Waffentechnik erfuhren die Handfeuerwaffen eine stetige Kampfwertsteigerung, welche jedoch in negativer Korrelation mit der Mobilität des Soldaten sowie dem Pferd als Gefechtsmittel stand. Eine theoretische Kampfwertsteigerung mit neuen Karabinern konnte somit nur zu Lasten des Reiters und seines Pferdes erfolgen. Jene Handfeuerwaffen, welche für das Schießen aus der Bewegung geeignet gewesen wären, wie beispielsweise der Winchester Repetier-Unterlader, der sich bereits 1870 in Amerika bewährt hatte, waren im österreich-ungarischen Heer nicht eingeführt worden und jene wenigen Pistolen und Revolver für den Nahkampf waren zu jenem Zeitpunkt in zu geringem Ausmaß verfügbar und nur an das Offizierskorps ausgegeben worden. Die Schlussfolgerung daraus war entweder die Taktik der Reiterwaffe grundlegend zu ändern oder weiterhin auf die alten Waffensysteme zu setzen. Beispielhaft hierfür waren die russländischen Kosaken, die durch eine grundlegende Änderung der Taktik auch mit abgenommenem Karabiner vom Pferd aus den Feuerkampf führten. Die Kosaken agierten hierbei in aufgeteilten selbstständigen Einheiten, so genannten Sotnien[435],

[434] PA-VRTKsI OP/90/1915. k.u.k. Ministerium für Landesverteidigung. Präs. Nr. 428 II. Fußabteilungen der Kavallerie-Formierung, 14.01.1915, S. 1-2.

[435] Als Sotnie wurde wie bei der k.u.k. Kavallerie die Größenordnung einer Abteilung bezeichnet. Die Bedeutung von Sotnie ist die Hundertschaft, somit waren unter einer Kosakensotnie 100 berittene Soldaten zu verstehen.

nahmen essenzielle Punkte im Gelände ein von welchen sie dann abgesessen den Feuerkampf führten und anschließend aufgesessen ihre Offensivaktionen weiter fortsetzten.[436]

Bezugnehmend auf das Gefechtsmittel Pferd änderte sich mit der Zuführung von Maschinengewehren bei jenen Armeen, welche den Kampfwert des Maschinengewehres erkannten, die taktische Ausrichtung der kämpfenden sowie der berittenen Truppe.[437] Das Maschinengewehr konnte im beweglichen infanteristischen Einsatz als schwerste Waffe am direkten Gefechtsfeld verwendet werden. Der Infanterie wurde es dadurch ermöglicht, im Zusammenspiel unter Feuer und Bewegung anzugreifen und zu wirken als auch bewegliche Ziele in größerer Entfernung zu bekämpfen.[438] Für berittene Soldaten bedeutete dies, dass sie von nun an ein unbewegliches, großes Ziel auf dem Gefechtsfeld darstellten und keine durchschlagende Offensivwirkung mehr erreichen konnten. Kuzmics vermerkte hierbei im Speziellen in Bezug auf die Korrelation zwischen der altgedienten Kavallerie und der neuen Technik der Maschinengewehre, dass

> „[d]er freie Spielraum, den die vorwiegend aristokratische Kavallerie 1866 im Kampf genossen hatte, […] im Ersten Weltkrieg geschwunden [war]. Gegen Maschinengewehre und Artilleriebombardement waren berittene Attacken sinnlos, was gleichermaßen Engländer, Franzosen, Deutsche und Österreicher einsehen mussten."[439]

Als es in den Anfangsmonaten des Jahres 1916 wegen der Bespannung neuer aufgestellter Batterien zu einem größeren Bedarf an Pferden kam, wurden bei den Kavallerietruppen entscheidende Einschnitte vorgenommen. Im Februar 1916 wurden die Kavallerieregimenter auf je vier Kompanien zu je 150 berittenen Soldaten reduziert, im April 1916 bereits auf 120 Reiter abgesenkt. Im Gegenzug bekamen die Kavalleriedivisionen die Weisung, eine zweite und bei Bedarf auch eine dritte Schützendivision zu errichten. Im Mai 1916 waren aus diesem Grund in der k.u.k. Armee bereits 31 Schützendivisionen aufgestellt worden.[440] Laut österreich-ungarischem Generalstabswerk hatte „[d]emnach […] die Reiterei ihren großen

---

[436] Hausdorf, Exkurs zum Verständnis der Waffengattung Kavallerie.
[437] Lutz Unterseher, Der Erste Weltkrieg. Trauma des 20. Jahrhunderts, Wiesbaden 2014, S. 54.
[438] Unterseher, Der Erste Weltkrieg, S. 54
[439] Helmut Kuzmics, Krieg, Emotionen und der Europäische Zivilisationsprozess. Die Entwicklung kriegsbezogener Affekte im industrialisierten Krieg am Beispiel der habsburgischen Armee im Ersten Weltkrieg, in: *Emotion, Habitus und Erster Weltkrieg. Soziologische Studien zum militärischen Untergang der Habsburger Monarchie im ersten Weltkrieg*, hrsg. v. Helmut Kuzmics/Sabine A. Haring, Göttingen 2013, S. 493-542, hier S. 517.
[440] Friedrich Franek, Vom Karpathenwinter bis zum Frühjahr 1916, in: ÖULK, *Die Ereignisse von Jänner bis Ende Juli. Das Kriegsjahr 1916*, Band 4, hrsg. v. Edmund Glaise-Horstenau, Wien 1933, S. 83-142, hier S. 95.

Rahmen nur um den Preis eines bedeutenden Wandels in ihrem inneren Gefüge aufrechterhalten können."[441] Bei den Standesmeldungen schienen somit immer mehr Feuergewehre als Reiter auf, da auch die Kavallerie-Formationen immer mehr infanteristisch eingesetzt wurden. Zur Erhöhung der Feuerüberlegenheit waren inzwischen alle Reiterregimenter mit Maschinengewehren ausgerüstet und deren Anzahl vermehrt worden. Dementsprechend besaßen Anfang Mai 1916 49 Regimenter jeweils eine Kavallerie-Maschinengewehrabteilung zu je vier Gewehren, ihre Anzahl wurde also im Vergleich zu Kriegsbeginn verdoppelt.[442]

Auf kaiserlichen Befehl wurde ab März 1917 der Großteil der Kavallerieverbände zu Infanterie[443] umgerüstet, obgleich der Befehl vorsah, der Kavallerie „zu Friedenszeiten" ihre „Waffeneigenart" sowie deren „Traditionen" dem „Reitergeiste" entsprechend zurückzugeben. Somit hatten sich alle „traditionellen" Regimenter wie Husaren-, Dragoner-, und Ulanenregimenter der Kavalleriedivisionen sowie alle der Honvéd und Landwehr ausnahmslos – nach allen bereits getätigten Reduktionen in den Kriegsjahren zuvor – nun „zu Fuß" neu aufzustellen. Die Neugliederung sollte einheitlich in ein Kommando mit zwei unterstellten Halbregimentern mit jeweils zwei bis vier Schwadronen[444] sowie einer Maschinengewehr-Schwadron erfolgen. Allerdings blieben jedem Kavallerieregiment ein Zug von 25 berittenen Soldaten erhalten, die innerhalb des Kavalleriedivisionsverbundes, die gesamte „Divisionskavallerie" bildeten.[445]
Im österreich-ungarischen Generalstabswerk wurde diesbezüglich Folgendes vermerkt:

> „Mit dieser letzten, von herber Not erzwungenen Neuordnung erfüllte sich das tragische Geschick der öst.-ung. Reiterei. Eine stolze Waffe, die einst die Schlachtfelder Europas beherrscht und die ihr Bestes auch in diesem letzten Kriege hergegeben hatte, verschwand, zumindest für dessen Dauer, von der Bildfläche. Was noch dem Namen nach Reiterei war, marschierte und kämpfte zu Fuß nach den nunmehr ausschließlich geltenden Ausbildungs- und Gefechtsvorschriften der Infanterie."[446]

---

[441] Ebd., S. 95.
[442] Ebd., S. 95.
[443] 1917 wurden die bisherigen „Truppendivisionen" (Großverband) zu „Divisionen" umbenannt. Daher wurden aus den bisherigen „Divisionen" sogenannte „Halbregimenter".
[444] Im Juni 1917 wurde die Bezeichnung „Eskadron" in „Schwadron" geändert und die aus zwei oder mehreren Eskadronen bezeichnete „Division" in „Halbregiment" umbenannt. Vgl. hierzu: Friedrich Franek/Rudolf Prochaska/Maximilian Ehnl, Österreich-Ungarns Wehrmacht in den zwei letzten Kriegsjahren, in: *Österreich-Ungarns letzter Krieg 1914-1918, Das Kriegsjahr 1918.* Band 7, hrsg. v. Edmund Glaise-Horstenau, Wien 1931, S. 33-100, hier S. 62.
[445] Franek/Prochaska/Ehnl, Österreich-Ungarns Wehrmacht in den zwei letzten Kriegsjahren, S. 61-62.
[446] Ebd., S. 63.

Nur noch in den seltensten Fällen wurden die reitenden Einheiten in ihrer ursprünglichen Verwendung zugeführt, endgültig endete der „ritterliche" Kampf „hoch zu Ross" mit dem Beginn des Stellungskrieges in den Schützengräben, bei dem fast ausschließlich der Infanterist, der einfache Fußsoldat, zur Geltung kam.[447] Rauchensteiner schrieb dazu: „Die vorherige Überbeanspruchung und die Fernaufklärung hatten den Pferdebestand auf die Hälfte absinken lassen. Die russische Kavallerie und Infanterie taten das Ihrige."[448] An der Hauptkampflinie standen die Kavalleristen im Endeffekt auf Grund dessen auch schon in abgesessenem Zustand im Einsatz.[449]

Die Reduzierung der berittenen Einheiten zeigte sich jedoch alsbald auf dem Schlachtfeld und sollte im weiteren Kriegsverlauf[450] noch nachteilig für die österreich-ungarische Armee werden.[451] Dies begründete sich in der Nichtbeachtung des Faktors Kampfwert der zuvor genannten altgedienten Kavallerieregimenter, da jener von der k.u.k. militärischen Führung bei der Anpassung der Einsatzführung nicht berücksichtigt wurde. Dies betraf jedoch nicht nur die k.u.k. Kavallerietruppen, sondern auch die Infanterie. Beispielsweise wurden die Hochgebirgseinheiten der Tiroler Landesschützenregimenter auf den russländischen Kriegsschauplatz sowie folgend an das adriatische Küstenland beordert, anstatt vorranging auf das ihnen vertraute Gefechtsfeld der Tiroler Berge. Im Endeffekt standen unterschiedlich ausgebildete Waffengattungen an, für jene Einheiten, unpassenden Gefechtsfeldern und konnten so deren wahren Kampfwert nicht adäquat anwenden. Diesbezüglich mussten zwangsweise Ausgleichsmaßnahmen - wie am Beispiel der Kavallerie, der genannte Wechsel von aufgesessen zum Kampf ohne Pferd - angewandt werden, um noch einen mittleren Kampfwert zu erhalten.[452]

Der weitere Fortbestand der Reiterwaffe wurde im Laufe der zweiten Kriegshälfte auch durch Pferdemangel und Futternot entschieden. Mais und Hafer waren bereits zunehmend zum essenziellen Bestandteil der Verpflegung der Pferde geworden und weder der Einsatz aller verfügbaren Ersatzfuttermittel noch die temporäre Dislokation von berittenen Truppenteilen nach Serbien, Rumänien oder Polen, wo zu diesem Zeitpunkt noch

---

[447] Franek, Vom Karpathenwinter bis zum Frühjahr 1916, S. 94-95.
[448] Rauchensteiner, Der Tod des Doppeladlers, S. 127.
[449] Wagner, Der Erste Weltkrieg. Ein Blick zurück, S. 247. vgl. auch Kapitel: Gefechtskalender 1914 - Kriegsbeginn bis Limanowa-Łapanów.
[450] Vgl. hierzu Herbstoffensive Österreich-Ungarns 1917 gegen Italien sowie das Kapitel: Kampfwert der Reitenden Tiroler Landesschützen/Kaiserschützen.
[451] Franek/Prochaska/Ehnl, Österreich-Ungarns Wehrmacht in den zwei letzten Kriegsjahren, S. 62.
[452] Eine vertiefende Analyse zur Thematik des Kampfwertes erfolgt in Teilbereichen in den Kapiteln des Gefechtskalenders der Reitenden Tiroler Landesschützen/Kaiserschützen sowie im letzten Abschnitt der vorliegenden Arbeit.

günstigere Verhältnisse im Futterbereich vorhanden waren, konnte das Massensterben von Kriegspferden verhindern. Hatte die österreich-ungarische Armee im Jahr 1915 noch eine Gesamtstärke von 709.000 Pferden zu verzeichnen und war bis Ende 1916 durch massive Assentierung sogar ein Stand von 969.000 Pferden erreicht worden, so verringerte sich die Anzahl bis Juni 1917 auf 893.000 und halbierte sich bis Juni 1918 auf 459.000 Stück.[453]

Konträr zum Pferdeschwund verlief der Ausbau der Artillerie auf Grund des zunehmenden Bedarfs an Pferden für eben jene neuen Batterien, da die Kapazitäten der Industrie für eine weitreichende Motorisierung aller Kriegsverbände nicht vorhanden waren.[454] Für den Einsatz in Artilleriebatterien waren wiederum nur schwere und große Pferde vorgesehen.[455] Zudem waren auch die Pferde an der „Heimatfront" in der Landwirtschaft sowie in den besetzten Gebieten und im Etappen- und Armeebereich gebunden. Als Grundsatz hierbei galt alle Pferde einzuziehen, bei denen kein zwingendes militärisches Interesse am Verbleib vorhanden war. Beispielsweise wurde anfänglich Offizieren, deren Privatbestand an Pferden abgekauft und in den Dienst gestellt, in weiterer Folge verloren dann auch die Kompaniekommandanten ihr Dienstpferd, Meldereiterkurse wurden aufgelöst und der Train wurde vermindert sowie zentralisiert. Jedoch reichten alle diese Maßnahmen keineswegs aus, um den Gesamtbedarf für den Kriegseinsatz zu decken.[456]

In Bezug auf Österreich-Ungarn waren auf Grund des stetigen Rückganges des Pferdebestandes der bevorzugten Pferdeklassen jedoch zur Aufrechterhaltung des Bedarfes und der Substanz ab der zweiten Hälfte des Ersten Weltkrieges die „Pferde kleinen Schlages", die anfänglich nicht den Kriegsparametern entsprachen, wie der Konik[457] aus Galizien, das Huzulenpferd aus den Karpaten, das kleine Siebenbürgische Pferd sowie der Haflinger ab diesem Zeitpunkt auch im Kriegseinsatz zu finden.[458] Selbst bei einer Forcierung der Aufrüstung der Reiterkräfte ergaben sich gravierende Mängel: Beispielsweise hatte die ungarische Honvéd im Kriegsjahr 1915 noch die Errichtung von zwei Landsturmhusarendivisionen bewerkstelligt, jedoch nur durch Umverteilung von Personal auf Kosten bereits aufgestellter Landsturmhusarendivisionen. Zudem kam

---

453 Franek/Prochaska/Ehnl, Österreich-Ungarns Wehrmacht in den zwei letzten Kriegsjahren, S. 61.

454 Ebd., S. 61.

455 *Armeeblatt (01.04.1916)*, S. 5.

456 Franek/Prochaska/Ehnl, Österreich-Ungarns Wehrmacht in den zwei letzten Kriegsjahren, S. 61.

457 Das Wort „Kon" hat in der Slawistik die Bedeutung von „Pferd", hier in der Verkleinerungsform für diese Rasse eingesetzt.

458 Franek/Prochaska/Ehnl, Österreich-Ungarns Wehrmacht in den zwei letzten Kriegsjahren, S. 61.

der Umstand, dass die Ausbildung einer hohen Zahl von Reitern sowie die Bereitstellung von bereits zugerittenen Pferden 1915 schon nicht mehr sichergestellt werden konnte. Auf Grund dessen waren jene Reiter ohne Pferd, welche eigentlich nur temporär einer unberittenen Verwendung zugeführt hätten werden sollen, bereits auf Bataillonsstärke zu Schützenschwadronen und Schützendivisionen angewachsen und stellten so ein Gros der Stärke einer Kavalleriedivision.[459]

Wenn auch der allgemeine Bedeutungsverlust der Reitertruppe für den Kampfeinsatz weder linear noch rapide war, so war jener nichtsdestoweniger unaufhaltsam.[460] Im Schatten des Ausbaues der Artillerie war der Niedergang der Reiterwaffe, dessen Einsatzmöglichkeit im Stellungskrieg ohnehin schon obsolet geworden war, unausweichlich.[461] Der Pferdeeinsatz änderte sich nämlich in der ersten Hälfte des 20. Jahrhunderts qualitativ sowie quantitativ. Der taktisch-operative Kampfwert schwand immer mehr, hingegen wurde das Pferd im Verlauf des Ersten Weltkrieges zunehmend als Tragtier eingesetzt.[462] Hayden schrieb über den militärischen Einsatz von Pferden:

> „[s]ending animals to war seems, today, somehow even more awful than sending people to war. But in 1914, there war little room for that sentiment. Animals were absolutely essential to the war effort, and they had to be sent – millions of them, by the time the war was over. Most were horses and mules [...] in [...] [the] theatres of the war."[463]

---

[459] Franek, Vom Karpathenwinter bis zum Frühjahr 1916, S. 94-95.
[460] Pöppinghege, Abgesattelt! – Die publizistischen Rückzugsgefechte der deutschen Kavallerie seit 1918, S. 242.
[461] Franek/Prochaska/Ehnl, Österreich-Ungarns Wehrmacht in den zwei letzten Kriegsjahren, S. 61.
[462] Pöppinghege, Abgesattelt! – Die publizistischen Rückzugsgefechte der deutschen Kavallerie seit 1918, S. 244.
[463] Jo Ellen Hayden, Horses and Mules, [https://www.worldwar1centennial.org/index.php/the-animals.html], eingesehen 05.05.2020.

V. Der Gefechtskalender der Reitenden Tiroler Landes-/Kaiserschützen

Die Einsatzplanungen der beiden Bündnispartner, des Deutschen Reichs und Österreich-Ungarns, sahen vor, anfänglich die russländischen Offensivbestrebungen abzufangen, um danach selbst die Initiative zu ergreifen und gegen das Russländische Reich anzutreten.[464] Laut den Planungen des österreich-ungarischen Generalstabes unter Franz Conrad von Hötzendorf sollte die k.u.k Wehrmacht mit einer Million Mann durch einen Stoß von Süden in das Russländische Reich bis nach Polen vordringen, um mit einem entscheidenden Durchbruch der deutschen Streitkräfte von Norden, Polen vom Zarenreich abzutrennen.[465] Somit war die anfängliche Aufgabe der österreich-ungarischen k.u.k. Armee, den großen Verbänden des Russländischen Reiches offensiv entgegenzuwirken.[466] In Bezug auf die Mobilmachung war die österreich-ungarische Seite im direkten Vergleich mit der russländischen Aufbietung von Anfang an unterlegen. Die russländischen Streitkräfte waren der k.u.k. Armee einerseits zahlenmäßig als auch führungstechnisch im Vorteil. Nichtsdestoweniger trat die österreich-ungarische Wehrmacht am 23. August 1914 gegen die zaristischen Verbände an.[467]

Im *Österreichisches Soldatenblatt* wurde über den Einsatzraum der Reitenden Tiroler Landesschützen in Galizien wie folgt vermerkt: „Die schwierige Geländebeschaffenheit (versumpftes Waldgebiet) stellte damals an Mann und Pferd ganz besondere Anforderungen, die durch intensive Feuerwirkung des Gegners noch bedeutend erhöht wurden."[468] Der Reitende Tiroler Landesschützen-Offizier Franz Foltin schrieb über den Einsatz der Tiroler Eskadronen und der Pferde in den ersten Kriegsjahren:

> „In den ersten Jahren des Weltkrieges trugen mich die flüchtigen Pferdefüße an der russischen Front im Verbande größerer Kavalleriekörper und im Aufklärungs- und Sicherungsdienste über unbekanntes Land. Attacken sowie Reitergefechte ergänzten die sportliche Friedensausbildung, gaben Proben von der Leistungsfähigkeit und Geschicklichkeit geschulte Reiter. Unzählige Erinnerungen sind mit dem Pferde unzertrennlich verbunden."[469]

---

[464] Lichem, Spielhahnstoß und Edelweiß, S. 96.
[465] Steininger, Der große Krieg 1914-1918, S. 61
[466] Lichem, Spielhahnstoß und Edelweiß, S. 96.
[467] Steininger, Der große Krieg 1914-1918, S. 61.
[468] O.A., Salzburgs Kavallerie, in: *Österreichisches Soldatenblatt (2/1936)*, S. 297-303, hier S. 299.
[469] Foltin, Reitkunst in Schule und Gelände, S. 5.

Beim Aufmarsch an der Ostfront wurde der Großverband des XIV. Korps (Innsbruck) unter dem Kommandanten Erzherzog Joseph Ferdinand[470] bis zum 20. August 1914 in die III. Armee unter dem Kommando von GdK Rudolf Ritter von Brudermann eingegliedert.[471] Das XIV. Korps setzte sich primär aus der 88. Landesschützenbrigade[472] (Bereitstellungsort Bozen), der 41. Honvéd-Infanterie-Division und der k.k. 108. Landsturm-Infanterie-Brigade zusammen.[473]

Von Kriegsbeginn bis Anfang September des Jahres 1914 war GM Karl Georgi mit der Führung der 88. Landesschützenbrigade betraut, von September bis nach der Schlacht von Limanowa-Lapanów im Dezember 1914 übernahm GM Alois Fürst Schönburg-Hartenstein das Kommando über die Kavallerie-Brigade.[474] Als Kavallerieelement fungierte in jener Brigade zu Beginn des Feldzuges die 1. und die 3. Eskadron der Reitenden Tiroler Landesschützen.[475] Die 88. Landesschützenbrigade wurde vorrangig aus dem II. und III. Regiment (Bozen und Innichen) aufgestellt. Durch die zusätzliche Eingliederung von verschiedenen Grenzschutzkompanien besaß die Brigade annähernd eine Stärke von elf Bataillonen, zuzüglich zwei Haubitzenbatterien (Nr. 8 und Nr. 10) und eben jenen zwei Eskadronen der Reitenden Tiroler Landesschützen. Die Soldaten des Verbandes unterschieden sich durch ihre Adjustierung; sie trugen eine Pelerine anstatt eines Mantels über dem Marschgepäck. Die Offiziere hatten zudem verkürzte Säbel und die Feldkappen der Soldaten waren mit dem Hahnenfederstoß versehen.[476]

Die 88. Landesschützenbrigade war vom Aufmarsch an der Ostfront bis zum November des Jahres 1914 als selbstständige Kavallerie-Brigade an der Ostfront im Einsatz, nach der Schlacht von Przemyśl jedoch verschiedenen Divisionsverbänden unterstellt. Im Ostfeldzug wurde die 88. Landesschützenbrigade im ersten Kriegsjahr im Soldatenjargon als die „eiserne und fliegende Brigade“[477] bezeichnet. Der Gefechtskalender jener

---

[470] Eduard Czegka, Rüstung zum Großen Waffengang. Kriegsgliederung, in: ÖULK, *Vom Kriegsausbruch bis zum Ausgang der Schlacht bei Limanowa-Lapanów. Das Kriegsjahr 1914*, Band 1, hrsg. v. Edmund Glaise-Horstenau, Wien 1931, S. 62-90, hier S. 74.

[471] Rudolf Kiszling, Bereitstellung und Fernaufklärung in: ÖULK, *Vom Kriegsausbruch bis zum Ausgang der Schlacht bei Limanowa-Lapanów. Das Kriegsjahr 1914*, Band 1, hrsg. v. Edmund Glaise-Horstenau, Wien 1931, S. 162-168, hier S. 163.

[472] Im Generalstabswerk *Österreich-Ungarns letzter Krieg 1914-1918* wird jene Einheit als 88. KSchBrig (Kaiserschützen Brigade) deklariert, weil hier die 1917/18 üblichen Begriffe verwendet wurden.

[473] Kiszling, Bereitstellung und Fernaufklärung, S. 163

[474] Maximilian Ehnl/Edwin Sacken, Selbstständige Infanterie- und Kavallerie-Brigaden, in: *ÖULK*, Registerband, hrsg. v. Edmund Glaise-Horstenau, Wien 1938, S. 262.

[475] Eduard Czegka, Rüstung zum Großen Waffengang. Kriegsgliederung, S. 74. sowie Emil Karl Braito, Ludwig Ganghofer und seine Zeit, Innsbruck 2005, S. 400.

[476] Peter Broucek, Ein General im Zwielicht. Die Erinnerungen Edmund Glaises von Horstenau, Band 1: K. u. k. Generalstabsoffizier und Historiker, (=Veröffentlichungen der Kommission für Neue Geschichte Österreichs Band 67), Wien-Köln-Graz 1980, S. 307.

[477] *Salzburger Chronik (25.12.1914)*, S. 10.

Brigade beinhaltete die „Feuertaufe“ in der Schlacht bei Złoczów (26. bis 28. August 1914) - Schlacht an der Gnila Lipa (29. bis 20 August 1914) - Preisgabe von Lemberg (31. August bis 3. September 1914) - Schlacht bei Rawa Ruska-Lemberg (6. bis 11. September 1914) - Angriff gegen Wereszyca, Lemberg und der Rückzug über den San (8. bis 13. September) - Rückzug über den Dunajec (16. bis 25. September) - Vormarsch über den San und Schlacht bei Przemyśl (4. Oktober bis 4. November 1914) sowie Schlacht von Limanowa-Lapanów (1. bis 13. Dezember 1914).[478]

Zu den zusätzlichen „Kampfunterstützungstruppen“des XIV. Korps zählte die 108. Landsturm-Infanterie-Brigade unter der Führung von Generalmajor Gustav Szekely de Doba, in welcher die 2. Eskadron der Reitenden Tiroler Landesschützen eingegliedert war.[479] Die 108. Landsturm-Infanterie-Brigade wurde aus Teilen des Tiroler Landsturm-Regiments Nr. II und dem niederösterreichischen Landsturmregiment St. Pölten Nr. 21 zusammengesetzt. Der Brigadestab der 108. Landsturm-Infanterie-Brigade führte unmittelbar den eigenen Stabszug, eine Feldtelefonabteilung, eine Reserve-Kanonenbatterie samt angegliedertem Train und Verpflegsanstalten sowie die 2. Eskadron[480] der Reitenden Tiroler Landesschützen, welche die Brigade-Kavallerie stellte.[481] Rittmeister Smolensky und Leutnant Dreiseitl vom Stabszug wurden mit der Führung der 2. Eskadron betraut.[482] Die „mitgemachten Kriegsereignisse“ der k.k. 108. Landsturm-Infanterie-Brigade waren die Schlacht bei Złoczów (26. bis 28. August 1914) - Schlacht an der Gnila Lipa (29. bis 20. August 1914) - Angriff über die Wereszyca (8. und 9. September 1914) - erste und zweite Belagerung von Przemyśl (16. September bis 12. Oktober und 8. November bis 22. März 1915).[483] Gemäß den Kriegsaufzeichnungen des späteren Kommandanten der 3. Eskadron, Franz Foltin, nahm dieser noch als Zugskommandant

---

[478] Ehnl/Sacken, Selbstständige Infanterie- und Kavallerie-Brigaden, S. 262.

[479] The Nafziger Collection of Orders of Battle. 914AHAB. Austrian Field Army Northern Front August-September 1914, S. 14-15. In der Quelle wird die 108. Landsturm-Infanterie-Brigade fälschlicherweise mit 97. Royal Austrian Brigade, jedoch dem richtigen Kommandanten (Szekely de Doba) angegeben.

[480] Da die 1. und 3. Eskadron der 88. Landesschützenbrigade unterstellt wurde, handelte es sich bei jener Eskadron der 108. Landsturminfanteriebrigade um die 2. Eskadron der Reitenden Tiroler Landesschützen. Zusätzlich belegt wird dies mit dem Abgleich der Verlustlisten der 2. Eskadron mit dem Gefechtskalender der 108. Landsturminfanteriebrigade. Vgl. hierzu auch OeStA-KA VL VLI 78 Reit. Tir. Lds. Schtz. Div., Verlustlisten Reitende Tiroler Landesschützen 1915. Vgl. hierzu auch PA-EH Kriegsaufzeichnungen des Reitenden Tiroler Landesschützen/Kaiserschützen Franz Foltin. Vgl. hierzu auch Verlustliste in *Allgemeiner Tiroler Anzeiger (01.11.1914)*, S. 4.

[481] Otto Stolz, Das Tiroler Landsturmregiment Nr. II im Kriege 1914-1915 in Galizien (=Veröffentlichungen des Tiroler Landesmuseums Ferdinandeum Nr. 18), Innsbruck 1938, S. 153.

[482] Ebd., S. 216.

[483] Maximilian Ehnl/Edwin Sacken, Landsturmbrigaden, in: ÖULK, Registerband, hrsg. v. Edmund Glaise-Horstenau, Wien 1938, S. 293.

bei der 2. Eskadron der Reitenden Tiroler Landesschützen sowie ab 24.10.1914[484] als Eskadronskommandant der 3. Eskadron „[…] an allen Schlachten […] an der russ[ländischen] Front teil, so bei Premyślani, Drohobin, Lemberg, Lapanow, Gorlitze, Dunajec, San, Weichsel, Ivangorod, Lublin, Brest-Lytowsk, Bug, Sereth, Strypa."[485] Als die 108. Landsturmbrigade zugeteilt wurde, die Besatzung von Przemyśl zu verstärken, wurde die 2. Eskadron herausgelöst und mit den restlichen Einheiten der Division in der 88. Landesschützenbrigade[486] vereinigt.[487]

1. Die Reitenden Tiroler Landesschützen im Ostfeldzug gegen das Russländische Reich

1.1 Gefechtskalender 1914 – Kriegsbeginn bis Limanowa-Lapanów

Die ersten operativen Einsätze der Eskadronen der Reitenden Tiroler Landesschützen im Ostfeldzug als unterstellte Einheiten der Brigaden erfolgten im Raum um Lemberg. Auf Grund der russländischen Übermacht und einer drohenden Einkesselung der Truppen an der linken Flanke der III. Armee wurde der Entschluss gefasst, die k.u.k. Truppenteile hinter die Gnila Lipa zurückzuziehen und eine bogenförmige Verteidigungsstellung von Rohatyn nach Zydatycze zu errichten und an die bereits vorhandene feldmäßige Befestigung Lembergs anzuschließen.[488]

Leutnant Tassilo Wimmersperg vom Dragonerregiment 5 erwähnte eine fast tödlich endende Verwechslung der Tiroler Soldaten in seinem Tagebuch im Rückzugsgefecht bei Turkocin-Stanimirz (28. August-3. September 1914):

> „Dort wurde uns auch eine feindliche Eskadron gemeldet, gegen die wir zur Attacke anritten. Beim Näherkommen entpuppte sich unser Gegner als berittene Tiroler Landesschützen. Der Irrtum erscheint ganz begreiflich, denn diese Truppe war die einzige österreichische Reiterei, die damals schon hechtgrau angezogen war."[489]

---

[484] PA-EH Aufzeichnungen des Kriegsarchivs Wien über den militärischen Werdegang von Franz Foltin.

[485] PA-EH Persönliche Aufzeichnungen des Reitenden Tiroler Landesschützen/Kaiserschützen Franz Foltin über seine Familie und seinen Werdegang.

[486] O.A., Salzburgs Kavallerie, in: *Österreichisches Soldatenblatt (2/1936)*, S. 297-303, hier S. 299.

[487] Oskar Regele, Überlieferungspflege im Bundesheer. Durch die Jahrhunderte österreichischen Soldatentums, Wien 1931, S. 110.

[488] Rudolf Kiszling, Rückzug hinter die Gnila Lipa, in: *ÖULK, Vom Kriegsausbruch bis zum Ausgang der Schlacht bei Limanowa-Lapanów. Das Kriegsjahr 1914*, Band 1, hrsg. v. Edmund Glaise-Horstenau, Wien 1931, S. 210-218, hier S. 217.

[489] SI_PAM/1645/005/001/00023. Spomini na prvo svetovno vojno: nadporočnik Tassilo vitez Wimmersperg, zbral Otto Gariboldi (Auszug Tagebucheintrag Leutnant Tassilo Wimmersperg vom Rückzugsgefecht bei Turkocin – Stanimirz).

Die Reitenden Tiroler Landesschützen hatten beim Rückzug den rechten Flügel der 88. Landesschützenbrigade zur Sicherung übertragen bekommen. Dem Dragonerregiment 5, das zum angrenzenden III. Korps gehörte, oblag die Sicherung des Mittelabschnittes.[491]

Ähnlich wie in der Schilderung von Wimmersperg erging es der 2. Eskadron im Einsatzraum Lemberg. Unter dem Titel „Lemberg noch in unserer Hand" vermerkte der spätere Kommandant der 3. Eskadron, Rittmeister Franz Foltin, in seinen Kriegsaufzeichnungen Folgendes:

> „Ich war damals bei der 2. Schwadron (Rittmeister Hafenbroedl-Hafenbroedl) der Reitenden Tiroler Kaiserschützen als Zugskommandant eingeteil [sic!], welche Schwadron der 108. Landsturmbrigade (Generalmajor Szekely de Doba) unterstellt wurde.
>
> Die Schwadron wurde in Weisswasser westlich Lemberg auswaggoniert und bezog Freilager. Ich hatte mich bei der 3. Armee in Lemberg zu melden und erhielt den Befehl als Nachrichten-Detechement [sic!] gegen [...] am Dniester vorzugehen, die Übergänge über den Fluss zu zerstören, feindliche Uebersetzung zu verhindern, Meldungen über den Feind direkt an das 3. Armeekommando zu senden.
>
> Ich ritt mit 36 Reitern und Leutnant der Reserve Dr. Franz Bachmaier im Gefühle eines äusserst wichtigen selbstständigen Auftrages dem Ziele entgegen, was die Gurten hielten. Aus östlicher Richtung hörten wir das Rollen des Geschützdonners, immer häufiger wurden die Flüchtlinge, meistens Frauen mit Kindern und Juden mit Vieh und sonstigen Habseligkeiten. Ihr Jammern war unbeschreiblich. Bei jeder Gruppe, die vorüber zog, hörten wir: ‚Moskali zabrali' – Während die Juden gestikulierend riefen: ‚Herr Soldat, Sie können nicht mehr retten unser Hab und Gut, Sie sind gekommen zu spät, Sie haben schon geschändet, Sie haben schon verbrannt, was nicht war mitzunehmen!' Doch dies konnte unseren Reitergeist nicht hemmen, im Gegenteil wir brannten nach Erfolgen, das Tempo wurde unwillkürlich lebhafter. Fröhlich trabten die mutigen Pferde der Sonne entgegen. Bei den Flüchtlingen der Jammer und hier die Rhythmische [sic!] Musik der Rossehufe, der erhabene Ernst des Auftrages, getragen von der Ueberfülle an Kraft und dem Elan nach Vorwärts, unserer treuen Vierbeiner.
>
> Das wellige Terrain Ostgaliziens bestellt mit gelben Kornfeldern, grünen, saftigen Weideflächen, bestanden mit buschigen Gruppen

---

[490] Schlacht an der Gnila Lipa. Eigene Darstellung und Karte Glänzer.
[491] Kiszling, Rückzug hinter die Gnila Lipa, S. 217.

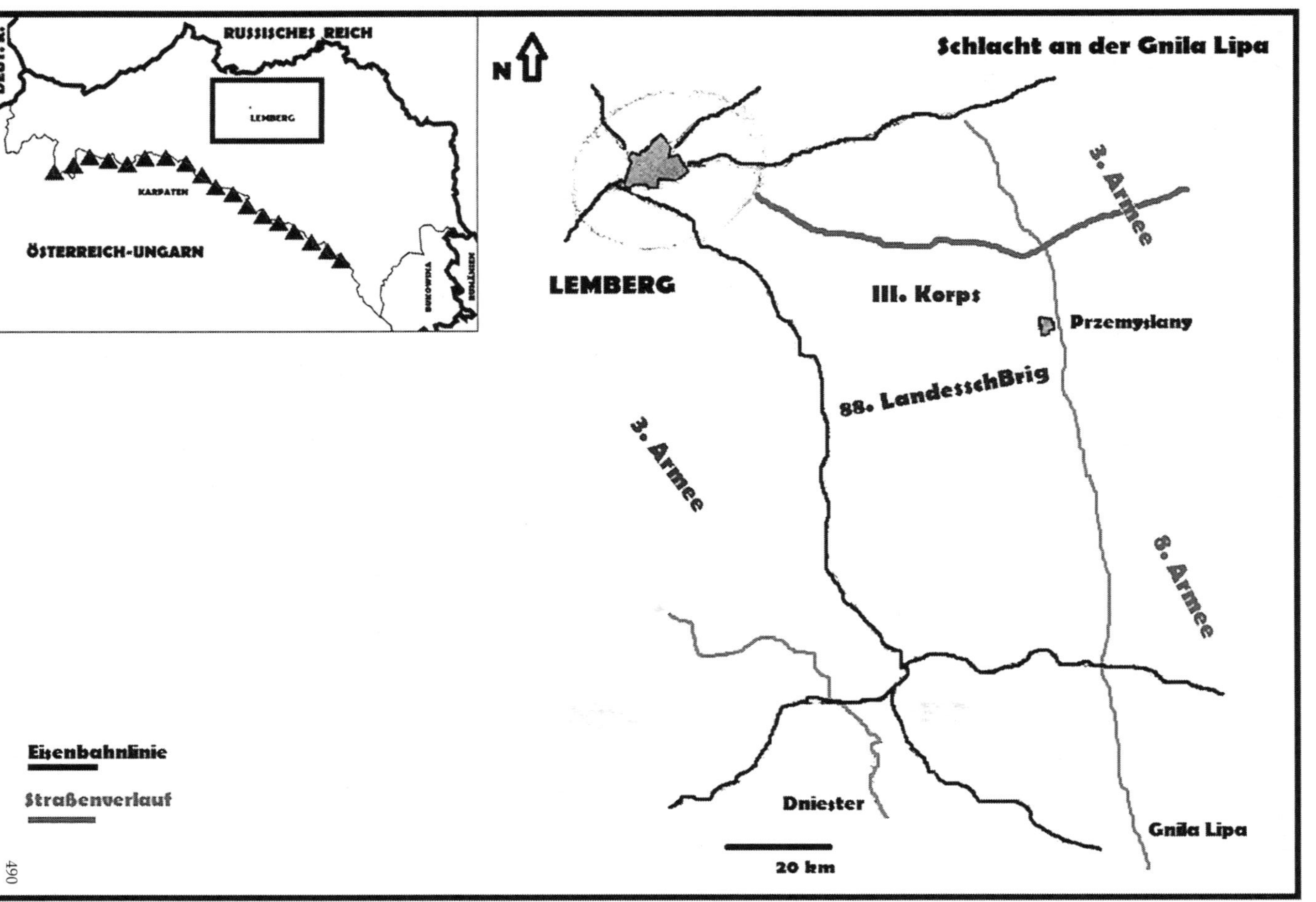
Schlacht an der Gnila Lipa
N
RUSSISCHES REICH
DEUT. R.
LEMBERG
KARPATEN
ÖSTERREICH-UNGARN
BUKOWINA
RUMÄNIEN
LEMBERG
3. Armee
III. Korps
Przemyslany
88. LandesschBrig
3. Armee
8. Armee
Eisenbahnlinie
Straßenverlauf
Dniester
Gnila Lipa
20 km
490

von Buchen und Birken, im Hintergrunde Rauch, Verderben und wieder Rauch wich wälzend von Osten, und darüber der rotglühende, enorm grosse Sonnenball. Eine Stimmung die nicht alle Generationen erleben werden. In diesem ungewöhnlichen Ramen [sic!] entwickelte sich das Vorspiel zu dem blutigem [sic!] Kampfe der westlichen Kultur gegen die Horden Asiens mit dem Einsatze der grossen Kaiserreiche. Nach circa 40 km Ritt im gesicherten flotten Marsche an den fortgesetzt herankommenden armseligen, von Entsetzen bleichen, halbnackten Flüchtlingen vorbei, bezog ich bei Anbruch der Dunkelheit in einem Abseits der Strasse gelegenen Maierhofe Lager. Zuerst wurde die Umgebung abgesucht, Sicherung bezogen, die Pferde gefüttert und abgekocht. Die Nacht verlief vom Feinde ungestört, während die angesammelten Flüchtlinge ferngehalten wurden.
Bei Morgengrauen setzte ich den Marsch fort. Dichte Nebelschwaden bedeckten den Boden. Immer näher rollte der Geschützdonner von Osten her. Meine Marschrichtung verlief im Allgemeinen gegen Süd-Ost. Meine Gefechtspatrouillen hatten unterdessen 3000-4000 Schritt Vorsprung erhalten. Nach ungefähr 1 Stunde Ritt wurde die Sicht eine bessere, der Sonnenball durchbrach stellenweise den Nebel, über den Gräsern zogen feine Spinnfäden und in den Tautropfen glitzerten die Sonnenstrahlen. Vereinzelte Lerchen schwebten in fröhlichem Trillern über den Hügeln als ob tiefster Frieden wäre. Das Mosaik der Felder, Wiesen in Grün, Gelb und Braun wechselte. Und über dies hinweg drängten prustend die Pferde, kauten in den Gebissen und das Klirren der Säbelscheiden, der rhythmische Hufschlag und das ferne Donnern der Geschütze gab der ganzen Stimmung ein seltsames Gepräge.
Auf einmal kommt in die Masse der Reiter Bewegung. Aus einer Waldparzelle galoppiert uns ein Meldereiter an, mit hochschwingendem Säbel gibt er Zeichen: ‚Feind! Feind!'
Ich übergebe an Leutnant Bachmaier das Kommando und galoppiere auf die bewaldete Höhe vor mir. Und siehe, von Süden aus der Richtung der Dniesterübergänge, meinem Marschziele, wälzt sich eine Kolonne heran. Mit meinem Zeissfeldstecher verfolgte ich diese. Aus dem Bodennebel enthüllte sich zuerst eine Vorpatrouille, dann auf 800 Schritt der Vortrab (eine Kompagnie), dann auf 1400 Schritt eine Kompagnie, 4 Geschütze und in der Reihenfolge Kompagnie auf Kompagnie. Im Gefechtsmarsch, genau wie bei uns, wälzte sich diese hechtgraue Kolonne gegen Nord-Ost. Konnte dies wirklich schon der Feind sein? Unterdessen war meine Reiterschar herangekommen. Alles sah

kampfbereit dem kommenden Geschehen entgegen. Voller Erwartung blickten mich die Reiter an, was da kommen möge. Aus ihren Gesichtern war zu entnehmen, welche Entschlüsse ich wohl fassen werde.
Der Moment einer überraschenden Attacke war gegeben. Die Kolonne hatte uns noch nicht gesichtet. Blitzartig fiel mir das aus der Kriegsgeschichte bekannte Reitergefecht des Rittmeisters Graf Bechtoldsheim ein, dem es unverhofft gelang eine italienische Brigade zu überreiten und zu zersprengen. In meinem Gehirn hämmerte es: jetzt darauf los!
Ich suchte mit dem Glase das Vorgelände ab, um alle Vorbedingungen zu einer gelungenen Attacke zu überprüfen. Vor mir breitet sich eine versumpfte Niederung aus, quer durch diese zieht ein Eisenbahndamm. Ein unbedingtes Hindernis. ‚Ausgesprochenes Pech!' - - - - - - Aber dort, seitwärts, bemerkte ich einen Uebergang. ‚Attacke!' rief ich. Blitzschnell reissen die Reiter die Säbel aus der Scheide. Ich befehle: Linke Patrouille dort über den Uebergang, dann Schwarm, jenseits der Versumpfung hinter der Bodenwelle gedeckt halten, mit der Direktion auf die feindliche Vorhut. Lt. Bachmaier Offensivflanke rechts von mir, der Rest hinter mir Schwarm, ein Reiter vom anderen 15 Schritte, Direktion der Vortrab Achtung auf mein Zeichen, dann gleichzeitig los. ‚Trab-Marsch!'
Erschreckt springen an dem Uebergang drei polnische Landsturmmänner, die Hände hoch hebend, auf und stirren uns verstört an. Was sie hier machen frage ich? ‚Niema niezego. Bonnwoch!' war die Antwort. Diese Polacken glaubten in uns Russen zu sehen, nachdem sie die Uniformen, schwarze Hosen und Federhut, Adjustierung der Reit. Tir. Kaiserschützen, nicht kannten. Ich rief ihnen zu: ‚Austriazi! Takjetzt!' Wir nahmen jenseits der Bahnstrecke Aufstellung. Alles klappte. Wir ritten gedeckt hinter der Bodenwelle vor. Die Vorhut der Kolonne war circa 1000 Schritte herangekommen. Ich erkannte jetzt mit Bestimmtheit die hechtgraue Uniform unseres Heeres. Es war kein Zweifel mehr, es waren eigene Truppen. Ich ritt im Schritt die Welle heran und band zur Vorsicht auf meine Säbelspitze ein weißes Taschentuch, mit dem ich, um zu vermeiden, dass wir von dort nicht als Russen gehalten werden, winken wollte. Doch kaum waren wir sichtbar, machte der Vortrab und die Vorhut Front zu uns, riss die Gewehre herunter und überschüttete uns mit einem mörderischen Kavallerieabwehrfeuer. Die Pferde erschreckt, durch den Feuerüberfall, machten kehrt, einige überschlugen sich und alles jagde [sic!] wild über den Bahndamm zurück in die sumpfige Wiese. Währenddessen fuhr die Artillerie auf und belegte den wilden Haufen mit Kartätschen. Die Pferde waren nicht zu halten. Ich sprang, die Verwir-

rung am Bahndamm, der mit einem Drahtzug versehen war, erkennend ab und suchte Deckung in dem dort befindlichen Kartoffelfeld. Einige Pferde suchten aus dem Gewirr des Drahtes zu kommen, die gestürzten Reiter lagen regungslos herum. Unaufhörlich jagden [sic!] die Geschosse über und um mich, wir waren in der Garbe. Wohin die restlichen Pferde eilten und was mit ihnen geschah, war ungewiss. Salve um Salve rollte über den Bahndamm, die Geschosse krepierten jenseits irgendwo. Dicht schlugen die Geschosse um mich ein, plätscherten in den Kartoffelstauden und überdeckten mich mit dem aufgewühlten Erdreich. Ich drückte mich an die Furchen, alle Greuel [sic!] des Verderbens und rumlosen [sic!] Endes erlebte ich, kalter Schweiss verspürte ich, ich hatte das Gefühl als ob ich ausserhalb des Geschehens wäre, mich beobachten und bemittleiden [sic!] würde. Ich selbst aber war schon tod [sic!]. Wie lange dieser seltsame Zustand dauerte, ich weiss es nicht, es war wie ein schlimmer Traum. Nun wurde es ruhig. Die Erde dampfte, es war heiss. Lebte ich oder war ich nur schwer verwundet? Ich versuchte die Augen zu öffnen, es ging, ich sah die braune Erde, meinen Arm, die Kartoffelstauden. Ich hob den Kopf, es blieb ruhig, kein neuerliches Schiessen. Ich biß mit in die Hand, ja ich verspürte den Biss, auch die Finger vermochte ich zu bewegen, die Beine versagten auch nicht, ich drehte mich seitwärts, ich stützte mich auf, sah um mich, so weit ich sehen konnte, war alles friedlich. Nun sprang ich auf, untersuchte meine Glieder, fühlte mich ab, es war in Ordnung. Mein Säbel mit dem Taschentuch lag in der Nähe. Der Säbelkorp [sic!] hatte einen Durchschuss abbekommen. Ich streifte die Erde von meiner Uniform ab, hielt Umschau. Da, über dem Bahndamm krochen die 3 Polaken mit Schussbereiten Gewehren hervor und riefen mit ‚stoj' zu. Langsam und vorsichtig schlichen sie heran, immer bereit Feuer zu geben. Ich suchte mich mit ihnen verständlich zu machen und ihnen zu erklären, dass ich Oesterreicher sei. Erst als ich ihnen öster. Geld zeigte und jedem eine Krone gab, wurden sie meine Freunde. Wir suchten das Kartoffelfeld ab und die nächste Umgebung und fanden noch 4 meiner Reiter. Auch diese waren aus ihrem Nervenschok [sic!] nur schwer in [sic!] Leben zurückzurufen. Unvertraut starrten sie uns an und konnten nicht glauben, dass sie noch lebten. Einer hatte leider einen Rückenschuss, bein [sic!] anderen steckte ein Geschoss im Leibriemen. Froh, dass dieses erste Gefecht besser für uns endete als wir uns einbildeten, machten wir uns auf in der Richtung der Hufspuren das Schlachtfeld abzusuchen.
Den schwerverwundeten Kameraden halfen wir so gut es ging mit dem Verbandpäckchen zu verbinden. Vom Bahndamme aus er-

blickten wir noch einige im Morast steckende Pferde, die wir mit vieler Mühe herausbrachten. Sie hatten Steckschüsse, doch hatten wir Hoffnung, sie durchzubringen. Im weiteren Verlauf der Suche fanden wir noch ein schwerverwundetes Pferd, das leider nicht mehr mitkonnte. In einem Gehöft musste ich es zurücklassen. Arme Linka, so sein Name, was wird hier aus dir werden. Der pol. Pächter versprach alles zu tun um den schönen Schimmel zu heilen.
In der Ferne sahen wir eine Reiterpatrouille, die auf uns zukam. Es waren meine Reiter, die nach uns suchten. Als wir dort ankamen, wo wir früh ausritten, war schon abgefüttert, abgekocht, grosse Freude natürlich. Mein Pferdewärter, in der Meinung ich sei schon tod [sic!], hatte sich mein gutes Pferd ‚Margot' angeeignet und meinen Wein aus der Feldflasche ausgetrunken. Ich visitierte die Pferde, es stellte sich heraus, dass 10 Pferde ins Pferdespital abgegeben werden mussten, 4 verwundete Reiter musste ich leider gegen ihren Wunsch ebenfalls nach Lemberg ins Spital abgeben.
Dieses war unsere erste Feuertaufe, während die 105. ung. Landsturmbrigade, wie sich später herausstellte, melden konnte. ‚Feindliche attaquirende [sic!] Kosakanschwadron bei [...] vernichtet, was unserem wohlgezielten Feuer entkam, ertrank in den Sümpfen.'"[492]

Die von den k.k. Landwehr-Kavallerie-Offizieren genannten Beispiele zeigen hierbei auf, dass die Truppen der k.u.k. Wehrmacht bei Kriegsbeginn doch oftmals unkoordiniert im Einsatz standen, respektive vom Kriegseinsatz überrascht wurden. Laut Rauchensteiner entsprangen die geschilderten Verwechslungen der eigenen berittenen Soldaten auch dem Umstand, dass die klassische österreich-ungarische Kavallerietruppe das Reitergefecht „[...] konservierte [...] [und] sich auch erfolgreich einer modernen Uniformierung widersetzt [hatte]."[493] Als zusätzliches mitschwingendes Faktum in Bezug auf die k.u.k. Kavallerie kann überdies bewertet werden, dass die Kavallerieeinheiten beider Reichshälften im gegenseitigen Konkurrenz-, beziehungsweise Rivalitätsverhältnis standen.[494]
Teile der Reitenden Tiroler Landesschützen erlebten ihre „Feuertaufe" erstmalig am 2. September 1914 in der Schlacht um Grodek[495]:

---

[492] PA-EH Kriegsaufzeichnungen des Reitenden Tiroler Landesschützen/Kaiserschützen Franz Foltin.
[493] Rauchensteiner, Der Tod des Doppeladlers, S. 127.
[494] Helmut Rumpler/Catherine Horel, Soldaten zwischen nationalen Fronten. Die Auflösung der Militärgrenze und die Entwicklung der königlich-ungarischen Landwehr (Honvéd) in Kroatien-Slawonien 1868-1914, Wien 2009, S. 178-187.
[495] Erwähnenswert beim Schlachtfeld von Grodek ist das Gedicht vom Kriegsfreiwilligen Georg Trakl, welcher der Trauer und dem Schmerz, verursacht durch den Krieg, mit seinem Text universell für alle Fronten und Mitkämpfer Ausdruck verlieh.

„Es war in den heißen Gefechtstagen des September 1914, als es galt, in standhafter Abwehr, in kühnem Gegenstoß die dichten Scharen aufzuhalten, die der Feind allenthalben zwischen Weichsel und Dnjestr heranwälzte. Wer da im feindlichen Eisenhagel aushielt, wurde zum Helden geschmiedet. Und in neuer Gemeinschaft des Heldentums verbanden sich die Nationen und Völker der Monarchie; neue innige Kameradschaft umfaßte die Kämpfenden, die höchstes und schwerstes Erleben zusammengekettet, die Jungen und Alten, Starken und Schwachen, Mächtigen und Geringen. Solch treue Kameradschaft – Kriegskameradschaft – bewährte sich überall, im Großen wie im Kleinen, bei wichtigen, gemeinsamen Aktionen, wie bei herzhaften Taten einzelner.
Einen wichtigen gefährdeten Abschnitt des historischen Gefechtsfeldes von Grodek erhielten reitende Tiroler Landesschützen zugewiesen. Man war zum Feuergefecht abgesessen, Roß und Wärter blieben weit hinten zurück im sorglich gewähltem Versteck, und die wackeren Reiter mussten in breiter Schwarmlinie den Hang besetzen. Jeder Mann war wichtig, jeder Karabiner sollte mitsprechen. Es gab nicht viel Zeit und Gelegenheit, bergenden Deckungen zu schaffen oder zu suchen. Kaum hie und da gewährte das Terrain notdürftigen Unterschlupf. Rittmeister Max Wimmer von der reitenden Tiroler Landesschützendivision schmiegte sich an einen Baumstamm, der noch einigermaßen Schutz versprach; in seiner Nähe lag der Fähnrich Athanas von Guggenberg zu Riedhofen, der einen ähnlichen, wenig sicheren Unterstand wählte. Der Feind hatte mächtige Artillerie auffahren lassen und bedachte die Stellung der Landesschützen ausgiebig mit Feuer. Seine Kanoniere waren bereits glänzend eingeschossen. Lagen auf Lagen prasselten nieder, die alle unseren Truppen galten – Schrapnells, Granaten, Granaten, Schrapnells. Aufgepeitschte Erdsäulen, heiße Bleikugeln und spicke, tückische Eisensplitter wirbelten wild durcheinander. Die herrlichen Kinder der Tiroler Berge hielten's aus. Sie lagen am Boden hingestreckt, regungslos, wartend, hoffend. Sie rührten sich nicht, als ginge sie das Höllenfeuer nichts an. Ein Schritt von der Stelle wäre der sichere Tod gewesen: ernstes Bewußtsein einer heilig beschworenen Pflicht! – Mit innigem Blick umfaßt der Kommandant seine Leute, die lieben, prächtigen Kerle! Treu und anhänglich blickt der Fähnrich zu seinem Rittmeister. Nicht Vorgesetzte, nicht Untergebene sind sie mehr; Kriegskameraden, Todeskameraden. jeden Augenblick kann's sein; warten, hoffen. – Und jetzt ist's da – der Rittmeister sinkt um, lautlos,

schmerzverzerrt. Der Fähnrich sieht's und kein Gedanke mehr gilt dem hundertfach drohenden Tod, der jeden Schritt umlauert: schnell auf zum Verletzten, vielleicht ist doch noch Rettung möglich. Die Verletzung ist schwer, ein Granatsplitter ist in den Hals gedrungen und hat die Schulter aufgerissen. Schleunigste Hilfe tut not. Schon kniet der Fähnrich bei seinem Offizier, verbindet ruhig und sorgsam die Wunde und schafft dann den halb Bewußtlosen aus der Feuerlinie zum Hilfsplatz in Sicherheit. Der Gefahr, dem drohenden Verderben trotzend, gelingt ihm das hochherzige Werk, wie durch ein Wunder bleibt er selbst unversehrt. Nur echte Heldengesinnung befähigt zu solch selbstlos wirkendem Samaritertum und echte Heldengesinnung mochte wohl dem Fähnrich eine tapfere Tat im Augenblick des Handelns als etwas völlig Selbstverständliches eingeben. Sie ist ein ergreifendes Beispiel treu bewährter Kriegskameradschaft."[496]

In den *Innsbrucker Nachrichten* wurde unter dem Titel „Unsere tapferen Landesschützen" über jene Tat, wie folgt vermerkt: „Athanas von Guggenberg der reitenden Tiroler Landesschützendivision zeichnete sich als Patrouillenkommandant dadurch aus, dass er im heftigsten Feuer wichtige Meldungen überbrachte und einen schwerverwundeten Rittmeister verband."[497]
Bei den Kämpfen um Grodek fiel im Einsatz mit der 1. Eskadron unter anderem ein Sohn des damaligen Kerkermeisters Kaspar Thaler aus Hopfgarten, der Reitende Tiroler Landesschütze Franz Josef Thaler.[498]
Der weitere Marschweg der beiden Eskadronen der Reitenden Tiroler Landesschützen führte diese an die Frontlinie zwischen Lelechowka und Rawa-Ruska. Die von Generalmajor Schönburg-Hartenstein befehligte 88. Landesschützenbrigade drängte am 9. September 1914[499], die im Raum um Walddorf, nördlich von Lelechowka, kampfkräftig angerückte russländische Reiterei bis zur Mittagsstunde hinter den Waldrand südlich des Dorfes zurück. Inmitten der Gefechte um Walddorf waren auch zwei Eskadronen der Reitenden Tiroler Landesschützen[500], die, wie bereits erwähnt, im Verband kämpfende 1. sowie 3. Eskadron. In Bezug auf Lichem stellte sich die „[...] 1. und 3. Schwadron der Reitenden Tiroler Landesschützen [...] hoch zu Ross den anstürmenden Russen erfolgreich in einem

[496] Woinovich/Veltze, Helden des Roten Kreuzes, S. 70-73.
[497] *Innsbrucker Nachrichten (06.11.1914)*, S. 6.
[498] *Allgemeiner Tiroler Anzeiger (31.12.1914)*, S. 7.
[499] Maximilian Ehnl/Edwin Sacken, Verzeichnis der Schlachten, Gefechte und sonstigen Unternehmungen. Nordöstlicher Kriegsschauplatz, in: ÖULK, Registerband, hrsg. v. Edmund Glaise-Horstenau, Wien 1938, S. 83.
[500] Rudolf Kiszling, Die Kämpfe bei Walddorf und Janow, in: ÖULK, *Vom Kriegsausbruch bis zum Ausgang der Schlacht bei Limanowa-Lapanów. Das Kriegsjahr 1914*, Band 1, hrsg. v. Edmund Glaise-Horstenau, Wien 1931, S. 284-289, hier S. 289.

der letzten Reitergefechte des 1. Weltkrieges"[501] entgegen.

Der Auftrag der beiden Eskadronen der Reitenden Tiroler Landesschützen im Raum Lelechowka war es, Feindaufklärung sowie Melde- und Verbindungsdienste zu leisten. Zeitgleich waren Teile der Reitenden Tiroler Landesschützen sowohl offensiv in Fußgefechten sowie zu Pferd in Walddorf und beim Sturm auf Stawki (Jägerhaus-Stawki bei Lelechowka) im Kampfeinsatz.[502] Dabei befand sich der Reitende Tiroler Landesschütze Franz Zingerle, welcher „[...] tapferen Anteil an der Erstürmung [...] [des] Jägerhauses [nahm] und [...] verwegenes Verhalten bei einer Nachrichtenpatrouille [zeigte] wobei er troz [sic!] Lebensgefahr in einen vom Feinde besetzten [sic!] Wald eindrang."[503] In der *Rettenberger Schützenchronik* wurde über die Tätigkeit der Reitenden Tiroler Landesschützen Folgendes vermerkt:

> „Bei Ausbruch des Weltkrieges 1914 wurden die Reitenden Tiroler Landesschützen als Divisionskavallerie in Ostgalizien verwendet. Als in der Schlacht bei Rawa-Ruska-Lemberg die 88. Kaiserschützenbrigade bei Lelchowka [sic!] eingesetzt wurde, versahen die R[eitenden] T[iroler] L[andesschützen] die Feindaufklärung sowie den Melde- und Verbindungsdienst mit hervorragender Schneid und trugen damit zum siegreichen Ausgang dieses Gefechtes wesentlich bei."[504]

Jener Erfolg der 88. Landesschützenbrigade sowie der Reitenden Tiroler Landesschützen trug zur Entlastung der angrenzenden 4. Armee in dem Frontabschnitt zwischen Lelechowka und Rawa-Ruska bei.[506]

Bereits einen Monat später, am 13. Oktober 1914, standen die Reitenden Tiroler Landesschützen schon in Rückzugskämpfen am San im Einsatzraum Przemyśl, wie etwa auf der Höhe Liskowice.[507] Die *Oesterreichische Volks-Zeitung* vermerkte über fünf Angehörige der Reitenden Tiroler Landesschützen, dass, der Einjährig-Freiwilligen Korporal Carlo Graf Pace „[...] sich dadurch aus[zeichnete], daß er im heftigen Infanteriefeuer einer abgetrennten Patrouille rechtzeitig zu Hilfe kam. Obwohl sein Pferd erschossen wurde, sammelte er die Patrouille und machte sie durch sein Beispiel wieder kampfbereit."[508] Zugsführer Alois Paul war „[...] mit einer Patrouille in die Flanke des Gegners eingestürmt und [hatte] wiederholt im Nachrichtendienst wertvolle Meldungen überbracht."[509] Rudolf Honz

---

501 Lichem, Spiehahnstoß und Edelweiß, S. 71.
502 *Rettenberger Schützenchronik*, zweiter Teil: Tradition, S. 15.
503 *Oesterreichische Volks-Zeitung (05.11.1914)*, S. 10.
504 Rettenberger Schützenchronik, zweiter Teil: Tradition, S. 15.
505 Das Gefechtsfeld von Rawa-Ruska-Lemberg. Eigene Darstellung und Karte Glänzer.
506 Kiszling, Die Kämpfe bei Walddorf und Janow, S. 289.
507 Fritz Weiser, Kaiserschützen, Tiroler-Vorarlberger Landsturm und Standschützen, Wien 1933, S. 102.
508 *Oesterreichische Volks-Zeitung (05.11.1914)*, S. 10.
509 Ebd., S. 10.

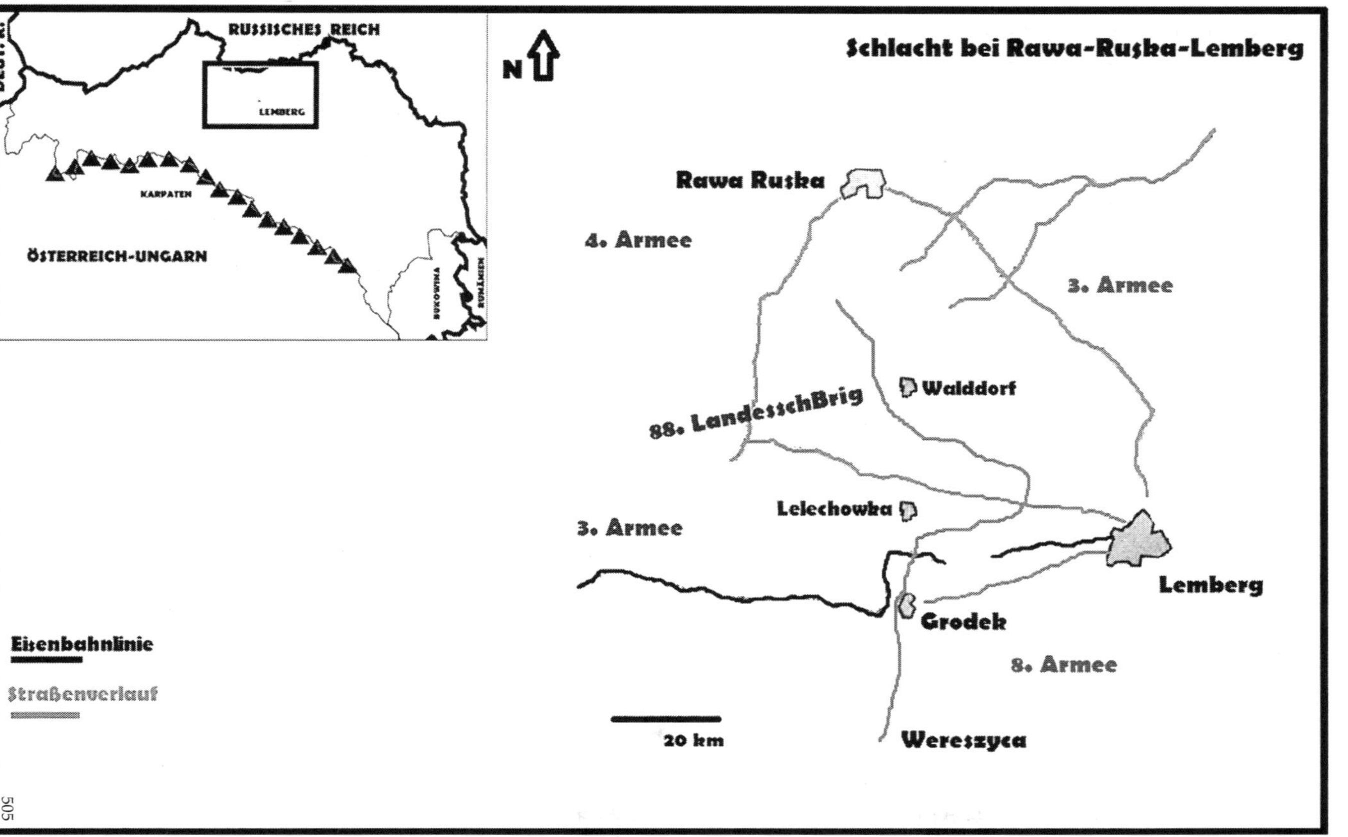
RUSSISCHES REICH
DEUT. R.
LEMBERG
KARPATEN
ÖSTERREICH-UNGARN
BUKOWINA
RUMÄNIEN
N
Schlacht bei Rawa-Ruska-Lemberg
Rawa Ruska
4. Armee
3. Armee
Walddorf
88. LandesschBrig
Lelechowka
3. Armee
Lemberg
Grodek
8. Armee
Eisenbahnlinie
Straßenverlauf
20 km
Wereszyca
505

und Simon Kirchmayr „[...] zeichneten sich durch besondere Tapferkeit und Unerschrockenheit bei einem Sturm aus, wobei sie schwer verwundet wurden."[510] Zugsführer Franz Dworak verhinderte eine Panik durch sein energisches Auftreten bei russländischem Artilleriebeschuss des Trains. Der reitende Tiroler Landesschütze Josef Kroihs „zeigte tapferes Verhalten bei der Aufrechterhaltung der Fühlung mit dem sich zurückziehenden starken Gegner, wobei sein Patrouillenkommandant und der zweite Meldereiter den Tod fanden, er aber die Fühlung mit dem Gegner aufrecht hielt."[511] Fähnrich Sigmund Girat überbrachte im Einsatz verwundet „[a]ls Kommandant einer Verbindungspatrouille [...] trotz seiner Verletzung sehr wichtige Meldungen über die feindliche Infanterie unter den schwierigsten Verhältnissen."[512] Ähnlich gestaltete sich die „Waffentat" des Reitenden Tiroler Landesschützen Kadett Laurenz Matzka, welcher „[a]ls Patrouillenkommandant sehr wichtige Meldungen über die feindliche Infanterie- und Artilleriestellung unter schwierigsten Verhältnissen bei Nacht [...] [überbrachte]."[513] Im Gesamten waren während weniger Wochen zehn Angehörige der Reitenden Tiroler Landesschützen für ihre Kriegstaten mit der silbernen Tapferkeitsmedaille II. Klasse ausgezeichnet worden.[514]

Der weitere Weg der 1. und 3. Eskadron der Reitenden Tiroler Landesschützen mit der 88. Landesschützenbrigade führte vom Angriff auf Lemberg und den Rückzug über den San und den Dunajec bis zur Gegenoffensive gegen Przemyśl[515] und der Schlacht von Limanowa-Lapanów im Dezember 1914.[516] In den *Innsbrucker Nachrichten* wurde eine „Waffentat" vom Bregenzer Rittmeister Alois Cavallieri an der Ostfront am 26. November 1914 unter dem Titel „Unsere Offiziere" wie folgt geschildert:

> „Er hatte eine Eskadron der k. k. Reitenden Tiroler Landesschützen-Division unter seinem Kommando, das er nicht nur durch sein Wissen oder seine Führerbegabung, sondern auch durch sein glänzendes persönliches Beispiel ein Höchstmaß kriegerischer Leistungsfähigkeit anzuerziehen mußte. Am 26. November ritt nun Cavalieri [sic!] an der Spitze eines Nachrichtendetachements in Feindes Nähe. Als erstes Ziel des Detachements galt ein Punkt im Gelände, auf dem bereits zwei Bataillone Posto [sic!] gefaßt haben

[510] Ebd., S. 10.
[511] *Innsbrucker Nachrichten (06.11.1914)*, S. 6.
[512] Ebd., S. 6.
[513] Ebd., S. 6.
[514] *Lienzer Zeitung (10.11.1914)*, S. 3.
[515] Vgl. Franz Forstner, Przemysl. Österreich-Ungarns bedeutendste Festung (=Militärgeschichtliche Dissertationen österreichischer Universitäten Band 7), Wien 1987.
[516] Ehnl/Sacken, Selbstständige Infanterie- und Kavallerie-Brigaden, S. 262.

sollten. Rittmeister Cavalieri fand aber die bezeichnete Stelle aber die angekündigten Bataillone waren noch nicht da. Zurückkehrende Kavallerie bedeutete ihm raschestens den Platz zu räumen, da der Feind in starken Waffen nachdränge und Widerstand mit so geringen Kräften hier nicht versucht werden könne. Der Rittmeister schlug solche Warnung in den Wind. Jetzt schien ihm die Stelle, auf dem er mit seinem Detachement stand, erst recht ein geeigneter Punkt zur Verrichtung ersprießlicher Kriegsarbeit. Als die Russen mit Reitern und Fußvolk herankamen, meldete er dies den rückwärts lagernden eigenen Truppen, blieb aber selbst mit seinen Leuten unerschütterlich wo er war, und empfing die anrückende Uebermacht mit heftigem Feuer. Sechs Sotnien Kosaken und ein Bataillon Infanterie wurden so durch die winzige Streitmacht des Rittmeisters vorerst zum Stehen, im weiteren Verlaufe zur Entwicklung gebracht. Auf die Dauer konnte bei besagtem Kräfteverhältnis die Katastrophe für das kleine Detachement freilich nicht ausbleiben, aber erst als Rittmeister Cavalieri von beiden Flanken umzingelt und beschossen wurde, gab er den Befehl zum Rückzug. Da zeigten sich Staubwolken in der Ferne. Es waren die zwei erwarteten Bataillone, die ihrem Bestimmungsort zustrebten. Sofort ließ Rittmeister Cavalieri wieder halten und bestimmten seine Patrouille zur Flankensicherung der heranrückenden Bataillone; die vorbrechenden Kosaken sahen sich neuerdings zum Stehenbleiben und zum Feuergefecht gezwungen. Nur dieses konsequente, mit Selbstaufopferung vollzogene Hemmen und Behindern des Gegners seitens des Cavalieristischen Detachements ermöglichte es den zwei Bataillonen, verlustlos ihre Stellungen zu beziehen. Sie wären, hätte der Rittmeister sich zurückgezogen, in eine schlimme Situation geraten. Der tapfere Kavallerist, den bereits das Signum laudis schmückte, erhielt das Militär-Verdienstkreuz dritter Klasse mit der Kriegsdekoration."[517]

Der Gefechtsbericht spiegelt die Tendenzen einer Umkehr der kavalleristischen Parameter zum abgesessenen infanteristischen Kampf, wenngleich im genannten Beispiel mit anschließenden kavalleristischen Verfolgungskämpfen, wider. Obwohl zahlenmäßig und waffentechnisch unterlegen, wurde vom Reitenden Tiroler Landesschützen Aufklärungs-Detachement eine infanteristische Riegelstellung auf einer beherrschenden Höhe bezogen, „mit dem Zweck, gegnerische Kräfte unter

---

[517] *Innsbrucker Nachrichten (28.08.1915)*, S. 3-4.

Erhaltung der eignen Kampfkraft zu verlangsamen oder zeitlich begrenzt zum Stehen zu bringen, dabei abzunutzen und Zeit zu gewinnen."[518] Die aufhaltende Wirkung durch die Anwendung der Einsatzart „Verzögerung" konnte durch das Vorgehen der Reitenden Tiroler Landesschützen einerseits die Feindbewegung verlangsamen und verzögern, andererseits stand dies jedoch entgegen dem eigentlichen Kampfwert der Reitenden Tiroler Landesschützen, die ihr Gefechtselement Pferd hierbei nicht mehr nutzen konnten und dadurch bei diesem geschilderten Gefecht ihr Kampfwert als mittel anzusehen war. Im Folgegefecht hingegen, in berittenem Zustand, erhöhte sich wiederum der Kampfwert der Reitenden Tiroler Landesschützen, da das Pferd als Gefechtsmittel wieder adäquat angewendet und genutzt werden konnte. Das Folgegefecht der Reitenden Tiroler Landesschützen nach der geglückten Verzögerung der russländischen Verbände erfolgte laut dem Gefechtsbericht mit der Gefechtstechnik der Tiefenbildung, der „Gruppierung von Kräften und Mitteln hintereinander zum Zwecke einer raschen Reaktion gegen feindliche Einbrüche und Flankenangriffe [...]"[519] indem der feindlichen Begleitstoß der russländischen Reiterei-Sotnien mit dem eigenen Gefechtsmittel Pferd an der Flanke der eigenen Teile abgewehrt wurde. Dies ergab einen hohen Kampfwert, da die russländische Reiterei von den Soldaten der Reitenden Tiroler Landesschützen zum Stehenbleiben und zur Aufnahme des Feuerkampfes von Angriff zur Verteidigung gezwungen werden konnte. Eine weitere Verdeutlichung des Kampfwertes der Reitenden Tiroler Landesschützen wurde im *Vorarlberger Volksblatt* wie folgt beschrieben: „In den ersten Stunden des neuen Jahres machten die Russen auf die wackeren Schützen Sturm, sie wurden energisch zurückgeschlagen und ließen 2000 Gefangene und 8 Maschinengewehre in den Händen der ‚Gletscherhusaren'."[520]

1.2 Gefechtskalender 1915 – Vom „Großen Sieg in Westgalizien" bis Zarwaniecki

Anlässlich seiner Versetzung zur 6. Infanterie-Truppendivision verfasste FML Fürst Schönburg-Hartenstein einen Brief an seine ehemaligen Truppenteile, welcher im *Der Tiroler* wie folgt abgedruckt wurde:

> „Meine lieben Landesschützen! Zum Kommandanten der 6. Infanterie-Truppen-Division ernannt, muß ich heute das Kommando der

---

[518] Bundesministerium für Landesverteidigung, Militärlexikon (MilLex), S. 588.
[519] Ebd., S. 533.
[520] *Vorarlberger Volksblatt (15.01.1915)*, S. 6. Solche Erfolgsmeldungen müssen immer kritisch hinterfragt werden. Die Grenzen zwischen Tatsachenberichten und Propaganda verschwommen recht rasch.

88. Landesschützenbrigade abgeben und sage allen Offizieren und Mannschaften ein herzliches Lebewohl und meinen aufrichtigen Dank. Eure Siege haben mich gefreut, als ob ich mein ganzes Leben Landesschütze gewesen wäre, Eure Verluste haben mich geschmerzt, als ob Ihr meine leiblichen Kinder wäret. Wir wollen aber als Soldaten nur nach vorwärts blicken auf den Feind, den wir mit Gottes Hilfe schlagen werden. Tut alle Euer Bestes. Offiziere, alle Leute und Rekruten der Landesschützenregimenter, der reitenden Tiroler Landesschützen und der Gebirgshaubitz-Division 10, zielet ruhig und treffet richtig, dann werdet Ihr den Feind schlagen im Dienste des Kaisers, zu Ehren Oesterreichs und Eures Heimatlandes Tirol."[521]

Da die 88. Landesschützenbrigade nach der Schlacht von Limanowa-Lapanów nicht mehr als eigenständige Brigade agierte, sondern, wie bereits erwähnt, anderen Divisionen angeschlossen wurde, war die Brigade ab 23. Jänner 1915 dem XI. Korps unter der Führung von FZM Ljubicic unterstellt und in die 30. Infanteriedivision (FML Kaiser) eingegliedert worden. Eskadronen der Reitenden Tiroler Landesschützen bildeten das Detachement Oberstleutnant Freiherr von Vevér im XI. Korps. Anfänglich bestand das Detachement aus einer Fußabteilung, sechs Eskadronen/Schwadronen, 258 Gewehren sowie 371 Reitern.[522]

Über Biesadki, südlich von Tarnow, rückten die Reitenden Tiroler Landesschützen ab dem 8. Februar 1915 in Richtung Dunajec weiter vor.[523] In einem in der *Armee-Zeitung* abgedruckten Situationsbericht eines k.u.k. Offiziers mit dem Titel „An unserer Front am Dunajec" vom 12. bis 22. April 1915 wurde wie folgt über das Detachement Oberstleutnant Vevér und den Einsatzraum berichtet:

„Was ich dort gesehen und erfahren, hat mich entzückt, mein unerschütterliches Vertrauen in unsere braven Truppen beseligend gestärkt, die Zuversicht in unseren endlichen Sieg herzerhebend gestärkt. [...] Am 12. April in der letzten Eisenbahnstation eingetroffen [...] fuhren wir vor dem Hause des Detachementskommandos vor [...]. Der Detachementskommandant Oberstleutnant Baron V[evér], war auf kurzem Osterurlaub abwesend, wurde erst in zwei Tagen erwartet, sein Stellvertreter Oberstleutnant S[rnka] von den Tiroler

[521] *Der Tiroler (09.01.1915)*, S. 2.
[522] Josef Brauner, Gliederung der Streitkräfte auf dem nördlichen Kriegsschauplatz nach dem Stand vom 23. Jänner 1915, in: *ÖULK, Vom Kriegsausbruch bis zum Ausgang der Schlacht bei Limanowa-Lapanów. Das Kriegsjahr 1914*, Band 1, hrsg. v. Edmund Glaise-Horstenau, Wien 1931, S. 114-121, hier S. 117.
[523] Weiser, Kaiserschützen, Tiroler-Vorarlberger Landsturm und Standschützen, S. 111.

Landesschützen machte in liebenswürdigster Weise die Honneurs. So befand ich mich denn an der Front, wenige Kilometer von den äußersten Schützengräben entfernt. Im Orte I. Mokre selbst herrschte reges Leben durchziehender Fuhrwerke und Arbeitsabteilungen, passierender Patrouillen und einzelner Meldereiter. [...] Der Aufenthalt beim Detachement gestaltete sich im allgemeinen [sic!] wie ein Ruhetag bei den großen Herbstmanövern, nur daß man zuweilen bald nördlich, bald südlich Kanonendonner vernahm und in stiller Nacht auch manchmal Gewehrfeuer unterscheiden konnte. Meinen besonderen Wunsch, die tapferen Kameraden im Schützengraben zu besuchen, mußten wir einige Tage verschieben, da infolge des regnerischen Wetters das Terrain, die Wege und Laufgräben noch schwer zu passieren waren.

Am dritten Abend traf der Detachementskommandant vom Urlaube ein. Er hatte die ganze Wagenfahrt unter strömendem Regen zurückgelegt. Aus der überaus herzlichen Weise, wie die gegenseitige Begrüßung stattfand, konnte man die außerordentliche Beliebtheit dieses Kommandanten ersehen, der sich nicht allein der ungeteilten Anhänglichkeit seiner Untergebenen erfreute, sondern auch das größte Vertrauen und die vollste Anerkennung seiner hohen und höchsten Vorgesetzten genoß.

Als uns nach einigen Tagen wieder Sonnenschein lachte, wurde der Besuch in den Schützengräben beschlossen uud das dort befindliche Landsturmregimentskommando von dieser Absicht telephonisch verständigt. Es sei hier gleich bemerkt, daß die telephonische Verbindung eine außer ordentliche Rolle spielt; jeder nur halbwegs nennenswerte Punkt, jedes kleine Detachement, wichtigere Posten ec. sind alle miteinander verbunden und ohne jeden Zeitverlust kann nach allen Richtungen hin und mit allen höheren Kommandos die Verständigung aufrechterhalten werden. In wenigen Minuten gelangen auf diese Weise alle Befehle, alle Meldungen, Anfragen jeder Art an die betreffende Stelle, unabhängig von Witterung und Tag- oder Nachtzeit.

[...] Wir stiegen nun in den Laufgraben, der, sehr gut und sicher angelegt, uns zum eigentlichen Schützengraben führte. [...] Die sorgfältige Ausgestaltung der Schutzvorrichtungen, Maschinengewehre zur Abwehr von Fliegern bereit gestellt. Das Schönste an allem aber war der Geist, der alle beseelte und belebte, aus allen Augen sprach. Die ruhige Zuversicht, die Ueberzeugung [sic!] der eigenen Unangreifbarkeit durch den Gegner beherrschte alle. Es waren lauter alte

Landsturmmänner, die schon lange im Felde standen. Es wurde noch fleißig gearbeitet, da dieser Schützengraben erst vor kurzem den Russen abgenommen worden war, daher die Schußlinie verlegt werden mußte. Auch die Trockenlegung einzelner Stellen des Schützengrabens, den die vorhergegangenen Regentage stark unter Wasser gesetzt hatten, beanspruchte viel Arbeit. [...] Besonders interessant bleibt dieser Punkt noch dadurch für mein Gedenken, daß von dieser Stelle in den ersten Tagen Mai der Durchbruch über Otfinow erfolgte.
Am 20. begrüßte uns der Feind mit einer länger andauernden Beschießung in den ersten Vormittagsstunden. Die zunächst gefährdete Eskadron wurde für einige Zeit evakuiert, aber bezog nachmittags wieder ihre Quartiere. Bei der Beschießung schlug eine Schrapnellhülse in das Haus des Eskadronskommandanten, die Hülse eines Schrapnells durch bohrte einen starken Pfosten des Holzhauses, so daß selbe ganz mit Holz gefüllt war. Bei dieser Beschießung wurde eine Frau und ein Mann verwundet, ein Ulan durch eine neben ihm einschlagende, jedoch nicht explodierende Granate am Fuß kontusioniert, wobei er in die Luft geschleudert wurde, und noch drei Pferde leicht verletzt [waren]. [...]
Am 21. nahm ich Abschied von den ausgezeichneten Kameraden des schönen Detachements, mit schwerem Herzen! Ich fühlte mich so glücklich in diesem lebensfrohen und so todbereiten tapferen Kreise, möge ein gnädiges Geschick über ihrer Zukunft walten!"[524]

Der Lauf des Kriegsjahres 1915 führte die Reitenden Tiroler Landesschützeneskadronen an verschiedene Schauplätze: Die 1. Eskadron nach Kupienin an der Weichsel, die 2. Eskadron nach Skowieszyn/Bochotniza - Stasin und Borek - Janonka - Wiszniowczyk an der Strypa sowie die 3. Eskadron nach Dobropole in Ostgalizien.[525]

Laut der *Rettenberger Schützenchronik* zeichneten sich die Reitenden Tiroler Landesschützen „[i]m Kavalleriedetachement Oberst von Vevér eingeteilt, [...] beim Vorstoßen des Gegners nach der Schlacht bei Limanowa-Lapanów, besonders aber bei der Offensive 1915 aus."[526] Jene genannte Offensive entsprang aus der Feder Conrads, dessen Plan vorsah, die russländische Front aus dem Gebiet Gorlice-Tarnów aufzurollen. Einem siegreichen Ausgang war sowohl von Conrad als auch von Falkenhayn,

---

[524] *Danzer's Armee-Zeitung (17.06.1915)*, S. 6-7.
[525] OeStA-KA VL VLI 78 Rt. Tir. Lds. Schtz. Div. Verlustliste 1915.
[526] *Rettenberger Schützenchronik*, zweiter Teil: Tradition, S. 15.

in seltener Einigkeit am Vorabend des Kriegseintrittes Italiens, große Bedeutung beigemessen worden, da beide hofften, durch einen Sieg im Ostfeldzug Italien von einem Eintritt auf Seiten der Entente abzuhalten sowie Bulgarien für die Mittelmächte gewinnen zu können.[527]

Der *Tiroler Anzeiger* verkündete am 4. Mai 1915 unter der Schlagzeile *„Der große Sieg in Westgalizien"*[528], den Erfolg der Truppen der k.u.k. Wehrmacht an diesem Abschnitt der Ostfront. Teilen der Reitenden Tiroler Landesschützen kam nach dem Gefecht bei Uscje Jezniki die Aufgabe zu, als berittenes Eskortierungselement, 800 russländische Gefangene hinter die Frontline zu führen[529], während die restlichen Kampfelemente zeitgleich im Einsatz standen. Im *Österreichisches Soldatenblatt* wurde über den weitereren Marschweg der Reitenden Tiroler Landesschützen in Galizien vermerkt:

> „Nach dem großen Durchbruch bei Gorlice marschierten die Eskadronen, stets kämpfend, weiter vor. Der Feind zog sich langsam zurück, während seine Nachhuten das Vordringen unserer Kavallerie zu verhindern suchten."[530]

In den Kriegsaufzeichungen wurde diesbezüglich nach dem „großen Sieg" am 8. Mai 1915 Folgendes niedergeschrieben:

> „Schon seit 3. Mai waren die Reitenden Tiroler Kaiserschützen in Michowice-Male und harrten des Augenblickes, den wankenden Feind in vernichtende Flucht zu schlagen. So brach der 8. Mai herein. Dichter Nebel lagerte über der galizischen Ebene. Ferner Geschützdonner dröhnte im Süden und Westen. Hier und dort fährt eine verirrte Granate in die Akkererde [sic!]. Lagnsam [sic!] wird es Tag. Die Sonnenstrahlen vermögen noch nicht den Nebel zu durchdringen. Niemand ahnt die grossen Ereignisse, die der Tag bringen sollte. Da, um 6 Uhr Alarm.
> Drei Nachrichtenpatrouillen reiten ab. Ob[er]l[eutnan]t Hurth über Kuzie-Chrzynhn-Podgorze-Boleslav-Medrzechow-[...] an den Bren. L[eutnan]t i. d. Res[erve] Dr. Harald Hild am Weichseldamm entlang bis an den Bren. Kaum eine halbe Stunde war vergangen und das Detachement ist bereits im Vormarsch. Freude ist auf allen Gesichtern zu lesen und manches Scherzwort fliegt von Mund zu Mund. Jeder, beseelt vorn der Hoffnung den Feind in die Flucht zu

---

[527] Josef Fontana, Geschichte des Landes Tirol. Vom Neubau bis zum Untergang der Habsburgermonarchie (1848-1918). Band 3, Bozen-Innsbruck-Wien 1987, S. 425-426.
[528] *Tiroler Anzeiger (04.05.1915)*, S. 1.
[529] Weiser, Kaiserschützen, Tiroler-Vorarlberger Landsturm und Standschützen, S. 111.
[530] O.A., Salzburgs Kavallerie, in: *Österreichisches Soldatenblatt (2/1936)*, S. 297-303, hier S. 300.

jagen, will sein Bestes leisten.
Schrapnells und Granaten schlagen rechts und links ein, die Luft ist mit ohrenbetäubenden Krachen erfüllt, überall verödete Gehöfte. Der verendete Haushund eines verbrannten Meierhofes hängt noch an der Kette. Hausgerät liegt zerschlagen auf der Strasse. Dichte Nebelmassen lagern über den Dunajec. Am Uferdamm stehen feuernde Geschütze. Ueber eine schwankende Pontonbrücke, die heldenmutige Pioniere im feindlichen Feuer geschlagen, errichtete man das Schlachtfeld. Soweit das Auge in dieser Ebene reicht ein Geschoßtrichter neben dem andern. So mancher brave Bosniak hat hier im heldenmütigen Kampfe sein Leben lassen müßen. So wie sie gegen den Feind anrannten [sic!] hat sie das feindliche Blei erreicht. Hier liegen die Tapferen oft in den groteskesten Stellungen, einen Arm oder ein Bein in die Höhe gestreckt, den Leib aufgedunsen, die Augen in dem geschwärzten Gesicht hervorgequollen. Die russischen Drahtverhaue sind von unserer Artillerie niedergelegt, die mit Patronenhülsen gefüllten Schützengräben verschüttet und eingeebnet. Geier und Raben umkreisen aswitternd [sic!] die Stätte. Jedes Dorf war zu einer russischen Festung ausgebaut Unsere schweren Mörser hatten hier aber gründliche Arbeit geleitstet. Die Verteidiger liegen unter dem Häuserschutt begraben, aus dem Köpfe, Hände und Füsse hervorsehen. Noch in den Strängen liegen Pferdekadaver vor beladenen Trainfuhrwerken auf der Strasse, Kanonen, Munitionskisten, Monturen und Ausrüstungsgegenstände liegen in Haufen herum. Arme Bauern begrüssen die Reiter und erzählen von den Schrecken der Russenherrschaft. Der Turm der wunderschönen Kirche in Ottfinow ist in seinem unterem [sic!] Teile zur Hälfte weggerissen und droht jeden Augenblock einzustürzen.
Die eigene Linie wurde überschritten, das Artilleriefeuer erreicht das Detachement nicht mehr. Sicherungspatrouillen wurden entsendet. Ein Reiter sprengt heran und meldet, dass drei Kosakensotnien mit Maschinengewehren rechts der Straße einquartiert sind. Eine Schwadron reitet die Flanke zu sichern. Ein Trupp Gefangener, eskortiert von 4 Reiter kommt uns entgegen. Gegen 9 Uhr erreicht das Detachement Boleslav. Auch hier werden die Reiter mit Freude begrüsst. Der Ort hatte nicht sosehr unter den Russen gelitten, die Bevölkerung war damit beschäftigt die Felder zu bestellen.
Nicht weit hinter dem Ort fallen Schüsse. Ein paar schneidige Schützen attackieren eine Gebüschgruppe und schon sieht man

Kosaken von Unseren verfolgt davon jagen. Bei dem nächsten Gestrüpp werden die Unsern wieder mit Feuer empfangen, aber unaufhaltsam dringen sie unter fortwährenden Patrouillengeplänkel vor, mach mutvolle Reitertat wird vollbracht. So dringt das Detachement bis Medrzechow vor, wo es gegen Mittag eintrifft. Ueberall sieht man traurige Bilder russischer Zerstörungswut. An einem Meierhof geht es vorbei, den russische[n] Horden bis auf das Letzte ausgeplündert, keine Tür hängt mehr in den Angeln, kein Fenster das nicht zerschlagen ist, das Hausgerät liegt zerschlagen auf der Strasse. Weiter geht es über einen zerstörten Eisenbahndamm. Da empfängt die Reiter hefiges Feuer von der Waldlisiere. Affengleich sitzen Kosaken in den Baumkronen. Das Detachement entwickelt sich zum Gefecht. Die 1. Schwadron geht in nordöstlicher Richtung gegen Kupienin vor. Beim Angriff in dem unübersichtlichen Terrain kommt sie in feindliches Patrouillenfeuer. Kosaken hatten jede Häuser- und Gebüschgruppe geschickt besetzt, gaben aus nächster Nähe überraschendes Feuer ab und verschwanden. So gelangte die Eskadron zu einem stark besetzten Meierhof wo ein weiters [sic!] Vordringen unmöglich war. Die Schwadron muss der Uebermacht weichen. Ein Opfer hatte der Angriff gekostet. Ein schönes Kreuz aus Birkenholz bezeichnet die Stelle, wo ein tapferer Kaiserschütze, ein Tiroler, fern der Heimat in fremder Erde ruht.
Die 2. Schwadron rückt abgesessen im Schwarm nördliche und südlich der Strasse vor, zwei Züge als Reserve zurücklassend. Mit heftigem Kugelregen werden die Angreifer überrascht, aber dem unaufhaltsamen Vordringen vermögen die Feinde nicht standzuhalten, ihr Feuer flaut ab, sie gehen zurück. Von Busch zu Busch schleichen sich einzelne Patrouillen vor und vertreiben die letzten Feinde. Die Schwadron rückt weiter vor, bis sie durch abermaligen starken Feuerüberfall zu Halten gezwungen wird und sich da die Lage gegen Süden nicht geklärt ist, eingräbt.
Nun erhält die 3. Schwadron den Befehl unter allen Umständen gegen Szczuchin durchzustossen. Jeder Reiter war sich der grossen Aufgabe bewusst, die der Schwadron gestellt war. Manch wackeres Kriegerherz klopfte schneller in Erwartung der kommenden Dinge. Postkarten in die ferne Heimat werden in aller Eile geschrieben, den [sic!] keiner weiss ob er die Seinen jemals wiedersehen werde. Dann geht es in den Kampf. Allen voran Fähnr[ich] Carlo Graf Pace und Fähnr[ich] Athanas v. Guggenberg mit einigen Reitern als Vor- und Nachrichtenpatrouille. Die Schwadron folgt dem Train mit ergriffe-

nen Karabinern. Nördliche der Strasse geht Wacht[meister] Anton Baierl mit seiner in Schwarm aufgelösten Patrouille vor. Die Zugsf[ührer] Thöny und Thaler durchstreifen den südlich gelegenen Wald. Bald wird die Stellung der 2. Schwadron überschritten. Ein Eisenschauer empfängt die Reiter, die vom Pferde aus das Feuer erwidern. Die Kosaken weichen langsam von Haus zu Haus, von Baum zu Baum. Ihre Kugeln gehen viel zu hoch und vermögen der mutigen Schar nichts anzuhaben.
So erreicht die Schwadron Wojcina. Das bewaldete Terrain wurde immer unübersichtlicher, die rechte Seitenpatrouille meldet, dass ihr ein weiteres Vordringen unmöglich sei. Ob[er]l[eutnan]t Gamillscheg sitzt mit seinem Zuge zur Walddurchstreifung südlich der Strasse ab, um so als Flankendeckung der Abteilung zu dienen. Heftiges Schiessen in der Weichselgegend zeigt an, dass auch die 1. Schwadron in Gefechte verwickelt ist. Dessen ungeachtet trab die 3. Schwadron weiter, bis sie wieder von Geschosshagel überschüttet wird. Unsere Reiter richten ihre Karabiner gegen Baumkronen, in denen Russen versteckt sind. Von einem Wirtshaus bei Dalasdowice bemerkt man, wie sich russische Kavallerie hinter Lubasz sammelt, sich in drei Sotnien formiert und gegen den Weichseldamm abmarschiert. Patrouillen werden nachgesendet, um ihr Trieben [sic!] weiter zu beobachten. Ob[er]l[eutnan]t Gamillscheg trifft hier wieder aufgesessen, zur Abteilung da er zu Fuß nicht nachkommen konnte. Ohne Kampf wurde Lubasz erreicht. Vom Ortsausgang bemerkt russ. Infanterie an der Arbeit, den Ort feldmässig zu befestigen. In ihren braunen Uniformen arbeiten sie wie die Maulwürfe in der Erde, ziehen Drahtverhaue und legen Minen. Auch auf der Babia-Gora ˣ 179 südöstl[ich] S[a]zczucin sieht man Artilleriestellungen. Patrouillen melden, dass die Weichselbrücke mit Petroleumfässern unterlegt sei, um leicht zerstört werden zu können. Bauern erzählen, dass der Ort brückenkopfartig ausgebaut werden solle und dass am Marktplatz Artillerie aufgefahren sei. Plötzlich erscheint ein Maschinengewehr am Weichseldamm und sendet Flankenfeuer in die Schwadron. Da auch ein Reiter meldet, dass sich nördlich Otmend Kosaken zeigen, geht alles patrouillenweise im Galopp zurück, nur eine kleine Beobachtungspatrouille bleibt noch zurück. Artillerie beschiesst die Zurückgehenden mit Schrapnells u. Granaten, später erfuhr man, dass es eigene, zu kurz schiessende Art[illerie] gewesen war. Trotz heftiger Kämpfe und Beschießungen wurde wärend [sic!] der ganzen Unternehmung nur ein Pferd durch MG-Feuer verletzt. Gegen 7 Uhr

erreichte die Schwadron Medrzechow, wo das Detachement mit Spannung wartete. Quartiere wurden bezogen und die 3. Schwadron nach dem südlich gelegenen Bor Gradzki verlegt. Die 1. Schwadron bezog Feldwachen von der Weichsel bis ca 200 Schritte nördlich der Strasse, die 2. Schwadron nördlich und südlich der Strasse bis zum Eisenbahndamm. Die 3. Schwadron sichert sich selbstständig, mittels Feldwachen am Eisenbahndamm und vorgeschobenen Reiterpatrouillen im Wald. Gegen 9 Uhr schleichen feindlichen Patrouillen an, welche durch Feuer vertrieben werden. Der übrige Teil der Nacht verlief ruhig.
So ging der 8. Mai zu Ende, ein Tag, der für immerwährende Zeiten ein Glanzpunkt in der Geschichte der Reitenden Tiroler Kaiserschützen sein wird."[531]

Hierbei zeigte sich die Vermischung zwischen der Aufklärung hoch zu Ross und dem infanteristischen Kampf zu Fuß. Den abgesessenen infanteristischen Feuerkampf führten die Soldaten der Reitenden Tiroler Landesschützen einerseits durch die bewusste Geländeausnutzung bei der Stellungswahl.[532] Ein gravierender Nachteil der abgesessenen Kampfführung war der Umstand, dass die Feuer- als auch Kampfkraft dadurch geschwächt wurde, dass Teile der jeweiligen Einheit bei den reiterlosen Pferden in rückwärtiger Stellung bleiben mussten.[533]

In der *Rettenberger Schützenchronik* heißt es weiter: „Nach dem Durchbruch bei Gorlice übersetzten sie bei Otfinow den Dunajec und kämpften in den Gefechten bei Medrzechow, Lubacz und Saczuczin [sic!] tapfer mit."[534] Die Streitkräfte des Russländischen Reiches befanden sich hierbei nach dem österreich-ungarischen und deutschen Erfolg bei Gorlice-Tarnów auf dem allgemeinen Rückzug an den San. Hinter der Linie San und Dniester sollten alle verfügbaren Einheiten mit nachgeschobenen Reserven verstärkt werden, um einen Durchbruch der k.u.k. Wehrmacht zu verhindern und später selbst wieder offensiv die Initiative zu ergreifen.[535]

Bereits in den Abendstunden des 10. Mai 1915 begannen die russländischen Verbände den Rückzug in ihre neuen Verteidigungsstellungen

[531] OeStA-KA AdTk 1724 Reit.Sch.Reg. Die 3. Schwadron vor Sczucin am 8. Mai 1915.
[532] OeStA-KA BS I WK Fronten Galizien, 1211. Abgesessene Kavallerie besetzt eine Waldlisiere. sowie: OeStA-KA BS I WK Fronten Galizien, 808. Abgesessene Ulanen besetzen eine Waldlichtung. In der Quelle sind die Truppenteile als Ulanen vermerkt, die Adjustierung, vor allem die vorhandene Kopfbedeckung, welche bei den Ulanen nicht verwendet wurde, sowie die Knopfleiste des Pelzmantels, verweist auf Reitende Tiroler Landesschützen.
[533] E[...] Moser, Die Kavallerie ist überholt, in: *Schweizer Soldat. Monatszeitschrift für Armee und Kader mit FHD-Zeitung (10/1946-1947)*, S. 168-170, hier S. 168.
[534] *Rettenberger Schützenchronik*, zweiter Teil: Tradition, S. 15.
[535] Edmund Glaise-Horstenau, Entschluß der Russen zum Rückzug an den San (10. Mai), in: *ÖULK, Vom Ausklang der Schlacht bei Limanowa-Lapanów bis zur Einnahme von Brest-Litowsk. Das Kriegsjahr 1915*, Band 2, hrsg. v. Edmund Glaise-Horstenau, Wien 1931, S. 361-364, hier S. 363.

im Hinterland, jedoch nicht ohne von der k.u.k. Armee unter massives Feuer genommen zu werden, da letztere versuchten, die Marschwege der russländischen Verbände abzuschneiden und jene so aufzureiben. Am 11. und 12. Mai erreichten diese Verfolgungskämpfe ihren Höhepunkt, wobei jedoch das Detachement Vevér vorerst den Auftrag hatte „[...] noch weiter zwischen Saczuczin und der Wislokamündung im Sicherungsdienst zu bleiben."[536] Bei diesem Sicherungseinsatz fiel beispielsweise der Reitende Tiroler Landesschütze, der Dorfgasteiner Albert Dürnberger, bei Timowa am 12. Mai durch einen Kopfschuss.[537]

Die Reitenden Tiroler wurden jedoch in die weiteren Verfolgungskämpfe geworfen[538] und standen Ende Mai auf der Linie Miechocin bei Tarnobrzeg[539] - Jadachy - Krosno[540]:

> „Nach dem grossen Durchbruch bei Gorlice, marschiert die Division in ununterbrochenen Gefechten vor und gelangt am 30. Mai 1915 nach Jadachy. Hier hat die 3. Schwadron einen kleinen Aufenthalt, wärend [sic!] welches 50 Mann im Schützengraben bei Chmielow den Angriffen der Russen Widerstand leisten.[541]

Schmiede der Reitenden Tiroler Landesschützen in Galizien. Foto: TLM-Tiroler Landesmuseum, Ferdinandeum, Innsbruck. KSM-GGF 1221.

---

[536] Edmund Glaise-Horstenau, Die Verfolgungskämpfe am 11. und 12. Mai 1915, in: *ÖULK, Vom Ausklang der Schlacht bei Limanowa-Lapanów bis zur Einnahme von Brest-Litowsk. Das Kriegsjahr 1915,* Band 2, hrsg. v. Edmund Glaise-Horstenau, Wien 1931, S. 364-369, hier S. 365.

[537] *Salzburger Chronik (19.06.1915)*, S. 6.

[538] OeStA-KA BS I WK Fronten Galizien, 1213. Vormarsch der berittenen Tiroler Landesschützen.

[539] Weiser, Kaiserschützen, Tiroler-Vorarlberger Landsturm und Standschützen, S. 111.

[540] OeStA-KA BS I WK Fronten Galizien, 1578. Berittene Tiroler Landesschützen in Krosno.

[541] OeStA-KA AdTk 1724 Reit.Sch.Reg. Übergang über den San am 29. Juni 1915.

Provianttransport der Reitenden Tiroler Landesschützen an der Ostfront. Foto: PA-VRTKsI (Sammlung Spinn).

Jene 50 Mann der 3. Eskadron wurden drei Wochen lang auf der Frontlinie vom Chmielow - Ocice eingesetzt.[542] Die Eskadron verlegte hierbei in geschlossener Formation mit den Pferden und schweren Waffen an die dortige Front.[543] Dass die Reitenden Tiroler Landesschützen an diesem Frontabschnitt abgesessen, im infanteristischen Kampfeinsatz mit Maschinengewehren an vorderster Front standen, schildert Oberleutnant Franz Kögler in seinem Kriegstagebuch. Er kam dabei beim Dorf Ocice im Kampfraum Tarnobrzeg zum Einsatz, in welchem auch zwei Maschinengewehrstellungen der Reitenden Tiroler Landesschützen in ihren Stellungen lagen:

> „Tausend Meter vor mir zog sich die russische Stellung um das Dorf Ocice. Wir hatten nicht mehr viel zu tun, denn die Stellung war gut ausgebaut. Nach einigen Stunden erfuhr ich, dass wir in ein bis zwei Tagen angreifen würden. Da überschaute ich mir das Gelände und sah, dass es für meine Kompanie böse enden musste, denn wir hatten sehr ungünstiges Angriffsgelände vor uns. [...] [E]ine große Erregung brachte uns hier auch die Kriegserklärung Italiens. Wir erfuhren es am 24. Mai. Gegen Abend dieses Tages kamen die genauen Angriffsbefehle. [...] Als am Morgen die Artillerie das Feuer eröffnete, begann ich die Wirkung zu beobachten. [...] Die Artillerie richtete ihr Feuer hinter die Schützenstellungen gegen mutmaßliche

---

[542] Ebd.

[543] OeStA-KA BS I WK Fronten Galizien, 811. Vormarsch einer Maschinengewehrabteilung zum San.

Reserven und auf die Verbindungswege hinter der Front. [...] Ich wurde immer besorgter um das Schicksal des Angriffes, denn die russischen Stellungen vorne blieben verschont. Ich meldete es auch öfter zum Regiment. Es hatte aber keinen Erfolg. Ich glaube, wenn einer der Verantwortlichen vorn gewesen wäre, hätte man die Infanterie gegen die unerschütterten russischen Schützenlinien nicht losgelassen. [...] Auf die Sekunde sprang jeder die Stufen empor, [...] unerschütterte russische Infanterie ließ uns ein wohlgezieltes Feuer entgegenprasseln, das manchen schon bei dem Versuch, den Graben zu verlassen, niederwarf. [...] Das russische Feuer wurde immer stärker und war ausgezeichnet gezielt. Wir machten uns so dünn wie ein Blatt Papier und krochen und wälzten uns vorwärts. Nach einigen Stunden hatten wir die letzte Bodenwelle vor den russischen Gräben erreicht. Hier mussten wir trachten, die volle Feuerüberlegenheit zu gewinnen, denn bis zum Drahtverhau gab es keine Deckung mehr und bis dorthin waren es noch 500 Meter. Die Leute, die um mich waren, setzten sich schon aus den verschiedensten Kompanien zusammen. Auch zwei Maschinengewehre reitender Tiroler Landesschützen hatte ich in meiner Nähe. Und da begannen wir denn mit dem Feuergefecht. Leider häuften sich die Verluste, da die Russen ausgezeichnet schossen. In meiner Nähe gab es schon Tote und Verwundete, gar nicht die gerechnet, die beim Vorrücken liegengeblieben waren. [...] An ein Vorwärtskommen war nicht zu denken, denn unsere Artillerie wirkte noch immer nicht gegen die russischen Schützenlinien. Langsam arbeitete sich nun auch meine Reserve heran und die Lücken konnten hier und da geschlossen werden [...]."[544]

Nach dreiwöchigem infanteristischen Kampf wurden am Morgen des 23. Juni um 8 Uhr die Kampfteile der 3. Eskadron aus der Frontlinie Chmielow-Ocice abgezogen und erhielten den Auftrag, die in der Schlacht bei Sienawa aufgeriebenen russländischen Einheiten zu verfolgen sowie im abgesessenen Kampf ein Übersetzen dieser Einheiten über den San in ihrem zugewiesenen Frontabschnitt zu verhindern.[545] Hierbei spiegelte sich der Kampfwert der Reitenden Tiroler Landesschützen am Gefechtsfeld der Ostfront wider, da sie in den Verfolgungskämpfen die Vorzüge des Pferdes als Gefechtsmittel und vor allem dessen Schnelligkeit ausnut-

[544] Franz Kögler, Meine Kriegserlebnisse. 1. Weltkrieg, Ostfront, Juni 1914 bis September 1915, [https://studylibde.com/doc/2089512/franz-k%C3%B6gler--meine-kriegserlebnisse--1.-weltkrieg--ostfr...], eingesehen am 26.09.2019.
[545] OeStA-KA AdTk 1724 Reit.Sch.Reg. Übergang über den San am 29. Juni 1915.

Vormarsch am San. Foto: PA-VRTKsI (Sammlung Spinn).

zen konnten. Die Reitenden Tiroler Landesschützen führten die Attacke in Linien-Gefechtsformation nach traditioneller Gefechtstechnik[546] durch und gingen folgend in die Verfolgung über. Teile der 1. Eskadron rückten in jenen Verfolgungskämpfen in Richtung Lemberg vor. Im Tiroler Volksbatt hieß es in einem Situationsbericht dazu, dass

> „[a]m 22. Juni endlich um 6 Uhr früh […] 4 reitende Tiroler Landesschützen und 4 Husaren […] die Straße [von Lemberg] herauf [ritten]. Sie wurden mit unbeschreiblicher Freude von den Lembergern begrüßt, hatten aber keine Zeit zu Aufmerksamkeiten und ritten den Russen nach."[547]

Die 3. Eskadron war währenddessen als Vorhut bis Wrzawy durchgestoßen mit dem weiteren Auftrag, am San Vorposten zu beziehen.[548] Die 3. Eskadron rückte in geschlossener Gefechtsformation mit Gefechtsausrüstung[549] bis an die San-Stellung[550] nach.[551] Über dieses Kapitel wurde in den Quellen wie folgt vermerkt:

> „Der Feind zieht sich langsam zurück, wärend [sic!] seine Nachhuten versuchen, das Vorrücken unserer Kavallerie zu verhindern.

546 OeStA-KA BS I WK Fronten Galizien, 1212. Attacke.

547 *Tiroler Volksblatt (21.08.1915)*, S. 7.

548 O.A., Salzburgs Kavallerie, in: *Österreichisches Soldatenblatt (2/1936)*, S. 297-303, hier S. 300-301.

549 OeStA-KA BS I WK Fronten Galizien, 1208. Vormarsch zum San.

550 OeStA-KA BS I WK Fronten Galizien, 812. Vormarsch der berittenen Tiroler Landesschützen gegen den San.

551 OeStA-KA AdTk 1724 Reit.Sch.Reg. Übergang über den San am 29. Juni 1915.

Im Trab geht es über das verlassene Schlachtfeld, die Sonne sendet ihre Strahlen über das weite Land. Hier liegt einen russ. Kappe, dort ein zurückgelassenes Gewehr, dort wieder ein totes Pferd, alles stille Zeugen heißer Kämpfe. - Wachtm[eister] Baierl geht mit einer Patrouille von 6 Reitern ab. Es gelingt ihm bis Skowierzyn, trotz starker feindlicher Patrouillen vorzudringen. Er stösst dann bei Wrzawy zur inzwischen nachgerückten Schwadron. Die Schwadron sitzt in Wrzawy ab und sendet von hier ihre Patrouillen gegen den San aus. Durch Feuer verhindern die Patrouillen die Zerstörung dreier von den Russen geschlagenen Brücken. Diese Abteilungen rücken nach Ablösung durch Infanterie um 1 Uhr 30 Nachm[ittag] ein. Die Schwadron marschiert nach Gorzyce, wo sie auch nächtigt. Die Fussabteilung der Div[ision] bleibt in der Stellung draussen. Die nächsten Tage vergehen dann in Vorbereitung zum Uebergang in verhältnismässiger Ruhe.
Am 28. Juni kommen wieder 50 Mann in die Stellung, vor welcher sich knapp am Ufer die Feldwachenlinie hinzieht. Wachtm[eister] Dobner ist Kommandant der Feldwache Nr. 2 östliche Wrzawy. Diese Feldwache wird in [der] Nacht stark beschossen und wehrt einige Uebergangsversuche der Russen, die in Kähnen das diesseitige Ufer zu erreichen suchen, ab. Die Nacht ist mondhell, wie ein glänzendes Silberband ziehen die Wasser des San, der hochangeschwollen ist, dahin. Der Mond spiegelt sich in den Fluten, über welchen ein leichter gespenstischer Nebel lagert. - Es naht der Morgen. Im Osten wird es lichter, wärend [sic!] die Mondscheibe immer mehr und mehr verblasst. Hie und da hört man bereits Vogelgezwitscher und ein lauer Wind weckt die schlafende Natur. - Das feindliche Infanteriefeuer hat merklich nachgelassen. Unsere braven Reiter werden um 4 Uhr früh durch Infanterie abgelöst. Wachtmeister Dobner bleibt noch, um den neuen Feldwachkommandanten über die Lage zu orientieren. Das Infanteriefeuer hat inzwischen beinahe ganz aufgehört und nur vereinzelte Schüsse fallen noch. Da entschliesst sich Wachtmeister Dobner, den San zu durchschwimmen, um das jenseitige Ufer aufzuklären. Glücklich gelangt er, mit den Wellen kämpfend hinüber, sich langsam durch Weidengebüsch durcharbeitend erspäht er die russ. Gräben in nächster Nähe. Da sich nichts rührt, erklettert er den Damm und findet die Stellungen verlassen. Er dringt noch weiter vor, bis er auf einen Bauern stösst, der ihm mitteilt, dass die Russen bis auf Patrouillen abgezogen seien. Noch weiter vordringend überzeugt er sich, bevor er umkehrt, von der Richtigkeit dieser Angaben.

Auf Grund seiner vorzüglichen Meldungen wurde sofort der Vormarsch angetreten. Um 9 Uhr früh durchschwimmt die Schwadron den Fluss. Pustend durchqueren ihn die Pferde. Unter der Last versinken öfters die kleinen Tragtiere der Maschinengewehrabteilung, doch glücklich wird das jenseitige Ufer erreicht. Hier gibt es einen kurzen Aufenthalt, wärend [sic!] welches sich die Schwadron wiedersammelt. Diese Minuten benutzen die Braven dazu, das Wasser aus den Stiefeln auszuleeren. Dann wird aufgesessen und weiter geht es dem fliehenden Feinde nach. Noch an diesem Tage wird die Sana [sic!] erreicht, wo sich der Feind zuerneutem [sic!] Wiederstand [sic!] aufrafft."[552]

Nach dem Übergang der Reitenden Tiroler über den San am 29. Juni 1915 wurden die Eskadronen wiederum in die Verfolgungskämpfe auf der Linie Wrzawy am San - Opole[553] - Sucha Wólka[554] - Jozefow - Borow[555] - Borek[556] geworfen und drängten die russländischen Einheiten über das vorherrschende Gefechtsfeld[557] im Verbund mit den angrenzenden Einheiten der k.u.k. Armee immer weiter in dessen Hinterland zurück.[558]
Im *Pester Lloyd* wurde das weitere Vorgehen einer berittenen Vorpatrouille der Reitenden Tiroler Landesschützen und eine entscheidende „Waffentat" im Einsatzraum wie folgt abgedruckt:

„Am 30. Juni 1915 zeichnete sich der Zugsführer der Reitenden Tiroler Landesschützen-Division Luigi Ghedina als Kommandant einer Vorpatrouille durch kluges Zusammenarbeiten mit der rechten Seitenhut aus. Auf die Meldung der Spitzenreiter, daß in Sucha-Wolka Feind sei, nahm die rechte Seitenhut, deren Kommandant Zugsführer Rechka war, am Ostausgang Aufstellung. Zugsführer Ghedina durchstreifte den Ort und vertrieb eine im Orte befindliche feindliche Patrouille. Nach kurzer Verfolgung wurde sie jedoch gefangen. Bei der weiteren Vorrückung kamen die beiden Zugsführer im Walde vor Borek wieder auf gleiche Höhe. Trotz starkem feindlichen Feuer gelang es ihnen durch geschickte Täuschung der verschleiernden feindlichen Kavalleriepatrouillen, die stark befestigte Stellung des Feindes an der Wysnica festzusetzen."[559]

---

552 OeStA-KA AdTk 1724 Reit.Sch.Reg. Übergang über den San am 29. Juni 1915. vgl. auch o.A., Salzburgs Kavallerie, in: *Österreichisches Soldatenblatt (2/1936)*, S. 297-303, hier S. 300-301.
553 Mit Opole ist hier jenes Dorf östlich der Weichsel zwischen Wrzawy und Jozefow gemeint, das heutige Opole Lubelskie und nicht Opole an der Oder.
554 *Pester Lloyd (22.11.1916)*, S. 13.
555 Weiser, Kaiserschützen, Tiroler-Vorarlberger Landsturm und Standschützen, S. 116.
556 *Pester Lloyd (22.11.1916)*, S. 13.
557 Weiser, Kaiserschützen, Tiroler-Vorarlberger Landsturm und Standschützen, S. 116.
558 *Rettenberger Schützenchronik*, zweiter Teil: Tradition, S. 15.
559 *Pester Lloyd (22.11.1916)*, S. 13.

Am 19. Juli 1915, standen Teile der Reitenden Tiroler Landesschützendivision im Operationsgebiet zwischen Sucha-Wólka und Borek vor dem Dorf Opole[560] und dem Chodelbach:

„Eine weite Fläche, hie und da mit Buschwerk bestanden, da und dort eine Baumgruppe. Der Morgen dämmert herauf, die Natur erwacht und Lerchen ziehen drillernd [sic!] ihre Kreise durch die Luft. Am Himmel stehen gerötete Wolken, die Erde sendet ihnen Morgennebel zu. Auf der Strasse marschiert ein Trupp, von einem Rhythmus getragen, von einem Geiste beseelt, und Freude spiegelt sich in den harten Zügen. Es sind Reiter, die aus dem Schützengraben kommen und zu ihren Pferden zurückgehen, frischen Reitertaten entgegen. Es sind Reitende Tiroler Landesschützen, die - fast 2 Wochen von ihren Pferden fort - im Schützengraben waren.

Um 5 Uhr früh erreichen sie Walowice; alles ruht noch und die einrückenden Krieger bringen den Tag mit seinem neuen Leben ins Lager. Es gibt ein frohes Wiedersehen und Händeschütteln. Der eine hat manches aus dem Schützengraben zu erzählen, der andere von Pferden, bei denen er geblieben war. Um 5 Uhr 15 früh gibt es Alarm.

Der Befehl traf ein, die 3. Schwadron habe sofort zu Pferde die Verfolgung der zurückgehenden Russen aufzunehmen und bis Opole vorzudringen. Rasch wird gefüttert und gesattelt. Die Bagage auf den Train verladen und nun ging es dahin in den jungen Tag. Josefow wird passiert, davor verlassene russische Stellungen. Der Ort ist verwüstet und zum grossen Teile abgebrannt. Weiter geht es durch eine tiefe Waldzone; Kosaken durchstreiften sie, erzählen Einheimische. Einigen dieser gehetzten Menschen liesst [sic!] man in den abgehärmten Gesichtern die Freude über die Befreiung von der Knute ab, andere betrachteten misstrauisch die Eroberer. Patrouillen werden ausgesandt und durchschwärmen die Waldungen auf Suche nach dem Gegner. Bald geht es durch versumpfte Strecken, bald auf Sandwegen, die plötzlich abbrechen und die Orientierung erschweren. Da, eine Lichtung, der Boden übersät mit weggeworfenen russischen Monturen, ein eben verlassener Lagerplatz, wie die Einheimischen erzählen, die sich beutelustig um die Kleidungsstücke streiten. Mittag ist vorüber und weiter und immer weiter geht es. Fütterung und Menage werden aufgeschoben, bis der Befehl durchgeführt und Opole erreicht ist.

[560] OeStA-KA AdTk 1724 Reit.Sch.Reg. Opole am 19. Juli 1915.

Die Vorpatrouille der Schwadron ist zugleich mit einer Dragonerpatrouille bis auf 400 Schritte vom M[eier] H[of] Opole angelangt. Da fällt ein Schuß und noch einer und ein Hagel von Geschossen pfeift um die kühne Reiterschar. Ein Dragoner wird tötlich [sic!] getroffen. Nun wissen sie, dass der MH. besetzt ist. Im Galopp geht es zurück und die Meldung wird dem Schwadronskommandanten Rittmeister Franz Foltin erstattet, der, in 800 Schritte Distanz von der Vorpatrouille reitend, bis hinter eine Bodenwelle mit der Schwadron nachgerückt ist. Die Schwadron macht Halt. Von der Bodenwelle aus überblickt man das vorliegende Terrain; links der Strasse, ca. 1200 Schritte vorwärts, liegt der MH. Opole, 2000 Schritt rechts der gleichnamige Ort, davor Felder mit reifen [sic!] Korn, zum Teil schon gemäht und in Puppen geschlichtet, darin verstreut kleine Waldparzellen und Baumgruppen. 50 Schritte rechts der Strasse geschlossener Wald bis auf 600 Schritte vom MH. 300 Schritte hinter dem MH. und hinter der Ortschaft das glänzende Band des Chodelbaches; dahinter ansteigende Felder, Wiesen und Wälder, die auf einen Höhenrücken führen und mit dem blauen Himmel am Horizont abschneiden.
Die Schwadron sitzt hinter der Bodenwelle gedeckt bis auf den Zug Wachtm[eister] Bohac zum Feuergefecht ab. Die Handpferde bleiben zurück. Zwei Züge gehen rechts der Strasse durch den Wald im Schwarm vor, mit ihnen der Rittmeister und Wachtmeister Baierl. Links der Strasse entwickelt sich [sic!] Wachtmeister Bohac seinen Zug zu Pferd im Schwarm gegen den Meierhof. Langsam, im Schritt geht es vor. Kosakenpatrouillen verbergen sich in den verstreuten Waldparzellen. Mit dem Karabiner in der Hand, vom Pferde aus feuernd, treibt der Zug die gegen 50 Reiter starken Kosakenpatrouillen zurück. Von Baumgruppe zu Baumgruppe werden sie gedrängt und jagen im wilden Galopp über die offenen Stellen. Die Unseren rücken Schritt für Schritt mit eiserner Ruhe nach. Die letzte Gruppe ist gesäubert, der Zug durchschreitet sie und kommt an die Lichtung, vor ihm liegt der Meierhof. Weiter drängen sie die Kosaken. Die Russen ziehen sich schleunigst auf der Brücke über den Chodelbach zurück. Da eröffnet feindliche Infanterie adas [sic!] Feuer aus den Stellungen jenseits des Baches. Unsere Reiter müssen zurück; sie streben dem bergenden Wald zu. Plötzlich auf der Höhe des Meierhofes erhalten sie aus einem Hinterhalt Maschinengewehrfeuer auf kürzeste Distanz. Pferde stürzen, Reiter fallen, mancher brave Schütze muss zurück gelassen werden, stirbt totwund [sic!] oder gerät schwer getroffen in Gefangenschaft. Zugsf[ührer]

Thöny reitet von drei Kugeln getroffen noch tausend Schritte und fällt dann bewusstlos vom Pferd. Kosaken drängen nach. Da wirft unsere mutige Reiterschar ihre Pferde gegen den nachdrängenden Feind, verjagt ihn durch eine schneidige Attacke. Die Russen müssen zwie [sic!] unserer vorhin zurückgelassenen Verwundeten preisgeben und durchbohren sie, ehe sie davon gehen in blinder Wut noch rasch, ohne sie tötlich [sic!] zu treffen. Nun sitzen die Reiter ab, graben sich 500 Schritte vom Meierhof ein und schaffen die Verwundeten zurück. Die zwei abgesessenen Züge rechts der Strasse haben während dessen den Waldrand gegenüber [sic!] dem Meierhof besetzt. Es geht gegen Abend. Infanterie rückt nach und übernimmt die Stellungen beiderseits der Strasse. Bei Einbruch der Dunkelheit rückt sie weiter vor, findet Dorf und Meierhof Opole bereits vom Feind verlassen und besetzt das Westufer des Baches. Die Schwadron hat sich inzwischen gesammelt und reitet nach dem Meierhof, von da nach Opole. Von dort befehlsgemäss geht es zum Meierhof zurück. Quartiere werden bezogen und endlich gefüttert und menagiert."[561]

Nach den Kampfhandlungen um Opole erfolgte eine schwerpunktmäßige Verschiebung sowie Umgliederung der Reitenden Tiroler Landesschützen Eskadronen. Während Teileinheiten vom Norden der Front in den Südosten in den Kampfabschnitt südlich von Lemberg auf der Linie Burkanow - Wisniowczyki - Zarwaniecki - Dobropole[562] instradiert wurden, standen Teile der 2. Eskadron[563] am 28. August 1915 im Norden der Front in Wolkowice bei Brest-Litowsk[564]. Eberl vermerkte über die Kampfhandlungen des Tiroler Kavallerie Verbandes in Galizien wie folgt: „Auch für die Reitenden Tiroler Landesschützen, vom Volksmund scherzhaft ‚Gletscherhusaren' genannt, wurden die Schlachtenorte wie Opole und Gorlice zur ernsten Erinnerung an viele Kameraden, die Tirol nie wiedersahen."[565]

Am 1. September 1915 waren die Eskadronen der Reitenden Tiroler Landesschützen Division im VIII. Korps unter der Führung von Feldzeugmeister Viktor von Scheuchenstuel korpsunmittelbar eingesetzt.[566]

[561] OeStA-KA AdTk 1724 Reit.Sch.Reg. Opole am 19. Juli 1915.
[562] Vgl. Kriegsschauplätze der Reitenden Tiroler Landesschützen an der Ostfront im Kriegsjahr 1915. Eigene Darstellung. sowie: OeStA-KA VL VLI 78 Reit.Tir.Ld.Sch.Div.
[563] PA-EH Persönliche Aufzeichnungen des Reitenden Tiroler Landesschützen/Kaiserschützen Franz Foltin über seine Familie und seinen Werdegang.
[564] Weiser, Kaiserschützen, Tiroler-Vorarlberger Landsturm und Standschützen, S. 116.
[565] Erwin Eberl, Im Dienste für die Heimat. Skizzen zur Geschichte der Österreichischen Landwehr, in: *Deutsches Soldatenjahrbuch 1980 (=Deutscher Soldatenkalender 28)*, S. 134-143, hier S. 141.
[566] Josef Brauner, Pläne und Kräfteaufgebot für Herbst 1915, in: *ÖULK, Von der Einnahme von Brest-Litowsk bis zur Jahreswende. Das Kriegsjahr 1915*, Band 3, hrsg. v. Edmund Glaise Horstenau, Wien 1932, S. 15-28, hier S. 25-26.

3. Eskadron der Reitenden Tiroler Landesschützen in Russland 1915. Foto: PA-EH.

Diese Teile wurden laut *Rettenberger Schützenchronik* im Herbst „[...] an der Strypa eingesetzt, wo sie, namentlich beim Friedhof Zarwaniecki, schwere Kämpfe zu bestehen hatten."[567] Der Kampf an der Strypa erfolgte einerseits noch als Verbindungselement zwischen den eigenen Verbänden und dem Korps Arz, da es den russischen Truppen gelungen war, große Lücken in die Front zu reißen, andererseits wiederum abgesessen im infanteristischen Kampf an der Frontlinie um den Friedhof Zarwaniecki.[568] Laut Kodera u.a. bestand das Kavallerie Detachement in seiner finalen Formation aus Teileinheiten der drei Eskadronen der Reitenden Tiroler Landesschützen mit einer Stärke von 80-90 Reitern pro Eskadron, einer Schwadron des Ulanenregiments Nr. 7, der Reserveschwadron des Ulanenregiments Nr. 4 sowie dem Pionierzug des Ulanenregiments Nr. 1.[569]

---

[567] *Rettenberger Schützenchronik*, zweiter Teil: Tradition, S. 15.
[568] Kodera/Werkmann/Fontana, Heldenkämpfe der Kaiserschützen 1914-1918, S. 90.
[569] Ebd., S. 90.

„Vom 07. Oktober 1915 stand das Detachement beim Schulhause Sapowa am linken Flügel des Korps bei Burkanow in Erwartung eines russischen Angriffes, der sich bereits durch schweres Artilleriefeuer auf die eigenen Stellungen angekündigt hatte. Am 11. Oktober unter dem Schutze eines Morgennebels brach dieser Angriff gegen die 39. Honveddivision los.
Der Feind drang in die Stellung auf der Kote 382. Eine halbe Stunde später wurde bereits das Infanteriebataillon der Korpsreserve eingesetzt, um die eingedrungenen drei russischen Kompanien hinauszuwerfen.
Die Verbindung zwischen diesen und dem nächsten Bataillon riß ab und nun traten die Kaiserschützen in Aktion. Sie hatten im Verein mit der Reserveschwadron des Ulanenregimentes Nr. 7 die Verbindung herzustellen und die offenbar bestehende Lücke auszufüllen. Rittmeister Cavallieri, der Stellvertreter des beurlaubten Kommandanten der Reitenden Tiroler Kaiserschützen (Oberst Kafka), ritt mit den vier Schwadronen auf das Westufer der Strypa und dann über die Brücke bei Zarwaniecki wieder herüber zum Friedhof östlich Zarwaniecki und ließ dort vorerst absitzen, um die Ergebnisse der eingeleiteten Aufklärung abzuwarten. Schon von Sapowa aus waren nämlich Patrouillen entsendet worden. Aber auch Rittmeister Cavallieri und Oberleutnant Dreiseitel gingen - zu Fuß - gegen die Stellung vor, um sich zu orientieren.
Der Raum von Friedhof bis zur Stellung war von der russischen Artillerie stark bestrichen. Nachdem sie diese Feuerzone durchmessen hatten, sahen sie zur unerfreulichen Überraschung, daß die Russen in die Lücke zwischen den zwei Bataillonen bereits eingebrochen waren und sich darin mit starken Kräften festgesetzt hatten. Daher wurde gegen zehn Uhr dreißig Minuten vormittags die in geringer Entfernung ostwärts vom Friedhof gelegene Anhöhe als Aufnahmestellung besetzt, bloß die dritte Schwadron der Reitenden Tiroler Kaiserschützen blieb als Reserve zu Pferd geduckt hinter dem Friedhof. Nun galt es rasch eine Verbindung mit einem höheren Kommando herzustellen, um es über die vielleicht noch unbekannte verschlechterte Situation zu unterrichten. In der Friedhofskapelle, wurde eine Telephonstation eingerichtet. Bald meldete sich das 77. Infanteriebrigadekommando, dem nun die Besetzung der Lücke durch die Russen bekannt gegeben werden konnte.
Die Schwadronen bekamen eine neue Aufgabe. Nach dem Befehl des Detachementkommandanten sollten sie beim Friedhofe Zar-

waniecki Aufstellung nehmen und bei einem Angriffe der Russen einen Gegenstoß in Richtung Fahrweg Kote 368 und dann nördlich in die Flanke durchführen. Die Schwadronen gruben sich ein.
Nachts kam telephonisch über das 77. Infanteriebrigadekommando folgende Disposition des Korpskommandos: ‚Russen stehen nächst dem Fahrweg Zarwanica - Zagrobelski - Zarwaniecki in schmaler Front in der eigenen Hauptstellung nördlich Kote 382, dann im Verbindungsgraben entlang des bezeichneten Weges. Gruppe Vevér hatte diese Russen aus der Stellung zu werfen und womöglich gefangen zu nehmen. Infanterie ist beiderseits angewiesen, diesen Angriff zu unterstützen'.
In Durchführung dieses Auftrages wurde auch aus der dritten Schwadron eine Fußabteilung gebildet. Ein Ordonnanzoffizier brachte bald darauf die Meldung, daß eine Kompanie bereits vor Zarwaniecki im Anmarsch zum Friedhof sei, um den schwachen Feuergewehrstand der Kaiserschützen zu erhöhen. Auf telephonisches Drängen der 77. Infanteriebrigade mußte jedoch noch vor dem Eintreffen dieser Kompanie zum Angriff geschritten werden. Es waren hiezu im ganzen hundertvierzig Karabiner verfügbar. Dazu kamen noch dreißig versprengte Honvedinfanteristen, die Rittmeister Cavallierie [sic!] gesammelt und seinem Kommando unterstellt hatte. Diese kombinierte Fußabteilung erhielt gleich zu Beginn ihres Vorgehens Artillerie - und Maschinengewehrfeuer. Die Ulanen, die die linke Flanke bildeten und gegen den Verbindungsgraben vorrückten, gerieten in enfilierendes Feuer und mußten zurückgehen. Indessen trugen die Kaiserschützen den Angriff todesverachtend weiter vor. Als sie sich auf etwa dreihundert Schritte der feindlichen Stellung genähert hatten, wurde von der Höhe östlich des Friedhofes deutlich wahrgenommen, daß die Russen gegen unsere Stellung auf Kote 365 im Schwarm vorrückten und die dort befindliche Besatzung gefangen nahmen. Der Feind war über unsere Hauptstellung hinaus vorgerückt und die Kaiserschützen gerieten in Gefahr, in der linken Flanke umfaßt zu werden.
Sie mußten zum Friedhofe zurück. Hier wurde den heftig nachdrängenden Russen Halt geboten. Das Hin und Wieder [sic!] dieser Kämpfe, der Rückzug, das bedrohende Näherkommen der erfolgssicheren Russen konnten die Kaiserschützen nicht erschüttern. Rasch und sicher besetzten die vier Schwadronen die Friedhofsmauer und den senkrecht dazu gegen Wisnowczyk führenden Fahrweg, der gegen Osten geböscht, etwas Deckung bot. Auch die

MG-Abteilung fand hier ein günstiges Plätzchen, von wo sie verheerend wirken konnte. Mochte der Feind auch jetzt in Massen anstürmen, am Widerstand dieser Reiter erlahmte seine Kraft. So hielten wenige Karabiner die feindliche Übermacht bis zum Eintreffen eines Bataillons des Infanterieregiments Nr. 57 in Schach."[570]

Im Werk „Heldenkämpfe der Kaiserschützen" wurde in Bezug auf die Reitenden Tiroler Landesschützen und deren Rolle in Ostgalizien in sehr pathetischer Weise vermerkt:

„Der Wert einer braven, todesmutigen Truppe zeigte sich oft mehr im Rückzuge als im Angriffe. Der auflösenden Wirkung einer ungünstigen, vielleicht verzweifelten Situation zu widerstehen, jeweils nur so weit zurückzugehen, als es Befehle oder Rücksichten auf die Nachbarn erheischen, das sind die Gradmesser für den moralischen Gehalt einer Abteilung. Darin gemessen haben sich die Reitenden Tiroler Kaiserschützen in den Herbstkämpfen an der Strypa als ein vorbildlich tüchtiger, infanteristisch sehr gut verwendbarer Truppenkörper erwiesen."[571]

Gemäß den Quellen sollte dies vorerst das letzte Kapitel der gesamten Division der Reitenden Tiroler Landesschützen an der Ostfront sein. Die *Rettenberger Schützenchronik* vermerkte dazu, dass die Tiroler Eskadronen noch im selben Monat an die Südwestfront in Marsch gesetzt wurden.[572]

Einzig die 1. Eskadron wurde 1916 in die 48. Infanteriedivision eingegliedert[573] und im Juli 1916 zusammen mit Teilen der 1. Schwadron des Dragonerregiments 15 in einer Stärke von 200 Reitern wieder an die Ostfront verlegt. Dort nahm sie in der Schlacht bei Brody (22. bis 28. Juli 1916), an den Kämpfen südlich der Lipa (30. Juli 1916) teil, bis sie im November 1916 endgültig an die Isonzofront verlegt wurde.[574]

Die Eskadronen der Division der Reitenden Tiroler Landesschützen an der Ostfront waren entsprechend ihrem Kampfwert in Galizien im Kriegsjahr 1914 als Divisionskavallerie im Verbund mit Infanteriedivisionen sowie 1915 im Kavallerie-Detachement Vevér als eigenständiges Kavallerie-Element eingesetzt worden. Auf Grund der Geländegegebenheiten der Einsatzräume der Reitenden Tiroler Landesschützen war ein

---

570 Kodera/Werkmann/Fontana, Heldenkämpfe der Kaiserschützen 1914-1918, S. 90-92.
571 Ebd., S. 90.
572 *Rettenberger Schützenchronik*, zweiter Teil: Tradition, S. 15.
573 The Nafziger Collection of Orders of Battle. 916AGAB. Austrian Army Russian Front 28 July 1916, S. 15-16.
574 Maximilian Ehnl/Edwin Sacken, Infanteriedivisionen, in: ÖULK, Registerband, hrsg. v. Edmund Glaise-Horstenau, Wien 1938, S. 226.

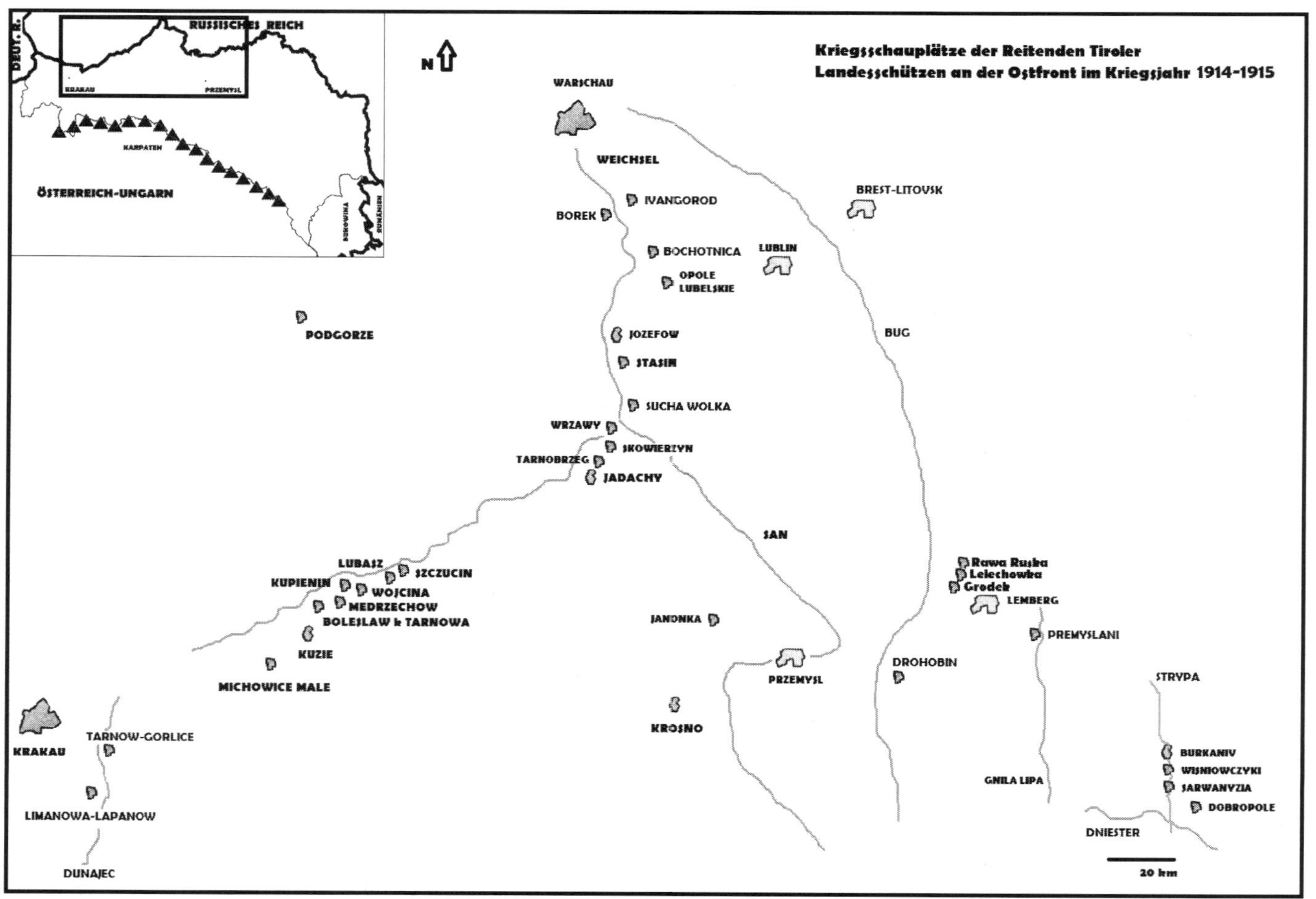
Kriegsschauplätze der Reitenden Tiroler
Landesschützen an der Ostfront im Kriegsjahr 1914-1915
N
WARSCHAU
WEICHSEL
BOREK
IVANGOROD
BOCHOTNICA
OPOLE LUBELSKIE
LUBLIN
BREST-LITOVSK
BUG
PODGORZE
JOZEFOW
STASIN
SUCHA WOLKA
WRZAWY
SKOWIERZYN
TARNOBRZEG
JADACHY
SAN
LUBASZ
SZCZUCIN
KUPIENIN
WOJCINA
MEDRZECHOW
BOLESLAW k TARNOWA
KUZIE
MICHOWICE MALE
JANONKA
PRZEMYSL
KROSNO
DROHOBIN
Rawa Ruska
Lelechowka
Grodek
LEMBERG
PREMYSLANI
GNILA LIPA
STRYPA
BURKANIV
WISNIOWCZYKI
SARWANYZIA
DOBROPOLE
DNIESTER
20 km
KRAKAU
TARNOW-GORLICE
LIMANOWA-LAPANOW
DUNAJEC
DEUT. R.
RUSSISCHES REICH
KRAKAU
PRZEMYSL
KARPATEN
ÖSTERREICH-UNGARN
BUKOWINA
RUMÄNIEN

hoher Kampfwert gegeben, da die Eskadronen die Pferde als Gefechtsmittel im Sinne einer aufgesessenen Einsatzführung adäquat anwenden konnten und in entscheidenden Verfolgungsoperationen wie am Beispiel der Durchbruchsschlacht bei Tarnów-Gorlice wirken konnten. Bereits im Verlauf des Ostfeldzuges zeigte sich jedoch bei den Reitenden Tiroler Landesschützen die Veränderung von einer primär aufgesessenen Einheit hin zu einer Kavallerie mit infanteristischer Einsatzführung ohne Pferd und einer Änderung der Einsatzart von Angriff zu Pferd hin zur Verfolgung respektive Verzögerung sowie infanteristischen Verteidigung.

2. Die neue Front im Südwesten

Das Königreich Italien war zwar theoretisch als Mitglied des Dreibundes Verbündeter der Mittelmächte, nahm aber zu Kriegsbeginn 1914 eine neutrale Haltung ein.[576] Nach Einschätzung von Forcher konnte der österreich-ungarische Generalstab nach der Kriegserklärung an Serbien „[...] nur hoffen, dass es dabei bleiben würde, denn notgedrungen musste man angesichts des russländischen Eingreifens alle regulären Truppen aus Tirol abziehen."[577] Auf Grund der unsicheren Gesamtlage wurde in der österreich-ungarischen militärischen Beurteilung ein Kriegsfall mit dem italienischen Königreich, der so genannte „Kriegsfall I", nicht ausgeschlossen. Damit in Zusammenhang steht das forcierte Formieren von Tiroler Standschützenverbänden ab September 1914 sowie der zeitgleiche Ausbau des Festungs- und Werksgürtels in der Nähe des erwarteten Frontverlaufes im Kriegsfall gegen das italienische Königreich, wenngleich jene Verteidigungsanlagen bewusst nicht direkt an der Reichsgrenze errichtet wurden, sondern vielmehr einen günstigen, teils auch verkürzten Frontverlauf ermöglichen sollten.[578]

Am 23. Mai 1915 trat mit dem „Intervento" des Königreiches Italien, auf Seiten der Entente und gefolgt von der Kriegserklärung an Österreich-Ungarn, der tatsächliche „Kriegsfall I" mit dem italienischen Königreich ein. Am 20. Juni folgte die italienische Kriegserklärung an das Osmanische Reich, am 19. Oktober an Bulgarien und erst im Folgejahr, am 28. August 1916, an das Deutsche Reich. Dem modus operandi Italiens ging

[575] Kriegsschauplätze der Reitenden Tiroler Landesschützen an der Ostfront im Kriegsjahr 1914-1915. Eigene Darstellung und Karte Glänzer.
[576] Erwin A. Schmidl, Kriegführung: Die österreichisch-ungarische ‚Südfront', in: *Katastrophenjahre. Der Erste Weltkrieg und Tirol*, hrsg. von Hermann J. W. Kuprian/Oswald Überegger, S. 347-366, hier S. 347.
[577] Forcher, Tirol und der Erste Weltkrieg, S. 196.
[578] Ebd., S. 196-197

der am 26. April 1915 geschlossene „Londoner Vertrag" voraus, in welchem die Entente dem italienischen Königreich jene Gebietsforderungen zusprachen, welche von österreich-ungarischer Seite verweigert worden waren.[579] Hatte sich Kaiser Franz Joseph I. bekanntlich einem präventiven österreich-ungarischen Angriffskrieg gegen Italien - wie von Conrad vehement des Öfteren gefordert - widersetzt, so „[...] anders geartet war die Einstellung Italiens, das den Gedanken des ‚sacro egoismo' über die Treue stellte."[580] Damit entstand neben den bereits vorhandenen österreich-ungarischen Frontlinien, der „Südfront" auf dem Balkangebiet sowie der „Ostfront" gegen das Russländische Reich, ein neuer Frontabschnitt, die so genannte „Südwestfront" gegen das Königreich Italien und damit nun ein Dreifrontenkrieg. Obwohl sich nach der erfolgreichen deutsch-österreich-ungarischen Offensivaktion nach dem 2. Mai 1915 mit dem Durchbruch im Osten bei Gorlice und einiger Eroberungs- respektive Rückeroberungserfolge die Ostfront zu Gunsten der Mittelmächte stabilisierte und Mitte 1915 wieder die Zuversicht eines Erfolges herrschte, warf die Eröffnung der neuen Frontlinie die Militärstrategen Österreich-Ungarns vor gravierende Probleme.[581] Einerseits war die k.u.k. Wehrmacht wegen der - entgegen der Erwartungshaltung der österreich-ungarischen Führung - langen und verlustreichen Kämpfe in Serbien und Galizien beim Intervento des italienischen Königreiches bereits auf die Hälfte des Offizierskorps beziehungsweise der Mannschaften reduziert.[582] Andererseits waren an der neuen Alpenfront keine starken Truppenkontingente ad hoc zur Verteidigung verfügbar.

Generalleutnant Luigi Cadorna, der damalige Generalstabschef Italiens, hatte sich seit August des Jahres 1914 intensiv auf einen Kriegsfall mit Österreich-Ungarn vorbereitet. Ab Mitte April 1915 begann die geheime Mobilmachung der italienischen Armee und bereits am Kriegserklärungstag besaß Italien an den absehbaren Frontabschnitten eine mehrfache Übermacht gegenüber den Truppen der österreich-ungarischen Wehrmacht.[583] Nach dem Bekanntwerden des wahrgewordenen „Kriegsfalles Italien" erfolgte eine Umverteilung der militärischen Strukturen an der neuen Südwestfront. Die von GdI Svetozar Boroević befehligte 5. Armee wurde an den Isonzo verschoben, die Armeegruppe Rohr an die Kärntner Front verlegt und GdK Viktor Dankl übernahm das Kommando der

[579] Schmidl, Kriegführung: Die österreichisch-ungarische ‚Südfront', S. 346.
[580] Gustav Stöckelle, Der letzte Waffengang, in: *Unser Heer. 300 Jahre österreichisches Soldatentum in Krieg und Frieden*, hrsg. v. Ludwig Ledlicka, Wien 1963, S. 269-314, hier 298-299.
[581] Jordan, Krieg um die Alpen, S. 87-88.
[582] Schmidl, Kriegführung: Die österreichisch-ungarische ‚Südfront', S. 349.
[583] Wagner, Der Erste Weltkrieg. Ein Blick zurück, S. 105.

Truppen an der Tiroler Front. Als Oberbefehlshaber aller k.u.k. Verbände der Frontabschnitte an der Italienfront wurde GO Erzherzog Eugen eingesetzt.[584] Da zu diesem Zeitpunkt in Mittelgalizien noch keine endgültige Entscheidung zu Gunsten der Mittelmächte gefallen war, vermied das Armeeoberkommando jedoch Zugeständnisse über die weitere Zuführung von Kräften an die Südwestfront.[585] Fontana schrieb dazu:

> „Mitten in das schwere Ringen mit dem Zarenheer fiel die Nachricht vom Eintritt Italiens in den Krieg gegen Österreich. Die Tiroler Kaiserjäger und Landesschützen hofften, daß sie in die Heimat geholt würden, um die Landesgrenze zu verteidigen. Aber vorerst benötigte man sie noch an der Ostfront. Die Kaiserjäger, die am 29. Juni 1915 als Avantgarde die russische Grenze überschritten, bluteten schwer auf fremden Boden. Erst als die Kampfstände ihrer Regimenter auf 300 bis 400 Mann herabsanken, wurden sie aus den Feuerlinien geholt [...] [in ähnlicher Weise] durften sich auch die Landesschützen von der Ostfront absetzen [...]."[586]

Teile der 1. Eskadron der Reitenden Tiroler Landesschützen wurden an die Kärntner Front verlegt, während Teileinheiten der 2. und 3. Eskadron und eine Maschinengewehrabteilung an die Tiroler Front abbeordert wurden.[587] Durch die Zuführung von Kräften aus dem Osten erfuhr die Südwestfront eine permanente Verstärkung, sodass die k.u.k. Truppen unter dem Kommando von Generaloberst Erzherzog Eugen Ende Mai 1915 bereits einen Stand von 138 ½ Batterien, 78 Festungsartilleriekompanien, 187 ¼ Infanteriebataillonen, 28 Schwadronen, 40 Standschützenbataillonen, 15 freiwilligen Schützenbataillonen sowie 27 technische Kompanien aufwiesen. Dies entsprach 224.500 Gewehren, 640 mobilen Geschützen sowie 3.000 Reitern. Dem standen auf italienischer Seite am Isonzo 820 schwere Waffen und 210.000 Gewehre, an der Tiroler Front 710 Geschütze und 180.000 Gewehre sowie an der Kärntner Front 280 Geschütze und 70.000 Gewehre gegenüber. Dass es überhaupt gelang die Front zu verstärken, war dem Zögern der italienischen Führung zu verdanken, da deren Offensive an der Isonzofront erst mit der vollen Mobilisierung respektive der vollen Operationsbereitschaft begann.[588]

Mitte Juni 1915 hatte die k.u.k. Wehrmacht – durch Verstärkungen aus

---

[584] Rauchensteiner, Der Tod des Doppeladlers, S. 244, siehe auch Etschmann, Die Südfront 1915-1918, S. 27.
[585] Depesche AOK vom 28. Mai 1915 zit. in: Kiszling, Einleitungskämpfe an der Südwestfront, S. 509.
[586] Fontana, Geschichte des Landes Tirol. Vom Neubau bis zum Untergang, S. 427.
[587] *Rettenberger Schützenchronik*, zweiter Teil: Tradition, S. 15.
[588] Wagner, Der Erste Weltkrieg. Ein Blick zurück, S. 109.

der Serbienfront – an der Alpenfront sowie im Abschnitt Friaul ihre Stärke im Vergleich zum Zeitpunkt der italienischen Kriegserklärung verdoppeln können. Den italienischen Verbänden war die k.u.k. Wehrmacht an der Front gegen das italienische Königreich dennoch bedeutend unterlegen.[589] Nichtsdestoweniger war die Absicht des Armeeoberkommandos der k. u. k. Wehrmacht, „Tirol mit den dort befindlichen Truppen aufs äußerste zu verteidigen [...].“[590] Weber schrieb später darüber: „Was überhaupt nicht möglich war, ist geschehen. Eine ‚Linie' zieht sich vom Ortler bis zur Adria, freilich an den meisten Stellen vorerst nur auf der Karte; und an deren im Gelände nur schwach markiert, mit wenig Geschick und ohne Erfahrung angelegt.“[591]

Im Mai 1915 war Generaloberst Viktor Dankl mit der Führung der Truppen und der Verteidigung Tirols betraut worden. Er hatte den Auftrag, mit den schwachen österreich-ungarischen Kräften die Frontabschnitte weitestgehend zu halten und die italienischen Angriffsbestrebungen abzuweisen.[592] Bis stärkere Kontingente der k.u.k. Wehrmacht von der Ostfront an jenen Abschnitt der Südwestfront zugeführt werden konnten, standen dem italienischen Heer an der 450 Kilometer langen Dolomitenfront 20.000 Standschützen sowie 25.000 Mann der deutschen Gebirgstruppe, das so genannte Deutsche Alpenkorps, gegenüber.[593] Das Deutsche Alpenkorps erfüllte in diesem Zusammenhang jedoch eher einen psychologischen Effekt, da sich das Deutsche Reich erst ab Oktober 1916 mit dem italienischen Königreich im Kriegszustand befand.[594]

Ab Juni 1915 wurden die Tiroler Regimenter kontinuierlich von der Ostfront abgezogen und an die Front gegen das italienische Königreich verlegt.[595] Damit waren die Verteidigungsabschnitte der Tiroler Front bis Ende Juni zahlenmäßig auf 48 Feldbataillone, 15.000 Standschützen, insgesamt auf ein Gesamtkontingent von 53.000 Gewehren aufgestockt worden.[596]

Das Tiroler Kaiserschützenregiment I war inzwischen an der Tiroler Front eingetroffen, wovon sich das Verteidigungskommando eine starke Frontverteidigung versprach. Allerdings musste das Regiment bereits während der ersten italienischen Offensive an den Isonzo verlegt wer-

---

[589] Schmidl, Kriegführung: Die österreichisch-ungarische ‚Südfront', S. 349.
[590] Depesche AOK vom 28. Mai 1915 zit. in: Rudolf Kiszling, Einleitungskämpfe an der Südwestfront, in: *ÖULK, Vom Ausklang der Schlacht bei Limanowa-Lapanow bis zur Einnahme von Brest-Litowsk, Das Kriegsjahr 1915*, Band 5/1, hrsg. v. Edmund Glaise-Horstenau, Wien 1933, S. 507-548, hier S. 509.
[591] Fritz Weber, Alpenkrieg, Klagenfurt-Wien 1934, S. 11.
[592] Schmidl, Kriegführung: Die österreichisch-ungarische ‚Südfront', S. 357.
[593] Steininger, Der große Krieg 1914-1918, S. 89.
[594] Schmidl, Kriegführung: Die österreichisch-ungarische ‚Südfront', S. 357.
[595] Forcher, Tirol und der Erste Weltkrieg, S. 215.
[596] Jordan, Krieg um die Alpen, S. 238.

den.[597] Gegen die Tiroler Gebirgsfront traten die italienischen Kräfte anfänglich jedoch nur zögerlich auf. Die operative Kampfführung verlagerte sich zunächst auf einen Stellungskrieg in einzelnen Frontabschnitten, vor allem aber auch in Höhen und Höhenstellungen um 2000 bis 3000 Meter.[598] Die exponierteste und härteste Frontlinie in geographischer und klimatischer Hinsicht bildete der Frontraum zwischen Stilfser Joch und Gardasee auf Grund der flächenmäßig größten Ausdehnung an Gletscher-Frontgebiet und den höchsten bezogenen Stellungen im Gebirgskrieg.[599] Der ehemalige Landesschützenoffizier GenMjr Miksch-Hermanny des Tiroler Landesschützenregimentes I (Trient) erinnerte daran im Jahr 1959 in seiner Rede für die 150-Jahr-Feier des Tiroler Kaiserschützenbundes:

> „Dort - hoch oben - in unseren Sommerstationen hausten die Kompagnien vom Ortler über Presena, den Gardasee, die Siebengemeinden, die Marmolata bis zu den Dolomiten - fernab der belebten Welt! Und gerade in dieser Bergeinsamkeit lernten sich Offiziere und Mannschaften besser kennen - sie fanden sich in ihrem Denken - Fühlen und Handeln - ein gewisser Kameradschaftsgeist entwickelte da, der ohnegleichen dastand! Radetzky's Geist lebte da wieder auf, der uns sagte: Einer für Alle, Alle für Einen!
> Dort oben im Hochgebirge blickten wir über die Grenze und wussten nur zu genau, dass unser südlicher Nachbar lüstern auf unser Land Tirol und gerade dieser Gedanke stachelte unser Heimatgefühl auf und wir sagten uns: Keine Fussbreite der von uns gesteckten Verteidigungslinie ohne Kampf dem Gegner zu überlassen! Wir wussten aber auch[,] dass uns die Gefahr aus dem Nordosten drohe - unser Vaterland in Gefahr, in Bedrängnis! Daher alle Kräfte für Vaterland und Heimat einsetzen.
> Dieser unser Kameradschaftsgeist - vereinigt mit Vaterlands- und Heimatliebe gab uns die Kraft und erfüllte uns mit Zuversicht und Stolz in unserem Innern und mit dem Spielhahnstoss auf der Kappe und Edelweiss am Kragen steigerte sich diese Kraft bis [sic!] zum Gefühle Unüberwindlichkeit! - So war es am nordöstlichen Kriegsschauplatz und so war es erst recht hier in Tirol!"[600]

Die gesamte Frontlinie reichte im Endeffekt von der Dreiländergrenze Österreich-Italien-Schweiz respektive Stilfser Joch/Ortler über Südtirol

---

[597] Ebd., S. 238.
[598] Rauchensteiner, Der Tod des Doppeladlers, S. 248.
[599] Lichem, Krieg in den Alpen. Band 1, S. 11.
[600] PA-VRTKsI Originalentwurf der Rede von Generalmajor Rudolf Miksch-Hermanny der 150-Jahr-Feier des Tiroler Kaiserschützenbundes.

beziehungsweise die Ausbuchtung des Trentino bis Riva am Gardasee über die Dolomiten bis ins Isonzogebiet/Kanaltal wo sich die Schnittstelle von Alpenfront und Isonzofront befand.[601] Die Tiroler Front war hierbei in Verteidigungsabschnitte und deren Unterabschnitte, so genannte Rayons und Sub-Rayons, gegliedert worden, in denen die Tiroler Landesschützen ihre Stellungen bezogen. Die Verteidigungslinie begann ganz im Westen mit dem Rayon I, der Ortler Front. Diese zog sich fast ausschließlich durchgehend durch hochalpines Gebiet mit Gipfelstellungen wie beispielsweise am Ortler, der Königsspitze oder dem Monte Cevedale. In diesem Abschnitt waren wegen der extremen Umfeldbedingungen keine großen Entscheidungsschlachten zu erwarten gewesen.[602] Beimrohr schrieb hierzu, dass das Hochgebirge nur „[...] kühne Einzelaktionen zu[ließ].“[603] Aus den Gegebenheiten entwickelte sich ein Stellungskrieg im Hochgebirge und Gletschern mit der Errichtung von Stützpunkten, wobei die Kampfhandlungen zum Teil auch in den Wintermonaten nicht ruhten. Das Rayon II, die Tonale Front, umfasste als Kampfgebiet beide Seiten des Tonalepasses (Passo del Tonale), die südliche Ortlergruppe sowie die Presanella. Den längsten Kampfabschnitt der Tiroler Front stellte das Rayon III (Südtirol) dar, welches wiederum in mehrere Unterabschnitte eingeteilt war. Das Rayon III gliederte sich in Judikarien - Festung Riva - Etschtal - Hochfläche Folgaria-Lavarone - Val Sugana.[604] Rayon IV war der Frontabschnitt Fleimstal und Rayon V entsprach der Pustertal-Front.[605] Die Tiroler Front wies somit eine Gesamtlänge von 350 Kilometern auf.[606] Ähnlich wie im Kampfgebiet Südtirol wurde auch im Isonzogebiet versucht, eine breite Abwehrfront zu schaffen, dieses Vorhaben erwies sich jedoch speziell im südlichen Abschnitt auf Grund der Geländebedingungen als äußert schwierig.[607] An der Tiroler Front wurden an vielen Frontabschnitten die Verteidigungslinien rückverlegt, sogar ganze Ortschaften und Dörfer der italienischen Besatzung überlassen, um die Frontlinie zu verkürzen und bessere militärische Ausgangslagen für eigene Offensivbestrebungen zu erhalten.[608]

[601] Schmidl, Kriegführung: Die österreichisch-ungarische ‚Südfront‘, S. 357.
[602] Wilfried Beimrohr, Die Landes- bzw. Kaiserschützen im Ersten Weltkrieg, in: *Die k.k. Landwehr Gebirgstruppen. Geschichte, Uniformierung und Ausrüstung der österreichischen Gebirgstruppen von 1906 bis 1918*, hrsg. v. Hermann Hinterstoisser, Wien 2006, S. 38-67, hier S. 45.
[603] Ebd., S. 45.
[604] Ebd., S. 45.
[605] Jordan, Krieg um die Alpen, S. 90.
[606] Forcher, Tirol und der Erste Weltkrieg, S. 196.
[607] Wagner, Der Erste Weltkrieg. Ein Blick zurück, S. 110.
[608] Forcher, Tirol und der Erste Weltkrieg, S. 195-196.

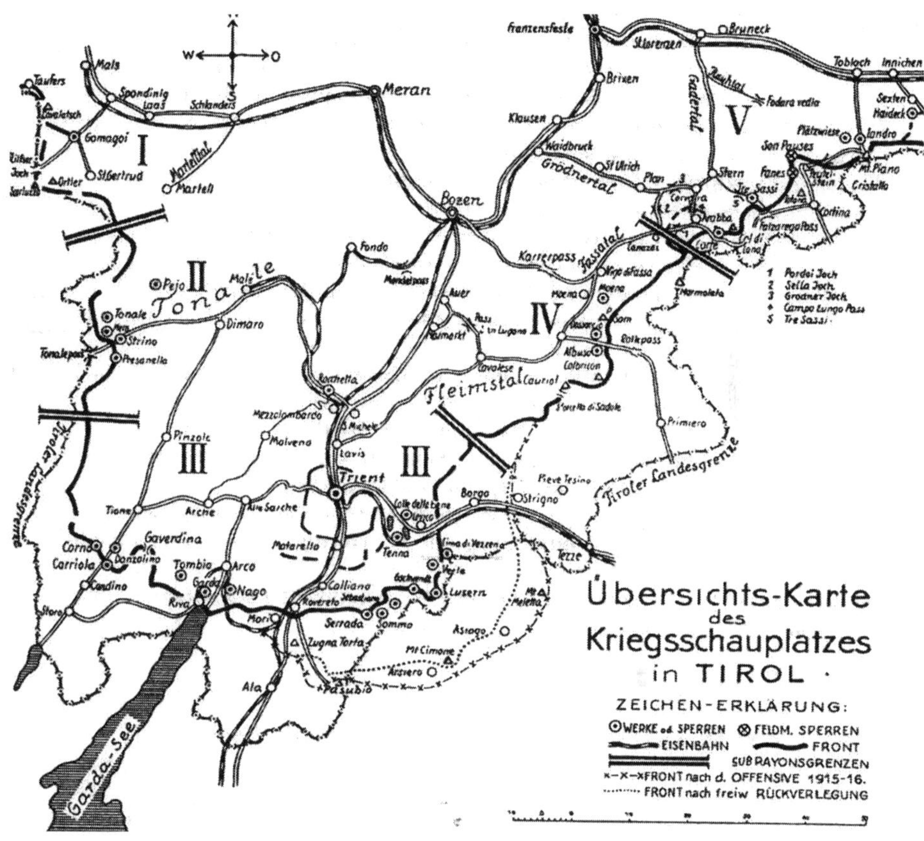

[609]

Im Gesamten entsprach das Frontgebiet zu Italien einer Gesamtlänge von 700 Kilometern[610], zum Großteil in durchschnittlichen Höhen von 1000 bis 2000 Metern über Meereshöhe. In den Dolomiten verlief die Front teilweise nahe an 3350 Meter Seehöhe, insgesamt lässt sich also feststellen, dass die österreich-ungarische Südwestfront hauptsächlich über Berggipfel, Gletscher, Schnee und Eis führte.[611] Die Hochgebirgsfront hatte anfänglich keinen Aufmarsch respektive vorgegebenen geplanten Anmarschweg, da die militärischen Planungen, wie bereits erwähnt, bis zur italienischen Kriegserklärung die Besetzung großer nunmehriger Front-

[609] Übersichts-Karte des Kriegsschauplatzes in Tirol, in: Viktor Schemfil, Die Kämpfe im Drei Zinnen-Gebiet und am Kreuzberg in Sexten 1915-1917. Verfasst auf Grund österreichischer Kriegsakten, Schilderungen von Mitkämpfern und italienischer kriegsgeschichtlicher Werke, 2. Aufl. (=Schlern-Schriften 274), Innsbruck 1986, S. 17.
[610] Steininger, Der große Krieg 1914-1918, S. 89.
[611] Marco Mondini, Kriegführung: Die italienische Gebirgsfront, in: *Katastrophenjahre. Der Erste Weltkrieg und Tirol*, hrsg. von Hermann J. W. Kuprian/Oswald Überegger, S. 367-384, hier S. 368.

abschnitte ausklammerten.[612] Laut Langes schufen sich auf Grund dessen

> „[d]ie ersten kühnen Patrouillen [...] am Beginne des Krieges in dem schwierigen Gelände ihre Wege selbst, wählten sich nach eigenem Gutdünken den Ort für ihre Stellungen und Stützpunkte und begannen den bewegten Kleinkrieg in Fels und Eis. Ohne Vorbild, Lehrmeister und taktische Befehle waren sie ganz auf sich selbst und die Erfahrungen, die sie sammelten, angewiesen."[613]

Die Schwerpunkte der Kämpfe Österreich-Ungarns mit dem italienischen Königreich können wie folgt eingeteilt werden: Die Hauptlast auf beiden Seiten lag bis Ende des Jahres 1917 an der Isonzofront und verlagerte sich dann auf Grund des Kriegsverlaufes in südwestlicher Richtung an den Piave. Hinzu kamen abseits der schweren Isonzokämpfe lediglich zwei große militärische Unternehmen, einerseits die österreich-ungarischen „Strafexpedition", die so genannte „Südtiroloffensive" (Mai 1916) sowie andererseits der italienische Großangriff auf den Monte Ortigara (Juni 1917).[614] Laut Schmidl war „[v]on diesen beiden großen Operationen abgesehen, [...] die Alpenfront ein ‚Nebenkriegsschauplatz des Nebenkriegsschauplatzes' [...]."[615]

3. Die Reitenden Tiroler Landesschützen an der Südwestfront

Die Truppenkontingente der Reitenden Tiroler Landesschützen, welche anfänglich an den neuen Südwestfront-Abschnitten im Mai 1915 in ihren Riegelstellungen gegen das Königreich Italien standen, waren zunächst neu formierte Marscheskadronen. In der *Rettenberger Schützenchronik* hieß es dazu: „Neu aufgestellte Marschschwadronen wurden bereits im Mai an die italienische Grenze verlegt, wohin im Oktober auch die Division kam."[616] Acerbi vermerkte über die Reitenden Tiroler als auch Dalmatiner Landesschützen: „Nel corso della guerra le unità dalmate furono assegnate ad operare nelle zone montuose dei distretti slavi del sud mentre i *Landesschützen* tirolesi (Reitende Tiroler Kaiserschützen), detti anche scherzosamente ‚*Gletscher-Husaren*' (Ussari da ghiacciaio) restavano con qualche distaccamento in Tirolo."[617] Im Laufe der Kampftätigkeiten an der

---

612 Langes, Front in Fels und Eis, S. 132.

613 Ebd., S. 132-133.

614 Schmidl, Kriegführung: Die österreichisch-ungarische ‚Südfront', S. 347.

615 Ebd., S. 347.

616 *Rettenberger Schützenchronik*, zweiter Teil: Tradition, S. 15.

617 Acerbi, Le truppe da montagna dell'esercito austro-ungarico nella Grande Guerra, S. 122. Eigene Übersetzung: Acerbi vermerkte: „Während des Krieges wurden die dalmatinischen Einheiten beauftragt, in den Gebirgsregionen der südslawischen Regionen zu operieren, während die Tiroler Landesschützen (Reitende Tiroler Kaiserschützen), scherzhaft ‚Gletscher-Husaren' genannt, mit einigen Einheiten in Tirol blieben."

Südwestfront wurden die Eskadronen der Reitenden Tiroler Landeschützen/Kaiserschützen verschiedenen Kampfabschnitten zugeteilt. So stand der Kommandant der 3. Eskadron, Rittmeister Franz Foltin, nach der Verschiebung von der Ostfront mit seiner Einheit „[…] gegen Italien[,] im Allgemeinen Riva, Loppio-Mori, Rovereto, Zugna Torta, Folgaria, Chiesa, Monte Somo [sic!], Monte Rovere, Assiago [sic!] [im Einsatz]."[618] Ubl führte dazu aus, dass „[d]ie Gliederung der Truppen [...] bis zum Ende der Kampfhandlungen [...] mehrfach verändert [wurde]. Ebenso wechselten sehr häufig die Kommandanten der verschiedenen Brigaden. Darin lässt sich die Schwere der Kämpfe in [...] [den] Abschnitt[en] erkennen."[619]

3.1 Gliederung und Organisation 1915

Noch vor der italienischen Kriegserklärung waren im Oktober 1914 die 1. Marscheskadron[620] der Reitenden Tiroler Landesschützen von Trient[621] aus an die italienische Grenze verlegt worden. Am 18. Jänner 1915 folgten das Kommando und vier Züge der Marscheskadron aus Innsbruck: Je ein Zug wurde den Subrayonskommanden I (Prad, beziehungsweise dann Abschnitt Ortler zur 53. Halbbrigade), II (San Michele) sowie IV (Auer) und V (Bruneck) zugeteilt.[622] Die Fußeskadron war mit Befehl des k.u.k. Militärkommandos in Innsbruck vom 19. April 1915 nach Pejo in den Subrayon II verlegt worden.[623] Im Sommer 1915 folgten ein Zug der 3. Marscheskadron sowie die 4. Fußeskadron der Reitenden Tiroler Landesschützen unter der Führung der 54. Halbbrigade in den Raum Tonale-Pejo.[624] Im Rahmen der kombinierten Infanteriedivision Pustertal, in der 51. Halbbrigade respektive dann 51. Gebirgsbrigade, wurden im Mai 1915 Teile der 3. Eskadron zur Grenzsicherung auf der Hochfläche von Folgaria und Lavarone sowie in den Kämpfen in den Dolomiten zwischen Kreuzspitz und Pordoijoch und in den Vorstellungen des Col di Lana eingesetzt.[625] Die 1. Marscheskadron der Reitenden Tiroler Landesschützen war bei der Küstenlandverteidigung in der 50. Infanteriedivision[626] und in weiterer Folge geteilt – mit einer halben Marscheskadron bei den Kämpfen bei Do-

[618] PA-EH Persönliche Aufzeichnungen des Reitenden Tiroler Landesschützen/Kaiserschützen Franz Foltin über seine Familie und seinen Werdegang.
[619] Ubl, Der Erste Weltkrieg 1914-1918. Die Tiroler Front 1915-1918, Beilage D 10.
[620] *Innsbrucker Nachrichten (24.10.1914)*, S. 7.
[621] *Neue Freie Presse (20.11.1914)*, S. 8.
[622] PA-VRTKsI OP/03/191. k.u.k. Militärkommando in Innsbruck. Präs. Nr. 691. Verlegung von Formationen. 12. Jänner 1915, S. 1.
[623] PA-VRTKsI Präs. Nr. 7694. K.u.k. Militärkommando in Innsbruck. 19. April 1915, Verlegung der Fusseskadron in den Subrayon II.
[624] PA-VRTKsI 06/09/1915. k.u.k. 54. Halb.Brig Kdo. Ordre de bat d. 54. HalbBrig Kdo.
[625] Maximilian Ehnl/Edwin Sacken, Gebirgsbrigaden, in: *ÖULK*, Registerband, hrsg. v. Edmund Glaise-Horstenau, Wien 1938, S. 286.
[626] Ehnl/Sacken, Infanteriedivisionen, S. 228.

Gruppenbild der Reitenden Tiroler Landesschützendivision (3. Eskadron) im April 1915. Foto: JHM-f-brue-112.

lie und der zweiten halben Marscheskadron in der 1. Infanteriedivision[627] bei den Kämpfen um Tolmein im Kriegseinsatz. Nachdem die gesamte Reitende Tiroler Landesschützen Division bis Oktober 1915 von der Ostfront verlegt worden war, kamen die 1. Eskadron an die Kärntner Front, die 2. und 3. Eskadron sowie die Maschinengewehrabteilung der Division in den Rayon III (Südtirol) südlich von Moietto.[628]

3.1.1 Die nördliche und südliche Ortlerfront

In der friedensmäßigen Beurteilung des k.u.k. Generalstabes wurde das Hochgebirge der späteren Ortlerfront in den Planungen als „militärisch ungangbares Gebiet" eingestuft und blieb bei den Vorbereitungen für einen Kriegsfall gegen das italienische Königreich gänzlich unbeachtet. Der k.u.k. Generalstabsentwurf sah hierbei vor, erst in den tiefergelegenen Talgebieten eine Frontlinie aufzubauen. Versinnbildlichung dieses Kalküls war die k.u.k. Talsperre Gomagoi und nicht das Gebiet des Stilfser Joches. Ein weiteres Beispiel wäre auch die Beurteilung des k.u.k. Generalstabes, in die Verteidigung der Ortlergruppe die Tofanen nicht einzubeziehen.[629] Der

[627] Ehnl/Sacken, Infanteriedivisionen, S. 173
[628] *Rettenberger Schützenchronik*, zweiter Teil: Tradition, S. 15.
[629] Walther Schaumann, Der österreichische Gegenangriff auf die Punta San Matteo (3692 m. ü. M.) am 3. September 1918, in: *ASMZ: Sicherheit Schweiz: Allgemeine schweizerische Militärzeitschrift (134/1968)*, S. 580-588, hier S. 580. sowie Langes, Front in Fels und Eis, S. 130.

junge Alpinist und Offizier Gunther Langes kritisierte später, dass

> „[d]er modernen Strategie [...] das Hochgebirge fremd geblieben [war]. Man konnte sich nicht vom Grundsatze lösen, daß nur die Ebene und die Täler dazu da sind, um auf ihnen zu kämpfen, bestenfalls die bequemen Übergänge und Pässe bezog man in die notwendige Verteidigungslinie ein."[630]

Erst die italienische Kriegserklärung änderte die österreich-ungarische Perspektive auf die operative Kriegsführung.[631] Bereits die ersten Kriegstage im Westen der Tiroler Front bewiesen, dass eine militärische Besetzung jener Hochlagen essenziell für eine erfolgreiche Verteidigung waren. Das vorherrschende Momentum der Notwendigkeit drängte hierbei zum schnellen Progress in der Kriegsführung im Hochgebirge sowie den Militäralpinismus, welcher im weiteren Kriegsverlauf in der „Verdunisierung" des Gebirgskrieges gipfelte.[632] Vor allem durch die richtige Beurteilung der Lage durch k.u.k. Truppenoffiziere an der Tiroler Westfront im Abschnitt der Ortlergruppe konnten militärtaktische Höhenzüge und essenzielle strategische Punkte vor den italienischen Kräften besetzt und gehalten werden. Entgegen der eigentlichen operativen Ausrichtung war der Frontverlauf jener Abschnitte der Tiroler Front nun von der tiefgelegeneren Tallage, größtenteils entlang der Reichsgrenze[633], auf die signifikanten Berggipfeln des Ortlerhauptkammes verlegt worden.[634]

Der Kampfabschnitt „Ortler" umfasste somit die zwei Rayone I und II: den Rayon I vom Stilfser Joch bis an den Cevedale Pass und den Rayon II den Cevedale über die Punta San Matteo zum Unterabschnitt Montozzo einschließlich der Höhe des Tonale sowie der Nordteil der Presanella Berge.[635] Neben dem Stilfser Joch war der Tonalepass aus strategischer Sicht das zweite Einfallstor von der Lombardei nach Tirol. Zudem lag die zentrale Nachschubader der k.u.k. Wehrmacht, die Bahnlinie Bozen-Trient, in dessen Hinterland. Ein Verlust des Tonale hätte zur Folge gehabt, dass italienische Kräfte nicht nur weiter in nördliche Richtung durchstoßen hätten können, sondern einen Totalausfall der Presanella-Adamello-Front, der Judikarien-Front, der Hochflächen der Sieben Gemeinden sowie der

---

630 Langes, Front in Fels und Eis, S. 129.
631 Schaumann, Der österreichische Gegenangriff auf die Punta San Matteo, S. 580.
632 Langes, Front in Fels und Eis, S. 130. sowie zum Begriff „Verdunisierung" in Bezug auf den Gebirgskrieg: Jordan, Krieg in den Alpen, S. 215-275.
633 Die westliche Tiroler Front verlief von Stilfser Joch - Scorluzzo - Großer Nagler - Hohe Schneid - Trafoier Eiswand - Kleiner Eiskögele - Ortler - Hintergrat - Königsspitze - Zufallspitze - Monte Rosole - Pallon della Mare - Monte Vioz - Taviela - Giumella - Punta San Matteo - Mantello - d'Albiola - Tonale entlang der Reichsgrenze.
634 Schaumann, Der österreichische Gegenangriff auf die Punta San Matteo, S. 580.
635 Lichem, Krieg in den Alpen. Band 1, S. 178.

Front der Fleimstaler Berge ergeben.[636] Golowitsch schrieb dazu, dass

> „[…] es daher kein Wunder [ist], daß sowohl um den Tonalepaß als auch um die ihn flankierenden Gipfel und Grate erbittert gerungen wurde, vor allem ab 1917, als der italienische Generalstab erkennen mußte, daß seine Truppen an der nördlichen Ortlerfront keinen Durchbruch erzielen konnten."[637]

An dieser nördlichen Ortlerfront war die Tiroler Verteidigungslinie des Monte Scorluzzo sowie der Naglerspitze im Rayon I das erste Angriffsziel der italienischen Verbände.[638] Mehr als zwei Drittel des Westabschnitts der Tiroler Front waren ausschließlich Hochgebirgsfront mit Verteidigungslinien in Fels und Eis.[639] Auf Grund der Einbeziehung jener Geländeteile war die Tiroler Verteidigungsfront als starkes Gelände für die Tiroler Besatzer eingestuft, welche zur effektiven Verteidigung nur wenige, jedoch mit hoher alpinistischer Ausbildung qualifizierte Soldaten erforderte.[640] Die Tiroler Verteidiger stellten die 53. Halbbrigade unter der Führung von Oberst Abendorf, mit dem 29. Reservebataillon des Kaiserjägerregiments I, den Standschützenabteilungen Prad, Schlanders, Stilfs und Taufers, einer Maschinengewehrabteilung sowie einen Zug der 3. Marscheskadron der Reitenden Tiroler Landesschützen.[641] Diese Marscheskadron war, wie bereits erwähnt, am 18. Jänner 1915 von Innsbruck nach Prad verlegt worden.[642] Zusätzlich waren die Sperren Nauders und Gomagoi von einer Abteilung des II. und III. Landesschützenregimentes, der 2. Reservekompanie des 4. Festungsartillerie Bataillons sowie zwei Abteilungen des 7. Festungsartillerie Bataillons bemannt worden. Die 53. Halbbrigade wies bis Oktober 1915 somit einen Gesamtstand von 2.777 Gewehren, 19 Kanonen und 61 Reitern auf.[643]

Im Gegensatz zu den Tiroler Soldaten hatten die italienischen Kräfte ein schwieriges, hochalpines Gelände einzunehmen, das nur kleine militärische Operationen zuließ und auch nur durch hochgebirgserfahrene Spezialisten vollzogen werden konnte. Trotz starker italienischer Artillerieunterstützung scheiterte der italienische Angriffsversuch am

[636] Helmut Golowitsch, Der Kampf um die nordwestlichen Einfallspforten nach Tirol, in: *Moritz Lempruch, Der König der deutschen Alpen und seine Helden. Ortlerkämpfe 1914-1918 (Nachdruck von 1925), ergänzt durch historische Beiträge*, hrsg. v. Helmut Golowitsch, Nürnberg 2005, S. 244-331, hier S. 289.

[637] Ebd., S. 290.

[638] Jordan, Krieg um die Alpen, S. 238.

[639] Langes, Front in Fels und Eis, S. 130.

[640] Jordan, Krieg um die Alpen, S. 238.

[641] The Nafziger Collection of Orders of Battle. 915AJAC. Austro-Hungarian Army Italian Front 15 October 1915, S. 1.

[642] vgl. PA-VRTKsI OP/03/1915. k.u.k. Militärkommando in Innsbruck. Präs. Nr. 691. Verlegung von Formationen, 12.01.1915, S.1.

[643] The Nafziger Collection of Orders of Battle. 915AJAC. Austro-Hungarian Army Italian Front 15. October 1915, S. 1.

21. Juli 1915.[644] Nach dem misslungenen italienischen Stoß waren an der nördlichen Ortlerfront über die Sommermonate hinweg keine bemerkenswerten Offensivaktionen mehr zu verzeichnen.[645] Laut Jochberger konnte damit „[…] die Gefahr eines Einbruches über das Stilfser Joch gebannt und der Frontverlauf bis Kriegsende auf der Passhöhe fixiert werden."[646] Ein zweiter Ansatz von italienischer Seite aus fand erst wieder am 20. und 21. September mit einem Sturm gegen den von der 53. Halbbrigade besetzten Monte Scorluzzo stand. Die österreich-ungarischen Truppen hielten jedoch der starken Feuervorbereitung sowie den Offensiven statt.[647]

Zeitgleich ereignete sich ein außerordentliches Hochgebirgsgefecht zwischen Königs- und Zufallspitze im Cedehgletscher.[648] Ein italienisches Geschütz wurde über eine Rippe des Cedehgletschers auf das Königsjoch (3.295 Meter) geseilt und bedrohte direkt die den österreich-ungarischen Soldaten als Unterkünfte dienende Schaubach- und Hallehütte (2.573 Meter).[649] Um die italienische Steilfeuerbedrohung zu beenden, gab die 53. Halbbrigade den Befehl, den Feind zu werfen. Mit der Überwindung von 3.600 Meter hohen Felsgraten schafften es die Patrouillen, der italienischen Geschützbesatzung in den Rücken zu fallen und jene samt Geschütz am 21. September zum Rückzug zu zwingen.[650] Im Gegenzug scheiterte eine Aktion der Stilfserjoch-Besatzung gegen die italienischen Stellungen am 29. September auf Grund eines Wetterumschwunges.[651] Der an der nördlichen Ortlerfront früh einsetzende Winter auf einer durchschnittlichen Höhenlage von 3.000 Metern erzwang mit extremer Kälte, Schnee, Lawinen und Stürmen laut Jordan „[...] eine Erstarrung der kriegerischen Tätigkeiten."[652] Im Wintermonat November 1915 wurden in diesem Frontabschnitt beispielsweise 44 Grad minus am Joch gemessen. Die Septemberkämpfe waren somit – neben zahlreichen kleinen Patrouillen-Begegnungsgefechten – im Abschnitt des Rayons I die letzten größeren Offensiven im Kriegsjahr 1915.[653]

Die Abschnitte der Ortlergruppe vom Langenfernerjoch (Passo Cevedale) - Monte Cevedale - Monte Rosole - Palon della Mare - Monte Vioz - Punta San Matteo entsprachen der Unterteilung der südlichen Ortlerfront

[644] Jordan, Krieg um die Alpen, S. 238.
[645] Ebd., S. 239.
[646] Jochberger, Der Erste Weltkrieg in den Ortleralpen, S. 166.
[647] Jordan, Krieg um die Alpen, S. 239.
[648] Josef Brauner, Vorfeldunternehmen im Raume westlich der Etsch, in: ÖULK, Von der Einnahme von Brest-Litowsk bis zur Jahreswende. Das Kriegsjahr 1915, Band 3, hrsg. v. Edmund Glaise-Horstenau, Wien 1932, S. 383-384, hier S. 383.
[649] Ebd., S. 383, sowie Jordan, Krieg um die Alpen, S. 239.
[650] Ebd., S. 383
[651] Brauner, Vorfeldunternehmen im Raume westlich der Etsch, S. 3.
[652] Jordan, Krieg um die Alpen, S. 240.
[653] Ebd., S. 240, sowie Siegfried Sauermoser, Lawinenkundliche Analyse der Lawinenereignisse an der Italienfront im Ersten Weltkrieg, Dissertation Wien 2020, S. 60-75.

am italienischen Kriegsschauplatz bis nach Santa Caterina im Westen und dem Martelltal und Ultental im Osten bis zum Eckpfeiler der Frontlinie Montozzo-Tonale. Von Bormio bis Santa Cateria lag das Anmarschgebiet der italienischen Streitkräfte. Die Frontdarstellung aus italienischer Sicht visualisiert den Verlauf der italienischen „Nordostfront" respektive die westliche Tiroler Front vom Passo Cevedale bis zur Punta San Matteo:

[654]

Vor dem Kriegseintritt des Königreiches Italien, waren im Raum Tonale-Pejo nur schwache Kräfte vorhanden. Laut Golowitsch „[s]tanden als Ver-

[654] Übersichts-Karte des Kriegsschauplatzes der italienischen Nordostfront aus italienischer Sicht in: Massimo Bontempelli, Dallo Stelvio al Mare, Firenze 1915, S. 22.

teidiger damals nur die aus Landesschützen [...] bestehenden Festungsbesatzungen, eine Viertelschwadron der Reitenden Tiroler Landesschützen, die jetzt freilich zu Fuß und auf Schiern unterwegs waren [...] sowie deutsch[tiroler] Standschützen."[655] Jene Teile umfassten am 27. April 1915, kurze Zeit vor dem italienischen Intervento, die Standschützenbataillone Cusiana, Cles, Male, Ulten und Kaltern II, das Kanonenbataillon 2, ein Detachement des Landesschützenregiments 2 (Bozen) sowie Teile der Fußeskadron der Reitenden Tiroler Landesschützen mit 14 Mann im Rückraum von Montozzo und des Werkes Pejo.[656] Die Fußeskadron der Reitenden Tiroler Landesschützen war Mitte April von Innsbruck im Fußmarsch nach Pejo verlegt worden.[657]

Der folgende Kartenausschnitt der Situationsoleate des Subrayonskommandos II vom 27.04.1915 verdeutlicht hierbei die anfängliche militärische Verteidigungslage respektive Verteidigungsstrategie sowie das Kräfteverhältnis der eingesetzten Truppenteile an der Reichsgrenze:

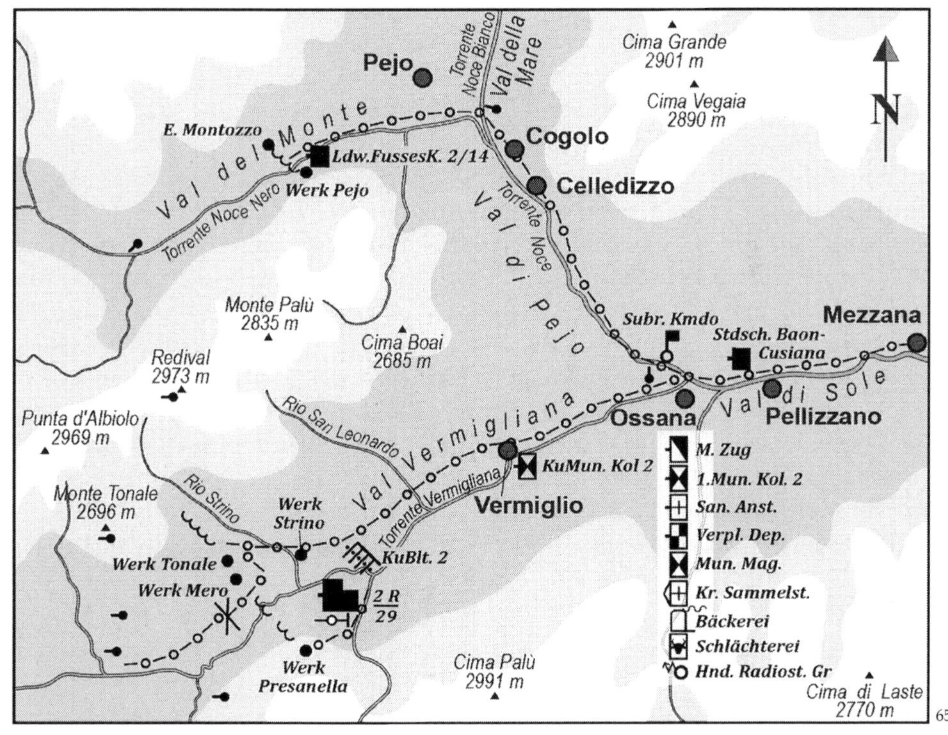

[658]

[655] Golowitsch, Der Kampf um die nordwestlichen Einfallspforten nach Tirol, S. 290-291.
[656] PA-VRTKsI Kartenausschnitt aus Situationsoleate Subrayonskommando II, 27.04.1915.
[657] PA-VRTKsI Präs. Nr. 7694. K.u.k. Militärkommando in Innsbruck. 19. April 1915, Verlegung der Fusseskadron in den Subrayon II.
[658] PA-VRTKsI Kartenausschnitt aus Situationsoleate Subrayonskommando II, 27.04.1915, eigene Darstellung und Karte Glänzer.

Von 1915 bis 1917 war die südliche Ortlerfront von österreichischer Seite aus nur als Nebenkriegsschauplatz beurteilt worden, welcher lediglich mit der notwendigsten Mannes- sowie Materialstärke bestückt worden war. Die Generalstäbe beider Seiten verfolgten anfänglich nicht den Plan, kriegsentscheidende Offensiven an den Ortlergruppen-Abschnitten zu suchen. Der italienische Generalstab hatte entschieden, einen Durchbruch in diesem Bereich ausschließlich über den nördlichen Ortlerkamm sowie über das Stilfser Joch voranzutreiben. Dazu sollte es aber nicht kommen.[659]

Durch Schlanderer Standschützen waren bereits das Langenfernerjoch beziehungsweise der so genannte Cevedalepass zwischen Suldenspitze und Cevedale besetzt worden, ebenso war die Linie Martell - Bormio, bereits seit Ende Mai 1915 in österreichischer Hand. Im Rayon II waren alle verfügbaren Truppenkörper zur Errichtung eines eventuellen Sperrriegels beziehungsweise zur Verteidigung des Tonale-Passes herangezogen worden.[660] Die Verteidigung der erst allmählich errichteten Besatzung der südlichen Ortlerberge oblag dem Kontingent der 54. Halbbrigade[661] und deren angeschlossenen Tiroler Standschützen-Bataillone respektive Kompanien Innsbruck, Passeier, Ulten und Malé sowie den zwei Fuß-Abteilungen[662] der Reitenden Tiroler Landesschützen.[663]

In den ersten Kriegsmonaten 1915 erfolgten hauptsächlich Sicherungstätigkeiten durch eine geringe Anzahl von Feldwachen lediglich in Truppstärke auf der gesamten Frontlinie im Val Montozzo, dem Monte Vioz, auf der Giumella, dem Pallon della Mare sowie dem Monte Pasquale. Die Ausnahme stellte bis dahin der Raum um Cevedale dar, welcher von österreich-ungarischer Seite als potenzielle Durchbruchsstelle beurteilt und dementsprechend personell und materiell verstärkt wurde.[664] Die Ausdehnung der Front auf den südlichen Ortlerbergen belief sich auf 15 Kilometer mit einem Besetzungsgrad von 800 Gewehren. Dies entsprach einem Gewehr alle 19 Meter auf dieser Frontlinie.[665] Die südliche Ortlerfront im Subrayonsabschnitt Cevedale war in eine Nordfront und eine Westfront eingeteilt worden.[666] Der „Kampfabschnitt Vioz" verlief von Schnittstelle des Rayons

659 Lichem, Krieg in den Alpen. Band 1, S. 174-178.
660 Köll, Der Krieg auf den südlichen Ortler-Bergen 1915-1918, S. 8-10.
661 vgl. Ebd, S. 8. Köll spricht hier von der 85. Landesschützenbrigade welche es in der k.u.k Wehrmacht jedoch nicht gab. Gemeint ist die 54. Halbbrigade unter der Führung von GM Friedrich Eckhardt von Eckhardtsburg, welche im Rayon II eingesetzt war.
662 Eine Abteilung der Reitenden Tiroler Landesschützen entsprach einer Mannstärke von 102 Mann. vgl. PA-VRTKsI Op 90/1915. Präs. Nr. 428 II, K.k. Ministerium für Landesverteidigung. Fußabteilungen der Kavallerie-Formierung, S. 1.
663 Lichem, Krieg in den Alpen. Band 1, S. 180.
664 Ebd., S. 180.
665 Briefbericht von Generalmajor von Steinhart über die südliche Ortlerfront, zit. in: Helmut Golowitsch, Der Kampf um die nordwestlichen Einfallspforten nach Tirol, in: Moritz Lempruch, Der König der deutschen Alpen und seine Helden. Ortlerkämpfe 1914-1918 (Nachdruck von 1925), ergänzt durch historische Beiträge, hrsg. v. Helmut Golowitsch, Nürnberg 2005, S. 279.

I an der Zufallsspitze bis über den Pallon-Kamm des Pallon della Mare.[667]

Auf der Frontlinie des südlichen Ortlergruppen-Abschnittes wurden in den ersten Kriegsmonaten keine massiven Kriegshandlungen ausgetragen, stattdessen entwickelte sich ein Kleinkrieg der Patrouillen. Der Auftrag auf beiden Seiten war, tief ins vom „Feind" besetzte Gebiet einzusickern und die vermeintliche Absicht des Gegenübers aufzuklären. Jene Aufklärungstätigkeiten - zumeist unter Ausnutzung der nächtlichen Bedingungen - wurden von Tiroler Seite aus über alle Gipfel, Kämme und Gletscher zwischen Monte Vioz und der Punta San Matteo durchgeführt. Die Präsenz der Aufgebote der Tiroler Standschützen sowie der Tiroler Landesschützen erweckte bei der italienischen Seite auf Grund der ständigen Bewegungen im südlichen Ortlergebiet den Eindruck, dass sie die gesamten Gipfel und Gletscher kontrollierten.[668] Zwar wurden, um eine durchgängige Besatzung sicherzustellen, kontinuierlich neue Truppen zugeführt, jedoch auf Grund der Ausdehnung der Front in nicht ausreichender Anzahl.[669]

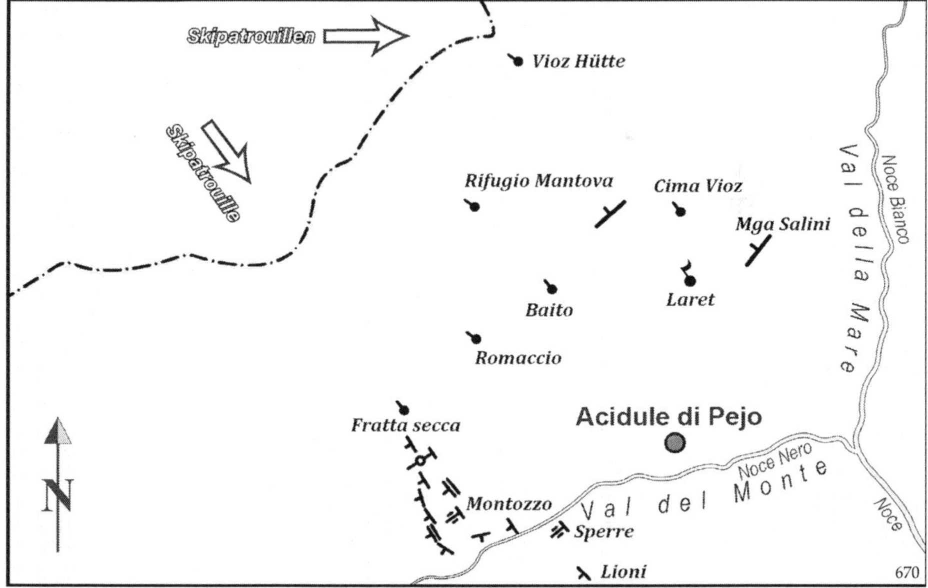

Ab dem Sommer 1915 war der Monte Vioz (3644 m) von der Malga Salini aus mit einem Feldwachenkontingent besetzt worden.[671] Gemäß

[666] PA-VRTKsI Situationsoleate der Linie a. IIa, 27. Juni 1915, Westfront und Nordfront.
[667] Golowitsch, Der Kampf um die nordwestlichen Einfallspforten nach Tirol, S. 279.
[668] Lichem, Krieg in den Alpen. Band 1, S. 182.
[669] Köll, Der Krieg auf den südlichen Ortler-Bergen 1915-1918, S. 8.
[670] PA-VRTKsI Situationsoleate der Linie a. IIa, 27. Juni 1915, Westfront und Nordfront, eigene Darstellung und Karte Glänzer.
[671] Köll, Der Krieg auf den südlichen Ortler-Bergen 1915-1918, S. 10.

der Quellenlage hielten ab 27. Juni 1915 Patrouillen der Fußeskadron der Reitenden Tiroler Landesschützen die Nordfront in der Stärke von 6 bis 11 Soldaten im Refugio Cevedale, der Vioz Hütte, im zum Vioz benachbarten Refugio Mantova, am Baito im Taviela Tal und am Cornaccio Sattel im Cadini Tal. 25 Mann der Fußeskadron hatten den Auftrag der unmittelbaren Sicherung des Aufganges auf den Vioz, 50 Mann der Reitenden Tiroler Landesschützen wurde die Sicherung in der Malga Salini übertragen. Die Westfront umfasste die Fratta Secca sowie Pejo.[672]

Die italienischen Streitkräfte hatten ihr Schwergewicht im ersten Kriegsjahr nicht in diesem Raum eingesetzt, sondern waren mit starken Kräften auf der Linie Tonale - Punta Albiolo - Ercavallo in Stellung, um die nördliche Flanke des Tonale abzuriegeln und nicht offensiv gegen die österreich-ungarischen Truppen vorzugehen.[673] Dies wirkte sich günstig für die Tiroler Verteidiger aus, denn, wie Lichem vermerkte, „[n]achdem im Herbst 1915 - endlich - die heißersehnten Tiroler Gebirgstruppen, die Kaiserschützen [zu jenem Zeitpunkt noch Landesschützen Anm. d. Verf.], aus Galizien in Südtirol einlangten, [...] auch die südliche Ortlerfront die längst notwendige Verstärkung [erhielt]."[674]

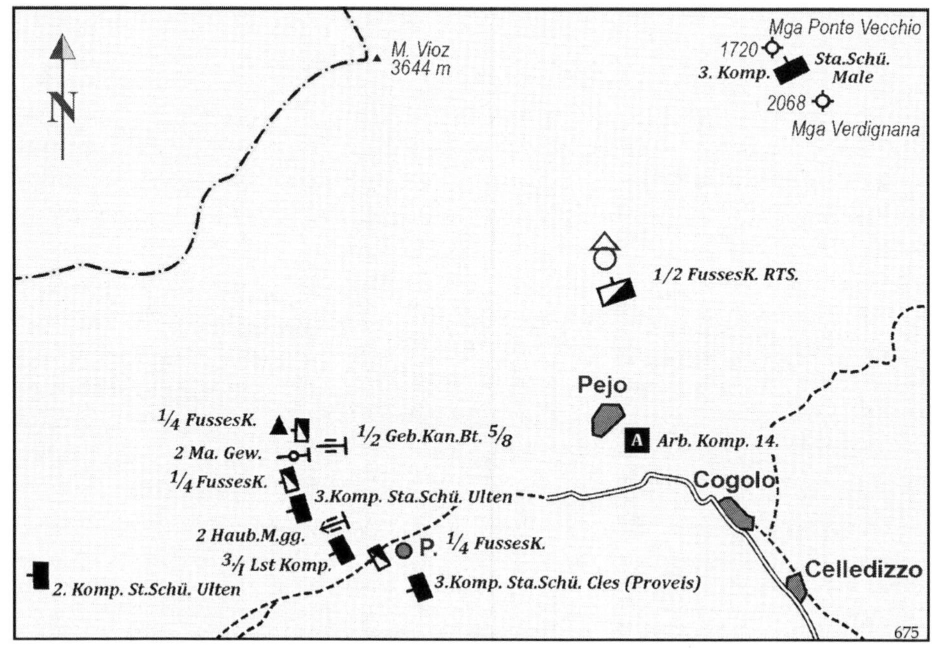

[672] PA-VRTKsI Situationsoleate der Linie a. IIa, 27. Juni 1915, Westfront und Nordfront, Eigene Darstellung.
[673] Lichem, Krieg in den Alpen. Band 1, S. 182.
[674] Ebd., S. 182.

Die Gesamtstärke der k.u.k. 54. Halbbrigade belief sich im Abschnitt Tonale bis Herbst des Jahres 1915 auf 5.540 Gewehre, 39 Kanonen und eben 29 Mann der 3. Marscheskadron.[676] Von den Reitenden Tiroler Landesschützen befanden sich am 31. August 1915 eine halbe Fußeskadron im Raum der Malga Salini an der Nordfront sowie eine halbe Fußeskadron im Gebiet Fratta Secca sowie Montozzo und ein Zug Fußeskadron in Nähe der Sperre Pejo.[677] In der 54. Halbbrigade entsprach dies einem Kontingent von 180 Mann der 4. Fußeskadron, reitender Tiroler Landesschützen unter dem Kommando von Oberleutnant Goerl sowie 29 Mann eines Zuges der 3. Marscheskadron unter der Führung von Leutnant Manziarly.[678]
Wie an der nördlichen Ortlerfront setzten die Truppen der italienischen 5. Division von August bis September 1915 auf Befehl des III. italienischen Korpskommandos im Raum des Tonalepasses zu einer Offensive an. Nach sechstägigem Steilfeuer auf die österreich-ungarischen Stellungen, von 15. bis 20. August, begann am Folgetag der Stoß der italienischen Alpini und Infanterie gegen die k.u.k. Riegelstellungen. Die italienische Offensive gliederte sich in den Hauptstoß gegen den Tonale sowie drei flankierenden Begleitangriffen gegen den Corno di Bedole, den Presenasee sowie der Höhe Laghetti. Die Truppen der 54. Halbbrigade, in Verbindung mit dem Sturmabwehrfeuer der Werksartillerie, konnten ihre Riegelstellungen halten und den italienischen Angriff auf allen Fronten abweisen.[679] Im österreich-ungarischen Generalstabswerk wurde zu den italienischen Bestrebungen im Kriegsjahr 1915 vermerkt: „Die Unternehmung im Ortlergebiet gedieh über die Verfassung des Angriffsentwurfes nicht hinaus."[680]
Nördlich des Tonale, im Kampfabschnitt zwischen Gavia Pass und der Punta San Matteo, waren Reitende Tiroler Landesschützen zur Verstärkung dieses Frontabschnittes abgestellt worden. Im *Neues Wiener Tagblatt* erschien ein Bericht von Kurt Freiherr von Reden unter dem Titel „Unsere Wacht im Reiche der Dreiherrenspitze" über italienische Angriffsversuche auf den k.u.k. Korporal Heinrich und seine Mannschaft vom 9. Juni 1915 auf dem Horn der Drei Herren (Il Corno dei Tre Signori):

> „[...] Im Juni ist er fünfmal angegriffen worden, am meisten am 9. Juni, wo die Italiener ihn von zwei Seiten fassen wollten. Im

---

[675] PA-VRTKsI Kartenausschnitt „Lage am 31. August 1915". K.u.k. 54. Halbbrigadekommando, eigene Darstellung und Karte Glänzer.
[676] Brauner, Pläne und Kräfteaufgebot für Herbst 1915, S. 36.
[677] PA-VRTKsI Kartenausschnitt „Lage am 31. August 1915". K.u.k. 54. Halbbrigadekommando.
[678] PA-VRTKsI 06/09/1915. k.u.k. 54. Halb.Brig Kdo. Ordre de bat d. 54. HalbBrig Kdo.
[679] Josef Brauner, Die Sommerkämpfe in Tirol, in: *ÖULK, Vom Ausklang der Schlacht bei Limanowa-Lapanów bis zur Einnahme von Brest-Litowsk. Das Kriegsjahr 1915*, Band 2, hrsg. v. Edmund Glaise-Horstenau, Wien 1931, S. 780-787, hier S. 786-787.
[680] Ebd., S. 787.

Nebel sind sie auf fünfhundert Schritte herangekommen, er stand gerade mit ein paar Mann am höchsten Gipfel, die anderen waren nicht in der Hütte. Seine Leute schossen aber sehr gut, so daß die Welschen umkehrten und bis weit auf ihr Gebiet zurückgingen, die Verwundeten schleppten sie nach, und bisher sind sie nicht wieder so nahe gekommen. Vier von den Leuten des Korporals waren sogar berittene Tiroler Landesschützen, diesmal freilich zu Fuß, alle erhielten die Bronzene."[681]

Unter dem Titel „Gletscherkampf im Ortlergebiet" schrieb das *Vorarlberger Volksblatt*: „Während manche Gegenden Südtirols das Bild von Manöverzeiten zeigen, spielen sich auf den Gebirgshöhen Kämpfe ab, die die höchsten Anstrengungen unserer ‚Gletscherhusaren' darstellen."[682]

3.1.2 Die Abwehrkämpfe bei der Hochfläche von Folgaria-Lavarone

Während der westliche Abschnitt der Tiroler Front im Kriegsjahr 1915 von schweren Kampfhandlungen relativ verschont blieb, kam es im südlichen Teil der Tiroler Front sowie an der Dolomitenfront zu heftigen Gefechten.[683] Die italienischen Streitkräfte hatten laut Jordan „[...] die ersten Kriegswochen anscheinend mit der Nachholung versäumter Vorbereitungen für einen Angriff auf Tirol verbracht, denn sie begannen nun, die Pustertaler Front und die Hochflächen in großer Zahl und Wucht anzugreifen."[684]

Der Schutz des südlichen Abschnittes der Tiroler Front im Raum Rovereto war der 181. Infanteriebrigade übertragen worden, welche an beiden Seiten des Südrandes ihre Riegelstellungen bezogen hatte. Teile der italienischen 9. Infanteriedivision sowie eine Brigade der Besatzung von Verona waren im langsamen Anmarsch auf jenen österreich-ungarischen Verteidigungsabschnitt.[685] Die Reitenden Tiroler Landesschützen standen am 23. Mai 1915 im Rayon III im Raum Grims zusammen mit einem schwachen Kontingent an Gendarmerie- und Finanzwachtposten im Grenzgebiet. Um einerseits die italienischen Verbände über die tatsächliche Stärke der österreich-ungarischen Truppenkontingente im Südabschnitt im Unklaren zu lassen und andererseits vor allem die italienischen

---

[681] *Neues Wiener Tagblatt (17.07.1915)*, S. 2-3.
[682] *Vorarlberger Volksblatt (22.08.1915)*, S. 2.
[683] Jordan, Krieg um die Alpen, S. 240.
[684] Ebd., S. 240-241.
[685] Josef Brauner, Die Begebenheiten an der Tiroler Westfront und im Rayon „Südtirol", in: *Österreich-Ungarns letzter Krieg 1914-1918, Vom Ausklang der Schlacht bei Limanowa-Lapanów bis zur Einnahme von Brest-Litowsk*. Das Kriegsjahr 1915, Band 2, hrsg. v. Edmund Glaise-Horstenau, Wien 1931, S. 517-520, hier S. 518.

Kräfte und deren Vormarsch zu verzögern, führten Teile der Reitenden Tiroler Landesschützen in Gruppenstärke mit der Gendarmerie so genannte „Kommandounternehmen" durch. Hierbei wurden gezielte Überfälle auf die italienischen Einheiten verübt.[686] Im Endeffekt vermochten 170 Mann der k.u.k. Truppen am vierten Kriegstag, am 27. Mai 1915, bei der nur 10 Kilometer vom Grenzabschnitt entfernten Stadt Ala zwei italienische Bataillone sowie eine italienische Batterie den vollen Tag lang aufzuhalten. Erst am 5. Juni waren die italienischen Kontingente bis auf Geschützentfernung an die Tiroler Etschtalsperre vorgedrungen und bezogen selbst ihre Riegelstellungen.[687]

Wesentlich intensivere Angriffsbestrebungen der italienischen Seite vollzogen sich auf der Hochfläche von Folgaria und Lavarone. In diesem Kampfabschnitt waren die österreich-ungarischen Sperrwerke in unmittelbarer italienischer Steilfeuerdistanz. Diese Sperrwerke waren jedoch nur für eine temporäre Sicherung des Sammelraumes eigener Offensivbestrebungen gegen das italienische Königreich bestimmt gewesen und in puncto Panzerung und Bewaffnung den italienischen Werksgeschützen unterlegen. Bis zum 28. Mai 1915 oblag der 51. Halbbrigade (später 51. Gebirgsbrigade) die mobile Verteidigung jenes Abschnittes, danach der herangeführten 180. Infanteriebrigade.[688]

Das italienische Aufgebot für die Offensive auf die Hochfläche wurde aus dem V. Korps gestellt und bestand aus dem Gros der italienischen 9. Infanteriedivision sowie der halben 34. italienischen Infanteriedivision im Verbund mit vier Alpinibataillonen. Deren primärer Angriffsauftrag sollte erst nach dem Vernichten der österreich-ungarischen Sperrforts durch massives Artilleriefeuer erfolgen. Am 24. Mai 1915 begann ein sechstägiger Steilfeuerbeschuss der italienischen Werke auf die vier östlichen Forts von Lavarone sowie die Feste Serrada. Am 30. Mai begann die erste italienische Offensive im Abschnitt Verle-Cima di Vezzena. Der Ansatz wurde jedoch durch die dort eingesetzten Tiroler Landstürmer und Standschützen, im Verbund mit der noch intakten Werksartillerie, abgeschlagen. Im österreichischen Generalstabswerk hieß es dazu: „Doch auch anfangs Juni zeigte sich der Feind sehr rührig und war bestrebt, sich im Vorfelde unserer Werke festzusetzen, um den von ihm besorgten Vorstoß öst.-ung. Kräfte noch vor der Zone der italienischen Befestigungen aufzufangen."[689] Mit der herangeführten 180. Infanteriebrigade wurde auch eine 30,5 cm Mörserbatterie an die Frontlinie verlegt und belegte nun die

---

686 Hübner, Unterwegs auf historischen Spuren, S. 286.
687 Brauner, Die Begebenheiten an der Tiroler Westfront und im Rayon „Südtirol", S. 518-519.
688 Ebd., S. 519.
689 Ebd., S. 519-520.

italienischen Werke auf dem Monte Toraro und Campomolon mit Steilfeuer. Durch diese Kräfteverschiebung konnte vor den Werken von Lavarone eine durchgehende Verteidigungslinie geschaffen werden, sodass die Front zu Gunsten Österreich-Ungarns vorverlegt werden konnte.[690]

Im Juli 1915 begannen auf italienscher Seite wieder Steilfeuerangriffe vom Val d'Assa aus auf die österreich-ungarischen Riegelstellungen auf die Hochflächen von Folgaria-Lavarone. In der Beurteilung des italienischen Generalstabschefs sollte jener potenzielle Aufmarschraum für eine Offensivaktion der k.u.k. Wehrmacht gegen das italienische Königreich endgültig genommen und jene Gefahr gebannt werden. Im zweiten italienischen Ansatz waren nun die österreich-ungarischen Vorposten sowie Befestigungswerke der Malga Milegna und des Monte Coston das ausgegebene Angriffsziel. Der Plan der Durchführung des V. italienischen Korps sah hierbei vor, die k.u.k. Werke zu nehmen sowie die österreich-ungarischen Verbände auf die Linie Monte Cornetto-Monte Finonchio zurückzudrängen. In die italienische Lagebeurteilung floss die schwache österreich-ungarische Verteidigungsstärke - im Gegensatz zum italienischen Aufgebot - mit ein und ließ einen Erfolg wahrscheinlich erscheinen. Jedoch wusste die italienische Seite hierbei nicht, dass die Besatzungen der Werke Cima di Vezzena, Verle und Lusern alle Geschütze der alten Verteidigungswerke ausgebaut und in neuen Feldkavernen mit Wirkung auf den erwarteten italienischen Angriffsraum verlegt hatten. Die italienische Seite beschoss somit leere, unbemannte Werke, während die österreich-ungarischen Verteidiger aus geschützten Riegelstellungen mit Sturmabwehrfeuer erwidern konnten. Allerdings mussten die österreich-ungarischen Verteidiger ihre Vorfeldstellungen der Malga Milegna sowie des Monte Coston preisgeben und den Rückzug antreten. Die italienische Großoffensive begann am 24. August 1915 nach schwerem Artilleriebeschuss. Die Angreifer glaubten hierbei die zerschossenen österreich-ungarischen Vereidigungswerke Vezzena und Verle als kampfunfähig, wurden jedoch aus den neuen Kavernenstellungen der k.u.k. Truppen mit Steilfeuer eingedeckt. Im Verbund mit Landsturm und den Standschützenbataillonen Schwaz, Kitzbühel, Meran und Brixen wurden auf diese Weise alle italienischen Offensivwellen abgewiesen.[691] Im österreich-ungarischen Generalstabswerk hieß es zu den k.u.k. Abwehrerfolgen in jenem Abschnitt: „Ende August konnte der italienische Ansturm gegen die Hochfläche von Folgaria-Lavarone als abgeschlagen gelten."[692]

[690] Ebd., S. 520.
[691] Jordan, Krieg um die Alpen, S. 241.
[692] Josef Brauner, Der italienische Angriff im Val Sugana und auf der Hochfläche von Lavarone und Folgaria, in: *ÖULK, Vom Ausklang der Schlacht bei Limanowa-Lapanów bis zur Einnahme von Brest-Litowsk. Das Kriegsjahr 1915*, Band 2, hrsg. v. Edmund Glaise-Horstenau, Wien 1931, S. 784-786, hier, S. 786.

Im Kampfgebiet von Folgaria-Lavarone und auf der Hochfläche konnten die Reitenden Tiroler Landesschützen in einzelnen Fällen ihren Kampfwert als berittene Truppe durch schnelle und gezielte Attacken auf langsam einfließende italienische Truppen adäquat anwenden und entsprechend der Einsatzart „Verzögerung" - wie schon am Beispiel des Cavallieristischen Detachements im Kriegsjahr 1914 an der Ostfront[693] - wirken. In der Regel aber war auf der Hochebene hingegen, welche von beherrschenden Höhen geprägt war, diesbezüglich ein kavalleristischer Einsatz nicht oder nur unter schwerwiegenden Verlusten möglich. Daher kämpften die Reitenden Tiroler Landesschützen größtenteils abgesessen, als Infanterie.

3.1.3 Die Verteidigungsriegel der Dolomitenfront

Neben den Hochflächen im südlichen Abschnitt der Tiroler Front hatte die Dolomitenfront die Hauptlast der Kampfhandlungen zu tragen.[694] Tirols Südostflanke wurde auf der Linie vom Kamm der Fassaner Alpen über die Gebirgsstöcke der Dolomiten bis hin zur Westhälfte des Karnischen Kammes verteidigt, wobei die Beckenlandschaften von Cortina d'Ampezzo und Fiera di Primiero, welche sich vor dem österreich-ungarischen Abwehrriegel befanden, freiwillig abgetreten wurden. Die Besetzung der Frontlinien im Rayon IV unter dem Kommando der 90. Infanteriedivision, vom Kreuzspitz der Fassaner Alpen bis zum - in jenen Rayonsabschnitt noch inkludierten - Pordoijoch, wurde anfänglich der 55. Gebirgsbrigade unter der Führung von Oberst Rafael Freiherr von Concini übertragen. In dieser Gebirgsbrigade war auch ein Zug der 3. Marscheskadron der Reitenden Tiroler Landesschützen bei der Grenzsicherung zwischen Kreuzspitze und Pordoijoch Ende Mai 1915 eingegliedert worden.[695] Nach dem italienischen Kriegseintritt wurde zusätzlich die 179. Infanteriebrigade von Bozen in den Nordabschnitt des Rayons IV verlegt. Im Dolomitenabschnitt des Rayons V, vom Pordoijoch bis zum Hochspitz, war zunächst die 56. Gebirgsbrigade in Stellung. Dieser Abschnitt beinhaltete die Werke Tre Sassi, Plätzwiese, Landro sowie Sexten, exkludierte aber die alten Sperren Corte und Ruaz östlich des Pordoijochs. Am 8. Juni 1915 übernahm die in Bruneck neu aufgestellte Division „Pustertal" das Kommando über das Rayon V. Den Westteil der Frontlinie hielt hierbei die aus den Teilen der 51. Halbbrigade neu formierte 51. Ge-

693 vgl. Gefechtskalender 1914 - Kriegsbeginn bis Limanowa-Lapanów.
694 Jordan, Krieg um die Alpen, S. 241.
695 Kriegsgliederung der im Frühjahr 1915 dem k. u. k. Armeeoberkommando unterstehenden Streitkräfte, in: *ÖULK, 2. Das Kriegsjahr 1915*. Beilagen (II. Beilagen), hrsg. v. Edmund Glaise-Horstenau, Wien 1931, Beilage 14, S. 22.

birgsbrigade. Die 51. Halbbrigade respektive nun 51. Gebirgsbrigade war noch vor der italienischen Offensive an der Hochfläche von Folgaria am 28. Mai 1915 vom Rayon III in das Rayon V, die so genannte Pusteral- oder Dolomitenfront, abgezogen worden.[696] In der Schlachtordnung der kombinierten Division „Pustertal" unter der Führung von Feldmarschallleutnant Ludwig Goiginger waren bei den Infanterieteilen der 51. Gebirgsbrigade ein Zug der 3. Eskadron der Reitenden Tiroler Landesschützen (¼ Marscheskadron) eingegliedert.[697]

Am 5. Juli 1915 begannen die Kampfhandlungen an der Dolomitenfront mit italienischem Steilfeuerbeschuss von schwerer und schwerster Artillerie auf die österreich-ungarischen Sperren. Diese waren aber bereits „entmilitarisiert", sodass die italienische Artillerie auch hier nur leeres Mauerwerk beschoss. In jener ersten Offensiv-Phase von italienischer Seite von 5. bis 11. Juli gelang es den italienischen Truppen, die Bergspitzen der Tofana II und III einzunehmen.[698] Jordan schrieb dazu: „Diese militärstrategisch eher als gering einzustufende Aktion besticht durch die alpinistischen Höchstleistungen der Alpinitruppen. Dies sollte aber nicht darüber hinwegtäuschen, dass die Kämpfe an der Dolomitenfront ebenso brutal und heftig waren, wie an den anderen Fronten auch."[699] Im Zeitraum von 7. bis 9. Juli wurden zeitgleich Sturmangriffe einiger Bataillone der 18. italienischen Infanteriedivision auf der weitgedehnten Linie Ruine Buchenstein - Croda Grande (11 km im Nordosten von Fiera di Primiero) auf die Vorstellung des Col di Lana sowie vom 9. bis 10. Juli auf den Sasso di Stria und die angrenzende Lagazuoistellung unternommen. Obwohl die italienischen Kräfte hier nicht durchbrechen konnten, veranlassten diese italienischen Angriffe die österreich-ungarischen Befehlshaber, die Truppen im Abschnitt Buchenstein zu verstärken. Am 11. Juli wurde die gesamte Besatzung unter die Führung der 51. Gebirgsbrigade mit dem Auftrag gestellt, sich im westlichen Abschnitt des Raumes - dies entsprach der Linie Buchenstein - Col di Lana - festzusetzen.[700]

In der zweiten Phase, einer sechstägigen italienischen Offensivwelle an der Dolomitenfront (15. bis 20. Juli 1915), wurden die italienischen Schwer-

---

[696] Brauner, Die Begebenheiten an der Tiroler Westfront und im Rayon ‚Südtirol', S. 519-521.

[697] O.A., Il Fronte Dolomitico. La Grande Guerra sulle Dolomiti (Apezzo, Cadore, Comelico, Pusteria). Gli Uomini. Le Truppe, Kombinierte Division „Pustertal". Ordine di Battaglia al 24 maggio 1915, [https://www.frontedolomitico.it/Uomini/truppe/pustertal.html], eingesehen 23.04.2020. vlg. auch Kriegsgliederung der im Frühjahr 1915 dem k. u. k. Armeeoberkommando unterstehenden Streitkräfte, S. 22.

[698] Jordan, Krieg um die Alpen, S. 242.

[699] Ebd., S. 242.

[700] Josef Brauner, Die Dolomitenoffensive der Italiener, in: *ÖULK, Vom Ausklang der Schlacht bei Limanowa-Lapanów bis zur Einnahme von Brest-Litowsk. Das Kriegsjahr 1915*, Band 2, hrsg. v. Edmund Glaise-Horstenau, Wien 1931, S. 780-783, hier, S. 781-782.

gewichte auf die Sperren Landro und Corte sowie den Col di Lana gelegt.[701] Im Frontabschnitt Buchenstein konnten alle Sturmangriffe auf die Besatzung des Col di Lana abgewiesen werden.[702] Die österreich-ungarische Besatzung des Col di Lana, des im Soldatenjargon betitelten „Berges von Eisen", wurde anfänglich durch Soldaten des Deutschen Alpenkorps, des Tiroler Landsturms, den Reserve-Bataillonen sowie den Enneberger Standschützen gestellt.[703]

Obwohl der Col di Lana mit seinen Almgebieten und seiner 2.464 Meter Höhe im Schatten der benachbarten Buchensteiner Berge aus alpinistischer Sicht nur von geringer Bedeutung war, wurde dieser doch als „Festung" angesehen und sollte laut Lichem zu einer Versinnbildlichung einer „[...] sinnlosen Bastion der Alpenfront"[704] werden. Auf strategischer Ebene sperrte der Col di Lana die Übergänge in das Grödner- und Abteital sowie den Marschweg der Großen Dolomitenstraße von Pordoijoch bis zum Falzaregopass. Von italienischer Seite aus wurde der Col di Lana daher als natürliche Sperre für einen Stoß auf Bruneck oder Brixen angesehen. In der dritten Offensivwelle der italienischen Truppen gegen die österreich-ungarischen Verteidiger von 31. Juli bis 4. August konnten die italienischen Einheiten bis an die k.u.k. Linien vorstoßen, erfuhren jedoch herbe Verluste, sodass sich die italienischen Soldaten schlussendlich 200 Meter unter den Stellungen der Verteidiger festsetzten. Wegen der großen Verluste auf italienischer Seite in der dritten Phase der Dolomitenoffensive wurde der Col di Lana von den Italienern alsbald als Blutberg - *Col di Sangue* - bezeichnet.[705]

Im österreich-ungarischen Generalstabswerk wurde über die Sommerschlachten und Abwehrkämpfe an der Tiroler Front Folgendes vermerkt: „Ende August 1915 durfte sich die Landesverteidigung von Tirol rühmen, gar keinen diesseits der gewählten Verteidigungslinie gelegenen Fleck heimatlicher Erde dem Feinde überlassen zu haben. Im Gegenteil: an zahlreichen Stellen [...] wurden unsere Stellungen sogar vorverlegt."[706] Der italienische Generalstabschef Cadorna konnte auf Grund der österreich-ungarischen Erfolge mit der militärischen Bilanz seiner Streitkräfte an der Tiroler Front nicht zufrieden sein. General Luigi Nava, der Kommandant der 4. italienischen Armee an der Dolomitenfront, beurteilte die Lage so, dass die bei Kriegsbeginn veranschlagten Ziele vor dem Wintereinbruch nicht mehr erreicht werden konnten. Wider besseres Wissen be-

---

[701] Jordan, Krieg um die Alpen, S. 242.
[702] Brauner, Die Dolomitenoffensive der Italiener, S. 782
[703] Jordan, Krieg um die Alpen, S. 245.
[704] Lichem, Spiehahnstoß und Edelweiß, S. 149.
[705] Jordan, Krieg um die Alpen, S. 243-245.
[706] Brauner, Die Sommerkämpfe in Tirol, S. 787.

fahl er auf Cadornas Befehl, den Beginn der zweiten Dolomitenoffensive in der zweiten Septemberwoche des Jahres 1915, obwohl eine italienische Unternehmung gegen die Sextener Sperren von 5. auf 6. September bereits 1.000 Tote und 400 Kriegsgefangene auf italienischer Seite erbracht hatte. Bei der erneuten Angriffswelle auf die Dolomitenfront konnten italienischen Truppen zwar die Tofana I erobern, erfuhren jedoch beim Durchbruchsversuch ins Travenanzestal sowie am Monte Cristallo und Monte Piana eine herbe Niederlage, die zweite Dolomitenoffensive versandete am 26. September und General Nava wurde als Kommandant abberufen.[707]

Nachdem die Deutsche Oberste Heeresleitung Mitte Oktober das Deutsche Alpenkorps auf Grund einer vermeintlich anhaltenden Ruhe an der Dolomitenfront nach Serbien abgezogen hatte, erfolgte eine generelle Truppenverschiebung auf Seite der k.u.k. Armee. Die ehemaligen Stellungen des Deutschen Alpenkorps übernahmen nun die von der Isonzofront abbeorderten vier Kaiserjägerregimenter, den Oberbefehl für die Rayone IV und V bekam GdI Roth von Limanowa-Lapanów mit seinem XIV. Armeekorps übertragen.[708] Nach dem Führungswechsel an der Dolomitenfront erfolgte auch eine Verschiebung der Reitenden Tiroler Landesschützen. Im Rayon V, in der kombinierten Division Pustertal, waren die ¼ 3. Marscheskadron der berittenen Tiroler nun von der 51. Gebirgsbrigade und der Col di Lana Front in die 96. Infanteriebrigade unter der Führung von Oberst Vonbank in den Frontabschnitt Abteital verschoben worden. Im Rayon IV erfolgte ebenfalls eine Rochade in der 90. Infanteriedivision. Der bis dato zwischen Pordoijoch und Kreuzspitz stehende Zug der 3. Marscheskadron Reitende Tiroler Landesschützen wurde abgezogen und durch einen Zug der 4. Marscheskadron in der 55. Gebirgsdivision (Oberst Spielvogel) ersetzt. Zusätzlich wurden die restlichen drei Züge der 4. Marscheskadron der 90. Infanteriedivision als Kampfunterstützungstruppe zugeteilt und als unmittelbare Einheit geführt. Somit standen alle vier Züge der 4. Marscheskadron der Reitenden Tiroler Landesschützen ab Herbst des Jahres 1915 im Rayon IV sowie ein Zug der 3. Marscheskadron an der Dolomitenfront, was insgesamt 160 Mann entsprach.[709] Im Unterschied zu anderen Frontabschnitten der Südwestfront waren an der Dolomitenfront bereits anfänglich keine berittenen Teile, sondern ausschließlich infanteristische Marscheskadronen der Reitenden Tiroler Landesschützen eingesetzt worden. Pferde hätten auf Grund

---

[707] Jordan, Krieg um die Alpen, S. 246.
[708] Ebd., S. 246-247.
[709] Josef Brauner, Pläne und Kräfteaufgebot für Herbst 1915, in: *ÖULK, Von der Einnahme von Brest-Litowsk bis zur Jahreswende. Das Kriegsjahr 1915*, Band 3, hrsg. v. Edmund Glaise-Horstenau, Wien 1932, S. 36-46, hier S. 36.

der Höhenlage der Front sowie der Geländegegebenheiten eines felsigen Karstgesteines keine Wirkung, weder in den Einsatzarten Angriff oder Verteidigung, erzielen können und ihren gesamten Kampfwert verloren. So ist es nicht verwunderlich, dass an der Dolomitenfront ausschließlich „Kavallerie-Infanteristen" der Reitenden Tiroler Landesschützen im Einsatz standen.

Der italienischen Führung war - berichteten italienische Kriegsgefangene der k.u.k. Truppen - das Faktum des Truppenabzuges des Deutschen Alpenkorps bekannt. Dennoch nutzte die italienische Heeresleitung jenes Schwächemoment der k.u.k. Wehrmacht an der Pustertalfront nicht aus und ließ noch Tage bis zur dritten Dolomitenoffensive vergehen. Der italienische Plan sah dabei vor, durch mehrere starke Teilangriffe an der Tiroler Front (Kreuzberg, Valparola, Falzarego, Travenanzes) die k.u.k. Kräfte zu binden, um gleichzeitig an der Isonzofront den entscheidenden Durchbruch bei der dritten Isonzooffensive (18. Oktober bis 5. November) zu erlangen. Neben dem Isonzo blieben jedoch die Vorstellungen des Col di Lana und der Berg selbst Schwerpunkt der Kampfhandlungen, bei welchen die italienischen Kräfte Gelände gewinnen konnten.[710]

3.1.4 Die Verteidigung des Küstenlandes: Die Front am Isonzo

Im Gegensatz zur Tiroler Front lag das Schwergewicht der italienischen Angriffsbestrebungen im Isonzogebiet.[711] Die operative Planung des Generalstabschefs Graf Luigi Cadorna sah hierbei nicht nur vor, das Schwergewicht der italienischen Truppen an die Isonzofront zu legen, sondern inkludierte auch die rasche Inbesitznahme von Angriffszielen in italienischer Reichweite.[712] Die Losung auf italienischer Seite hieß „Isonzo - Görz - Triest".[713]

In Anbetracht der schwachen österreich-ungarischen Verbände erhofften die italienischen Militärstrategen einen raschen Durchbruch. In deren Beurteilung floss nämlich mit ein, dass es von der Reichsgrenze von 1866 nur ca. 50 Kilometer bis Triest waren und so ein schneller Erfolg gegen die Verteidiger der k.u.k. Wehrmacht erzwungen werden konnte.[714] Dies sollte mit einem konzentrierten Angriff der 2. und 3. italienischen Armee im küstennahen Raum über Görz bis nach Triest erfolgen. Zudem hatte die 4. italienische Armee den Auftrag, über die Karnische Gruppe, in Stoßrichtung Kärnten, anzugreifen.[715] In den Morgenstunden des 24. Mai 1915 stieß die 2. und 3. italienische Armee über die Reichsgrenze vor, besetzte Karfreit und gewann das Gelände bis an den Isonzo. Am Folgetag stan-

[710] Jordan, Krieg um die Alpen, S. 247-248.
[711] Rauchensteiner, Der Tod des Doppeladlers, S. 248-249.
[712] Ebd., S. 248-249.
[713] Steininger, Der große Krieg 1914-1918, S. 90.
[714] Schmidl, Kriegführung: Die österreichisch-ungarische ‚Südfront', S. 348-349.
[715] Ebd., S. 348.

den einander die Streitkräfte beider Armeen am Brückenkopf bei Görz gegenüber. Nach den ersten verlustreichen Kampfhandlungen und dem Verlust von Monfalcone versiegten vorerst die italienischen Angriffsbestrebungen der 3. Armee über die Isonzoübergänge am 9. Juni. Das weitere Kalkül der italienischen Führung war, mittels Zuführung von schwerer Artillerie mit einem massierten Angriff auf zwei Schwerpunkte, einerseits den Brückenkopf von Görz mit der 2. Armee, andererseits die Hochfläche von Doberdò, einem Karstabfall bei Sagrado und Monfalcone, mit der 3. Armee, einzunehmen.[716] Diese k.u.k. Abwehrerfolge riefen, wie Rauchensteiner vermerkte, „[...] wachsende Zuversicht hervor, die zeitweilig in einem Überlegenheitsgefühl ausartete, da man einem zahlenmäßig weitaus stärkeren Gegner in notdürftig vorbereiteten Stellungen und unter allem anderen den idealen Bedingungen widerstanden hatte."[717] Die erfolgreiche Abwehr der österreichischen Truppen am Isonzo veranlasste zudem das Armeeoberkommando, selbst eine Offensive gegen Italien in das operative Führungsverfahren - wenn auch zu diesem Zeitpunkt nur als vage Idee - an der Isonzofront mit einzubeziehen. Conrad plante, wie schon vor dem Krieg angedacht, einen Stoß aus Südtirol über das Gebirge in die Venezianische Tiefebene, um so der italienischen Streitmacht in den Rücken zu fallen und abzuschneiden. Dies wurde aber erst 1916 in der „Südtiroloffensive" versucht.[718]

Da von deutscher Seite aus von General Falkenhayn keine Bereitschaft vorhanden war, den Bündnispartner am Isonzo zu verstärken, gab GdK Erzherzog Eugen die Weisung, das XV. Korps (GdI Fox), bestehend aus der 1. und 50. Infanteriedivision in den Raum Tolmein sowie das XVI. Korps und die selbstständige 48. Infanteriedivision in den Raum Görz und St. Daniel, als Verstärkungen zu verlegen.[719] Hier war im XV. Korps in der 50. Infanteriedivision die 1. Marscheskadron der Reitenden Tiroler Landesschützen, unter dem Kommando von Oberleutnant Karl Fuchs[720], eingegliedert.[721] Zusammen mit der 57., 93. und 94. Infanteriedivision bildeten jene Verbände die 5. Armee.[722]

Die erste italienische Großoffensive, die so genannte erste Isonzo-

[716] Rauchensteiner, Der Tod des Doppeladlers, S. 248-249.
[717] Ebd., S. 249.
[718] Rauchensteiner, Der Tod des Doppeladlers, S. 249-250.
[719] Josef Brauner, Entschluss zur Isonzoverteidigung und Befehle für den weiteren Angriff gegen die Russen, in: *ÖULK, Vom Ausklang der Schlacht bei Limanowa-Lapanów bis zur Einnahme von Brest-Litowsk. Das Kriegsjahr 1915*, Band 2, hrsg. v. Edmund Glaise-Horstenau, Wien 1931, S. 410-414, hier S. 411-412.
[720] *Salzburger Chronik (15.01.1915)*, S. 8.
[721] Kriegsgliederung der im Frühjahr 1915 dem k. u. k. Armeeoberkommando unterstehenden Streitkräfte, Beilage 14, S. 25.
[722] Brauner, Entschluss zur Isonzoverteidigung und Befehle für den weiteren Angriff gegen die Russen, S. 411-412.

schlacht, begann am 23. Juni 1915 aus dem Raum Görz. Die Verbände der k.u.k. 5. Armee unter der Führung von GdI Svetozar Boroević von Bonja („Löwe vom Isonzo") konnten jedoch alle italienischen Angriffswellen abweisen.[723] Boroević schwor seine Truppen vor den Kämpfen um den Isonzo und das adriatische Küstenland mit den folgenden Worten ein: „Mi se ovdje borimo za svoje, jer kakav bi nam život bio da Talijani uzmu Istru, Dalmaciju i Goricu i liše nas naših najljepših krajeva i našeg života na moru."[724] Nach der ersten Isonzoschlacht konnte von der italienischen Losung, laut Steininger, jene „[v]on der von den Italienern pathetisch verkündeten Befreiung Triests [...] anschließend nicht einmal im Ansatz die Rede sein."[725]

Die zweite Isonzoschlacht setzte am 17. Juli 1915 mit massivem, konzertiertem Artilleriefeuer ein, welches die österreichischen Truppen zermürbte, da sie auf Grund des ersten Abwehrerfolges keine adäquaten Deckungen errichtet hatten, jedoch die Karstflächen die Splitterwirkung vervielfachten. Diese Erfahrung lehrte die Truppen an diesem Frontabschnitt die anfänglichen Abwehrerfolge gegen die italienischen Soldaten nicht zu überschätzen, den Gegner nicht zu unterschätzen. Darüber hinaus wurde die Frage des Stellungsbaues an der Südwestfront aufgeworfen.[726] Die italienischen Streitkräfte konnten beim zweiten Ansatz auf den Isonzo anfänglich Gelände im nördlichen Abschnitt von Görz gewinnen und den strategisch wichtigen Monte San Michele bei Gradisca, bis zur Rückeroberung durch die k.u.k. Truppen am 21. Juli besetzen. Bis zum Ende der Offensive am 3. August hatten die k.u.k. Wehrmacht und die italienischen Verbände im Isonzogebiet bereits einen Verlust von 40.000 Mann zu verzeichnen.[727]

Vor der dritten italienischen Isonzooffensive war eine halbe Marscheskadron der Reitenden Tiroler Landesschützen bei der 50. Infanteriedivision, die zweite Hälfte in Stärke von 85 Mann, zur 1. Infanteriedivision unter Feldmarschallleutnant Schmidt von Fussina verschoben worden.[728] Nach der zweiten Isonzoschlacht war die 50. Infanteriedivision in den Kämpfen bei Tolmein von 12. bis 20. August sowie Ende September respek-

---

723 Schmidl, Kriegführung: Die österreichisch-ungarische ‚Südfront', S. 349.

724 Eigene Übersetzung: „Wir kämpfen hier für uns selbst, denn wie würde unser Land aussehen, wenn die Italiener Istrien, Dalmatien und Görz nehmen und uns unsere schönsten Orte und unser Leben auf See vorenthalten würden." zit. in: Mate Božič, PRIČA IZ PRVOG SVJETSKOG RATA: Dalmatinske pukovnije iskazale su iznimnu hrabrost u borbi protiv Talijana, radilo se o brutalnim bitkama prsa o prsa. [https://dalmatinskiportal.hr/hrvatska/prvi-svjetski-rat/39545], eingesehen 17.10.2020.

725 Steininger, Der große Krieg 1914-1918, S. 90.

726 Rauchensteiner, Der Tod des Doppeladlers, S. 251.

727 Schmidl, Kriegführung: Die österreichisch-ungarische ‚Südfront', S. 349.

728 Brauner, Pläne und Kräfteaufgebot für Herbst 1915, S. 41.

tive während der dritten Isonzoschlacht in den Kämpfen bei Dolie (25. bis 29. Oktober 1915) involviert.[729] Die 1. Infanteriedivision war während der Isonzogefechte im Jahr 1915 im Schwergewicht der Kämpfe bei Tolmein eingesetzt.[730] Eine weitere Eskadron der Reitenden Tiroler Landesschützen war mit der 8. Infanteriedivision an die Isonzofront verlegt worden. Bossi-Fedrigotti vermerkte in Bezug auf die Verlegungen von starken k.u.k. Verbänden von der Ostfront an die Isonzofront von Ende Juni bis August 1915:

> „Inzwischen sind die im Anrollen befindlichen Transporte mit dem 1. Regiment der Kaiserjäger und das Kaiserschützenregiment II bereits im Raum der 5. Armee eingetroffen. Nicht nur das! – Auch die übrigen, bis zuletzt noch für den Einsatz in Tirol bestimmt gewesenen Truppen aus dem ‚Land im Gebirge' hat man jetzt aus Polen und Galizien heran. Die gesamte 8. Infanteriedivision wird im Bereich des Südwestfrontkommandos erwartet. Es sind die die 96. Infanteriebrigade mit den Kaiserjägerregimentern 2 und 3 und die 88. Schützenbrigade, zu der allerdings zur Zeit nur das Kaiserschützenregiment Innichen Nr. III zählt. Außerdem gehören der Division noch eine Schwadron Reitenden Tiroler Kaiserschützen [damals noch Reitende Tiroler Landesschützen, Anm. d. Verf.] als Divisionskavallerie und zwei Feldhaubitzenbatterien an."[731]

Die 8. Infanteriedivision mit den Reitenden Tiroler Landesschützen wurde wie die 50. Infanteriedivision bei den Kampfhandlungen um Tolmein eingesetzt.[732] Damit waren zwei Eskadronen in diesem Raum im Einsatz. Gewürdigt wurde die Präsenz sowie der Einsatz der Reitenden Tiroler Landesschützen im adriatischen Küstenland durch eine Truppeninspektion des damaligen Generals der Infanterie und Thronfolgers Erzherzog Karl bei einem stärkemäßigen Zug der Reitenden Tiroler Landesschützen an der Isonzofront.[733]

Ähnlich wie im Gebirge waren die Reitenden Landesschützen natürlich auch hier vorwiegend als Infanterie eingesetzt. Hierbei muss jedoch beachtet werden, dass in den Kampfgebieten der Abschnitte der Isonzofront, welche von Hügeln, Karstlandschaft mit Dolinen und Plateaus sowie starker Vegetation geprägt war, die Übergänge im Karstgebiet sowie vor allem über den Fluss Isonzo nur mit Infanterie unter Feuer und Bewegung erzwungen und nicht durch einen kavalleristischen Einsatz er-

[729] Ehnl/Sacken, Infanteriedivisionen, S. 228.
[730] Ebd., S. 173
[731] Anton Bossi-Fedrigotti, Die Kaiserjäger im Ersten Weltkrieg, Graz ^{2}2009, S. 134.
[732] Ehnl/Sacken, Infanteriedivisionen, S. 181.
[733] OeStA-KA BS I WK Fronten Isonzo, 8113. Bilder von der Isonzofront. Erzherzog Thronfolger Carl Franz Josef inspiziert berittene Landesschützen.

Thronfolger Kaiser Carl bei den berittenen Tiroler Landesschützen. Foto: PA-VRTKsI (Sammlung Spinn).

wirkt werden konnten. Anschließende Verfolgungskämpfe nach erfolgtem Übergang der k.u.k. Verbände hätten zwar gänzlich dem Kampfwert der Reitenden Tiroler Landesschützen entsprochen, da westlich des Isonzo keine verteidigungsgünstigen Stellen, außer wenige Ausnahmen wie natürliche Riegelstellungen am Beispiel des Monte Grappa, mehr vorhanden waren. Für allumfassende sowie entscheidende Verfolgungskämpfe wäre die eine Eskadron der Reitenden Tiroler Landesschützen jedoch zu schwach gewesen, die gesamte Division hätte hierzu als operative Reserve in der Tiefe als Stoß- und Verfolgungselement bereitstehen müssen. Die Marscheskadronen der Reitenden Tiroler Landesschützen hingegen waren ähnlich der Dolomitenfront als Kavallerie-Infanteristen den räumlichen Gegebenheiten angepasst, auch wenn wiederum nicht deren Kampfwert entsprechend, eingesetzt worden.

In Bezug auf den weiteren Kriegsverlauf an der Isonzofront setzte sich laut Schmidl „[...] das Muster der Kämpfe [...] fort."[734] Die dritte (18. Oktober bis 3. November 1914) sowie die vierte Isonzooffensive (10. November bis 14. Dezember 1915) blieb für die italienische Seite ohne kriegsentscheidenden Erfolg. In den ersten vier Isonzoschlachten hatten die k.u.k. Verbände 123.000 Soldaten, die italienischen Streitkräfte 175.000 Mann Verluste zu verzeichnen.[735] Dem gegenüber standen nur marginale Geländegewinne auf der Seite des Königreiches Italien und das Ziel, Triest einzunehmen, lag mit Ende des Kriegsjahres 1915 in weiter Ferne.[736]

[734] Schmidl, Kriegführung: Die österreichisch-ungarische ‚Südfront', S. 350.
[735] Steininger, Der große Krieg 1914-1918, S. 90.
[736] Schmidl, Kriegführung: Die österreichisch-ungarische ‚Südfront', S. 350.

3.1.5 Das Ende des Kriegsjahres 1915

Ende Oktober des Kriegsjahres 1915 waren an vielen Abschnitten der Tiroler Front auf Grund stark einsetzender Schneefälle alle Kampfhandlungen eingestellt worden.[737] Das österreich-ungarische Generalstabswerk vermerkte hierzu, dass „[...] schon von Ende November an den ganzen Winter über und bis ins Frühjahr hinein an der Westfront von Tirol winterliche Ruhe [herrschte] [...][,] der Kanonendonner verhallte in den verschneiten Bergen ebenso rasch wie das Gewehrgeknatter [...]."[738]
Die Bilanz nach dem ersten Kriegsjahr war für die italienische Führung ernüchternd. Lediglich an vereinzelten Abschnitten der Südwestfront konnten kleinere Gebietsgewinne verzeichnet werden – vor allem jedoch dort, wo der österreich-ungarische Generalstab im Vorhinein Gebiete aufgegeben hatte, um eine strategisch bessere Verteidigungsstellung durch eine verkürzte Frontlinie zu erhalten. Im Endeffekt waren die Ansätze für weitere größere Gebietsgewinne der italienischen Kräfte größtenteils versandet. Laut Rauchensteiner zeigte sich in jenen Kämpfen zwischen den Streitkräften Österreich-Ungarns und dem Königreich Italien an der Südwestfront,

> „[w]enn es [...] schon nach kurzer Zeit eine Feststellung geben konnte, dann die, daß Italien aus seiner beträchtlichen Übermacht so gut wie nichts herauszuschlagen imstande war. Entsprechend enttäuscht zeigten sich die Verbündeten Italiens, die sich von einem voll aufgefüllten, ausgeruhten Heer eine entscheidungssuchende Offensive und damit eine zumindest nach und nach eintretende Entlastung für die alliierten Fronten versprochen hatten."[739]

Nach dem Scheitern der entscheidungssuchenden Offensiven in den ersten Kriegsmonaten an der Südwestfront, vor allem in den Dolomiten und am Isonzo, verfestigte sich laut Schmidl „[n]ach kurzer Zeit [...] die Front; es kam zu einer Art Stellungskrieg im Gebirge – eben zur ‚Front in Fels und Eis'."[740] Militärische Unternehmungen stellten an alle Soldaten, die im Gebirge respektive Hochgebirge eingesetzt waren, extreme Unannehmlichkeiten und Anforderungen. In jenem Gelände dienten Kavernen im Gestein zum Großteil als Unterkünfte der Soldaten, zum Teil auch in Gletschern oder Gletscherspalten. Es wurden jedoch nicht nur Quartiere unterirdisch geschaffen, sondern auch kilometerlange Tunnel in Berge getrieben, um die feindliche Besatzung möglichst verlustarm von besetzten

[737] Ebd., S. 248.
[738] Josef Brauner, Die Kämpfe in Tirol, in: *ÖULK, Die Ereignisse von Jänner bis Ende Juli. Das Kriegsjahr 1916*, Band 4, hrsg. v. Edmund Glaise-Horstenau, Wien 1933, S. 152-155, hier S. 153.
[739] Rauchensteiner, Der Tod des Doppeladlers, S. 248.
[740] Schmidl, Kriegführung: Die österreichisch-ungarische ‚Südfront', S. 357.

Hängen oder Berggipfeln zu vertreiben. Unumstritten bleibt hierbei das Faktum, dass die Verluste auf allen Seiten hoch waren, sei es im Kampfeinsatz oder im Nachschub im Hochgebirge durch Feindfeuer, Witterung oder Lawinenabgänge.[741] Laut Rauchensteiner entstand

> „[...] entlang der gesamten Gebirgsfront ein Krieg um die Gipfel, jener ‚Krieg der Bergführer', der bis 1916 und teilweise bis 1918 geführt wurde, bei dem es darum ging, den anderen zu überhöhen und in alpinistisch kühnen, ungeheuer opferreichen, aber begrenzten Operationen gegnerische Stellungen aus dem Berg herauszuschießen oder zu sprengen."[742]

Jene Titulierung des „Krieges der Bergführer" entsprang jedoch einer Instrumentalisierung dieses Narratives, welche in der Historiographie und Literatur Einzug fand. Die Realität stellte sich dagegen anders dar: Das Gros der k.u.k. Truppen besaß weder eine qualifizierte Hochgebirgsausbildung noch hatten diese eine spezielle alpinistische Erfahrung, es entwickelte sich jedoch auf Grund jener Instrumentalisierung eine akteurszentrierte Sicht eines „Krieges der Bergführer", welche wider der Umfeldbedingungen persönliche Höchstleitungen vollbrachten. Ein Tiroler-Helden-Narrativ war somit an diesem Abschnitt der Frontlinie geschaffen.[743] Schmidl führt diesbezüglich weiter aus:

> „Obwohl - verglichen mit den Kämpfen an der Isonzofront - ein ‚Nebenschauplatz' des Großes Krieges, war es gerade dieser Krieg im Gebirge, der vermeintliche ‚Krieg der Bergführer', der die Massen (in Österreich wie in Italien) faszinierte und der wohl auch nach 1918 teils romantisch verklärt wurde. Er prägte letztlich die Erinnerung an den italienischen Kriegsschauplatz stärker als die - eigentlich wichtigeren - Kämpfe zwischen Görz und Triest."[744]

Im Gegensatz zum Krieg in den Karpaten, welcher sich weniger „populär" sowohl aus späterer als auch zeitgemäßer Perspektive darstellte, war jener in den „heimatlichen Bergen" zusätzlich mit einem emotionalen Element versehen. Die Alpen waren Lebensraum und Erholungsraum zugleich, welcher nicht verloren werden durfte. Dadurch erklärt sich auch Hindenburgs Memoireintrag: „In Galizien, das heißt gegen Russland,

---

[741] Ebd., S. 357-358.

[742] Rauchensteiner, Der Tod des Doppeladlers, S. 248.

[743] Oswald Überegger, Mythos Gebirgskrieg oder: Wie aus Tirolern Helden wurden, in: *Regionale Zivilgesellschaft in Bewegung/Cittadini innanzi tutto. Festschrift für Hans Heiss*, hrsg. v. Hannes Obermair/Stephanie Risse/Carlo Romeo, Bozen 2012, S. 602-625, hier S. 609.

[744] Schmidl, Kriegführung: Die österreichisch-ungarische ‚Südfront', S. 359.

focht Österreich-Ungarn nur mit dem Verstande, gegen Italien aber auch mit dem Herzen."[745] Gerade die Einzigartigkeit dieses Kriegsschauplatzes machte erst jene individuellen Heldennarrative im Sinne der Taten eines Bergführers vom Format eines Sepp Innerkofler möglich, die es vermochten, die Bevölkerung vom anonymisierten Massensterben und -leiden an den Fronten abzulenken.[746]

3.2 Gliederung und Organisation 1916

Im Frühjahr 1916 waren zwei Fußabteilungen der 2. und 3. Eskadron mit je 130 Mann sowie die Maschinengewehrabteilung der Division südlich von Moietto an der so genannten „Gardaseefront" bei Rovereto im Kampfeinsatz.[747] Anfang Mai des Jahres 1916 bestand die Division aus vier berittenen Eskadronen, einer Kavalleriemaschinengewehrabteilung (KavMGAbteilung)[748] sowie zwei infanteristischen Fußeskadronen.[749] Kommandant dieser mobilen Maschinengewehrabteilung mit der Nummer 8/IV war Leutnant Viktor Freiherr von Fuchs.[750]

Die Kriegsgliederung für die so genannte Südtirol-Offensive sah folgende Gefechtsaufstellungen der Reitenden Tiroler Landesschützen vor: In der Heeresgruppe Erzherzog Eugen waren in der 11. Armee (GO Dankl) im Abschnitt V im VIII. Korps (FZM von Seuchenstuel) in der 48. Infanteriedivision (FML Gabriel) die 1. Eskadron der Reitenden Tiroler Landesschützen als Divisionskavallerie mit 129 Reitern eingegliedert. Im Abschnitt C im XX. Korps (FML Erzherzog Karl Franz Joseph) in der 8. Infanterie Division (FML von Fabini) befand sich die 2. Eskadron mit einer Stärke von 150 Reitern.[751] In der 3. Armee (GO Kövess) im XXI. Korps unter dem Kommando FML Freiherr von Lütgendorf war die 3. Eskadron mit 177 Reitern der Kaiserschützendivision (GM Englert) als Divisionskavallerie unterstellt.[752] Bei der Kriegsgliederung des Frühjahres 1916 wurde auch der im Rayon I, der Ortlerfront, eingesetzte Zug der 3. Marscheskadron der Reitenden Tiroler Landesschützen abgezogen und verschoben.[753]

Unter dem Kommando des Landesverteidigungskommandos Tirol, im

---

745 Hindenburg, Aus meinem Leben, S. 260.
746 Schmidl, Kriegführung: Die österreichisch-ungarische ‚Südfront', S. 359.
747 OeStA-KA AdTk 1724 Reit.Sch.Reg. Gefecht bei Citerna am 13. März 1916.
748 Veränderung bei der Kavallerie vom Kriegsbeginn bis Anfang Mai 1916, in: ÖULK, 4. Das Kriegsjahr 1916. Beilagen (IV. Beilagen), hrsg. v. Edmund Glaise-Horstenau, Wien 1933, Tabelle 6.
749 Kriegsgliederung für das erste Halbjahr 1916, in: *ÖULK, 4. Das Kriegsjahr 1916*. Beilagen (IV. Beilagen), hrsg. v. Edmund Glaise-Horstenau, Wien 1933, Beilage 2, S. 23.
750 *Allgemeiner Tiroler Anzeiger (29.07.1916)*, S. 2.
751 Kriegsgliederung für das erste Halbjahr 1916, Beilage 2, S. 19.
752 Ebd., S. 22.
753 Vgl. The Nafziger Collection of Orders of Battle. 916AEAA. Austrian Army under Erzherzog Eugen 15 May 1916.

Rayon II (GM Edler von Steinhart), wurden die 1. und 2. Fußeskadron an der Tiroler Front eingesetzt[754], wobei Teile einer Fußeskadron an der Dolomitenfront im Einsatz waren[755]. An der Isonzofront stand die im Kriegsjahr 1916 neu aufgestellte 4. Eskadron der Reitenden Tiroler Landesschützen bei der 10. Armee (GdK Rohr) im XV. Korps (GdI Stöger-Steiner) in der 50. Infanterie-Division (FML Kalser) mit 150 Mann.[756]

Laut der *Rettenberger Schützenchronik* wurden die Einheiten der Reitenden Tiroler Landesschützen Division nach dem Einstellen der Südtirol-Offensive nun größtenteils an der Tiroler Front verwendet.[757] Nachweislich waren hierbei in der zweiten Jahreshälfte des Kriegsjahres 1916 im Rayon II die 1. und 2. Fußeskadron unverändert in Stellung.[758] Der Rayon III-Südtirol war befehlsmäßig nun der 11. Armee unter dem Kommando von GO Rohr unterstellt, in welcher im XXI. Korps (FML Lütgendorf) in der Kaiserschützendivision (GM Englert) die 3. Eskadron der Reitenden Tiroler Landesschützen mit nunmehrig 97 Reitern - dies entsprach 80 Mann Verlust (45% der gesamten Eskadron) während der Südtiroloffensive - weiterhin als Divisionskavallerie eingesetzt wurde. Im XX. Korps (FML Schönburg-Hartenstein) in der 8. Infanteriedivision, der so genannten Kaiserjägerdivision (FML Fabini), war die 2. Eskadron mit 145 Reitern als Divisionskavallerie eingegliedert.[759] Im Isonzogebiet war noch immer die 4. Eskadron mit 150 Reitern der 5. Armee (GO Boroević) im Abschnitt I des XV. Korps (GdI Stöger-Steiner) in der 50. Infanterie-Division (GM Gerabek) im k.u.k. Abwehrriegel.[760]

3.2.1 Der Kampf in der südlichen Ortlerfront (Rayon II Tonale)

Eine Fußeskadron der Reitenden Tiroler Landesschützen behielt auch im Kriegsjahr 1916 ihre Präsenz im Rayon V an der Dolomitenfront.[761] In der *Neuen Warte am Inn* wurde die Todesmeldung eines Soldaten der Fußeskadron der Reitenden Tiroler Landesschützen in den Dolomiten wie folgt abgedruckt:

> „In den Schneegefilden der Dolomitenfront hat ein braver Familienvater, fern von der Heimat [...] am Nachmittage des 12. Dezember gelähmt aus der Stellung [den Tod erfahren]. Joh[ann] Meindl war

[754] Kriegsgliederung für das erste Halbjahr 1916, Beilage 2, S. 23.
[755] Neue Warte am Inn (30.12.1916), S. 6.
[756] Kriegsgliederung für das erste Halbjahr 1916, Beilage 2, S. 12.
[757] *Rettenberger Schützenchronik*, zweiter Teil: Tradition, S. 15.
[758] Kriegsgliederung für die Monate August und September 1916, in: *ÖULK, 5. Das Kriegsjahr 1916*. Beilagen (V. Beilagen), hrsg. v. Edmund Glaise-Horstenau, Wien 1934, Beilage 7, S. 3.
[759] Kriegsgliederung für die Monate August und September 1916, Beilage 7, S. 5-6.
[760] Ebd., S. 12.
[761] Lichem, Krieg in den Alpen. Band 1, S. 180.

einer Fußeskadron der berittenen Tiroler Landesschützen zugeteilt und seit April auf dem italienischen Kriegsschauplatze."[762]

Der Rayon II verlief von der Schnittstelle des Rayon I (Vintschgau) an der Zufallspitze (Cima Cevedale 3.757 m) über die südlichen Ortlerberge und umfasste den Monte Cevedale (3.769 m), Monte Rosole (3.531 m), Pallon della Mare (3.705 m), Monte Vioz (3.645 m), Punta San Matteo (3.678 m), Dreiherrenspitze (3.359 m), Punta Ercavallo (3.068 m) sowie Punta di Montozzo (2.863 m) und abschließend die Punta Albiolo (2.970 m) bis zum Anstieg des Monte Tonale Occidentale (2.694 m) und dem Abfall des Tonalepasses hin zum Monticello-Grat und der Presanella-Gruppe.[763] Kontinuierlich waren ab Beginn des Kriegsjahres 1916 alle weiteren Gipfel von österreichischer Seite aus besetzt und, je nach vorherrschenden Umfeldbedingungen, stellungsmäßig ausgebaut worden.[764] Im *Vorarlberger Volksblatt* wurde über den Marschweg an die südliche Ortlerfront wie folgt berichtet: „Noch schwieriger ist der Weg von Pejo her, zu dem sich selbst erprobte Alpinisten die tüchtigsten Führer auszuwählen pflegen. In einer Höhe von 3600 Metern muss der Vioz-Kamm und in der Meereshöhe von 3168 Meter der Forno-Gletscher überschritten werden."[765]

Der Zweck der Errichtung der hochalpinen Stellungen war es, die Bewegungslinien auf italienischer Seite zu erfassen und so die Kontrolle über dieses Frontgebiet zu erlangen. Hierbei diente vor allem der Pallon della Mare Gipfel als besonderer Kontroll- respektive Aussichtspunkt, da der gesamte Anmarschraum der Alpini – von deren Verfügungsraum in Santa Caterina bis in das Val Forno hinaus – eingesehen werden konnte. Auf Grund seiner essenziellen militärstrategischen Lage war dieser Stützpunkt durch ein mehrteiliges, gestaffeltes Graben- und Stollensystem der am besten ausgebaute Gipfel in österreichischer Hand, welcher mit mindestens 20 Mann durchgehend besetzt war.[766]

Als im März 1916 österreich-ungarische Truppen aus dem Rayon II abberufen wurden, um im Raum um Asiago die Südtiroloffensive zu unterstützen, verblieben im so genannten Pejo-Tal noch die zuvor angegliederten Standschützen in der Stärke von 540 Mann, die zwei Fußeskadronen der Reitenden Tiroler Landesschützen sowie zwei 10 cm-Haubitzen, vier 8 cm-Kanonen, 14 Maschinengewehre und eine Musketenpatrouille. Als Abschnittsreserve wurde im Raum Pejo ein Kontingent aus Standschüt-

---

[762] *Neue Warte am Inn (30.12.1916)*, S. 6.
[763] Golowitsch, Der Kampf um die nordwestlichen Einfallspforten nach Tirol, S. 273.
[764] Lichem, Krieg in den Alpen. Band 1, S. 183.
[765] *Vorarlberger Volksblatt (22.08.1915)*, S. 2.
[766] Lichem, Krieg in den Alpen. Band 1, S. 183-184.

zen von 350 Mann bereitgehalten.[767] GenMjr Steinhart schrieb in Bezug auf die österreich-ungarische Rest-Besatzung der südlichen Ortlerfront, dass ab dem Beginn der „Südtirol-Offensive" nur noch „[...] zwei Eskadronen der Reitenden Tiroler Landesschützen (zu Fuß) unbekannten Personalstandes [...]"[768] sowie vier Standschützenkompanien sowie eine Musketenpatrouille im Raum Pejo vorhanden waren.[769] Die *Mühlviertler Nachrichten* veröffentlichten einen vom Reitenden Tiroler Landesschützen Josef Kößler zugesandten Bericht vom nördlichsten Einsatzraum der Reitenden Tiroler Landesschützen im Rayon II, dem Langenfernerjoch, wie folgt:

> „Josef Kößler, bei der k. k. Fußeskadron der R[eitenden] T[iroler]-S[chützen], schrieb Ende September: [...] Heute haben wir wieder einmal einen ruhigeren Tag, da nur hie und da eine Granate oder ein Schrapnell explodiert. Aber jetzt hatten wir schon eine schlimme Zeit gehabt. Da kann man wirklich sagen, man hat großes Glück gehabt, wenn man da gesund und ohne verwundet zu werden durchkommt. Der Italiener steckt doch nichts auf mit seiner Offensive. Der Italiener wird überall blutig zurückgeschlagen, wenn er gleich einen Angriff nach dem anderen macht. Bei uns ist jetzt eine Zeit sehr schlechtes Wetter gewesen und so kalt, als wäre es schon mitten im Winter und haben jetzt schon neuen Schnee. Wenn es in den Tälern regnet, so stürmt und schneit es bei uns oft, als wäre schon Weihnachten. Es ist ja kein Wunder, wenn man so hoch im Gebirge ist, denn unsere Stellung liegt 3256 m hoch auf einem Berggipfel. Unsere Stellung ist gerade neben einem Gletscher, da weht den ganzen Tag ein frischer Wind, wenn auch schönes Wetter ist. Wir freuen uns schon, wenn wir wieder einmal auf ein paar Tage auf Reserve ein Stündchen zurückkommen, um wieder ein wenig ausruhen zu können. Mit dem Urlaubfahren, da geht fast gar nichts bei uns. Man sehnt sich ja doch auch heim, wenn man schon so lange seine lieben Angehörigen nicht mehr gesehen hat. Ich bete zu Gott und dem heiligen Schutzengel, damit er mich beschützt und vor dem Unheil bewahrt und gesund und glücklich als Sieger in die Heimat zurückkehren kann."[770]

Die Schilderung vom Reitenden Tiroler Landesschützen verdeutlicht die Aspekte des Lebens an der Front, an welcher getötet und gestorben, gefroren und gelagert sowie gebetet, gebangt und gehofft wurde.

---

[767] Köll, Der Krieg auf den südlichen Ortler-Bergen 1915-1918, S. 8.
[768] Briefbericht von Generalmajor von Steinhart über die südliche Ortlerfront, zit. in: Golowitsch, Der Kampf um die nordwestlichen Einfallspforten nach Tirol, S. 279.
[769] Ebd., S. 279.
[770] *Mühlviertler Nachrichten (14.10.1916)*, S. 7.

3.2.2 Der Patrouillen- und Stellungskrieg der Reitenden Tiroler Landesschützen

An der westlichen Frontlinie der Tiroler Front waren die abgesessenen Soldaten der Reitenden Tiroler Landesschützen in der Patrouillentätigkeit federführend. In Bezug auf die Veränderung der Kampfformation vom aufgesessenen zum abgesessenen Kampf schrieb Lehner: „Der Fortschritt der Technik überholte die Kavallerie und so wurden die ‚Reitenden Tiroler Landesschützen' immer öfters Infanteristisch [sic!] eingesetzt."[771] Anfänglich wurden von den k.u.k. Soldaten gemäß vorhergegangener Losung die „Gewohnheiten des Feindes", deren Patrouillentätigkeit sowie Annäherungswege und Angriffsstellen erkundet und wie am Beispiel der südlichen Ortlerfront in Schnee und Eis in den Worten der Reitenden Tiroler Landesschützen noch Folgendes vermerkt:

> „nichts Abnormales, [F][ein]d arbeitet an seinen Stell[un]gen, nach Neuschnee ausschaufeln derselben. – f[ein]dl[iche] Patr[ouillen] oft – die Mannschaft läuft öfter Ski – im Val Rosole in der Nacht gesichtet[,] schwache Patr[ouillen] gehen von VI/6 quer der derzeit unbesetzten VI/1."[772]

Das anfängliche „Aufklären" der Gegenseite verlagerte sich jedoch rasch in immer höherer Zahl auftretenden Gefechtshandlungen im Hochgebirge. Lichem schreibt diesbezüglich: „Vor allem während des Jahres 1916 herrschte auf dem Forno-Gletscher gespenstisches Treiben: Unentwegt trieben die Tiroler ihre Patrouillen über den Gletscher vorwärts und störten die Alpini durch zahlreiche kleinere Patrouillenkämpfe [...]."[773] Der Gedanke der k.u.k. militärischen Führung in Bezug auf „ungangbares Gebiet" konnte sich hierbei – dass es für Gebirgstruppen kein schlechtes Umfeld beziehungsweise ungangbares Gelände gibt – nur so lange halten, bis, nach Langes, „[...] kühne Patrouillen von Freund und Feind überraschend den Bann der winterlichen Berge brachen und damit den Beweis erbrachten, daß in diesem Krieg in eisigen Regionen vieles möglich sei, was früher als unmöglich und absurd erschienen war."[774] Beispielgebend für jenen genannten Patrouillenkampf steht hierbei, vorweggenommen aus dem Kriegsjahr 1918, der im *Welt-Blatt* am 24. März 1918 unter dem Titel „Die Kämpfe an der Südwestfront" vermerkte Bericht, dass

> „[i]m Laufe der letzten Woche [...] die gegenseitige Patrouillentätigkeit in einzelnen Abschnitten der Südwestfront reger [war].

[771] PA-VRTKsI-VlHL. Unsere Kaiserschützen, unveröffentlichtes Manuskript. Heft 1, S. 29.
[772] OeStA-KA AdTk 1724 Reit.Sch.Reg. Niederschrift über die Gewohnheiten des Feindes.
[773] Lichem, Krieg in den Alpen. Band 1, S. 184.
[774] Langes, Front in Fels und Eis, S. 134.

So gelang es am 18. d. M. einer reitenden Tiroler Kaiserschützenpatrouille nach Ueberwindung großer alpiner Schwierigkeiten im Handgranatenkampfe in einen beherrschenden feindlichen Stützpunkt in fast 3000 Meter einzudringen."[775]

Etschmann vermerkte diesbezüglich: „Patrouillen, Gruppen und Züge zwischen zwei und vierzig Mann klärten auf, besetzten wichtige Höhenstellungen zur Beobachtung und zur Verhinderung des Umgehens [...] - kurzum, der Krieg hatte erstmals seit 1866 das Hochgebirge erreicht."[776]

Zeitgleich begannen die Soldaten beider Seiten die natürlichen Gegebenheiten des Hochgebirges aktiv für die eigene Kriegsführung im Hochgebirge nutzbar zu machen. Langes führt weiter aus, dass die militärstrategische Entwicklung „[...] auch hierin [...] andere Formen [zeigte], als man vorausgesehen hatte. Mit dem Ausbau der Hochgebirgsfront zu einer starren, stark befestigten Kampflinie änderte sich die Kampfart vollkommen."[777] Felsen, Gipfel und Gletscher wurden durch eine ausgeklügelte Gestaltung von Stellungen und Stellungssystemen mit damaliger modernster Technik sowie Kampfmitteln zu Festungen respektive zu starken Bollwerken gegen eine feindliche Übernahme ausgebaut. Eine Eroberung beziehungsweise ein Erfolg gegen solche für die absolute Gebirgsverteidigung eingerichteten Verteidigungslinien erforderte „alle physischen und psychisch-moralischen Kräfte", in anderen Worten einen erhöhten Einsatz vom Soldaten selbst sowie den zielführenden Einsatz von Kampfmitteln und Material.[778]

Eine militärstrategisch-operative Wende vom vorrangigen „Bewegungskrieg" zum nunmehrigen Belagerungskrieg war somit de facto vollzogen. Beispielhaft für jene militärtaktische Einsatzart steht hierbei die Besetzung der Tiroler Front, versinnbildlicht mit den folgenden Hochgebirgsstellungen an einem ausschließlich von den Reitenden Tiroler Landesschützen besetzten Abschnitt an der Westfront der Tiroler Front.

3.2.3 Die Verteidigungslinie an der südlichen Ortlerfront

Der Gletscher und die vorgelagerten Stellungen der Soldaten der Reitenden Tiroler Landesschützen lagen hierbei gänzlich auf italienischem Gebiet, jedoch stellte der Gletscher für italienische Offensivunternehmungen ein schwieriges natürliches Hindernis dar.[779] Die Besonderheit der

---

[775] *Welt-Blatt (24.03.1918)*, S. 3.
[776] Wolfgang Etschmann, Die Südfront 1914-1918, in: *Tirol und der Erste Weltkrieg*, hrsg. v. Klaus Eisterer, Innsbruck-Wien 1995, S. 27-60, hier S. 30.
[777] Langes, Front in Fels und Eis, S. 134.
[778] Ebd., S. 134.
[779] PA-VRTKsI-VIHL. Unsere Kaiserschützen, unveröffentlichtes Manuskript. Heft 1 (38 Seiten), Innsbruck 1999, S. 30

Stellungen sowie Feldwachen der Reitenden Tiroler Landesschützen an der südlichen Ortlerfront zeichneten sich dadurch aus, dass jene in militärstrategischer Hinsicht auf der Linie Monte Rosole - Pallon della Mare - vorgeschobener Forno Gletscher - Monte Vioz zusammenhängend und taktisch angelegt wurden, sodass bedrohte Stellungen und Feldwachen entweder flankierend oder durch schnelle Truppenverschiebungen rasch und zu jeder Zeit unterstützt werden konnten, sowohl durch massive Feuerunterstützung mittels Geschütz als auch mittels Maschinengewehr. Zusätzlich konnte das gesamte Vorfeld der Verteidigungslinie 1a und 1b zur Kampfunterstützung ausgeleuchtet werden. Teilbereiche davon, beispielsweise die Moräne unterhalb des Endes des Ghiacciago del Forno, waren bereits durch Minen gesperrt. Beispielsweise konnte einerseits so der Abschnitt rechts vom Cevedale durch flankierendes Feuer direkt unterstützt und zusätzlich vom eigenen Rosole Stützpunkt aus der feindliche Nachschubweg durch das Val Rosole gestört werden. Andererseits war eine erbeutete italienische Gebirgskanone auf Cadini so positioniert, dass bei einem Sturm auf die Feldwache 4 (selbst mit Granatwerfern bestückt) oder den Stützpunkt III flankierend auf die Angreifer gewirkt werden konnte. Überdies waren alle eigenen Maschinengewehrstellungen so gewählt worden, dass das Terrain jedes einzelnen Stützpunktes am linken Flügel und in der Mitte im Kreuzfeuer bestrichen werden konnte.[780] Im Stellungsbehelf der Reitenden Tiroler Landesschützen wurde diesbezüglich vermerkt:

> „[A]lle Stellungen sind stützpunktartig gebaut, derart[,] dass beim Verlust eines St[ützpunktes] die Nachbarst[ützpunkte] noch gehalten werden können. Ein dauerndes Behaupten eines verloren[-en] St[ützpunktes] durch den F[ein]d ist solange sich die Nachbar St[ützpunkte] halten[,] ausgeschlossen.
>
> Gefährdet ist der linke Flügel der 1a Linie F[eld] W[ache] 3 u[nd] 4. Daher dort auch die meisten Nahkampfmittel. Mit den zeitweiligen Verlusten der F[eld] W[ache] 4 u[nd] 3 muss gerechnet werden. Ein weiteres aufrollen [sic!] nach rechts ist ausgeschlossen.
> MG Kreuzfeuer von Fornost[ützpunkt] – St[ützpunkt] III u. II im deckungslosen Terr[ai]n umsomehr als alle St[ützpunkte] nach allen Seiten kein[e] Vert[eidigungs]f[ronten] sind und auf Fornost[-ützpunkt] 8 tagige Res[erve]verpfl[egung] und restlich[es] Brennholz vorhanden ist.
> Ist Fornost[ützpunkt] auch gefallen, kann sich Pallonst[ützpunkt]

[780] OeStA-KA AdTk 1724 Reit.Sch.Reg. Unterstützung des Nachbarabschnittes im Forno-Gebiet.

seiner dominierenden Lage bestimmt halten, selbst wenn die Ganze übrige 1a Linie vom F[ein]de gehalten wird.
Schwieriger ist die Lage der 1a Linie wenn der rechte Flügel (Pallon) in f[ein]des hand [sic!] fällt, und was sehr schwierig f[ür] denselben wäre[,] besetzt bleibt. Dann ist Fornost[ützpunkt] u[nd] F[eld] W[ache] 3 u[nd] 4. sehr schwer zu halten (schwieriger Nachschub!) - Wenn auch Fornost[ützpunkt] fällt, sind F[eld] W[ache] 3 u[nd] 4. unhaltbar - Beim Verlust der ganzen 1a Linie ist die 1b Linie eine so vorzügliche Vert[eidigung] Linie, dass keinerlei Gefahr für ein weiteres Durchstossen des Gegners besteht. [A]llerdings müssten sofort der Vorgipfel des P[allon] d[ella] M[are] und Ib besetzt und gehalten werden. Einerseits zur Sicherung der r[echten] Flanke des St[ützpunktes]. Andrerseits [sic!] um den Nachschubsweg zum [Monte] Rosole zu ermöglichen. Der exponierte Rosole St[ützpunkt] ist frontal kaum angreifbar. Bei unsichtigem Wetter kann eine hochalpine äusserst kühne f[ein]dl[iche] Patr[ouille] nach überwindung [sic!] enormer Schwierigkeiten den Sattel zwischen R[osole] Spitze nach Cevedale erklimmen und den eigenen Rosole St[ützpunkt] von r[echts] und von rückwärts überrumpeln. Gelingt ihr dies, so hat diese f[ein]dl[iche] Patr[ouille] ein weites Feld frei uns sehr unangenehmer Tätigkeit: der Weg durch das ganze Val Sugana bis Pejo oder Cogolo steht sehr offen oder zu Kamm unter Pallon del Mare zum Schwadronskommando oder aber unter den Passo del[la] V[edretta] Rossa gegen Vioz vorstoszen. Eine Rückkehr dieser f[ein]dl[ichen] Patr[ouille] in ihre St[e]l[lun]gen wird w[ahr]s[chein]l[ich] ausgeschlossen sein, aber diese Patr[ouille] kann hinter unseren Linien sehr schädlich wirken."[781]

Der Zweck der Hochgebirgsstellungen der Reitenden Tiroler Landesschützen entsprach somit gänzlich dem Kalkül einer Geländeverstärkung durch „Verminderung der Feindeinwirkung und Errichtung von Sperren zur Einengung der Bewegungsmöglichkeiten des Feindes und Erhöhung der eigenen Waffenwirkung".[782]

---

[781] OeStA-KA AdTk 1724 Reit.Sch.Reg. Angriff nach Verteidigungsverhältnis im Forno-Gebiet.
[782] Bundesministerium für Landesverteidigung, Militärlexikon (MilLex), S. 234.

3.2.3.1 Der Monte Rosole Stützpunkt

Die nördlichste ausgebaute Stellung der Reitenden Tiroler Landesschützen in der mittleren Ortlergruppe befand sich auf dem Passo Rosole, dem so genannten Rosole Stützpunkt. Köll schrieb diesbezüglich, dass auf dem Rosole „[…] in rund 3500 m Höhe je eine Feldwache einsam auf weiter Gletscherflur [stand].“[783] Dies wird durch Köll falsch dargelegt, da auf der Stellungsskizze der Reitenden Tiroler Landesschützen vermerkt wurde, dass der Rosole Abschnitt mit 12 Mann besetzt wurde. Zudem war eine genaue Aufschlüsselung der Besatzung und eine Stellungszuweisung vorgenommen worden.[784]

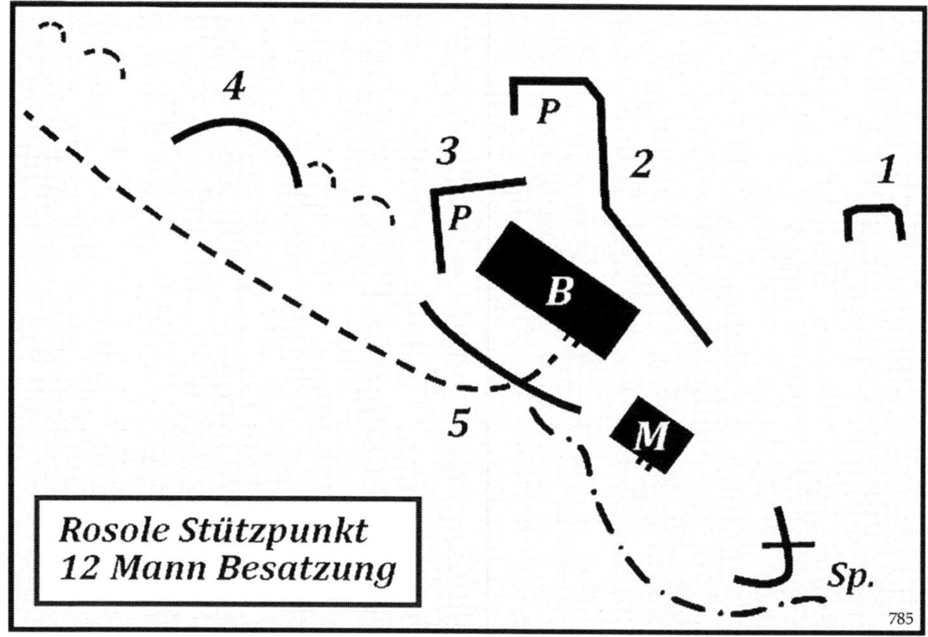

Am Rosole Stützpunkt waren hierbei insgesamt fünf Verteidigungsstellungen angelegt worden.

Stellung 2 stellte diesbezüglich die Kopfstellung des Monte Rosole (Rosolekopf) dar und war im Gesamten mit 3 Mann besetzt. Stellung 1 und 4 umfassten jeweils zwei Soldaten, Stellung 3 einen. Überdies waren auch hier wie bei den anderen Stützpunkten der Reitenden Tiroler Landesschützen an der südlichen Ortlerfront ein Postenstand, eine Unterkunftsbaracke sowie ein Magazin vorhanden.[786]

---

783 Köll, Der Krieg auf den südlichen Ortler-Bergen 1915-1918, S. 12.
784 OeStA-KA AdTk 1724 Reit.Sch.Reg. Rosole Stützpunkt (südliche Ortlerfront).
785 OeStA-KA AdTk 1724 Reit.Sch.Reg. Rosole Stützpunkt (südliche Ortlerfront), eigene Darstellung und Karte Glänzer.
786 OeStA-KA AdTk 1724 Reit.Sch.Reg. Rosole Stützpunkt (südliche Ortlerfront).

3.2.3.2 Der Pallon della Mare Stützpunkt

In der *Meraner Zeitung* wurde der strategischen Wert des Pallon della Mare wie folgt beschrieben:

> „Unter den höchsten Gipfeln reckt sich wie eine schneeweiße Pyramide der Palon della Mare [sic!] auf, eingehüllt in die blauen Schatten seiner Hänge, die seinen Körper wie ein wallender Mantel umschließen. Zwischen ihm und der Gipfelspitze des Monte Vioz, die in kaum erkennbaren Umrissen herüberschimmert, zieht sich als Verbindungsweg das Gesenke des Eisgletschers, der sich nach der italienischen Seite herabsenkt, um dann wieder zur Höhe der Valfurva hinaufzusteigen, die für überraschende Angriffsversuche mit Vorliebe benützt wird."[787]

In südlicher Anschlussrichtung an den Rosole Stützpunkt war somit die Höhenstellung des Pallon della Mare am Rand des Pallon Gipfelhanges, ganz nach den gefechtstaktischen Vorgaben der k.u.k. Armee, in vollstem Umfang angelegt worden.[788] Da der Pallon della Mare im direkten Aufmarschraum der Alpini aus Santa Cateria lag, war diesbezüglich die Gipfelstellung mit einem mehrteiligen Graben- und Stollensystem stärker gesichert und mit 20 Mann besetzt worden.[789]

Entgegen den Ausführungen von Golowitsch, dass die auf 3.234 Meter angelegte Hauptstellung am Pallon della Mare planmäßig mit einer geringen Besatzung, jedoch mit einer enormen Feuerwirkung von acht Maschinengewehren bestückt war.[790] Sowie Köll, der schrieb, dass die Pallon-Stellung „[...] aus sechs nahe beieinander liegenden Teilen, mit der Sicht vor allem in das Forno-Ferner Becken und in das nordöstlich gelegene, zum Cevedale hinaufziehende Rosole Tal"[791] bestand, geht aus den Originalquellen, den Stellungsskizzen der Reitenden Tiroler Landesschützen, hervor, dass auf dem Pallon della Mare insgesamt sieben in Sichtweite voneinander entfernte Infanteriestellungen, welche Steinmauern als Brustwehr aufwiesen, sowie einen Scheinwerferstand zur Kampfunterstützung besaßen, errichtet worden waren. Hingegen waren kein Maschinengewehrstand und auch keine Kaverne vorhanden. An der Vorderseite des Stützpunktes war ein 200 Meter langes Schnellhindernis, als Alarmvorrichtungen dienten eine Triangel sowie ein Glockenzug.[792]

---

[787] *Meraner Zeitung (15.09.1915)*, S. 6.
[788] Köll, Der Krieg auf den südlichen Ortler-Bergen 1915-1918, S. 12.
[789] Lichem, Krieg in den Alpen. Band 1, S. 126.
[790] Golowitsch, Der Kampf um die nordwestlichen Einfallspforten nach Tirol, S. 281.
[791] Köll, Der Krieg auf den südlichen Ortler-Bergen 1915-1918. S. 12.
[792] OeStA-KA AdTk 1724 Reit.Sch.Reg. Pallon-Stützpunkt.

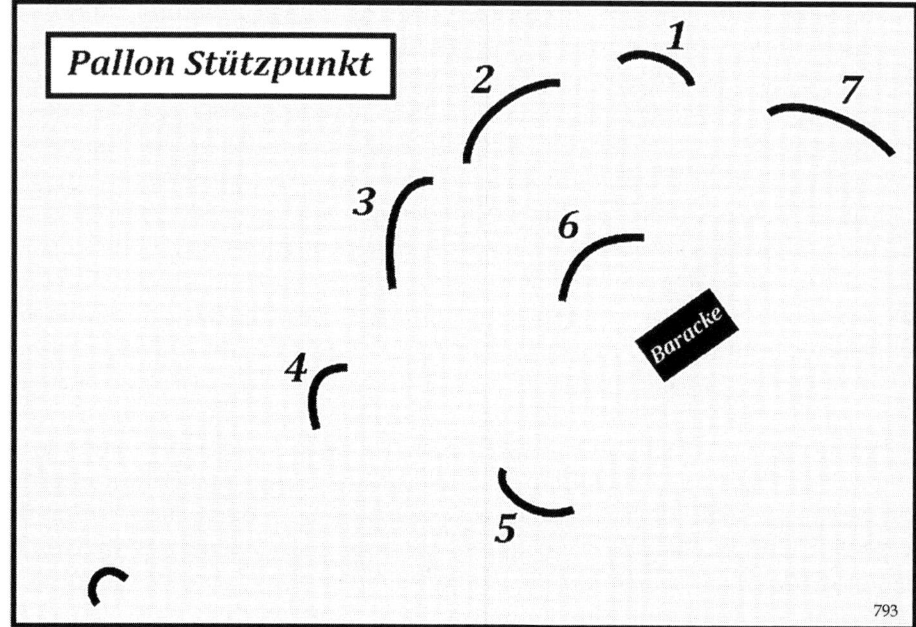

Als Unterkunft beziehungsweise Munitionsverwahrungsraum für die Soldaten der Reitenden Tiroler Landesschützen dienten am Pallon della Mare einerseits eine Mannschaftsbaracke sowie eine einfache Bretterhütte, welche als Latrine diente und außen mit Dachpappe verkleidet wurde, andererseits eine Magazinsbaracke. Die Mannschaftsbaracke wurde mittels einer doppelten Bretterwand, welche zwischen den Brettern mit Dachpappe gedämmt und innen mit Papier verkleidet worden war, sowie einem mit Dachpappe versehenen Bretterdach errichtet. Das Vorhaus bestand aus einem einfachen Bretterbau. Als Wärmedämmung der Mannschaftsbaracke fungierte eine zementierte Steinmauer. Die Mannschaftsbaracke selbst war in einen Unteroffiziersraum und einen Mannschaftsraum mit je einem Doppelfenster und vier einfachen Türen unterteilt. Im Unteroffizierszimmer befand sich ein gemauerter Ofen, im Mannschaftsraum ein gemauerter Kochherd sowie 350 Scheiter Reserveholz. Die Magazinsbaracke bestand aus einer einfachen Bretterwand, welche innen mit Dachpappe verkleidet war sowie einem Bretterdach mit Dachpappenverkleidung, einer einfachen Tür sowie einem Dachfenster.[794]

Die Wachtätigkeit der Reitenden Tiroler Kaiserschützen am Pallon della

[793] OeStA-KA AdTk 1724 Reit.Sch.Reg. Feldwachen und Stellungen der Reitenden Tiroler Landesschützen am Pallon-Stützpunkt, eigene Darstellung und Karte Glänzer.
[794] OeStA-KA AdTk 1724 Reit.Sch.Reg. Feldwachen und Stellungen der Reitenden Tiroler Landesschützen am Pallon-Stützpunkt.

Mare wurde in Bezug auf die Einsatzart Verteidigung nach den Parametern „bei Tag und klarem Wetter“, „bei Tag und trübem Wetter“ sowie „bei Nacht und klarem wie trübem Wetter“ eingeteilt. Die Wachmannschaft der Reitenden Tiroler Landesschützen wurde dem Wetter- beziehungsweise Tagesverlauf lageangepasst eingesetzt. So wurde beispielsweise die Stellung Nummer 2 zu jeder Tages- und Nachtzeit mit einem Posten besetzt. Zusätzlich bei trübem Wetter sowie bei Nacht die Stellung 7. Zudem wurden von den Reitenden Tiroler Landesschützen weitere Alarmstellungen errichtet. Im Falle eines Angriffes von vorne sollten zu den bereits besetzten Stellungen 2 oder 2 und 7 in die Alarmstellung 1 und 3 jeweils zwei Mann sowie in der Stellung 4 ein Mann eingesetzt werden. Die Stellungen Nummer 5 und 6 blieben unbesetzt, da diese keine Alarmstellung, sondern eine so genannte Wechselstellung - die entweder beim Durchstoßen des Feindes durch den vorgeschobenen Riegel der Alarmstellungen oder bei überraschender Änderung der Angriffsrichtung bzw. der Stoßrichtung des Feindes - bezogen hätte werden sollen. Zudem befand sich laut Alarmplanskizze noch eine vorgeschobene Sicherung beziehungsweise ein Beobachtungsposten in der Nähe der Stellung 4.[795]

Die Pallonkamm-Stellung diente zudem als eines der vielen „Augen der k.u.k. Artillerie“, da auf jenem in das gesamte Forno-Gletscherbecken sowie das Monte-Rosole-Tal Einsicht in die italienischen Bewegungslinien genommen werden konnte.[796] Die Eigensicherung der k.u.k. Soldaten bei Patrouillen, Versorgungsgängen oder Märschen im Gebiet zwischen dem Pallon della Mare und Cevedale zu den Feldwachen Zugängen erfolgte mittels mit Seilen verbundener Stangen, welche in das Gletschereis getrieben worden waren.[797]

3.2.3.3 Der Forno-Gletscherstützpunkt „Polarzeltlager“

Die exponiertesten Feldwachen der Westfront der Tiroler Front lagen im Forno-Gletschergebiet.

Um die gesamte Hochgebirgsfront zusätzlich abzusichern, wurde von den Reitenden Tiroler Landesschützen im Gletschereis des oberen Forno-Gletschers ein Stellungssystem von Feldwachen errichtet.[798] Lichem vermerkte diesbezüglich, dass die „[...] Besetzung des Forno-Gletschers durch ein dichtes Netz von Gletscher-Feldwachen der Reitenden Tiroler Kaiserschützen [damals noch Reitende Tiroler Landesschützen; Anm. d. Verf.]“[799] erfolgte.

Das vorgeschobene Gebiet des Fornogletschers, eine Gletscheraus-

[795] OeStA-KA AdTk 1724 Reit.Sch.Reg. Wachtätigkeit am Pallon-Stützpunkt.
[796] Golowitsch, Der Kampf um die nordwestlichen Einfallspforten nach Tirol, S. 281.
[797] Golowitsch, Der Kampf um die nordwestlichen Einfallspforten nach Tirol, S. 282.
[798] Lichem, Krieg in den Alpen. Band 1, S. 184.
[799] Lichem, Spielhahnstoß und Edelweiß, S. 235.

prägung zwischen dem Pallon della Mare und dem Monte Vioz, wurde somit auch von den Reitenden Tiroler Landesschützen verteidigt. Die Forno-Feldwachen I/II/III und IV befanden sich hierbei allesamt im Gletschereis und wurden im Soldatenjargon als „Polarzeitlager“ bezeichnet.[800] Lehner schrieb über die Forno-Gletscherstellung der Reitenden Tiroler Landesschützen an der Kote 3276[801]: „Mitten im Forno-Gletscher befand sich die exponierteste Feldwache das sogenannte ‚Polarzeltlager‘, hier beherrschte die ‚Gletscher-Kavallerie‘ den Gletscher der zwar auf ital[ienischem] Gebiet lag aber für die Alpini [auf Grund des Gletschers, fast] unerreichbar war.“[802] Die Besatzung des Forno-Stützpunktes setzte sich im Gesamten aus 50 Soldaten der Reitenden Tiroler Landesschützen zusammen.[803] Der Auftrag der Feldwachen respektive der Reitenden Tiroler Landesschützen in diesem Abschnitt war, einen Sperrriegel bei den Aufgängen zum Pallon della Mare und zum Vioz zu errichten und so ein Durchstoßen der italienischen Kräfte zu verhindern.[804]
Nach Fritsch führten an der Forno-Gletscher-Front

> „[d]ie zahlreichen Stollenausgänge im riesigen, nach Norden gerichteten Forno-Gletscher (zwischen Pzo. Tresero, 3602 m, im Westen und M. Vioz, 3644 m, im Osten) [...] zu den an der Oberfläche verteilten Tiroler Feldwachen und ermöglichten ein Halten des Gletschers in jenen Teilen, die unserer Front vorgelagert waren.“[805]

Die in den Stellungsskizzen-Oleaten der Reitenden Tiroler Landesschützen mit als S.T. verzeichneten Schneetunnel waren nur einige von vielen, die den Forno Abschnitt in der Ortlergruppe durchzogen. Mehrere Ausgänge führten von Eisstollen an die Oberfläche zu den Gletscher-Feldwachen der Reitenden Tiroler Landesschützen. Die Idee der Anlage von Eisstollen/Gletscherstollen stammte vom Kaiserjägeroffizier Leo Handl an der Südwestfront. Ursprünglich zum Truppenschutz entwickelt, wurde von der Ortler- bis zur Dolomitenfront sowie auf italienischer Seite in kilometerlangen Ausführungen – auch mit dem Zweck von Verbindungslinien zu einzelnen Frontabschnitten – jenes Konzept der Nutzung von Eisstollen/Gletscherstollen umgesetzt.[806]

---

[800] PA-VRTKsI-VlHL. Unsere Kaiserschützen, unveröffentlichtes Manuskript. Heft 1 (38 Seiten), Innsbruck 1999, S. 29-30.
[801] Weiser, Kaiserschützen, Tiroler-Vorarlberger Landsturm und Standschützen, S. 137.
[802] PA-VRTKsI-VlHL. Unsere Kaiserschützen, unveröffentlichtes Manuskript. Heft 1, S. 30.
[803] OeStA-KA BS I WK Fronten Tirol, 3012. Monte Vioz-Raum, Besatzung des Forno-Stützpunktes.
[804] Köll, Der Krieg auf den südlichen Ortler-Bergen 1915-1918, S. 13.
[805] Erhard Fritsch, Stollenbau an der Italienfront 1915-1918. Ein Streifzug auf den Spuren des Gebirgskrieges zwischen Ortler, Dolomiten und Julischen Alpen (1. Teil) in: *Mitteilungen des Landesvereins für Höhlenkunde in Oberösterreich (105/2001)*, S. 46-68, hier, S. 54.
[806] Fritsch, Stollenbau an der Italienfront 1915-1918, S. 94.

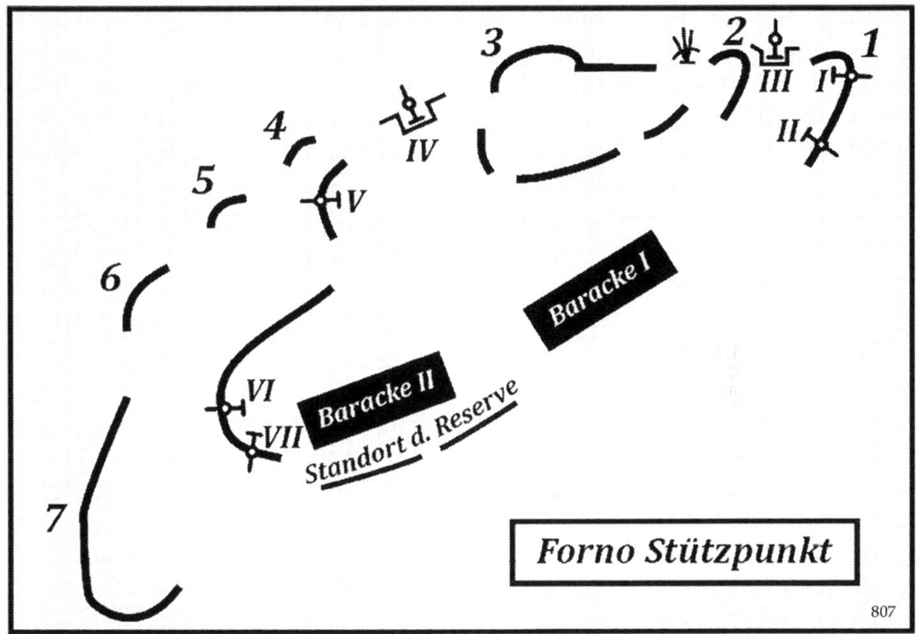

Das Fornogebiet war von Tiroler Seite aus auch so konzipiert respektive die Berge und Gipfel strategisch so besetzt worden, dass bei einer Einnahme eines Stützpunktes durch italienische Truppen alle anderen Stützpunkte gehalten werden konnten. Im Alarmfall wäre bei den Besatzungen ein vorgeübtes und eintrainiertes Verfahren zur Anwendung gekommen. Das „Alarmsignal" wäre durch den Wachtposten, der eine Bedrohung erkannt hatte, entweder mittels Ziehen eines Drahtes zu einer Glocke (Konservenbüchse) mit direkter Verbindung in die Stützpunktbaracke, durch Schussabgabe oder bei Gasalarm durch Anschlagen eines freihängenden Eisenstückes getätigt worden. Beim Ertönen des Alarmsignales

> „[...] eilt sofort die Bereitschaft aus der Baracke zu jenem Punkte der Stellung hinaus, welcher vom Feinde am heftigsten bedroht erscheint. - Unterdessen zieht sich die übrige Mannschaft des St[ützpunktes] an, nimmt Waffen u. Munition und begibt sich sofort in die Stellung. Jedem Mann wurde bereits früher (bei Alarmübungen) genau der Platz angewiesen, welchen er im Alarmfall zu besetzen hat. Der Telefonist hat auch im Alarmfalle den Telefondienst zu verrichten."[808]

[807] OeStA-KA AdTk 1724 Reit.Sch.Reg. Feldwachen und Stellungen der Reitenden Tiroler Landesschützen am Forno-Gletscher, eigene Darstellung und Karte Glänzer.
[808] OeStA-KA AdTk 1724 Reit.Sch.Reg. Aufträge von Leutnant Kaspar an die Wachtposten im Forno-Gebiet, eigene Darstellung.

Im Stellungsbehelf wurde hierbei der „eigene Angriff", die „Verteidigung" sowie „Erfahrungen bei den letzten Schneestürmen" unterschieden.[809] Der primäre operative Auftrag der Forno-Gletscherfeldwachen in Bezug auf die Einsatzführung war es jedoch, wie bereits erwähnt, die Aufgänge, einerseits zum Pallon della Mare, andererseits zum Monte Vioz, zu sperren.[810] In Bezug auf Lichem herrschte

> „[...] vor allem während des Jahres 1916 [...] auf dem Forno-Gletscher gespenstisches Treiben: Unentwegt trieben die Tiroler ihre Patrouillen über den Gletscher vorwärts und störten die Alpini durch zahlreiche kleinere Patrouillenkämpfe, die manchmal im Licht von plötzlich aufleuchtenden Scheinwerfern stattfanden."[811]

Die Verteidigungsstellung am Fornogletscher war vergleichbar mit dem Pallonstützpunkt der Reitenden Tiroler Landesschützen, wenngleich mit stärkerer Besatzung und einem größer angelegten Verteidigungs- beziehungsweise Stellungssystem sowie zwei Feldwachen, die so genannten F.W. III und F.W. IV. Jene Feldwachen bestanden wiederum aus mehreren Stellungen (1-7), wobei im Schutz der Verteidigungsstellungen die Hauptunterkunftsgebäude zur Kampfkrafterhaltung dienten und als Baracke I und II in den Planungen deklariert wurden.[812]

Die Mannschaftsbaracke I wurde, wie schon geschildert, errichtet. Außen an der Baracke befand sich - wie auch am Pallonstützpunkt - eine zementierte Steinmauer. Die Baracke I war in ein Offizierszimmer sowie einen Mannschaftsraum unterteilt, wobei im Offizierszimmer ein gemauerter Ofen und im Mannschaftszimmer ein gemauerter Kochherd vorhanden war. Jeder der beiden Räume hatte ein Doppelfenster sowie drei einfache Türen. Das Vorhaus der Baracke I hatte einen einfachen Bretterbau. Die Mannschaftsbaracke II war baugleich mit der Baracke I, jedoch im Gegensatz ohne Offiziersraum, dafür mit je einem Unteroffizierszimmer und einem Mannschaftsraum, in welchen je ein gemauerter Ofen stand. Als Reserve waren 600 Scheiter Holz auf dem Forno-Stützpunkt vorhanden.[813]

Neben den zwei Mannschaftsbaracken befanden sich am Forno-Stützpunkt noch zusätzlich eine Magazinsbaracke sowie eine Maschinengewehrwerkstätte und eine einfache Bretterhütte, welche innen mit Dachpappe verkleidet war und als Offiziers- und Mannschaftslatrine verwendet

[809] OeStA-KA AdTk 1724 Reit.Sch.Reg. Stellungsbehelfe für die Gebiete des Forno Gletschers.
[810] Köll, Der Krieg auf den südlichen Ortler-Bergen 1915-1918. S. 12.
[811] Lichem, Krieg in den Alpen. Band 1, S. 184.
[812] OeStA-KA AdTk 1724 Reit.Sch.Reg. Feldwachen und Stellungen der Reitenden Tiroler Landesschützen am Forno-Gletscher.
[813] OeStA-KA AdTk 1724 Reit.Sch.Reg. Forno-Gletscherstützpunkt.

wurde. Die Magazinsbaracke bestand aus einer einfachen Bretterwand, welche innen mit Dachpappe verkleidet war sowie im unteren Bereich aus zementierter Steinmauer, einem Bretterdach mit Dachpappe, einer einfachen Tür sowie einem einfachen Fenster. Die Maschinengewehrwerkstätte war baugleich, jedoch mit einem Blitzableiter[814] versehen.[815]

Der so genannte „Forno-Stützpunkt" mit den beiden Baracken stellte somit den Verfügungsraum der dort eingesetzten Truppen der Gletscher-Feldwachen der Reitenden Tiroler Landesschützen dar. Feldwache Forno III und Forno IV waren hingegen reine Kampf- bzw. Beobachtungsstellungen sowie im Verteidigungsfall auch Alarmstellungen.[816] Die Infanteriestellungen des Forno-Gletscherstützpunktes sowie die fünf Maschinengewehrstände waren mittels Steinmauern als Brustwehr errichtet worden. Von den zwei vorhandenen Maschinengewehrkavernen war eine bombensicher, die andere schrapnellsicher, eine weitere Mannschaftskaverne befand sich in Bau. Um die Angriffsbestrebungen der italienischen Seite zusätzlich zu erschweren waren 20 Schnellhindernisse am Forno-Stützpunkt vorhanden. Als Alarmvorrichtung dienten eine Triangel, eine Blechtafel sowie ein Glockenzug.[817]

Das Schemata der Besetzung der Stellungen verlief nach den gleichen Parametern wie am Pallon, zusätzlich wurde jedoch zwischen „bei Nacht und klarem Wetter" und „bei Nacht und trübem Wetter" abermals differenziert. Am Fornostützpunkt hatten die „abgesessenen" Reitenden Tiroler Landesschützen den Auftrag, die Stellung Nummer 1 bei jeder Tages- und Nachtzeit sowie jeder Wetterlage durchgängig mit Feldwachen zu besetzen, zusätzlich bei Tag und klarem Wetter einen Posten in Stellung 3 sowie bei Tag und kühlem Wetter einen Posten in Stellung 7 zu stellen. Bei Nacht und klarem Wetter waren überdies ein Posten in Stellung 1, ein Posten in Stellung 7, eine Alarmordonnanz in Baracke II, ein M.G. Posten als M.G. Stellung IV und ein Doppelposten zwischen Fornostützpunkt und Forno Feldwache III sowie bei Nacht und trübem Wetter ein Posten in Stellung 1, ein Posten in Stellung 7, eine Alarmordonnanz in Baracke II, ein M.G. Posten als M.G. Stellung IV und ein Doppelposten zwischen Fornostützpunkt und Forno Feldwache III und zusätzlich ein Doppelposten zwischen Fornostützpunkt und Pallonstützpunkt zu besetzen.[818]

---

[814] Erwähnenswert hierbei ist das Faktum, dass bis auf die Monte Vioz Hütte keine Unterkünfte beziehungsweise Mannschaftsbaracken mit Blitzableitern versehen worden waren; Gebäude, welche mit Waffen und Munition bestückt worden waren, hingegen schon.

[815] OeStA-KA AdTk 1724 Reit.Sch.Reg. Forno-Gletscherstützpunkt.

[816] OeStA-KA AdTk 1724 Reit.Sch.Reg. Feldwachen und Stellungen der Reitenden Tiroler Landesschützen am Forno-Gletscher.

[817] OeStA-KA AdTk 1724 Reit.Sch.Reg. Forno-Gletscherstützpunkt.

[818] OeStA-KA AdTk 1724 Reit.Sch.Reg. Feldwachen und Stellungen der Reitenden Tiroler Landesschützen am Forno-Gletscher.

Im Alarmfall am Fornostützpunkt waren die Stellung 1 durch fünf Mann, die Stellung 2 durch vier Mann, die Stellungen 3 und 6 durch zwei Mann, die Stellungen 4 sowie 5 durch einen Mann und die Stellung 7 mit sieben Mann zu besetzen. Die Baracke II galt in diesem Fall als Verfügungsraum der Reserve mit einer Stärke von sieben Soldaten, welche die Funktionen einer Gefechtsordonnanz, einer Telefonordonnanz, einem Mann für Munitionsnachschub sowie einem Feldwachkommandanten, der keinen bestimmten Platz einnehmen sollte. Dem Waffenmeister kam dabei mit ihm zwei unterstellten Mann der Auftrag zu, den Nachschub für die Maschinengewehre, die von vier Mann bedient werden hätten sollen, und dem M.G. Stand IV, sicherzustellen. Beim M.G. Kommandanten war zusätzlich eine Gefechtsordonnanz angeordnet, ein Telefonist blieb als Rücklassteil in der Baracke zurück.[819]

Die Forno-Feldwache III bestand aus drei Infanteriestellungen mit jeweils einer Steinmauer als Brustwehr. Zusätzlich war noch ein Maschinengewehrstand, jedoch keine Kaverne vorhanden.[820]

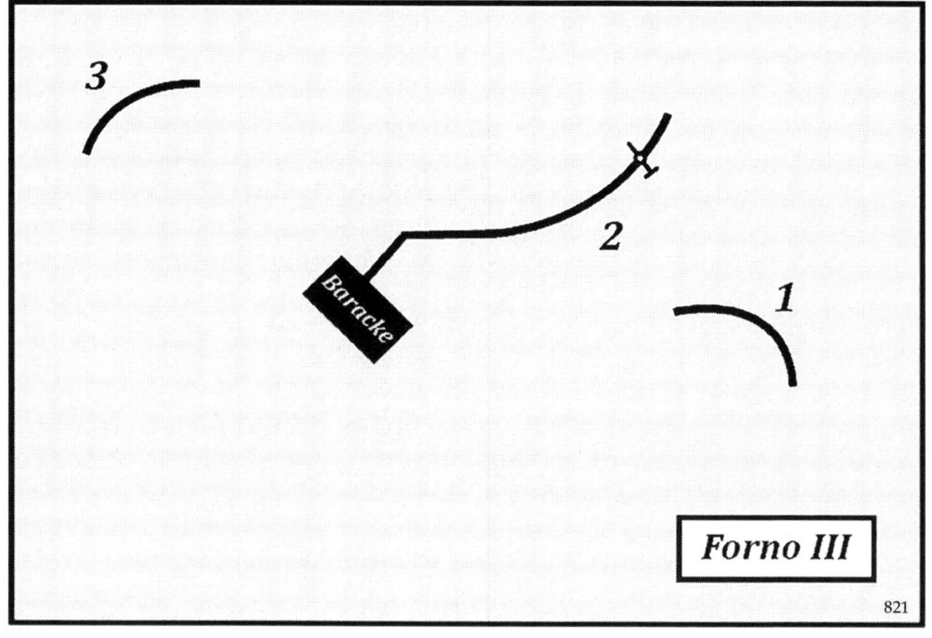

[819] OeStA-KA AdTk 1724 Reit.Sch.Reg. Feldwachen und Stellungen der Reitenden Tiroler Landesschützen am Forno-Gletscher.
[820] OeStA-KA AdTk 1724 Reit.Sch.Reg. Forno-Feldwache 3.
[821] OeStA-KA AdTk 1724 Reit.Sch.Reg. Forno-Feldwache 3, eigene Darstellung und Karte Glänzer.

Als Alarmvorrichtungen dienten eine Triangel und ein Glockenzug, zusätzlich war noch ein Schnellhindernis bei der linken Stellung der Feldwache aufgestellt worden. Die Feldwache verfügte selbst über eine Mannschaftsbaracke mit Vorhaus, eine Munitionshütte sowie eine Bretterhütte mit Dachpappen-Innenverkleidung, welche als Latrine diente, und als Reserve 290 Scheiter Holz. Die Mannschaftsbaracke bestand aus doppelter Bretterwand, welche innen mit Papier verkleidet war. Zwischen den Brettern wurde, wie üblich, Dachpappe verarbeitet sowie das Bretterdach mit Dachpappe isoliert. Die Außenwand bestand aus einer Steinmauer, in welcher zwei einfache Türen sowie ein Doppelfenster eingelassen waren. Im Inneren der Baracke befand sich ein gemauerter Kochherd. Die Munitionshütte wurde mittels einfachem Bretterbau inklusive eines Blitzableiters errichtet, außen mit Dachpappe verkleidet und über die ganze Hütte eine Steinmauerverkleidung gezogen.[822] Eine Besonderheit an jener Forno-Frontlinie war, dass zwischen Forno-Feldwache III und Forno-Gletscher-Stützpunkt eine Aufnahmestellung vorhanden war.[823] Die Hauptstellung der Feldwache Forno III war von den Reitenden Tiroler Landesschützen bei „Tag und klarem Wetter“ mit einem Posten in Stellung 3 besetzt worden. Bei „Nacht sowie trübem Wetter bei Tag“ wurden zusätzlich die Stellungen 2 und 3 mit einem Posten bemannt. Im Einsatzfall wurden die Stellungen 1 durch zwei Mann, die Stellung 2 durch fünf Mann, da diese eine Maschinengewehrstellung war, besetzt. Stellung 3 wurde durch vier Mann gehalten. Ein Telefonist blieb wiederum als Rücklass in der Baracke.[824]

Die Forno Feldwache IV war ähnlich der Feldwache III, als Verteidigungsstellung diente jedoch eine Infanteriestellung sowie ein Maschinengewehrstand mit Steinmauern als Brustwehr. Überdies besaß die Feldwache IV einen Scheinwerferstand sowie einen Granatwerferstand und vier Schnellhindernisse.[825]

Als Alarmvorrichtungen dienten, wie schon auf Feldwache III, eine Triangel sowie ein Glockenzug. Die Mannschaftsbaracke respektive Munitionshütte war baugleich wie jene an der Forno-Feldwache III, als Reserve waren jedoch 400 Scheiter Reserveholz vorhanden.[826] Für die Forno Feldwache IV galt der Auftrag bei „Tag und klarem Wetter“ einen Posten in der ganzen Stellung zu stellen. Bei „Tag und trübem Wetter“ sowie bei

---

822 OeStA-KA AdTk 1724 Reit.Sch.Reg. Forno-Feldwache 3.
823 OeStA-KA AdTk 1724 Reit.Sch.Reg. Forno-Gletscherstützpunkt.
824 OeStA-KA AdTk 1724 Reit.Sch.Reg. Feldwachen und Stellungen der Reitenden Tiroler Landesschützen am Forno-Gletscher.
825 OeStA-KA AdTk 1724 Reit.Sch.Reg. Forno-Feldwache 4.
826 OeStA-KA AdTk 1724 Reit.Sch.Reg. Forno-Feldwache 4.

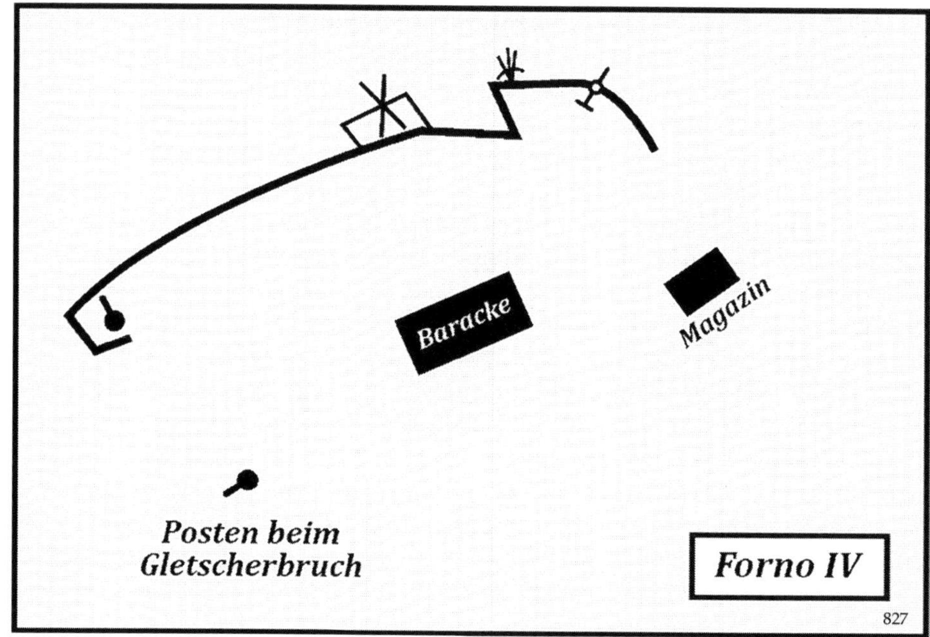

‚Nacht bei klarem und trübem Wetter' sollte ein Posten am linken und ein Posten am rechten Flügel der Stellung eingesetzt werden. Zusätzlich kam ein Posten südöstlich der Stellung beim Forno-Gletscherbruch hinzu. Im Alarmfall wurde der rechte Flügel von fünf Mann mit M.G., zwei Mann mit Scheinwerfern, vier Mann Granatwerfer sowie der linke Flügel mit sechs Mann besetzt. Ein Telefonist blieb, wie auch bei den zuvor genannten Hauptstellungen, in der Baracke zurück.[828]

An der 1b Linie des Forno wurde in Bezug auf das Verhalten der Besatzungen bei Tag und Nacht Folgendes festgelegt:

1. „Die Sicherung erfolgt durch Wachtposten und zwar auf St[ütz] P[unkt] IV und Rosole durch je einen, auf den übrigen St[ütz] P[unkt] keine.
2. Bei Tag muss sich stets eine Bereitschaft im St[ütz] P[unkt] befinden, um eventuelle Angriffe notdürftigst abweisen zu können. Die Bereitschaft besteht normal aus dem 3. Teile der Besatzung
3. Die übrige Mannschaft der Besatzungen hat bei nicht allzu günstigem Wetter Holz u[nd] Proviant zu den St[ütz] P[unkten] zu tra-

[827] OeStA-KA AdTk 1724 Reit.Sch.Reg. Forno-Feldwache 4, eigene Darstellung und Karte Glänzer.
[828] OeStA-KA AdTk 1724 Reit.Sch.Reg. Feldwachen und Stellungen der Reitenden Tiroler Landesschützen am Forno-Gletscher.

gen, die Waffen, Spezialkampfmittel ect. in Stand zu halten. Die wichtigsten Stellungen der St[ütz] P[unkte] sind auch bei schlechtem Wetter in Stand zu halten (der Schnee einzuschaufeln), ebenso die Magazine u.s.w."[829]

3.2.3.4 Eskadrons-Stützpunkte

Als zentrale Schaltstelle der Verteidigungsgletscherposten und der befehlsmäßigen Zuständigkeit für die südliche Ortlerfront diente hierbei der Kompaniegefechtsstand der Reitenden Tiroler Landesschützen mit einer Mannstärke von 25 Mann.[830]Auf die Oleate wurden die Stellungen sowie die Alarmstellungen im aktiven Verteidigungsfall wie folgt verzeichnet:

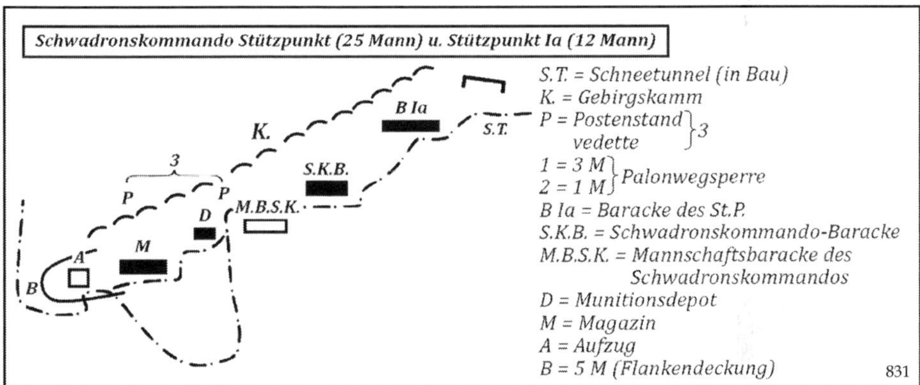

Jener Kommandostützpunkt wurde mit zwei Infanteriestellungen mit Steinmauer als Brustwehr, zehn Schnellhindernissen, einem spanischen Reiter und sechzehn Rollen Stacheldraht gesichert. Da das Eskadronskommando auf der linken Flanke durch die Stellungen Forno III und IV sowie die Stellungen 4 und 3 in direkter Linie durch den Fornostützpunkt sowie der Stützpunkt 1a und an der rechten Flanke durch den Pallonstützpunkt und den Monte Rosole gesichert war, war kein Maschinengewehrstand respektive Scheinwerferstand vorhanden. Als Alarmvorrichtung beim Kommandogefechtsstand diente eine Triangel sowie ein Glockenzug. Als Unterkünfte waren eine Kommandobaracke mit jeweils einer Offiziers- beziehungsweise Mannschaftslatrine aus einfachem, mit Papier verkleidetem Bretterbau sowie eine Mannschaftsbaracke errichtet worden. Der

[829] OeStA-KA AdTk 1724 Reit.Sch.Reg Verhalten der Besatzungen der Reitenden Tiroler Landesschützen auf den Wachtposten bei Tag und klarem Wetter.
[830] OeStA-KA AdTk 1724 Reit.Sch.Reg. Aufträge an das Schwadronskommando der Reitenden Tiroler Landesschützen sowie des Stützpunktes Ia bei feindlichem Angriff.
[831] OeStA-KA AdTk 1724 Reit.Sch.Reg. Stellungsskizze des Schwadronskommandos im Fornogebiet, eigene Darstellung und Karte Glänzer.

Versorgung dienten zwei Magazinsbaracken, 600 Scheiter Reserveholz sowie eine Seilbahnstation. Die Kommandobaracke bestand aus doppelter Bretterwand, in welcher Dachpappe verbaut und im Inneren mit Papier verkleidet worden war. Die Außenwand war mittels Steinmauer gefertigt und das Dach bestand aus Brettern mit Dachpappe. Jene Baracke war in zwei Offizierszimmer mit einem Doppelfenster und einer Doppeltüre, ein Telefonzimmer sowie eine Offiziersküche unterteilt, wobei jedes Zimmer ein eigenes Vorhaus aus einfachem Bretterbau mit einem Doppelfenster und drei Doppeltüren besaß.[832]

Der Stützpunkt II der Reitenden Tiroler Landesschützen bestand im Gesamten aus einer siebenköpfigen Besatzung und vier schachbrettartig angelegten Gebirgsstellungen. Der Stützpunkt II umfasste einen Scheinwerferstand (S), einen Maschinengewehrstand (MG), einen Postenstand (P), einen Unterstand (U) sowie eine Baracke mit Soldatenheim (B/S). Für die Verwahrung von Munition und Ausrüstung war zusätzlich ein Magazin (M) vorhanden.[833]

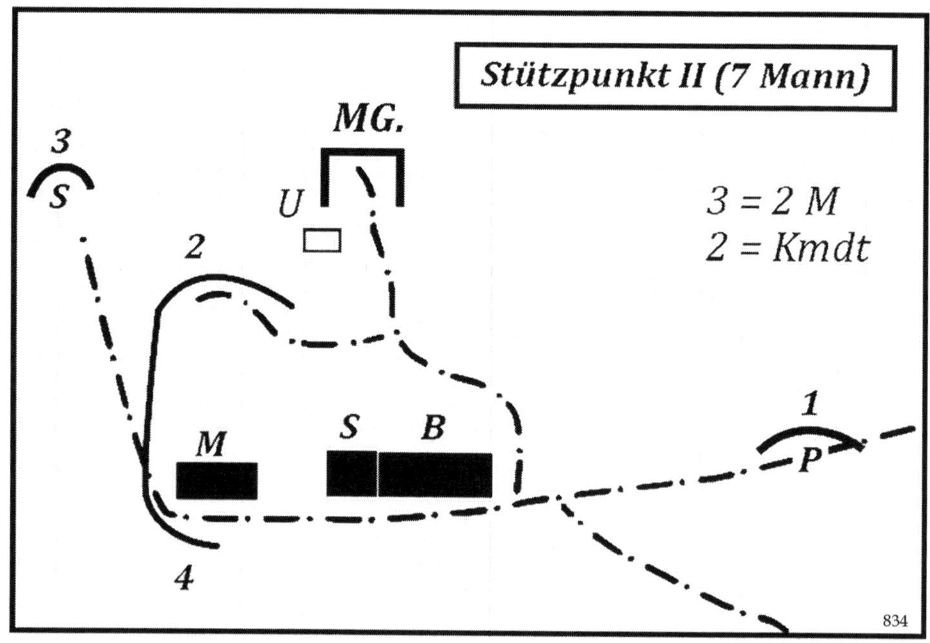

---

[832] OeStA-KA AdTk 1724 Reit.Sch.Reg. Schwadronskommando der Reitenden Tiroler Landesschützen im Fornogebiet.
[833] OeStA-KA AdTk 1724 Reit.Sch.Reg. Stützpunkt II (südliche Ortlerfront).
[834] OeStA-KA AdTk 1724 Reit.Sch.Reg. Stützpunkt II (südliche Ortlerfront), eigene Darstellung. und Karte Glänzer.

Der Besetzungsgrad war hierbei wie folgt: Postenstand zwei Mann, Stellung 2 zwei Mann, Stellung 3 ein Mann sowie Stellung 4 ein Mann.[835]

Stützpunkt III war im Gegensatz zu Stützpunkt II mit 16 Mann der Reitenden Tiroler Landesschützen besetzt und umfasste sieben Stellungen, wobei drei davon (a, b, d) noch im Bau waren. Der Stützpunkt war eine schwerere Verteidigungsstellung der Reitenden Tiroler, da zwei Maschinengewehrstellungen angelegt worden waren. Zusätzlich waren noch ein Postenstand (P), ein Scheinwerfer, ein Magazin sowie eine Unterkunftsbaracke vorhanden. Die Stellungen 1, 2 und 3 waren hierbei mit jeweils einem Mann, die Stellung 4 mit zwei Soldaten bestückt worden.[836]

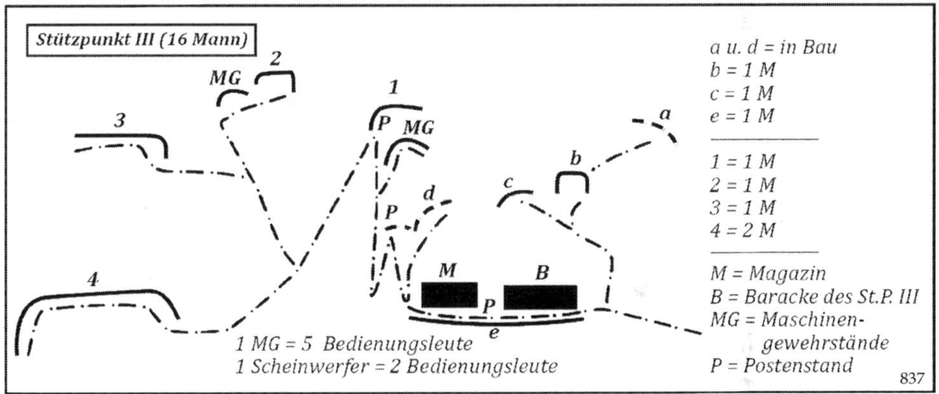

Stützpunkt IV stellte eine Besatzung von insgesamt 12 Mann. Im Unterschied zu den anderen Stützpunkten der Reitenden Tiroler Landesschützen hatte jener vorrangig unterirdische Zugänge über Schnee- beziehungsweise Eistunnel (S). Die Verteidigungsstellungen beliefen sich auf einen Maschinengewehrstand sowie einen weiteren im Bau. Zudem waren drei weitere Stellungen, die Stellung 3 sogar auf dem Hang respektive Kamm, angelegt worden. Die Mannschaften waren, neben den Postenstellungen (P), auf Stellung 1 ein Mann, Stellung 2 drei Mann sowie Stellung 3 zwei Mann verteilt. Wie auch bei Stützpunkt II und III war auch hier eine Mannschaftsbaracke (B) sowie ein Magazin (M) am Stützpunkt vorhanden.[838]

---

[835] OeStA-KA AdTk 1724 Reit.Sch.Reg. Stützpunkt II (südliche Ortlerfront).
[836] OeStA-KA AdTk 1724 Reit.Sch.Reg. Stützpunkt III (südliche Ortlerfront).
[837] OeStA-KA AdTk 1724 Reit.Sch.Reg. Stützpunkt III (südliche Ortlerfront), eigene Darstellung und Karte Glänzer
[838] OeStA-KA AdTk 1724 Reit.Sch.Reg. Stützpunkt IV (südliche Ortlerfront).

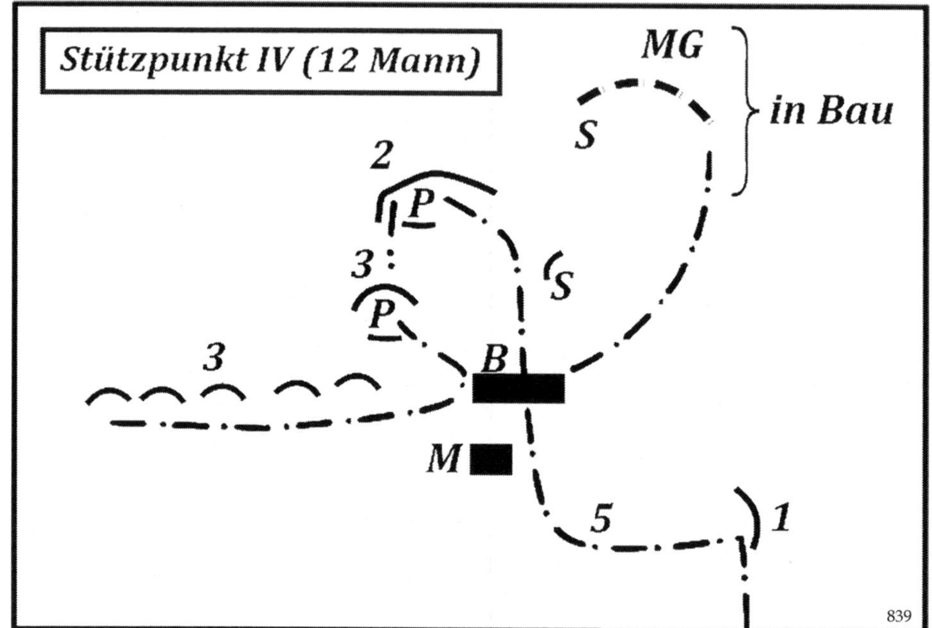

Sollte ein italienischer Angriff in Stoßrichtung der Eskadronskommandostellung erfolgen, wären von den Reitenden Tiroler Landesschützen folgende Alarmmaßnahmen in Gang gesetzt worden:

> „[w]ird die Linie 1a angegriffen, so werden die Stellungen 1, 2 und 3 besetz[t]. Stellung 3 ist Flankendeckung u. wird von den 3 Bedienungsleuten des Seilbahnaufzuges u. den 2 Magazinleuten besetzt, welche auch Vorsorge zum Munitionsnachschub zu treffen haben. Ferner verbleiben beim Schw[adrons] K[om]m[an]do: 2 Telefonisten, 2 Gefechtsordonanzen [sic!], 2 Telefon Ordonanzen [sic!], 3 Offiz[iers] Diener. Die übrigen 19 Mann sind Reserve.
> Wird die Linie 1b oder die St[ützpunkte] Ia u[nd] Schw[adrons] K[om]m[an]do St[ützpunkt] angegriffen so wird der Gebirgskamm ‚K' besetzt."[840]

Die Verteidigungsstrategie der Tiroler Soldaten war es mittels Riegelstellungen, je nach Feinddruck oder Durchbruch, neue Verteidigungslinien aufzubauen, um ein endgültiges Durchstoßen der italienischen Kräfte respektive

[839] OeStA-KA AdTk 1724 Reit.Sch.Reg. Stützpunkt IV (südliche Ortlerfront), eigene Darstellung und Karte Glänzer

[840] OeStA-KA AdTk 1724 Reit.Sch.Reg. Aufträge an das Schwadronskommando der Reitenden Tiroler Landesschützen sowie des Stützpunktes Ia bei feindlichem Angriff.

die Einnahme dieser Frontlinie zu verhindern. Sollten jedoch die Riegelstellungen dem Feinddruck nicht standhalten, wäre eine sukzessive Rücknahme der Verteidigungsstellungen und -linien der Fall nötig und auch geplant gewesen. Der Kampfplan der Besatzer im Fornogebiet sah wie folgt aus:

> „[F]ällt F[eld] W[ache] 4 u. 3: so ist Forno St[ütz] P[unkt] - St[ütz] P[unkt] III - IV [zu halten], [fällt] F[eld] W[ache] 4, 3, F[orno] St[ütz] P[unkt]: [so ist] Pallon St[ütz] P[unkt] - St[ütz] P[unkte] II-III-IV [zu halten], [fällt] Pall[o]n: [so ist] Rosole - (Gipfel P[alon] d[el] M[are]) - (Ib) - I - IV ohne weiters als Abriegelung zu halten“[841]

Wären die Reitenden Tiroler Landesschützen jedoch vollkommen überrannt worden und die Riegelstellungen jener so genannten 1a und 1b Linie gefallen, so hätte die Frontlinie an den Vioz sowie an die ehemaligen Frontabschnitte zurückgezogen und dementsprechend besetzt werden sollen:

> „[F]ällt die 1a und 1b Linie, so bleibt St[ütz] P[unkt] IV als Rückhaltst[ütz] P[unkt] - dann Vioz - im Anschlusse an die [...] St[e]l[lun]gen Vallenaja - Donzella - [...] zu halten! d[as] h[eißt] neu zu besetzen. Rückhaltstützpunkt[e] sind St[ütz] P[unkt] IV und Vioz[,] eventuell noch die Linien der ehemaligen ‚Front‘: Vallenaja - Donzella - [...].“[842]

Für die Reitenden Tiroler Landesschützen bestand jedoch im Fornogebiet die gleiche Schwierigkeit im Rückzug wie für die italienischen Soldaten im Angriff – die Eigenheiten des hochalpinen Geländes. Das besetzte Gebiet der südlichen Ortlerfront war einerseits gekennzeichnet durch unübersichtliche Gletscherspalten und andererseits durch gut gangbaren, jedoch deckungslosem Gletscher. Bei Angriffsoperationen der italienischen und der k.u.k Seite sowie dem Wiederaufstieg in die eigenen Stellungen der Reitenden Tiroler Landesschützen war das Vorterrain – im Sommer steiler Fels und Felsabsturz, der keine geräuscharme Annäherung zuließ und im Winter massive Lawinengefahr in sich barg – ein Momentum der Schwäche. Auf Grund dessen wurde vom Kommando der Reitenden Tiroler Landesschützen beurteilt, dass die Feldwache 4 jener Dreh- und Angelpunkt für alle Operationen werden sollte, da die Feldwache selbst ganzjährig gute Deckungsmöglichkeiten bot und überdies die beste Annäherungsmöglichkeit gegen die italienischen Stellungen im Raum Monte Rosole darstellte. In der Beschreibung der Annäherungswege wurde hierzu Folgendes vermerkt:

> „[V]on F[eld] W[ache] 4 ist leichtester Abstieg zum linken Ghiacc[i]ago-

---

[841] OeStA-KA AdTk 1724 Reit.Sch.Reg. Angriff nach Verteidigungsverhältnis im Forno-Gebiet.
[842] OeStA-KA AdTk 1724 Reit.Sch.Reg. Angriff nach Verteidigungsverhältnis im Forno-Gebiet.

rand[843], oder zum Val Rosole - alle anderen Abstiege sind möglich[,] aber äusserst schwierig. Eigene Unternehmungen gegen [A]lpinistellung sind möglich, jedoch der Rückmarsch zu den eigenen Linien das schwierigste Unternehmen! - Gegen den Isola Persa (V.) infolge der fast unübersichtlichen Spalten des Chiacc[i]agos fast ausgeschlossen."[844]

„[A]lle eigenen St[e]l[lun]gen liegen auf Felstreppen die am Rande des Gletschers vorspringen (1a Linie) oder aus demselben herausragen (1b Linie). Das Terrain von der 1a Linie bis Vioz im allgemeinen gut gangbarer, deckungsloser Gletscher. Das Vorterrain der 1a Linie ist steiler Fels u[nd] Geröllabsturtz der im Sommer durch abbröckeln der Steine jede Annäherung verrät u. im Winter insbesondere nach neuschnee [sic!] kolossale Lawinengefahren in sich birgt.
Nur der linke Flügel (FW. 4) ist leichtere Annäherung infolge Schnee u. Geröllbänder mit vielen Deckungen möglich.
Vorterrain der 1b Linie: zuerst durchwegs kurzer steil abfallender Felsabsturtz [sic!], dann deckungsloser Gletsch[er]."[845]

Am Beispiel der militärstrategischen Ausrichtung sowie der angewandten Einsatzführung der Reitenden Tiroler Landesschützen an der westlichen Tiroler Front wird gezeigt, dass auch hier ein gängiges Prinzip des Gebirgskrieges angewandt wurde - viele kleine Kräfte mit starker Wirkung.

3.2.3.5 Der Monte Vioz Stützpunkt

Die höchste Erhebung der Hochgebirgs-Feldwachen-Frontlinie war der Gipfel des Monte Vioz.[846] Der Vioz-Stützpunkt stellte auf Grund seiner Lage eine Riegelstellung gegen feindliche Angriffe durch das Val della Mare und das Pejotal mit der Verhinderung eines Einfallens in den Rücken des Tonale-Passes dar, da bei der Besetzung der Stellung bewusst jener Frontknick auf Seite der k.u.k. Armee zu Gunsten einer besseren strategischen Verteidigungsstellung in Kauf genommen worden war.[847] Die Stellung am Monte Vioz unterhalb des Gipfels war ein Schneegraben-Stellungssystem gegen den Piz Taviela gerichtet, welche im Verteidigungsfall in der Gefechtsform „Schützenkette" besetzt werden konnten.[848]

[843] Synonym für Gletscherwand.
[844] OeStA-KA AdTk 1724 Reit.Sch.Reg. Beschreibung der Annäherungswege der Reitenden Tiroler Landesschützen gegen feindliche Alpinistellungen im Raum Rosole.
[845] OeStA-KA AdTk 1724 Reit.Sch.Reg. Beschreibung der Annäherungswege der Reitenden Tiroler Landesschützen gegen feindliche Alpinistellungen im Raum Rosole.
[846] Lichem, Krieg in den Alpen. Band 1, S. 180.
[847] Golowitsch, Der Kampf um die nordwestlichen Einfallspforten nach Tirol, S. 281.
[848] OeStA-KA BS I WK Fronten Tirol, 11003. Stellung am Monte Vioz unterhalb des Gipfels gegen Piz Traviela, Höhe ca. 3600 m.

Die Besatzung der Reitenden Tiroler Landesschützen des Monte Vioz-Abschnittes stellte die so genannte „Gruppe Oberleutnant Worischek" dar.[849]

Da der Monte Vioz nicht direkt an der Hauptkampflinie lag[850], musste die Wachmannschaft der Reitenden Tiroler Landesschützen direkt am Vioz keine Posten, weder bei Tag noch bei Nacht stellen, sondern war einerseits primär als operative Reserve im Falle eines italienischen Durchbruches bei Feldwache 3 oder 4, den Stützpunkten III oder IV sowie am Forno, Pallon oder Monte Rosole vorgesehen.[851] Eine Ausnahme bildete hierbei die eigene vorgeschobene Sicherung des Stützpunktes auf dem Monte Vioz Vorgipfel, welche mit einer durch Steinmauern gesicherte Stellung mit einer Feldwache besetzt worden war.[852] Andererseits sollte im Falle eines Ausfalles der Telefonverbindung zum Eskadronskommando oder Stützpunkt IV sofort der Alarmfall ausgelöst und durch die Vioz Feldwache ad hoc ein Posten aufgestellt werden. Hierbei wurde befohlen, die linke Vioz Feldwache sowie die Vioz Spitze zu besetzen, alle Seilbahnstationen zu bemannen und 25-30 Mann als mobile Reserve, inklusive das Maschinengewehr als mobiles Reservegewehr, bereitzuhalten.[853]

Im Stellungsbehelf der Reitenden Tiroler Landesschützen wurde in Bezug auf die Einsatzführung Folgendes vermerkt:

> „Auf Vioz sind 30 Mann als M[aschinen] G[ewehr] Reserve verfügbar, die im Bedarfsfall in einer Stunde /: günstige Wegeverhält[nisse] vorausgesetzt :/ bei St[ütz] P[unkt] II oder Schw[adrons] K[om]m[an]do zur Verfügung stehen. Mit anderen Reserven kann nicht gerechnet werden, da deren Marsch zu Fuss oder mit der Seilbahn von Pejo bis Vioz wol [sic!] zu lange dauern würde. Unterkünfte für solche Reserven wären für cca 100 Mann, zur Not 150 Mann auf Vioz vorhanden."[854]

Als entscheidend für die Besetzung des Monte Vioz stellte sich die 1909 bis 1911 erbaute Vioz Hütte heraus, welche durch ihre Lage – fast am Knickpunkt der Hochgebirgsfront Cevedale-Punta San Matteo – knapp unter dem Hauptgipfel lag und als Unterkunftsgebäude für 30 Mann fungieren konnte, somit essenziell als Kälteschutz für die am Monte Vioz sta-

---

[849] OeStA-KA BS I WK Fronten Tirol, 3011. Monte Vioz-Abschnitt, Gruppe Oberleutnant Worischek (südöstlich Ortler).

[850] Auf Grund dessen wurde der Vallenaja-Gat, der Nordostgrat des Mote Vioz, im November 1918 als Rückzugsweg gewählt.

[851] OeStA-KA AdTk 1724 Reit.Sch.Reg. Verhalten der Besatzungen in den eigenen Stellungen am Monte Vioz.

[852] OeStA-KA BS I WK Fronten Tirol, 11028. Feldwachestellung im Cevedale-Abschnitt auf Vioz Vorgipfel, im Hintergrunde Monte Cevedale.

[853] OeStA-KA AdTk 1724 Reit.Sch.Reg. Verhalten der Besatzungen in den eigenen Stellungen am Monte Vioz.

[854] OeStA-KA AdTk 1724 Reit.Sch.Reg. Einsetzen von event. Verstärkungen am Monte Vioz.

tionierten Tiroler Verteidiger war.[855] Die strategisch wertvolle Lage der Vioz Hütte wurde im *Der Tiroler* wie folgt beschrieben:

„[…] [Auf] der südlichen Ortlergruppe [wurde ein] höchst wichtige[r] Stützpunkt geschaffen […]. Die Vioz-Hütte erhebt sich in einer Höhe von 3535 Meter zirka 20 Minuten unter dem Gipfel des Monte Vioz, 3644 Meter, der nicht nur die Eiswelt des südlichen Astes der Ortlergruppe beherrscht, sondern auch großartige Aussicht bietet auf die Adamello- und Presanellagruppe, die Brentadolomiten, die judikarischen Berge, auf viele schweizerische, Oetztaler und Dolomitengipfel."[856]

Die Vioz Hütte war gegen die äußeren Witterungsbedingungen mit einer Fünffachisolierung der Hüttenwand sowie einer einbetonierten Stahlseilverankerung und einer weitmaschigen Blitzableiter-Anlage gesichert.[857] Der k.u.k. Bergführer-Offizier Robert Mayr beschrieb die Wettereinflüsse auf dem Monte Vioz und die Auswirkungen auf die dort stationierten Soldaten aus eigener Erfahrung wie folgt:

„Die unheimlichsten Erfahrungen für die Mannschaften waren die Gewitter. Bei einem solchen steckten wir im dichten Nebel und konnten nur durch die auftretenden elektrischen Ladungen oder dadurch, daß einem manchmal der Telefonhörer aus der Hand geschlagen wurde, feststellen, daß über uns ein Gewitter war. Die Haare standen einem zu Berge, in der Nacht erschienen auf spitzen Felsen und anderen hervorstehenden Punkten Elmsfeuer. Man konnte nicht durch die Durchlässe der Drahthindernisse gehen, weil man einfach zurückgeschlagen wurde. […]."[858]

Die Versorgung der Soldaten auf dem Monte Vioz wurde über eine Drahtseilbahn[859] sichergestellt.[860] Bei der Vioz Hütte führte ein Stollen mit Aufzug zur Gipfelstellung des Monte Vioz sowie eine weitere Verbindung über Teile des Forno-Gletschers mittels Schwebebahn auf den Südwestgrat des Pallon della Mare zur materiellen Versorgung der Pallonkamm-Stel-

---

[855] Köll, Der Krieg auf den südlichen Ortler-Bergen 1915-1918, S. 10.

[856] *Tiroler (10.08.1911)*, S. 3.

[857] Golowitsch, Der Kampf um die nordwestlichen Einfallspforten nach Tirol, S. 280.

[858] Mayr, Erlebnisse am Monte Vioz (3644 m) im Jahre 1917, S. 3.

[859] Vgl. Museo Storico Italiano della Guerra, Euregioausstellung 2021. Bergwärts. Das militärische Versorgungssystem zwischen der Zugna und dem Hochland, [https://2021.euregio.info/bergwaerts-dasmilitaerische-versorgungssystem-zwischen-der-zugna-und-dem-hochland/], eingesehen 17.01.2022 sowie vgl. PA-G Kriegstagebuch des Reitenden Dalmatiner Landesschützen und Reitenden Tiroler Landesschützen/Kaiserschützen Anton Ritter von Goldegg und Lindenburg von 29.10.1915-30.12.1915. Anton von Goldegg erhielt am 24. November 1915 den Auftrag, zusammen mit dem Seilbahnpionier Luis Zuegg, eine Trasse respektive Seilbahn im Isonzogebiet bei Dupla Planica zu erkunden.

[860] OeStA-KA BS I WK Fronten Tirol, 4835. Drahtseilbahn am Monte Vioz. Hintergrund Plateau Taviela.

lung.[861] Die Seilbahn im Abschnitt der südlichen Ortlerfront verlief von Cogolo im Val Pejo zum Saline-Gletscher, von dort aus bis auf den Monte Vioz und weiter über den nordöstlichen Arm des Forno-Gletschers bis fast an den Gipfel des Pallon della Mare.[862] Die Bereitstellung von Versorgungsgütern begann in Pejo respektive San Rocco[863] und wurde über die Feldseilbahn an die Front nachgeschoben.[864] In Bezug auf Länge und Ausführung war jene Seilbahn außerordentlich. Die Feldseilbahn verlief vom Ausgangspunkt bis zum Ende im Gesamten 2.543 Höhenmeter von 1.160 Höhenmeter (Cogolo) - 2.700 Höhenmeter (Saline Gletscher) - 3.645 Höhenmeter (Monte Vioz) - bis 3.703 Höhenmeter (Pallon della Mare).[865] Der Weitertransport des Nachschubes an die direkte Frontlinie respektive zu den Feldwachen erfolgte mittels Schlitten.[866]

3.2.4 Die italienischen Gebirgsverteidigungsstellungen

An der südlichen Ortlerfront respektive nördlich des Tonale Passes waren die italienischen Stellungen zwar entlang der Reichsgrenze, jedoch in einiger Entfernung zu den Gletscher- und Gipfelketten errichtet worden.[867] Jene italienischen Gebirgsverteidigungsstellungen waren von den Reitenden Tiroler Landesschützen, je nach Ausbaugrad und Schwere der Verteidigungseinrichtungen, in „Systeme" (II-IV) eingeteilt worden, welche im gleichen Zuge auch als Angriffsziel definiert worden waren. Beispielswiese war La Caserina als ein System des Typus II, die Hotel Forno Verteidigungsstellung hingegen bereits als System III deklariert worden.[868] Die folgenden vom Reitenden Tiroler Landesschützen Offizier Leutnant Kurz verfassten Stellungsskizzen geben hierbei einen Einblick in den Aufbau sowie der Verteidigungsanlagen der „Alpinistellungen" im Abschnitt der mittleren Ortlergruppe:

Erstens, das System II, La Caserina mit dem Ziel Sturmfreies Werk:

> „Die Stellungen des Systems II sind, mit Ausnahme des Z II/3 (Geschützstand) und des Z II/9 (Aufzugsendstation) im Felsen ausgesprengt oder durch starke Steinmauern gebildete Schützengräben. Ein Geschütz (zum letztenmale wurde Anfangs Dezember 1917 geschoßen) befindet sich in einer Kaverne im Z II/3. Der einzige Scheinwerfer, welcher dem U.A. 1 gegenüber steht, befindet sich im

[861] Golowitsch, Der Kampf um die nordwestlichen Einfallspforten nach Tirol, S. 281.
[862] Lichem, Krieg in den Alpen. Band 1, S. 90.
[863] Die Gefallenen der Reitenden Tiroler Landesschützen wurden von der südlichen Ortlerfront auf den damaligen ‚Heldenfriedhof' San Rocco verbracht. Vgl. hierzu: OeStA-KA VL VLI 193 Rt. Tir. Lda. Schtz. Div. Verlustliste 1917 sowie *Mühlviertler Nachrichten (06.11.1915)*, S. 5.
[864] OeStA-KA AdTk 1724 Reit.Sch.Reg. Verbindung und Nachschubsverhältnisse am Monte Vioz.
[865] Lichem, Krieg in den Alpen. Band 1, S. 90.
[866] OeStA-KA AdTk 1724 Reit.Sch.Reg. Verbindung und Nachschubsverhältnisse am Monte Vioz.
[867] Golowitsch, Der Kampf um die nordwestlichen Einfallspforten nach Tirol, S. 292.
[868] OeStA-KA AdTk 1724 Reit.Sch.Reg. Beschreibung der feindlichen Stellungen an der südlichen Ortlerfront (In Bezug auf eigenen Angriff).

alten Geschützstand im Z II/6. Die Unterstände befinden sich in unmittelbarer Nähe der Schützengräben in Mulden, oder durch starke Steinmauern geschützt. Nur im Ziel II/6 sieht man sehr deutlich eine freistehende Wellblech - und durch Steinmauern geschützte längliche Baracke. In Z II/8 ist ebenfalls eine Baracke sehr deutlich zu beobachten. Um das ganze System II ist ein Hinderniszaun gespannt, welches aus spanischen Reitern gebildet ist."[869]

Zweitens kam am Hotel Forno das System III in Bezug auf die italienischen Stellungen zu tragen:

„Z III/1 (Hotel Forno). Um das Hotel eine Steinmauer mit Schießscharten und 2 Hinderniszäunen bestehend aus spanischen Reitern. Besatzung cca. 12 Mann mit einem MG. Reservezug Kmdt 1 Captain. Z III/2 ist eine Malga mit einer winkelförmigen Stellungsmauer. Gesichert ist dieses Ziel durch spanische Reiter. Z III/3 sehr starke Stellungsmauer mit Schießscharten. Jetzt teilweise eingeschneit. Diese Stellung ist ebenfalls durch spanische Reiter gesichert. Unterstand grenzt hinter einen Felsen. Z III/4 winkelförmiger Schützengraben ohne Hindernisse. Z III/5 Aufzugstation (Fußstation) vom Hotel Forno gelenkt. Z III/6 und Z III/7 Schneestellungen. Die Mannschaft ist in Malgen untergebracht."[870]

Drittens, das System IV, San Giacomo alto, die Stellungen respektive die Ziele:

„Z IV 1, 2, 3, 5, bestehen aus Steinmauern ohne Schießscharten. Z IV 4 ist ein Schützengraben in der Erde. Unterstand unmittelbar bei der Stellung. – Vor dem ganzen System befindet sich ein Hindernis aus spanischen Reitern, weche bis zum Frodolfoboden reichen. Die Stellugen IV/4 und IV/5 jetzt ganz eingeschneit u. unbesetzt."[871]

Viertens, das System V Isola Persa Stellungen:

„Z V/1 besteht aus 1 Steinmauer mit Schießscharten und 1 Erdwerk mit 2 großen Schießscharten. Z V/2 besteht aus einer langen Stellungsmauer aus Stein, welche eingedeckt ist, Schießscharten besitzt und vorne eine Erdböschung liegt. Am linken Flügel dieser Steinmauer ist ein turmartiger Bau mit [...]. Der rechte Flügel dieser Steinmauer ist durch einen (jetzt eingeschneiten Schützengraben) mit 2 kleinen Stellungen verbunden. Die eine dieser Stellungen ist ein eingedeckter

[869] OeStA-KA AdTk 1724 Reit.Sch.Reg. Beschreibung der feindlichen Stellungen an der südlichen Ortlerfront (In Bezug auf eigenen Angriff).
[870] Ebd.
[871] Ebd.

Stand mit einem schlitzförmigen Schießloch (wahrscheinlich M.G.!) die andere ist eine einfache, jetzt eingeschneite Steinmauer. Hinter der langen Stellungsmauer befindet sich eine kurze, jetzt eingeschneite Stellungsmauer. Vor dem Z V/2 ist ein Hindernis gelegt, welches jetzt eingeschneit ist. Unmittelbar hinter den langen Stellungsmauern ist eine Mannschaftsbaracke, hinter derselben befinden sich eine Kaverne (auf Ausfragen der Gefangenen!) und die Aufzugsendstation. Z V/3 sind 2 einfache Steinmauern ohne Schießscharten. Z V/1 und Z V/3 sind vorgeschoben vor der Hangstellung Z V/2 und besitzen ein Hindernis welchens halbkreisförmig um Z V/3, 1 und Z V/2 gelegt ist. Z V/4 besteht aus 2 einfachen Steinmauern ohne Hindernis. Die Baracke befindet sich einige Schritt rückwärtig."[872]

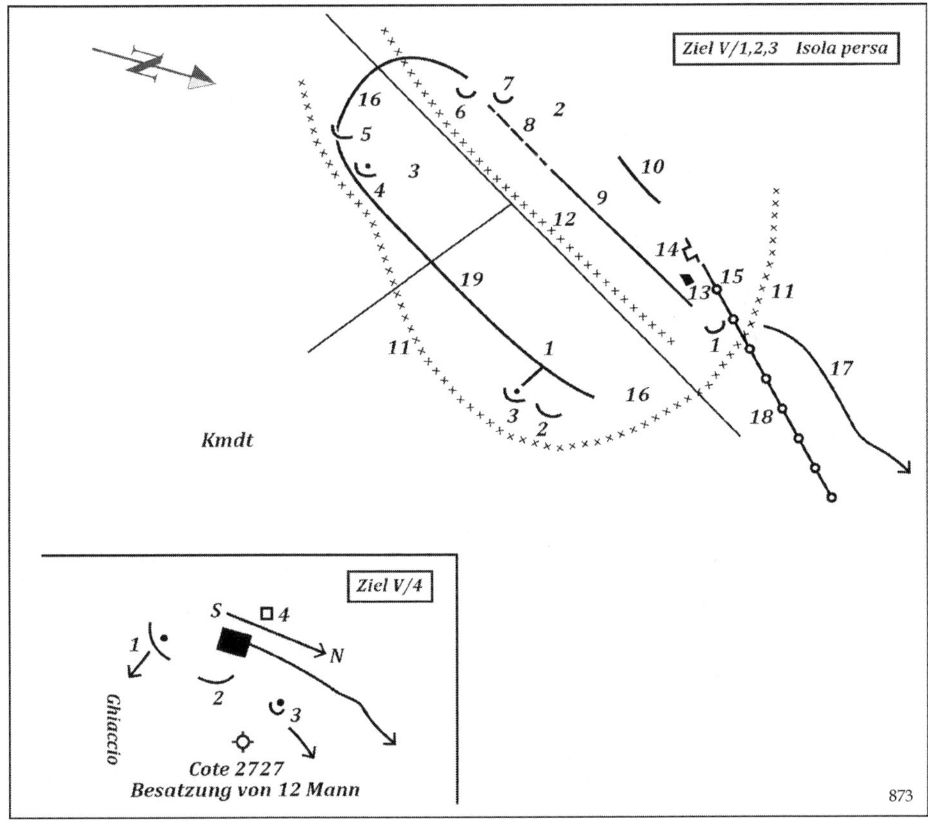

873

[872] OeStA-KA AdTk 1724 Reit.Sch.Reg. Beschreibung der feindlichen Stellungen an der südlichen Ortlerfront (In Bezug auf eigenen Angriff).
[873] OeStA-KA AdTk 1724 Reit.Sch.Reg. Beschreibung der feindlichen Stellungen an der südlichen Ortlerfront (In Bezug auf eigenen Angriff), eigene Darstellung und Karte Glänzer.

Fünftens, das System VI/2 Cedeh Stellung/ VI/3 und IV/4 Malga Forni Stellung:

„Z VI/1 besteht aus 2 Steinmauern und 2 Hinderniszäunen. Die Baracke, welche durch eine Steinmauer geschützt ist, befindet sich ca 40x hinter der Stellung. Z VI/1 ist jetzt unbesetzt und teilweise stark eingeschneit. Patrouillen von Z IV/6 gehen wöchentlich ca. 3 mal [sic!] nach Z VI/1. Z VI/2 besteht aus 2 Steinmauern mit Schießscharten. Bei denselben befindet sich ein Hindernis. Z VI/3 und Z VI/4 sind kreisrund angelegte Stellungen ohne Hindernisse. Jetzt vollständig eingeschneit und unbenutzt. Z VI/5 sind 2 Erdschützengräben, welche jetzt unbesetzt und verschneit sind. Z VI/6 ist ein sehr stark ausgebauter Stützpunkt mit mehreren eingedeckten Ständen und offenen Schützengräben (Skizze!), 4 Mannschaftsbaracken, 2 Küchen, 1 Offz. Baracke und 1 Aufzugsendstation, 1 eingedeckter Stand und 3 offene Schützengräben jetzt vollkommen eingeschneit. Z VI/6 ist gesichert durch Drahthindernis und spanische Reiter (nach Ausfragen der Gefangenen befinden sich vor dem Hindernis Tretminen). Z VI/7 ist die Fußstation der beiden Seilbahnen zum Z VI/6 und Z V/2. Die Fußstation besitzt 2 Stellungsmauern und Drahthindernis."[874]

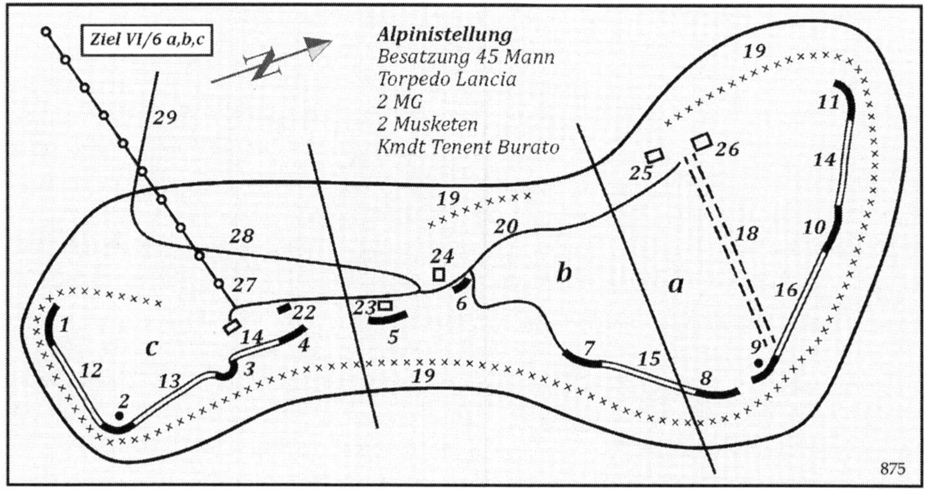

Die italienischen Alpini-Verteidigungsstellungen waren ähnlich der Hochgebirgsstellungen der Reitenden Tiroler Landesschützen angelegt worden, jedoch, laut den Stellungsskizzen, mit einer stärkeren Rundumsi-

[874] OeStA-KA AdTk 1724 Reit.Sch.Reg. Beschreibung der feindlichen Stellungen an der südlichen Ortlerfront (In Bezug auf eigenen Angriff), eigene Darstellung.
[875] OeStA-KA AdTk 1724 Reit.Sch.Reg. Beschreibung der feindlichen Stellungen an der südlichen Ortlerfront (In Bezug auf eigenen Angriff) Karte Glänzer.

cherung mittels Schießscharten, Schnellhindernissen und Spanischen Reitern versehen worden. Gravierende Unterschiede lassen sich außerdem vor allem in der Anzahl der schweren Waffen sowie in der Mannstärke der einzelnen Stellungen feststellen. Im Gegensatz zu den Reitenden Tiroler Landesschützen wiesen beispielsweise die Alpinistellungen V 1, 2, 3 sowie VI/6 eine Standard-Sollstärke von 31 respektive 45 Mann auf.

Die Stellungsskizzen der Reitenden Tiroler Landesschützen sowie der Alpini an der südlichen Ortlerfront verdeutlichen jedoch ganzheitlich, dass bereits Ende des Kriegsjahres 1916, spätestens 1917 die k.u.k. sowie die italienischen Truppen Positionen bezogen hatten, welche einem erstarrten Stellungskrieg – mit allen zugehörigen Faktoren der Kriegsführung – entsprachen. Das Kriegsgeschehen in jenem Abschnitt der Gebirgsfront war erlahmt. Jede Seite hielt hierbei entschieden ihre jeweiligen Stellungen und vermochte nicht mehr in großem Ausmaß feindlich besetztes Gelände zu gewinnen.[876]

3.2.5 Die Front südlich des Tonale: Paradiso - Presena - Maroccaro - Presanella

Die Presanella Front wurde während der Tiroler Besatzung von drei militärischen Schwergewichten geprägt. Die ersten beiden Brennpunkte entsprangen den italienischen Bestrebungen, ab Mai 1915, einerseits den Raum im Süden des Tonale Passes und des Monticello-Grates zu nehmen, andererseits im Abschnitt des von österreich-ungarischer Seite besetzten Kessels des Presena-Gletschers – vom Casellaccio-Kamm über die Cima di Lago Scuro bis an die Cima Presena – durchzubrechen. Ab Herbst 1917 bis zum Kriegsende entstand der dritte Brennpunkt durch den italienischen Versuch, die durch k.u.k. Truppen gehaltene Adamello-Presanella Frontlinie beim Presena-Kar, am Südgrat des Zigolon sowie zwischen Cima Presena und Cima Busazza am Passo Segni zu zerschlagen und die Tiroler Verteidiger voneinander zu trennen.[877] Nach Golowitsch errichteten die k.u.k. Truppen an jenem Teil der Front

> „[…] im ganzen Presena-Kessel ihre Verteidigungsstellungen mit einem dichten Netz von Schützengräben, beschußsicheren Kavernen und vorgeschobenen Feldwachen […]. Bis in den Presena-Kessel wurden Eisstollen als Deckung als vor Beschuß und als Verbindungswege zu vorgeschobenen Feldwachen vorgetrieben. Die Verteidiger legten hinter dem Monticellograt auf der feindabgewandten Seite an den Berghang geklebtes Barackenlager für die ständige Besatzung der Gratstellung an.“[878]

---

[876] Lichem, Krieg in den Alpen. Band 1, S. 186.
[877] Lichem, Krieg in den Alpen. Band 1, S. 214.
[878] Golowitsch, Der Kampf um die nordwestlichen Einfallspforten nach Tirol, S. 306.

Veltze schrieb über den Einsatzraum südlich des Tonale: „Der Presenagletscher ist im Westen und Süden von einem hohen, scharfen Felsen eingerahmt, der im Westen mit 3000 Meter ansteigt und eine ungeheure, nur von einigen kleinen Scharten unterbrochene Umfassungsmauer des tiefer liegenden Gletschers bildet."[879] Das erste Gefecht im Hochgebirge auf eben jenem Presena-Gletscherkessel begann am 9. Juni 1915. Die italienischen Befehlshaber hatten in ihrem gefechtstechnischen Führungsverfahren beurteilt, nicht den Versuch zu starten, über den Tonale Pass durchzubrechen, sondern planten eine Umgehungsaktion dieser essenziellen Einbruchslinie mit der Einnahme des Presena-Gletschers. Eine Angriffswelle der Alpini folgte der nächsten, jedoch gelang es den 100 Mann starken Landesschützen, welche in drei Gruppen aufgeteilt waren und zwei davon flankierend auf die italienischen Kräfte wirken konnten, das Gefecht um den Presena-Gletscher zu ihren Gunsten zu entscheiden. Durch jenen Abwehrkampf wurde zugleich die Grundlage für das Halten der Tonale-Front geschaffen. Ein zweiter Umfassungsversuch der Alpini zur Einnahme des Tonale über den Castellaccio, den bis dahin italienisch besetzten westlichen Teil des Presena-Kessels sowie den Monticello-Grat wurde im September desselben Jahres gestartet. Die Tonale-Front war dadurch wiederum direkt bedroht, jedoch gelang es den Tiroler Landesschützen abermals, mittels eines eigenen Angriffes über die Ostwand des Castellaccio die Gipfelstellung im Sturmangriff zu erobern. Gleichzeitig vermochten die Landesschützen den Monticello-Grat zu nehmen und so die Tonale Front endgültig zu entlasten.[880] In Bezug auf Lichem bildeten „beide siegreiche Aktionen, kurz vor Wintereinbruch, [...] nun im Verein mit der Eroberung des Presena-Gletschers die alles entscheidenden Stützen der Tiroler Presanella-Front bis zum letzten Kriegstag 1918."[881] Folgender transkribierter und in Fragmenten verfasster Lagebericht aus dem Kommandotagebuch der Reitenden Tiroler Landesschützen aus dem Presanella-Gebiet im Raum der Presena Spitze und Steinhart Spitze vermittelt einen kurzen Eindruck eines italienischen Angriffes und die Auswirkungen auf die Reitende Tiroler Landesschützen Besatzung:

„Kopfstation[882]: Sturmzug [bestehend aus] 1. und 2. Zug m[it] Träger Sappeurbar[acke]: 3. Zug Tel[efon] u[nd] San Patr[ouille]

[...] c[ir]ca 20 Mann besetzten F[eld] W[ache] 210 den Hang. die

[879] Alois Veltze, Die Geschichte des Weltkrieges mit besonderer Berücksichtigung des früheren Österreich-Ungarn (Band 2), Wien 1920, S. 224.
[880] Lichem, Krieg in den Alpen. Band 1, S. 228-230.
[881] Ebd., S. 230.
[882] Als Kopfstation wird die Endstation einer militärisch angelegten Seilbahn bezeichnet.

dort befindlichen Italiener vertreibend, sodann auf Minenfeuer zum Rückzug gezwungen, sie blieben bis c[ir]ca 5h30 n[ach]mittag (bis zur Ablösung durch J[ä]g[er] R[egiment] 31) sodann zu den Stollen der Kopfstation

7h Art[illerie]feuer:
Zugsf[ührer] Suppan alarm [sic!] Volltreffer in Zelten[,] Rüstung zertrümmert

Zugsf[ührer] Suppan mit c[ir]ca 18 Mann auf XVIII

Stellen den Anschluss mit [...] (Schwarmlinien)
Zugsf[ührer] Fleischmann mit (12-15 Mann) erhielt Befehl von Mjr Linde den Grat von Presena Spitze zur F[eld] W[ache] XVIII zu besetzen, blieben bis c[ir]ca 7h n[ach]m[ittag] (nur mehr 3 Mann und gingen dann in die Kopfstation z[u]r[üc]k.)
3. Zug Saxl: (5+) 1 Tode [sic!] in der Bar[acke] u[nd] Zelte durch Inf[anterie] Feuer. gingen sodann zur Kopfstation Mun[ition] fassen. von Mjr Linde den Befehl die Schwarmlinie von von F[eld] W[ache] 18 zu verlängern (c[ir]ca 20 Mann) - beim Aufstieg 7 Mann verletzt. c[ir]ca 3h [...] Angriff auf den Kamm, der infolge, MG. Feuer nicht gelang. c[ir]ca 6 Mann durch Lawine abgestürzt.
c[ir]ca 5 n[ach]m[ittag]. Befehl in den Stollen bei 18. besetzten den Ausgang bei [...]n. 24. Bis ½ 3h [...][...] dann abgelöst J[ä]g[er] 31

Zugsf. Schnitzer (7 Mann der Schwadron) eine von Rittm[eister] Macher auf Steinhartsp[itze] gesch[...] besetzten die Spitze (K[om] m[an]d[an]t F[ähn]r[i]ch Troll) c[ir]ca 4h auf Bef[ehl] von F[ähn]r[i] ch Troll in die Kaverne, sodann in die Art[illerie] Kaverne - floh bei Rückzug.
9h vorm[ittag] wurde das Vorgehen an den Mandron St[ütz] P[unkt] erkannt.
c[ir]ca ½ 11 aufhören des Trommelfeuer, F[ein]d war 4 U [...] vor der F[eld] W[ache] 22. Handgranatenfeuer, [...] links und oberhalb befindl[iche] f[ein]d[iche] MG. Lt Kaspar + 4 Mann gelang der Ausbruch aus dem Stollen zur F[eld] W[ache] 18. F[ein]d hält bereits alle anderen F[eld] W[ache] besetzt."[883]

[883] OeStA-KA AdTk 1724 Reit.Sch.Reg. Kommandotagebucheintrag über die Kämpfe im Presanella-Gebiet.

Der Monticello-Grat stellte einerseits für die italienische Seite einen potenziellen Ansatz für einen Einbruch in das Val di Sole dar, andererseits war der Grat mit dem „Monticello-Lager" eine Bastion der k.u.k Verteidiger gegen eben jene italienischen Angriffsversuche seit dessen Einnahme im September 1915.[884] Die Monticello-Grat Front, als Zwischenraum zwischen dem Passo Tonale und dem Passo Paradiso sowie der beiliegenden Steinhartspitze, wurde vor allem im Kriegsjahr 1916 Ausgangspunkt für mehrere Unternehmungen der Reitenden Tiroler Landesschützen. Unter den Verteidigern auf Tiroler-Front-Seite waren, wie im folgenden Kommandotagebuch vermerkt, Teile der Reitenden Tiroler Landesschützen im Einsatz. Hierbei wurde vom eingeteilten Kommandanten der Reitenden Tiroler Landesschützen wie folgt niedergeschrieben:

> „Feind im Besitze des Passo Paradiso – erhält Befehl A[rmee] [Kommando] III zu verständigen und zu orientieren, wenn nicht sofort frische Truppen eine Stelle beim M[onticello] Lager besetzen ist Stell[un]g unhaltbar. Nach Orientierung des H[au]ptm[ann] Bures und da seine Truppen mehr im M[onticello] Lager waren, und eigene Truppen infolge Erschöpfung nicht im Stande waren Stellungen zu halten, zurück nach M[onticello] Wiese, dort J[ä]ger Ba[taill]on 25 im Aufstiege begegnet."[885]

Nach dem Verlust des Passo Paradiso wurde über einen veranschlagten Gegenangriff sowie weiteren Rückzug der Reitenden Tiroler Landesschützen auf dem Passo Paradiso auf Grund einer italienischen Übermacht im Kommandotagebuch eingetragen:

> „10h nachm[ittag]. Menagieren der abgelösten Teile der Schwadron im Eisstollen. Gegen 1h Mjr Linde mit allen zur Verfügung stehenden Leuten Gegenangriff von XVIII[886]. [U]nbewaffnete[r] Verwundetenabschub[,] Ausgabe der letzten Munition und Handgr[anaten] [und] sam[m]eln zum Abmarsch [mit] c[ir]ca 60 Mann (aller Schwadronen).
>
> Aufstieg zur XVIII. [D]ort angekommen, aussichtslose Situation, F[ein]d im Abstieg von der Presena Spitze und zwischen XVIII und Steinhart[spitze][.][887] Mjr Linde beschloss allgemein[en] Rückzug[,] der sofort angetreten wurde (2h 30 vorm[ittag]) [und] verständigen [der] Kopfstation. Bei Hügel zwischen Steinhartspitze u[nd] M[on-

---

[884] Lichem, Krieg in den Alpen. Band 1, S. 240.
[885] OeStA-KA AdTk 1724 Reit.Sch.Reg. Kommandotagebucheintrag über den Verlust des Passo Paradiso.
[886] Gemeint war hier die Feldwache 18, auch als FW 18 oder FW XIII bezeichnet.
[887] Die Steinhartspitze entspricht hier der Cornicciolo di Presena.

ticello] Lager [w]urde Aufnahmestell[un]g bezogen. (Wo. Volpi, Fiedler)"[888]

„Die Schwadron gelangte in der Nacht zum 23. Mai in das Monticellolager, Unterkunft unserer Teile derselben [...] in den überfüllten Baracken mituntergebracht werden der Rest verbrachte die Nacht im Freien.
Im Verlaufe des 23 Mai wurde der Tag im Monticello Lager verbracht, wobei durch Volltreffer in eine Baracke 2 Mann tötlich [sic!] verwundet wurden und der Eine [sic!] wenige Minuten darauf, der andere am Transport ins Tal verschied. Zugs[führer] Suppan wurde hiebei [sic!] durch Steinsplitter leicht verletzt.
In der Nacht zum 24. wurde der Marsch ins Presena Lager durchgeführt dort - selbst angekommen wurde der Sturmzug 1 und 3. Zug und die Trägerabt[eilun]g in Polarzelten vor der Kopfstation, der 2. Zug, Telefon u[nd] San Patr[ouille] in Polarzelten bei der Sappeurbar[acken] einquartiert.
[D]er 24. wurde in der Sonne von den Zelten verbracht und während des Einschiessens der feindl[ichen] Artill[erie] suchte die Mannschaft in den Eisstollen Deckung. Die stürmische Nacht zum 25. nahm die schlecht untergebrachte Mannschaft stark her.
[A]m 25. V. um 7h vorm[ittag] [sic!] begann das Vorbereitungsfeuer der f[ein]dl[iche] Artill[erie] das sich gegen 11h zum Trommelfeuer steigerte. Durch Volltreffer schwerer Minen wurde das Zeltlager der Schwadron bei der Kopfstation vollkommen vernichtet, alle dort noch befindlichen Leute der Schwadron sind Tod [sic!], fast die gesamte Rüstung der Mannschaft zerstört.
Um 19h15 nachm[ittag] [sic!] als bereits f[ein]dl[iche] Kräfte den ganzen Maroccarograt besetzt hatten, wurde die gesamte Schwadronsmannschaft alarmiert."[889]

Durch einen finalen Gegenangriff und der endgültigen Einnahme des Castellaccio-Kammes durch k.u.k. Truppen, rannten sich im Endeffekt die italienischen Kräfte im Monticello-Abschnitt fest. Lichem vermerkte diesbezüglich, dass „[...] sich die Alpini am Monticello die Köpfe blutig [rannten], [es] starben tausende von Soldaten beider Seiten um diesen Grat [...]."[890]

[888] OeStA-KA AdTk 1724 Reit.Sch.Reg. Lagemeldung der Reitenden Tiroler Landesschützen über Unternehmung auf der Presenaspitze und Folgeabstieg ins Monticello-Lager.
[889] OeStA-KA AdTk 1724 Reit.Sch.Reg. Lagemeldung über feindlichen Beschuss auf das Monitcello-Lager.
[890] Lichem, Krieg in den Alpen. Band 1, S. 240.

3.2.6 Die Reitenden Tiroler an der Gardaseefront

Teile der 2. und 3. Eskadron der Reitenden Tiroler Landesschützen waren an der Gardaseefront[891] südlich des Ortes Moietto, in Cisterna östlich von Rovereto[892], am 10. Februar 1916[893] in Stellung. Jene als „Kampfgruppe Moietto" bezeichnete Truppe war eine kombinierte Einheit (2 Fußabteilungen mit je 130 Karabinern) sowie der Maschinengewehrabteilung der Division und stellte die rechte Flanke des Unterabschnittes 4c unter der Führung von Oberst Severin Schöbel. Die Riegelstellung der Reitenden Tiroler Landesschützen hatte an der Front eine Gesamtlänge von 3.000 Schritt (ca. 2.200 Meter) mit Höhenunterschieden von 700 bis 1.300 Metern. Die ausgebaute Hauptstellung befand sich hierbei oberhalb eines 15 Meter abfallenden Geländes mit gutem Einblick in das Vorterrain, das nichteinsehbare Gelände war mit Minen versehen. Zudem wurde direkt an der Front von den Reitenden Tiroler Landesschützen eine Feldwachenlinie errichtet.[894] Neben den k.u.k. Truppen waren jedoch auch die italienischen Einheiten in diesem Kampfgebiet nicht untätig. Hierzu wurde vermerkt:

> „Der Feind hatte sich ziemlich nahe an die Feldwachenlinie herangearbeitet, kleine Sandsackstellungen davor spanische Reiter geschaffen. Hoher Schnee und schlechte Witterung beeinträchtigte wärend [sic!] dieser Jahreszeit jede Kampfhandlung, nur die Artillerie sprach ihr Wort. Immer mehr und mehr wurden diese kleinen italienischen Vorstellungen ausgebaut, mit Hindernissen stützpunktartig umgeben und besonders jene auf einer kleinen Kuppe südwestlich Citerna drohte, da auch schon die eigenen Nachbar-Feldwachen flankiert wurden, gefährlich zu werden.
> Die Vertreibung dieses Postens war nun für die Sicherheit der Feldwachenlinie unbedingt notwendig."[895]

Auf Grund der unmittelbaren Bedrohungslage wurde anfänglich noch versucht, die italienischen Kräfte in Patrouillenkämpfen zu werfen:

> „Durch Schleichpatrouillen wurde eine starke Besatzung dieses Stützpunktes konstatiert, ein Eindringen dieser Patrouillen jedesmal vereitelt. Ein Angriff, bei dem noch meterhoch liegenden Schnee, war unmöglich und auch die zwei Fussabteilungen der Division für eine Durchführung allein zu schwach, da ohne dies die

---

891 PA-EH Persönliche Aufzeichnungen des Reitenden Tiroler Landesschützen/Kaiserschützen Franz Foltin über seine Familie und seinen Werdegang.
892 *Rettenberger Schützenchronik*, zweiter Teil: Tradition, S. 15.
893 OeStA-KA AdTk 1724 Reit.Sch.Reg. Gefecht bei Citerna am 13. März 1916.
894 OeStA-KA AdTk 1724 Reit.Sch.Reg. Gefecht bei Citerna am 13. März 1916.
895 Ebd.

Hauptstellung nur schwach besetzt war.
Der Plan zur Durchführung eines Angriffes wurde gefasst und hiezu vom 181. I[nfanterie] Brig[ade] K[om]m[an]do seinerzeit am 19./2. die beiden Fussabteilungen der Division ablösenden 10. Res[erve] Komp[anie] des k.u.k. I[nfanterie] R[egiments] Nr. 37 zur Verstärkung wieder in die Kampfgruppenstellung Mojeto befohlen. – Nochmals wurde versucht diesen Posten mit Patrouillen zu vertreiben, abermals erfolglos."[896]

Nach dem Scheitern des Patrouilleneinbruches in die gegnerischen Stellungen, wurde der Kommandant der Teileinheit der Reitenden Tiroler Landesschützen in diesem Abschnitt, Rittmeister Max Wimmer, beauftragt in einem konzentrierten Angriff den italienischen Stützpunkt zu nehmen. Mit einer kombinierten Abteilung aus vier Zügen aus Mannschaften der 10. Reservekompanie, des k.u.k. Infanterieregiments Nr. 37 sowie Freiwilligen der 3. Eskadron der Reitenden Tiroler Landesschützen sollte zum Angriff gegen den italienischen Stützpunkt bei Cisterna angetreten werden. Die angreifende Einheit musste in ihren Grundfesten so stark sein, da einerseits die genaue Stärke der italienischen Seite nicht bekannt war und andererseits auf Grund dessen auch durch Gefangennahme eigener Truppen in die Beurteilung des Planes der Durchführung mit einfließen mussten. Als Flankensicherung der Unternehmung wurden zwei Züge der 1. Maschinengewehrabteilung der Reitenden Landesschützen Division unter der Führung von Rittmeister Ludwig Seyrl bereitgestellt, um eventuelle italienische Verstärkung aus dem Raum Senter aufzuhalten.[897]
Um im Stoß gegen den italienisch besetzten Abschnitt erfolgreich zu sein, musste jedoch „[a]uf die Schneeschmelze und bessere Witterung [...] abgewartet werden, was in den Tagen anfangs [sic!] März plötzlich eintrat."[898]
Am 13. März 1916 griffen die Reitenden Tiroler Landesschützen mit den restlichen k.u.k. Teilen den italienischen Stützpunkt wie folgt an:

„Am 13. März um 8 Uhr nachm. verlässt die für diese Unternehmung bestimmte Mannschaft, mit Schneemäntel bekleidet, die Schützengräben, lautlos geht es über den vor einigen Tagen von Minen freigelegten Weg nach Citerna, die Landschaft ist vom Mond hell erleuchtet. Von Ferne her dringt das Rauschen des Lenobaches an das gespannte Ohr. Um 8 Uhr 30 ist die Ausgangssituation erreicht.
9 Uhr nachm[ittag] Granaten und Schrapnells [sic!] surren durch die Luft und schlagen dumpf in Senter ein, eine Batterie aus Marsil-

[896] OeStA-KA AdTk 1724 Reit.Sch.Reg. Gefecht bei Citerna am 13. März 1916.
[897] Ebd.
[898] Ebd.

le gibt dahin Sperrfeuer; es gilt als Zeichen zum Angriff. Durch eine Mulde begünstigt schleicht sich die Angriffsgruppe ohne Schuss bis nahe an die feindliche Stellung heran. Die Italiener haben sie jedoch bemerkt, Gewehrschüsse werden gewechselt, herbeieilende Verstärkungen aus Senter, vom Maschinengewehr, das Lt. i. d. Res. Franz Hämmerle kommandiert, von einer Serie von Schüssen belegt, nehmen Reißaus und eilen zurück.
Die Angriffsgruppe auf ca. 20 Schritte vor den Hindernissen angekommen hat den italienischen Stützpunkt bereits umzingelt; ein Zurück gibt es für den Feind nicht mehr. Hie und da fällt noch ein italienischer Schuss, die Stellung ist nun sturmreif. Vorkriechend geht es weiter an die Stellung heran, Handgranaten werden geworfen, Drahthindernisse durchschnitten und mit ‚Hurrah' geht es in die Stellung hinein. Wachtmeister Baierl der 3. Schw[a]d[ron] dringt als Erster mit seiner Patrouille in die Stellung ein und bald folgt die ganze Abteilung, der jungen Infanteriemannschaft voran, die kampferprobten Reitenden Schützen. Nach kurzem Handgemenge ergibt sich die Besatzung des Stützpunktes den Erstürmern; 1 Offizier und 16 Mann wurden verwundet, 3 Mann verwundet als Gefangene abgeführt, 1 Mann fiel im Handgemenge. Zahlreiches Material, Gewehre, Munition, Handgranaten, Kälteschutzmittel etz fielen in unsere Hand. Die eigenen Verluste betrugen 3 Verwundete mit leichten Streifschüssen. Zum Zeichen dass der Angriff gelungen sei, wurden nach Vereinbarung 3 Leuchtpistolenschüsse abgegeben, die Artillerie stellte das Feuer ein und die brave Mannschaft beginnt sofort mit dem Ausbau der neuen Feldwachenlinie."[899]

In den Tagen nach dem erfolgreichen Angriff wurden die k.u.k. Truppen in jenem Frontabschnitt von italienischer Seite aus mit massivem Artilleriefeuer auf die neuen Stellungen eingedeckt, außerdem erfolgten mehrere Nachtangriffe. Die österreich-ungarischen Soldaten respektive die Reitenden Tiroler Landesschützen konnten jedoch jeden italienischen Rückeroberungsversuch abweisen und das gewonnene Gelände, beziehungsweise die neue Frontlinie, halten.[900] In den Gefechten bei Rovereto befand sich auch der Reitende Tiroler Landesschütze Rittmeister Hans Böck, welcher mit seinem Hengst „Schlossareck"[901] in jenem Abschnitt bei Rovereto[902] so schwer verwundet wurde, dass jener am 6. Juni 1916, wie

[899] OeStA-KA AdTk 1724 Reit.Sch.Reg. Gefecht bei Citerna am 13. März 1916.
[900] Ebd.
[901] PA-EH Persönliche Notiz von Franz Foltin über den gefallenen Rittmeister Hans Böck und sein Pferd ‚Schlossareck'.

die *Innsbrucker Nachrichten* vermeldeten, „infolge seiner am südwestlichen Kriegsschauplatze erlittenen Verwundungen den Heldentod [starb]."[903] Die Reitenden Tiroler Landesschützen waren jedoch nicht nur im dauernden Kampfeinsatz, sondern mussten auf Grund ihrer spezialisierten Fähigkeiten zusätzliche Aufgaben im Hinterland der Front erfüllen. Nordwestlich von Moietto hatte die 3. Eskadron der Reitenden Tiroler Landesschützen den Auftrag, mit Patrouillen links- und rechtsseitig der Etsch im Raum Rovereto tagsüber, zeitweise auch nächtlich, sicherheitspolizeiliche Aufgaben durchzuführen. Die vier Patrouillenwege für Entsendungen waren die Linie Laegerdorf - Isera - Lenzima - Monte Fae - Patone - Pederzano - Nogaredo. Der zweite Patrouillenweg verlief über Laegerdorf - Aldeno - Val di Cei - Castellano - Nogaredo. Die dritte und vierte Route war Laegerdorf - Volano - Nomi - Laegerdorf sowie Laegerdorf - Rofreit - Lizana und retour. Die Patrouillen der Reitenden Tiroler Landesschützen wurden in der Stärke von 1:2, in anderen Worten einem Unteroffizier und zwei Reitern, gestellt. Die Aufgabenbereiche der reitenden Patrouillen hierbei waren einerseits die Feldgendarmerie zu unterstützen, die Aufrechthaltung der Ordnung im Straßenverkehr (Linksfahren) zu überwachen, Schäden zu melden sowie Pferdeschinderei wie Trabfahren von beladenen Fuhrwerken oder Bergabfahren im Trab, hintanzuhalten. Andererseits sollten etwaige Spionagetätigkeiten gegen Österreich-Ungarn unterbunden werden.[904] Im Patrouillenbefehl wurde diesbezüglich angeordnet: „Über solche Wahrnehmungen haben die Patrouillen dem Eskadronskommando und dieses dem Gruppenkommando Meldung zu erstatten. (Name, Truppenkörper und Abteilung des Beanstandeten vermerken.)."[905] Hierbei waren verdächtige Zivil- und Militärpersonen anzuhalten, zu stellen und im Verdachtsfall zu verhaften und dem nächstgelegenen Stationskommando zu übergeben.[906]

Die größte Ausdehnung der Reitenden Tiroler Landesschützen an der Judikarien-Gardasee-Front belief sich während des Ersten Weltkrieges auf das Gebiet Riva - Loppio[907]- Mori - Rovereto - Zugna Torta - Folgaria - Chiesa - Passo Sommo - Monte Rovere - Asiago.[908] Somit war der Schwerpunkt der eingesetzten Soldaten der Reitenden Tiroler Landesschützen

---

[902] PA-EH Persönliche Aufzeichnungen des Reitenden Tiroler Landesschützen/Kaiserschützen Franz Foltin über seine Familie und seinen Werdegang.

[903] *Innsbrucker Nachrichten (06.06.1916)*, S. 4.

[904] PA-VRTKsI OP 17/6. k.u.k. Gruppenkommando FML. v. Gusek, Ueberwachung der Strassenpolizei.

[905] OeStA-KA AdTk 1724 Reit.Sch.Reg. Gefecht bei Citerna am 13. März 1916.

[906] Ebd.

[907] OeStA-KA VL VLI 193 Rt. Tir. Lda. Schtz. Div. Verlustliste 1917.

[908] PA-EH Persönliche Aufzeichnungen des Reitenden Tiroler Landesschützen/Kaiserschützen Franz Foltin über seine Familie und seinen Werdegang.

vom Ortler bis zum Gardasee und weiter in östlicher Richtung entlang der Frontlinie bis Asiago. Die Gardaseefront war eine alpine Landschaft, eingeschnitten von einem Gletschersee, welche westlich und östlich von steilen beherrschenden Höhen bis Gargano sowie eine Steilküste bis zum Monte Baldo geprägt war und erst ab Garda in die Poebene in das flache Gelände verlief. In Bezug auf den Kampfwert der Reitenden Tiroler Landesschützen in diesem Abschnitt der Südwestfront war diesbezüglich nur im Etschtal ein kavalleristischer Einsatz möglich. An der Gardaseefront galt wie schon an der Isonzofront das Credo, zuerst den Übergang in die Poebene infanteristisch unter Feuer und Bewegung zu erkämpfen, um dann in kavalleristische Verfolgungskämpfe überzugehen, da im Gegensatz zum Isonzo, jedoch nach einem erfolgten österreich-ungarischen Durchbruch ein verteidigungsgünstiges Gelände mit beherrschenden Höhen für die italienischen Verbände bis zur Poebene vorhanden gewesen wäre.

3.2.7 Reitende Tiroler Landesschützen am Isonzo

Ein vom k.u.k. Armeekommando genehmigter und im *Kärntner Tagblatt* veröffentlichter heroisierender Bericht eines Landstürmers von der Front im südlichen Karst beschrieb das Eintreffen der Reitenden Tiroler Landesschützen an der Hauptkampflinie an der Isonzofront in propagandistischer Weise folgendermaßen: „Dann klappen [sic!] die Hufe der Tiroler Kavallerie über die harte Straße. Tiefernste Antlitze, viele mit blonden oder braunen Vollbärten, alle mit Fäusten wie kupferne Hämmer."[909]
Die *Meraner Zeitung* vermerkte über einen mit der silbernen Tapferkeitsmedaille ausgezeichneten Angehörigen der Reitenden Tiroler Landesschützen, der von den Reitenden Dalmatiner Landesschützen zu der Tiroler Kavallerie-Einheit dienstzugeteilt wurde[910], an der Isonzofront wie folgt:

> „Der Kriegsfreiwillige Anton R[itter] von und zu Goldegg, Offiziersstellvertreter bei den Reitenden Tiroler Landesschützen, wurde neuerdings durch die Verleihung der silbernen Tapferkeitsmedaille 2. Klasse ausgezeichnet. Goldegg hatte sich bereits im Herbst 1914 als Wachtmeister bei verschiedenen Patrouillen und Melderitten in Bosnien und Serbien durch Tapferkeit und Kaltblütigkeit hervorgetan, so daß er zum Stabs-Wachtmeister befördert und schon damals zuerst mit der silb[ernen] Tapferkeitsmedaille 2. Kl[asse] sowie – nach erfolgtem Rückzuge aus Serbien – mit der bronzenen Tapferkeitsmedaille beteilt wurde. Off[izier]-Stellvertreter A[anton] v[on] Goldegg ist nun seit einigen Wochen auf seine Bitte einem Inf[anterie]-Ba[taill]on am Isonzo

[909] *Kärntner Tagbatt (02.04.1916)*, S. 3.
[910] *Innsbrucker Nachrichten (23.02.1918)*, S. 5.

als Maschinengewehr-Zugskommandant zugeteilt, da die Südwestfront bisher kein Feld der Tätigkeit für die Reiterwaffe war."[911]

Dieser Eintrag spiegelt einerseits die Tatsache der Beteiligung von Soldaten der Reitenden Tiroler Landesschützen im Kriegsjahr 1916 an der Isonzofront sowie andererseits die Intention des genannten Landesschützen Anton Goldegg wider, an jenem Kriegsschauplatz zu kämpfen, wo der infanteristische Kampf überwog. Überdies verdeutlicht sich hierbei auch der im Kriegsjahr vernachlässigte Parameter des Kampfwertes von berittenen Truppen an der Südwestfront auf Grund des ungeeigneten Gefechtsfeldes.

3.2.8 „Strafexpedition" gegen Italien: Die Südtirol-Offensive

Im Frühjahr 1916 verlagerte sich die Hauptlast der Kampfhandlungen an der Südwestfront für kurze Zeit von der Front am Isonzo nach Südtirol. Grund hierfür war die Verwirklichung einer Offensivunternehmung aus der Feder des österreich-ungarischen Generalstabschefs Conrad mit der Absicht, das Königreich Italien mit einem kriegsentscheidenden Schlag endgültig aus dem Kriegsgeschehen zu drängen. Seine bereits vor dem Ersten Weltkrieg als Befehlshaber der 8. Infanterie-Truppen-Division (1903-1906) in Innsbruck gefasste Idee war ein starker Stoß der k.u.k Truppen über das Gebirge von Südtirol aus, im Schutze einer starken Front durch die Festungswerke gedeckt, in die Venezianische Tiefebene bis an die Adria, um so ein Gros des italienischen Heeres abzuschneiden, zu Bewegungsgefechten zu zwingen und schlussendlich jene auf diese Weise entscheidend zu schlagen. Die Losung sollte Folgaria-Lavarone - Lessinische Alpen (25 Kilometer) - Venedig (weitere 50 Kilometer) heißen.[912] Der deutsche Generalleutnant Cramon vermerkte über des Feldmarschall Conrads geplante Südtirol-Offensive: „Er versprach sich sehr viel von ihr, in besonders optimistischen Anwandlungen sogar nichts Geringeres, als daß es ihm gelingen würde, die italienischen Hauptkräfte am Isonzo im Rücken zu fassen und sie zur Waffenstreckung auf offenem Felde zu zwingen."[913]

Da Anfang des Jahres 1916 die Lage auf dem Balkan „bereinigt" zu sein schien, sollte nun gegen das Königreich Italien jene Unternehmung – welche als „Strafexpedition" gegen Italien in die Geschichte einging – angesetzt und dafür deutsche Waffenhilfe mobilisiert werden.[914] Die Bezeichnung „Strafexpedition" kam jedoch weder in offiziellen Dokumenten der

---

[911] *Meraner Zeitung (29.02.1916)*, S. 3.
[912] Schmidl, Kriegführung: Die österreichisch-ungarische ‚Südfront', S. 350-351.
[913] August von Cramon über Conrads Südtirol-Offensive, zit. in: Miksch-Hermanny, Die Durchbruchsschlacht bei Flitsch im Oktober 1917, S. 4.
[914] Schmidl, Kriegführung: Die österreichisch-ungarische ‚Südfront', S. 351.

k.u.k. Wehrmacht und militärischen Tagebüchern noch in zeitgenössischen Zeitungen vor.[915] Laut Artl „[...] entsprang dieser Begriff ausschließlich dem Sprachgebrauch österreich-ungarischer Frontsoldaten, der den Italienern durch einen Überläufer mitgeteilt wurde."[916] Im Verhör gab der tschechische k.u.k. Oberleutnant der Reserve Anton Krecht am 26. April 1916 zu Protokoll, dass die angehende österreich-ungarische Offensivaktion „Strafexpedition" betitelt wurde. Einen weiterer Verweis zog der italienische Oberleutnant Francesco Marconi nach einem Steilfeuerangriff auf seine Einheit - jener notierte in seinem Tagebuch die Funde von Geschossblindgängern mit der Aufschrift „Strafexpedition".[917]
Kaiserschützen-Generalmajor Miksch-Hermanny vermerkte über die Angriffsplanungen:

> „[...] diese Offensive aus der Tirolerfront - von Österreich-Ungarn allein ausgeführt - konnte von Haus aus nicht vielversprechend sein, da die Kräfte nie dazu ausreichen konnten, um einen Vernichtungsschlag gegen Italien zu führen. Damals schon hätte eine Kräftezuschub seitens Deutschlands eintreten sollen, um durch einen gemeinsamen wuchtigen Hieb Italien aus der Reihe der Kriegsführenden ausschalten zu können."[918]

Dem deutschen Generalstabschef Falkenhayn konnte nämlich von Conrad von Hötzendorf keine Zusage über eine deutsche Beteiligung an einer Offensive in Südtirol gegen das Königreich Italien abgerungen werden.[919] Die deutsche Beurteilung der Lage zu jenem Zeitpunkt war nämlich, selbst an der Westfront die Kriegsentscheidung gegen Frankreich beim Kampf um die Festung Verdun herbeizuführen, um die Patt-Situation an der Westfront zu Gunsten des Deutschen Reiches endgültig aufzubrechen. Jene Offensivbestrebungen bei Verdun glichen, so Jankowski, jedoch einer *reducto ad absurdum* des Krieges im Westfeldzug, da keine Entscheidung an jenem militärstrategisch weit überhöht beurteilten Raum herbeigeführt werden konnte.[920]

Am 14. Mai 1916 wurden am Vorabend der Südtirol-Offensive Ablenkungsmaßnahmen mit Stör- und Patrouillenaktionen an der Isonzofront durchgeführt.[921] Dabei war auch die 3. Eskadron mit 150 Reitern in der

[915] Gerhard Artl, Die „Strafexpedition". Österreich-Ungarns Südtiroloffensive 1916, Brixen 2015, S. 13.
[916] Artl, Die „Strafexpedition", S. 13.
[917] Ebd., S. 13.
[918] Rudolf Miksch-Hermanny, Die Durchbruchsschlacht bei Flitsch im Oktober 1917. Die Ereignisse bei der 22. Schützendivision im Allgemeinen und beim Kaiserschützenregiment Nr. I im Besonderen, Hall 1924, S. 3.
[919] Schmidl, Kriegführung: Die österreichisch-ungarische ‚Südfront', S. 351.
[920] Paul Jankowski, Verdun. Die Jahrhundertschlacht, Frankfurt am Main 2015, S. 97.
[921] Josef Brauner, Die Ereignisse an der Südwestfront der 3. und der 11. Armee (15. Mai bis 10. Juni), in: *ÖULK, Die Ereignisse von Jänner bis Ende Juli. Das Kriegsjahr 1916*, Band 4, hrsg. v. Edmund Glaise-Horstenau, Wien 1933, S. 301-304, hier S. 303.

50. Infanteriedivision im Einsatz.[922] Der Plan der Durchführung der 50. Infanteriedivision sah hierbei vor, an der gesamten Frontlinie der Division, vom Krn bis zum Isonzo, in die italienischen Stellungen einzubrechen und den Fokus auf jene k.u.k. Angriffe zu lenken. Am 14. Mai setzten anfänglich bei Tolmein und ab 15. Mai 1915 auf einem Gros des Frontabschnittes der 50. Infanteriedivision Kommandounternehmungen ein, mit dem Ergebnis, dass in italienische Gräben eingebrochen werden konnte, italienische Stellungen an der Isonzofront zerstört wurden und die Anzahl italienischer Gefangener anstieg.[923]

Das entscheidende Momentum bei der Südtiroloffensive hätte der Überraschungseffekt mit einem massiven gestaffelten Stoß zweier k.u.k. Armeen sein sollen. Zwei Faktoren sollten den österreich-ungarischen Aufmarsch jedoch negativ beeinflussen. Erstens mussten für jene Unternehmung erst Kräfte vom Balkan und der Ostfront instradiert werden und zweitens, war auf Grund der zu jenem Zeitpunkt vorhandenen Schneelage keine schlagkräftige Offensive aus Südtirol möglich. Die k.u.k. Verbände konnten erst am 15. Mai 1916 zum Angriff gegen die italienischen Streitkräfte ansetzen - das Überraschungsmoment war verloren. Die österreich-ungarische Taktik bewährte sich im Angesicht des verspielten Überraschungseffektes und weiteren Verzögerungen auf Grund neu einsetzender Schneefälle in keinster Weise. Die neu formierte 11. Armee (GO Viktor Dankl) hätte für die nachstoßende 3. Armee (GO Hermann Baron Kövess von Kövessháza) den Weg bahnen sollen, um der 3. Armee ein Durchstoßen in Richtung Venedig zu ermöglichen. Vor Beginn der Offensive aber wurde das Angriffsdispositiv der k.u.k. Wehrmacht abgeändert. Die 3. Armee war im neuen Plan der Durchführung nun nicht mehr gestaffelt, sondern als linke Flanke der Offensive selbst schon im Kampfgeschehen.[924]

Während der Südtirol-Offensive traten in der 11. Armee mit der 48. Infanteriedivision[925] 129 Reiter der 1. Eskadron der Reitenden Tiroler Landesschützen in den Angriffsrichtungen des VIII. Korps Etsch-Borcolapass - Pian della fugazze[926] sowie die 2. Eskadron mit ihren 150 Reitern mit der 8. Infanteriedivision[927] in Stoßrichtung des XX. Korps Folgaria-Arsiero-Thiene[928] zum Angriff an. Mit der 3. Armee fungierte die 3. Eskadron mit 177 Reitern in der Kaiserschützendivision[929] im XXI. Korps als Divisions-

[922] Kriegsgliederung für das erste Halbjahr 1916, Beilage 2, S. 12.
[923] Brauner, Die Ereignisse an der Südwestfront der 3. und der 11. Armee (15. Mai bis 10. Juni), S. 303.
[924] Schmidl, Kriegführung: Die österreichisch-ungarische ‚Südfront', S. 351.
[925] Ehnl/Sacken, Infanteriedivisionen, S. 226.
[926] Jordan, Krieg um die Alpen, S. 266.
[927] Ehnl/Sacken, Infanteriedivisionen, S. 181.
[928] Jordan, Krieg um die Alpen, S. 266.
[929] Ehnl/Sacken, Infanteriedivisionen, S. 248.

kavallerie. Die 3. Eskadron stand unter dem Kommando von Rittmeister Franz Foltin bis 24.05.1916 in den Kampfhandlungen der „Südtirol-Offensive".[930]

Die italienische Verteidigung vermochte es, sich komplett neu zu reorganisieren und die beiden k.u.k. Armeen liefen sich am 7. und 8. Juni 1916 an den italienischen Riegelstellungen im Bereich der „Sieben Gemeinden", dem südlichen Rand des Beckens von Asiago, fest – die so genannte Südtirol-Offensive war gescheitert. Schlussendlich wurde keine Bahnlinie und keine in die venezianische Tiefebene führende Straße erobert. Überdies musste, um die überdehnte Front überhaupt zu halten, ein Gros des gewonnenen Geländes im Abschnitt der Sieben Gemeinden wieder aufgegeben werden. Der österreich-ungarische Generalstab zog die Lehre daraus, dass sich der Ansatz Conrads, mit einer ganzen Heeresgruppe über hochalpines Gelände anzugreifen, als fatal und nicht durchführbar erwies.[931]

Den Kampfwert der Reitenden Tiroler Landesschützen in der Südtirol-Offensive zu bewerten erweist sich als schwierig. Einerseits wurde das Kampfgebiet massiv von beherrschenden Höhen, die den italienischen Verteidigungsbestrebungen zugute kamen, bestimmt. Dadurch war der Einsatz der Reitenden Tiroler Landesschützen als Divisionskavallerie in den Reihen der österreich-ungarischen Stoßelemente nicht zielführend. Andererseits hätte der Kampfwert nicht hoch genug eingeschätzt werden können, wären die mit 456 Reitern zahlenmäßig stark auftretenden Reitenden Tiroler Landesschützen nicht als unterstellte Einheiten, sondern als eigenes Kampfelement der Tiefe, als „eine Truppe vom großen Verband aufwärts, die zum Auffangen oder Zerschlagen eines durchgebrochenen Feindes (einschließlich vertikaler Umfassung) bereitgehalten oder eingesetzt wird"[932] beziehungsweise als operative Reserve eingesetzt worden, um allenfalls nach einem erzielten Durchbruch massierte Verfolgungskämpfe aufzunehmen und die italienischen Truppen auf diese Art entscheidend zu schwächen.

Es waren nicht nur jene gerade geschilderten Umstände ausschlaggebend für das Scheitern des Angriffes aus Südtirol. Zeitgleich mit dem österreich-ungarischen Angriff war nämlich die Lage im Osten noch nicht „bereinigt" gewesen. Am 4. Juni 1916 begann eine russländische Großoffensive bei Luck unter der Führung von Alexej Alexejewitsch Brussilow, welche die österreich-ungarischen Linien bis hinter die Bukowia zum Rückzug veranlasste. Um Schlimmeres für die Mittelmächte zu vermeiden, mussten auf Grund der Lage im Ostfeldzug rasch k.u.k. Kontingente von Südtirol an

---

[930] PA-EH Aufzeichnungen des Kriegsarchivs Wien über den militärischen Werdegang von Franz Foltin.
[931] Schmidl, Kriegführung: Die österreichisch-ungarische ‚Südfront', S. 351-352.
[932] Bundesministerium für Landesverteidigung, Militärlexikon (MilLex), S. 311.

die Ostfront verschoben werden. Während dieser für die k.u.k. Wehrmacht prekären Lage vermochten die italienischen Streitkräfte an der Isonzofront in der sechsten Isonzoschlacht (4. bis 16. August 1916) durch eine taktisch erfolgreich geführte Offensive Görz zu besetzen (8. August 1916). Im Angesicht folgender italienischen Erfolge im Isonzogebiet war GO Boroević gezwungen seine Verbände der k.u.k. 5. Armee vom Monte San Michele sowie der Hochfläche von Doberdo zurückzuziehen.[933] Der ehemalige deutsche Generalfeldmarschall an der Ostfront, Paul von Hindenburg, vermerkte in Bezug auf die Korrelation der Südtirol-Offensive mit der hierbei vernachlässigten Lage an der Ostfront wie folgt in seinen Memoiren:

> „Der österreich-ungarische Angriff aus Südtirol hätte angesichts des Zusammenbruchs an der galizischen Front aufgegeben werden müssen. Die Italiener gingen nun ihrerseits wieder zum Angriff an der Isonzofront über. Diese Kämpfe zehrten in starkem Maße an den österreich-ungarischen Heereskräften, welche sich dort unter den schwierigsten Verhältnissen gegen mehrfache feindliche Überlegenheit, wert des höchsten Ruhmes schlugen."[934]

Die weiteren Isonzoschlachten (siebente: 13. bis 19. September/achte: 9. bis 12. Oktober/ neunte: 1. bis 3. November 1916) brachten wiederum Raumgewinne für die italienischen Truppen. Die k.u.k. Verbände sahen sich jedoch nicht nur mit schweren Gebietsverlusten, sondern auch einer sich zunehmend verschlechternden Versorgungslage konfrontiert - obwohl nun Stahlhelme für die Soldaten im Zulauf waren, fehlte es jedoch generell an Ausrüstung, Munition und Lebensmitteln.[935]

3.3 Gliederung und Organisation 1917

Die k.k. Tiroler Landesschützen waren in den ersten Kriegsjahren als zähe, kampfstarke und verlässliche Soldaten betitelt worden, die an der Ostfront sowie im Südwesten unter dem Namen „Blumenteufel", in Anlehnung an das Edelweiß am Kragenspiegel der Uniform, Bekanntheit erlangten. Auf Grund der bisherigen „Waffentaten" entschloss sich Kaiser Karl bei seinem Aufenthalt in Calliano, den k.k. Landesschützen den Ehrentitel „Kaiserschützen" zu verleihen.[936] Per Dekret vom 16. Jänner 1917 wurde im Verordnungsblatt für die k.k. Landwehr wie folgt angeordnet:

> „Ich befehle, dass die Landesschützen von nun an ‚Kaiserschützen'

[933] Schmidl, Kriegführung: Die österreichisch-ungarische ‚Südfront', S. 352.
[934] Hindenburg, Aus meinem Leben, S. 149.
[935] Schmidl, Kriegführung: Die österreichisch-ungarische ‚Südfront', S. 351-352.
[936] Hermann Hinterstoisser, Kaiserschützen - seit 100 Jahren, in: *Der Gardist (37/2017)*, S. 49-58, hier S. 54-55.

genannt werden. Ich bin überzeugt, diese tapferen Truppen, welche sich bis jetzt unvergängliche Lorbeeren erwarben, werden den neuen Namen in ruhmvollen Glanze erstrahlen lassen, Mir zur Freude, sich zur Ehre und dem Vaterland zum Wohle."[937]

Somit änderte sich nicht nur bei den drei Landesschützenregimentern die Nomenklatur, sondern auch bei den Reitenden Tiroler Landesschützen, welche nunmehr als Reitende Tiroler Kaiserschützen an den Fronten im Kriegseinsatz standen.[938] Im Juni 1917 erfolgte, wie bereits erwähnt, eine weitere Umbenennung, dieses Mal die gesamte k.u.k. Kavallerie betreffend, von „Eskadron" in „Schwadron".[939]

Im weiteren Kriegsverlauf des Jahres 1917 waren in der Heeresgruppe Conrad, im Rayon II am Tonale Frontabschnitt, unverändert die 1. und 2. Fußschwadron der Reitenden Tiroler Kaiserschützen unter dem Oberkommando von Oberst Förster an der westlichen Tiroler Front im Einsatz.[940] Die 1. Schwadron blieb der 48. Infanteriedivision sowie die 2. Schwadron der 8. Kaiserjägerdivision (FML von Verdross) zugeteilt.[941] Die 2. Schwadron wurde als Divisionskavallerie in der Stärke von 145 Reitern im XIV. Edelweiß Korps (GdK Schönburg-Hartenstein) eingesetzt.[942] In der so genannten „Gruppe Etschtal" (GM von Wieden) war in der 98. Kaiserschützenbrigade unter der Führung von Oberst Slonika von Holodóv die 3. Schwadron der Reitenden Tiroler Kaiserschützen als Gruppenkavallerie[943] eingegliedert. Die 98. Kaiserschützenbrigade war nach einjährigem Schützengrabendienst bis 6. Juni 1917 im Vallarsa-Abschnitt an der Front, wurde jedoch vor der Ortigara-Schlacht herausgelöst und bis auf das Brigadekommando, das Kaiserschützenregiment I und das III. Bataillon/Kaiserschützenregiment II nach Trient zur Retablierung instradiert.[944] Die 4. Schwadron wurde der 50. Infanteriedivision (GM Gerabek) neu unterstellt und stand in der 5. Armee (GO Boroević) im Abschnitt I des XV. Korps (FML Scotti) als Divisionskavallerie im Einsatz.[945]

Von 12. Jänner 1917 bis zum Kriegsjahr 1918 war Oberleutnant Wil-

---

[937] Abschrift vom Faksimile im Kaiserschützenmuseum der Standschützen Kaserne Innsbruck/Kranebitten.

[938] Hinterstoisser, Kaiserschützen - seit 100 Jahren, S. 55.

[939] Vgl. Kapitel: Die Wandlung der Reitertruppe.

[940] Kriegsgliederung für das Frühjahr 1917, in: *ÖULK, 6. Das Kriegsjahr 1917.* Beilagen (VI. Beilagen), hrsg. v. Edmund Glaise-Horstenau, Wien 1936, Beilage 6, S. 17.

[941] *Rettenberger Schützenchronik*, zweiter Teil: Tradition, S. 15.

[942] Kriegsgliederung für das Frühjahr 1917, Beilage 6, S. 19.

[943] Ebd., S. 17.

[944] Adolf Sloninka von Holodóv, Die Kämpfe um die Ortigara-Lepozzestellung im Juni 1917 unter besonderer Berücksichtigung des entscheidenden Schützenangriffes der Kaiserschützen am 25. Juni 1917, Hall 1927, S. 6.

[945] Kriegsgliederung für das Frühjahr 1917, Beilage 6, S. 23.

helm von Jenny Kommandant der „rollenden Einsätze" bei den Reitenden Tiroler Kaiserschützen.[946] In den Quellen erfährt eine solche Einsatzkraft keine Erwähnung. Es dürfte sich hierbei jedoch um ein so genanntes „Kommando schnelle Einsätze" gehandelt haben, welches bei Bedarf an besonders gefährdeten oder umkämpften Frontabschnitten auf Abruf zur Unterstützung der eigenen Truppen in das Schwergewicht befohlen werden konnte.

Zum Zeitpunkt der österreich-ungarischen Herbstoffensive im Oktober 1917 waren die Reitenden Tiroler Kaiserschützen teilweise an andere Frontabschnitte respektive zu anderen großen Verbänden abkommandiert worden. In der Heeresgruppe Conrad im Rayon II Tonale (Oberst Förster) stand unverändert die 1. und 2. Fußschwadron der Reitenden Tiroler Kaiserschützen, nunmehr als Halbregiment Reitende Tiroler Kaiserschützen, bis Kriegsende unter dem Kommando von Oberstleutnant Freiherr von Taxis[947], in der Gruppe Erzherzog Peter Ferdinand an der Tiroler Front.[948]

Im XIV. Edelweiß Korps (GdI von Martiny) standen in der 8. Kaiserjägerdivision (FML von Verdross) als Divisionskavallerie ein Zug der 2. Schwadron sowie in der 15. Infanteriebrigade (GM Phleps) ein Zug der 2. Schwadron als Brigadekavallerie im Einsatz.[949] Im III. Korps (GdI Ritter von Krautwald) mit dem Einsatzraum der Hochfläche von Asiago im November 1917 waren in der 19. Infanteriedivision (FML von Elmar) ein Zug der 3. Schwadron als Divisionskavallerie sowie in der 6. Infanteriedivision (GM Ritter von Schilhawsky) ein Zug der 3. Schwadron eingegliedert. In der 18. Infanteriedivision (GM von Vidale) befanden sich zwei Züge der 2. Schwadron der Reitenden Tiroler Kaiserschützen.[950] Mit der kombinierten deutschen 14. Armee wurde ein Zug der 1. Schwadron mit der 22. Schützendivision (GM Rudolf Müller) in der so genannten „Gruppe Krauß" sowie die gesamte 4. Schwadron und MG. Schwadron der Reitenden Tiroler Kaiserschützen mit der „Gruppe Stein" in der 50. Infanteriedivision in die Durchbruchsschlacht von Flitsch-Tolmein geworfen.[951] In

---

[946] Karl Friedrich Hildebrand, Die Generale der deutschen Luftwaffe 1935-1945. Die militärischen Werdegänge der Flieger-, Flakartillerie-, Fallschirmjäger-, Luftnachrichten- und Ingenieur-Offiziere einschließlich der Ärzte, Richter, Intendanten und Ministerialbeamten im Generalsrang (Band 2: H-N) in: *Deutschlands Generale und Admirale* hrsg. v. Dermot Bradley u.a., Osnabrück 1991, S. 136-137.

[947] Weiser, Kaiserschützen, Tiroler-Vorarlberger Landsturm und Standschützen, S. 137.

[948] Kriegsgliederung der an der Südwestfront stehenden Streitkräfte zu Beginn der Herbstoffensive 1917, in: *ÖULK, 6. Das Kriegsjahr 1917.* Beilagen (VI. Beilagen), hrsg. v. Edmund Glaise-Horstenau, Wien 1936, Beilage 23, S. 1.

[949] Kriegsgliederung der an der Südwestfront stehenden Streitkräfte zu Beginn der Herbstoffensive 1917, Beilage 23, S. 5.

[950] Ebd., S. 5-6.

[951] Ebd., S. 9-10, sowie: *Rettenberger Schützenchronik,* zweiter Teil: Tradition, S. 15, sowie: Braito, Ludwig Ganghofer und seine Zeit, S. 400.

den *Innsbrucker Nachrichten* wurde über die „Waffentaten" im Kriegsjahr 1917 des Tiroler Verbandes Folgendes niedergeschrieben: „In der Zeit von Jahresbeginn bis zum Jahresende 1917, also im ersten ‚Kaiserschützenjahr', [...] [erkämpften sich] die ‚Reitenden Kaiserschützen' [...] 32 Offiziers- und 163 Mannschaftsauszeichnungen."[952]

3.3.1 Die südliche Ortlerfront

Im Kriegsjahr 1917 standen im Rayon II, an der Westfront der Tiroler Front, die 1. und 2. Fußschwadron der Reitenden Tiroler Kaiserschützen, ab der zweiten Jahreshälfte „Halbregiment"[953] genannt, im Einsatz.[954] Robert Mayr, ein ehemaliger k.u.k. Heeresbergführer und Offizier der 2. Kompanie des 1. Regimentes der Tiroler Kaiserjäger, schilderte in einem in retrospektive verfassten Bericht seine Kriegserlebnisse und hierbei das Zusammentreffen mit den Reitenden Tiroler Kaiserschützen sowie die unwirtlichen Verhältnisse im Hochgebirge unter dem Titel „Erlebnisse am Monte Vioz (3644 m) im Jahre 1917" wie folgt:

> „[...] Ich hatte das Glück, der 2er-Kompanie zugeteilt zu werden, die im Rayon 2, der vom Cevedale bis zur Presanella reichte, ihren Standort hatte. Schon die Fahrt zur Front war mit Hindernissen verbunden. In diesem März hatte es noch einmal bis ins Tal herunter geschneit, sodaß die elektrische Bahn Trient – Male einige Male mit Schwierigkeiten zu kämpfen hatte. Des öfteren [sic!] mußten meine Leute zur Schaufel greifen. In Fucine meldete ich mich beim Kommandanten der 2. Kompanie, Hauptmann Janner, und verbrachte einige Zeit dort beim Brigadekommando. Ich wurde dann aber bald dem Unterabschnitt 1 Mte Vioz zugeteilt. Der Kommandant dieses Abschnittes, Hauptmann Dittrich, wohnte auf der Malga Saline in einem netten Holzhäuschen. Auch die anderen Teile der Alpe waren sehr gut und gemütlich ausgebaut. Nach einer kurzen Einführung in mein Aufgabengebiet wurde ich auf den M[on]te Vioz geschickt.
>
> Den Gipfel des M[on]te Vioz erreichte man zu dieser Zeit von der Malga Saline (ca. 2100 m) durch das Val Vioz am Fuße des Berges aufsteigend, bis man zu der in einer Höhe von 2800 m gelegenen Talstation des Handaufzuges zur Viozhütte (3535 m) kam. Der Aufzug wurde durch Gegengewicht betrieben, indem man auf der Bergstation in den Wagen Steine einlud. Wenn ein Offizier kam, wurde telefoniert, daß oben möglichst viel Steine eingeladen wurden, dann sauste man wie

---

[952] *Innsbrucker Nachrichten (15.01.1937)*, S. 3.
[953] Vgl. Kapitel: Die Kriegsgliederung berittener Eskadrone in der k.u.k. Wehrmacht.
[954] Kriegsgliederung für das Frühjahr 1917, Beilage 6, S. 17, sowie: Kriegsgliederung der an der Südwestfront stehenden Streitkräfte zu Beginn der Herbstoffensive 1917, Beilage 23, S. 1.

der Blitz in die Höhe. Gebremst wurde die Bahn durch einen Holzbalken, der in der Bergstation an die Zugseilrolle gedrückt wurde. Es ist ein Wunder, daß bei dieser Anlage niemals etwas passiert ist.
Auf dem Vioz waren damals die Hütte selbst und 2 Feldwachen besetzt, von denen eine auf einer Rückfallkuppe westlich vom Gipfel, eine zweite nördlich mehr gegen den Passo Vedretta Rossa gelegen, war. Die Besatzung bestand aus einem abgesessenen Bataillon der reitenden Tiroler Kaiserschützen, das aber nur mehr Kompaniestärke hatte. Zu den beiden Feldwachen führte ein Stollen durch das Eis, der aber nicht vollendet war. Außerdem bestand noch eine Feldwache auf dem Passo Rosole am Fuße des Cevedale, die noch zum Abschnitt Vioz gehörte, aber getrennt versorgt wurde. Die Viozhütte war eine kleine, aber sehr gemütliche Hütte, die besonders gut isoliert und deshalb sehr leicht zu heizen war. Sie hatte nur einen Nachteil, daß sie direkt auf dem Grat stand und so allen Stürmen schutzlos ausgeliefert war. Gegen Fortwehen durch den Sturm war sie mit starken Drahtseilen gesichert, in denen der Wind oft tagelang sein monotones Lied sang. Bei Sturm war ein Aufenthalt in der Umgebung der Hütte nicht möglich. Unangenehm war es, wenn bei solch einem Wetter ein Anruf von der Feldwache kam, daß ein Essenholer vermißt wurde, obwohl alle Wege mit Stangen markiert waren. Es wurde nämlich auf einer Feldwache gekocht. Die Suche war schwierig, aber es ist uns immer geglückt, den Mann zu finden.
Schon kurz vor meiner Ankunft war begonnen worden, die Feldwachenlinie weiter nach vorne zu verlegen. Eine kleine Abteilung unter dem Kommando eines Feldwebels war damit beschäftigt, beim P. 3234 m am Südgrat des Palon della Mare (3704 m) einen Platz für das Aufstellen einer Baracke einzuebnen. Da ich als einziger [Bergführer-]Offizier die Aufsicht über das ganze Gebiet hatte, war meine erste Tätigkeit, alle Feldwachen zu besuchen und mich über die Lage genau zu orientieren. [...] Die Kampfhandlungen waren gering. Es wurden von unserer Seite ein kühnes Patrouillen-Unternehmen durchgeführt, das einer Feldwachenstellung im Val Forno galt. Es war ein voller Erfolg. Die Feldwache wurde ausgehoben, Gefangene gemacht ohne einen Verlust unsererseits. Auch die Italiener griffen einmal eine Feldwache an, wurden rechtzeitig bemerkt und mit ein paar Handgranaten zurückgeschlagen. Sie hatten es ja auch viel schwerer, denn sie lagen tief unter uns, und wir konnten alle ihre Stellungen einsehen."[955]

---

[955] Mayr, Erlebnisse am Monte Vioz (3644 m) im Jahre 1917, S. 2-3.

In der *Armee-Zeitung* wurde die im Bericht abschließend beschriebene „Waffentat" einer Reitenden Tiroler Kaiserschützenpatrouille wie folgt vermerkt: „In Westtirol, im Fornogebiet, holen Sturmabteilungen der reitenden Kaiserschützen einige Italiener aus einem feindlichen Stützpunkt."[956] Die Schilderung Mayrs verdeutlicht die von Langes beschriebene fortwährende Kampf-Patrouillentätigkeit an der südlichen Ortlerfront. Folgende *Mittelbach Karte* veranschaulicht den Frontverlauf zwischen Zufallspitze und Presanella im Kriegsjahr 1917, im Wesentlichen jene Front, welche die Reitenden Tiroler Kaiserschützen in großten Teilabschnitten selbstständig hielten:

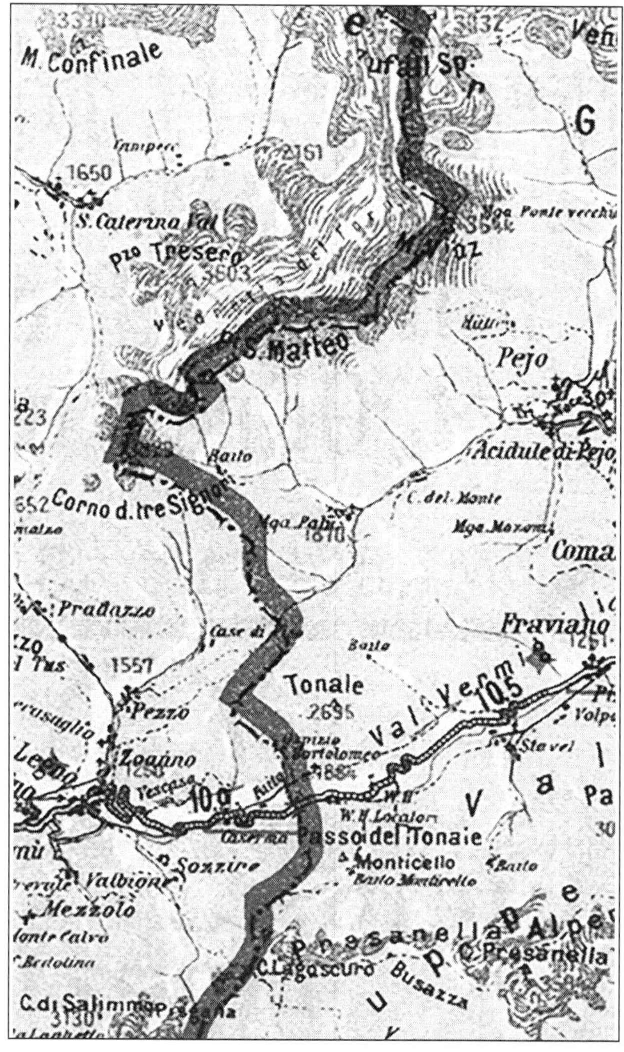

[957]

3.3.2 Die 12. Isonzoschlacht oder: Die Durchbruchsschlacht an der Südwestfront

Nach einem längeren Stellungskrieg im Isonzogebiet bis Mai 1917 – hierbei könnte der Stellungskrieg fälschlicherweise einer längeren Kampfpause bis zur Jahresmitte gleichgesetzt werden, obwohl das Sterben für die Soldaten unerlässlich weiter ging, da die österreich-ungarischen sowie die italienischen Grabensysteme nur wenige Meter voneinander entfernt lagen – traten die italienischen Streitkräfte am Isonzo (12. Mai bis 8. Juni 1917) zur nächsten entscheidungssuchenden Offensive an.[958] Das Kommando der k.u.k. Isonzo-Verbände hatte während der zehnten Isonzoschlacht in der Annahme weiterer schwerer Kampfhandlungen die Weisung verlautbart, „[...] daß angesichts der Notwendigkeit, mit Menschen zu sparen, ‚blutige Gegenangriffe zur Gewinnung lokaler Erfolge im offenen Gelände, die infolge der hinlänglich erwiesenen feindlichen Übermacht bald wieder illusorisch werden', zu unterlassen seien."[959] In der zehnten und der darauffolgenden elften Isonzo Offensive (18. August bis 12. September 1917) verzeichneten die italienischen Streitkräfte jedoch größere Gebietsgewinne. Die Riegelstellungen der österreich-ungarischen Wehrmacht mussten bis südöstlich von Görz, an der Küstenlinie bis 15 Kilometer vor Triest in das Gebiet um Duino sowie auf der Hochfläche Bainsizza-Heiligengeist zurückgenommen werden. Zwei Schwerpunktkämpfe, einerseits am Monte San Gabriele, dem so genannten „Monte del Morte", sowie dem Monte Hermada konnten von den k.u.k. Truppen erfolgreich abgeschlagen respektive Gebietsverluste rückerobert werden.[960]

Nach Schmidl waren nach dem Ausklang der elften Isonzo Offensive „[...] Verteidiger wie Angreifer erschöpft [...]."[961] Der Abnützungskrieg zehrte auf österreich-ungarischer sowie italienischer Seite mit schweren Verlusten von Mensch und Material, wobei in der k.u.k. Wehrmacht sich die allgemeine schlechte Versorgungslage immer gravierender auswirkte. Trotz allem war es den italienischen Verbänden geglückt – wenngleich unter Inkaufnahme von großen Opfern – bis zum Herbst 1917 eine günstige Ausgangsposition für weiterführende Offensivaktionen zu erringen. Diese bedrohliche Lage animierte die Mittelmächte, den italienischen Streitkräften mit einer eigenen Offensivunternehmung

---

956 *Danzer's Armee-Zeitung (01.07.1927)*, S. 5.

957 Mittelbach Karte, Frontverlauf der Südwestfront 1917 (Ausschnitt). Kartenausschnitt Zufallspitze bis Presanella Alpen. PA-VRTKsI (Sammlung Spinn).

958 Schmidl, Kriegführung: Die österreichisch-ungarische ‚Südfront', S. 352.

959 Georg Zöbl, Die zehnte Isonzoschlacht (12. Mai bis 5. Juni), in: *ÖULK, Das Kriegsjahr 1917.* Band 6, hrsg. v. Edmund Glaise-Horstenau, Wien 1936, S. 133-184, hier S. 171.

960 Schmidl, Kriegführung: Die österreichisch-ungarische ‚Südfront', S. 352-353.

961 Ebd., S. 353.

zuvorzukommen, um aus der so genannten ‚Karsthölle am Isonzo' zu entkommen.[962] Laut Jordan wären die k.u.k. Verteidiger „[...] einem zwölften italienischen Angriff nicht mehr gewachsen"[963] gewesen. Obwohl sich der deutsche Generalstabschef Erich Ludendorff gegen eine Unterstützung der österreich-ungarischen Truppen aussprach, setzten sich jedoch nun der deutsche Kaiser Wilhelm II. selbst sowie Generalfeldmarschall Paul von Hindenburg für eine Beteiligung deutscher Divisionen an der Südwestfront – auf Grund der erkannten prekären Lage und Gefahr für das Deutsche Reich – ein. Hindenburg schrieb diesbezüglich in seine Memoiren:

> „Unser österreichisch-ungarischer Verbündeter klärte uns dahin auf, dass er nicht mehr die Kraft habe, einen zwölften italienischen Angriff an der Isonzofront auszuhalten. Diese Eröffnung war für uns militärisch wie politisch von gleich großer Bedeutung. Es handelte sich nicht nur um den Verlust der Isonzolinie, sondern geradezu um den Zusammenbruch des gesamten österreich-ungarischen Widerstandes. Die Donaumonarchie war einer etwaigen Niederlage an der italienischen Front gegenüber weit empfindlicher als gegenüber einer solchen auf dem galizischen Kriegstheater. [...] Gelang es uns, den Verbündeten durch einen gemeinsamen durchgreifenden Sieg an seiner Südwestfront ebensoweit zu entlasten, wie vor kurzem noch an der Ostfront, so war nach menschlichem Ermessen Österreich-Ungarn jedenfalls imstande, im Kriege an unserer Seite noch weiter durchzuhalten."[964]

Als deutsche Unterstützung wurde die deutsche 14. Armee unter dem Kommando von Otto von Bülow an die Isonzofront instradiert.[965] Der österreich-ungarische Plan der Durchführung sah vor – wie im Generalstabswerk vermerkt – die Südwestfront durch eine groß angelegte Durchbruchsschlacht zu entlasten und „[die] Italiener über die Reichsgrenze, wenn möglich bis über den Tagliamento zurückzuwerfen."[966]

Die ehemalige 5. Armee, inzwischen verstärkt und zur k.u.k. Isonzo-Armee umbenannt, wurde zu einer Heeresgruppe aufgewertet. Diese so genannte Heeresgruppe Boroević bestand aus der 1. und 2. Isonzo-Armee, der – aus kombinierten k.u.k. sowie deutschen Verbänden – deutschen 14. Armee sowie aus der weiter im Norden stehende k.u.k. 10. und 11. Armee.[967] Teile der Reitenden Tiroler Kaiserschützen waren bei der

---

[962] Ebd., S. 353.
[963] Jordan, Krieg um die Alpen, S. 328.
[964] Hindenburg, Aus meinem Leben, S. 259-261.
[965] Jordan, Krieg um die Alpen, S. 330.
[966] Rudolf Kiszling, Die Herbstoffensive gegen Italien, in: *ÖULK, 6. Das Kriegsjahr 1917*, Band 6, hrsg. v. Edmund Glaise-Horstenau, Wien 1936, S. 491-523, hier S. 498.
[967] Schmidl, Kriegführung: Die österreichisch-ungarische ‚Südfront', S. 354.

Herbstoffensive des Kriegsjahres 1917 in der deutschen 14. Armee in die „Gruppe Krauss" sowie die „Gruppe Stein" eingegliedert worden. Mit der Gruppe Krauss war in der 22. Schützendivision unter dem Kommando von GM Rudolf Müller ein Zug der 1. Schwadron der Reitenden Tiroler Kaiserschützen als Divisionskavallerie im Einsatz. In der Gruppe Stein in der 50. Infanteriedivision unter der Führung von GM Karl von Gerabek waren die gesamte 4. Schwadron sowie die Maschinengewehr-Schwadron der Reitenden Tiroler Kaiserschützen eingegliedert.[968]

Für die Durchbruchsschlacht wurden insgesamt 1.500.000 Geschützgranaten, 230.000 Stahlhelme, 100.000 Paar Bergschuhe und 50.000 Paar Steigeisen, 238.000 Gasmasken und 500.000 Reservefilter, 200.000 Felddecken, 760.000 Kilo Sprengmittel mit 3.020.000 Sprengkapseln und 2.000.000 Meter Zündschnur, 200 Eisenbahnwaggons Verbandmaterial und eine schwer quantifizierbare Anzahl an Reserveverpflegung bereitgestellt.[969] Die k.u.k. Führung erhoffte sich von dieser Offensive, die italienischen Proviantdepots zu erobern, um die Versorgung der angreifenden Truppen sicherstellen zu können, da die eigene Versorgung, wie bereits dargelegt, nur noch ungenügend durchgeführt werden konnte.[970]

Trotz der in aller Heimlichkeit durchgeführten Maßnahmen zur Tarnung des österreich-ungarisch-deutschen Aufmarsches blieb die Truppenmassierung nicht unerkannt. Unter erbeuteten Papieren des Frontabschnittes bei Flitsch-Karfreit befand sich auch der Tagesbefehl des Kommandanten (des 4. italienisches Korps) vom Vorabend der Durchbruchsschlacht, dem 23. Oktober 1916, welcher in der *Reichspost* unter dem Titel „Italienische Phrasen beim Beginn der Offensive" wie folgt abgedruckt war:

> „Soldaten! Die Stunde ist gekommen! Die große, erhabenste, vielleicht entscheidende Stunde! Der Feind, ohnmächtig, die Soldaten Italiens zu überwältigen, im Inneren erschöpft, auf der Schwelle der nahen Auflösung, ruft die Deutschen um Hilfe. Wir werden ihnen die Stirne bieten, diesen Schlächtern der Wehrlosen."[971]

Der italienische Generalstabschef Cadorna wusste – wie schon bei der „Strafexpedition" 1916 durch die Preisgabe österreich-ungarischer Überläufer – über einen bevorstehenden Angriff der k.u.k. Wehrmacht im Zeit-

---

968 Kriegsgliederung der an der Südwestfront stehenden Streitkräfte zu Beginn der Herbstoffensive 1917, in: *ÖULK, 6. Das Kriegsjahr 1917.* Beilagen (VI. Beilagen), hrsg. v. Edmund Glaise-Horstenau, Wien 1936, Beilage 23, S. 9-10.
969 Wilhelm Czermak, Krieg im Stein. Die Menschenmühle am Isonzo, Berlin 1936, S. 164.
970 Jordan, Krieg um die Alpen, S. 333.
971 *Reichspost (31.10.1917)*, S. 3.

raum zwischen dem 20. und 25. Oktober 1917 Bescheid. Diesbezüglich vermerkte Cadorna in seinen Memoiren: „Vers le milieu mois, nouvelle confirmation par des renseignements de deserteurs et de prisonniers: d'apres eux, l'offensive ennemie devait se produire du 20 au 25 de ce mois."[972]

Im Endeffekt stand zwischen der Küste der Adria und dem Rombon die kombinierten österreich-ungarisch-deutschen Truppen mit 423 Infanteriebataillonen, 3.300 Artilleriegeschützen sowie 672 Minenwerfen. Den Verbänden der Mittelmächte stellten sich auf der Seite der Alliierten 598 Bataillone, 3.626 Artilleriegeschütze und 1.830 Minenwerfer entgegen. Die Zahl aller Soldaten in der 12. Isonzoschlacht entsprach über einer Million Mann.[973]

Die österreich-ungarische Isonzofront begann von Selo im Becken von Tolmein über Log im Osten von Mesnjak weiter in südlicher Richtung über den Monte San Gabriele und östlich von Görz über die Wippach-Höhen bis an die Küste der Adria. Als anfängliches Nahziel wurde, wie erwähnt, von der österreich-ungarischen Führung das Zurückdrängen der italienischen Truppen bis hinter den Tagliamento ausgegeben. Jedoch wurde von den k.u.k. Militärstrategen bald erkannt, dass ein solcher Erfolg zwar eine kurzzeitige Entlastung respektive Verbesserung der Lage geben würde, jedoch langfristig keine Kriegsentscheidung auf der Südwestfront herbeizuführen vermochte. Die Weisung für einen Teil der k.u.k. Wehrmacht an der Isonzofront war, nach erfolgreichem Beginn der Offensivaktion, so weit wie möglich nach Westen vorzustoßen und den italienischen Verbänden das Möglichste ihrer Tiroler Front abzunehmen, um die allgemeine Frontlinie zu verkürzen.[974] Die geographische Überleitung zwischen Alpen und der adriatischen Tiefebene war ohne jeden Übergang, die kampftechnische Konstante bildete hierbei jedoch allumfassend der Flusslauf des Isonzo.[975]

Die 12. Isonzoschlacht, der Großangriff der k.u.k. Wehrmacht gegen die italienischen Stellungen, begann am Vormittag des 24. Oktober 1917 um 9 Uhr.[976] Der Angriff war geleitet von massiver Artillerieunterstützung unter Verwendung von Kampfstoff-Granaten. Am folgenreichsten waren hierbei die Giftgasgranaten, da sich das Gas in den engen Talkes-

[972] Luigi Cadorna, Memoires du General Cadorna. La Guerre sur le front italien jusqu'a l'arret sur la ligne de la Piave et du Grappa: 24 mai 1915-9 novembre 1917 (Band 1 - Französische Übersetzung), Limoges 1924, S. 323. Eigene Übersetzung: Diesbezüglich vermerkte Cadorna in seinen Memoiren: „Gegen Mitte des Monats die Bestätigung von Gefangenen und Deserteuren erhalten, dass die feindliche Offensive zwischen 20. und 25. des Monats stattfinden wird."

[973] Jordan, Krieg um die Alpen, S. 335.

[974] Ebd., S. 335-336.

[975] Ebd., S. 337.

[976] Ebd., S. 348.

seln bestmöglich entfalten konnte.[977] Das damalige italienische Gasmaskenmodell, die so genannte maschera nuovissima, eine Schutzmaske mit zwei Mullagenschichten sowie fix integrierten Gummibrillen, bot, wie schon die Vorgängermodelle, unzureichenden Schutz gegen die neuartigen chemischen Kampfstoffe der Mittelmächte.[978]

Die kombinierte 14. Armee setzte bei Karfreit zur Offensive an. Zum österreich-ungarischen Vorteil entwickelte sich die bei der Großoffensive vorherrschende Wetterlage. Die italienischen Verbände hielten zwar die höher gelegenen Stellungen und konnten die Tiefe kontrollieren, jedoch konnten an diesem Tag die italienischen Einheiten in ihren Höhenstellungen nicht in das Tal Einblick nehmen, denn im Flitscher Becken war Regen und dichter Nebel und in den Höhenlagen war Schneefall.[979] Der Leutnant der Reserve Josef Bergauer der 3. Batterie des bayerischen Fußartillerie Bataillons Nr. 11 schrieb diesbezüglich in sein Tagebuch: „Man darf sich nicht wundern, dass Cadorna so oft dem schlechten Wetter die Schuld an seinem Misserfolg gab."[980]

Entgegen der traditionellen Ansicht - Gewinnung der Höhen vor dem Vorstoß im Tal - griffen die österreich-ungarischen und deutschen Truppen 1917 oftmals ohne direkten Flankenschutz längs der Täler an. Für diesen Akt militärtaktischen Ungehorsams zeichnete General Alfred Krauß verantwortlich, der als Verfechter jener unkonventionellen „Taktik" galt. General Krauß war schon an der Ostfront durch seine von der militärischen Norm abweichenden erfolgreichen, „mit Schneid geführten" Kampfhandlungen aufgefallen und an die Isonzofront transferiert worden. Der Angriffsabschnitt der krauß'schen Truppen in der Durchbruchsschlacht war von den Hängen des Rombon bis zum Sattel von Ravna, wobei die Edelweißdivision den Auftrag hatte, den Rombon zu nehmen und mit der 22. Schützendivision und dementsprechend den Reitenden Tiroler Kaiserschützen den militärtaktisch anvisierten Talstoß durchzuführen.[981] General Krauß schrieb dazu:

> „Dieser Talstoß - von den prachtvollen deutschen Truppen aus dem Reich meisterhaft geführt - mit seiner ‚mirakelhaften Schneidigkeit' hatte, weil er den wichtigsten Knotenpunkt des ganzen italienischen Stellungssystemes im Angriffsraum, Karfreit, traf, die gewaltigsten Folgen. Er wurde für die Italiener zum Herzstoß!"[982]

---

977 Schmidl, Kriegführung: Die österreichisch-ungarische ‚Südfront', S. 354.

978 Wolfgang Zecha, „Unter die Masken!" Giftgas auf den Kriegsschauplätzen Österreich-Ungarns im Ersten Weltkrieg, Wien 2000, S. 235-238.

979 Jordan, Krieg um die Alpen, S. 348.

980 BayKA, HS 1996. Tagebuchauszug des Leutnants d.R. Josef Bergauer, Vom Isonzo zur Piave 22.9.1917- 22.2.1918, zit. in: Jordan, Krieg um die Alpen, S. 348.

981 Jordan, Krieg um die Alpen, S. 349.

982 Alfred Krauß, Das „Wunder von Karfreit" im Besonderen der Durchbruch bei Flitsch und die Bezwingung des Tagliamento, München-Berlin [3]1926, S. 73.

Die gewählte und ebenso gewagte Taktik „Mut zur Lücke" zur beweisen und den Versuch zu wagen, längs der Täler die italienischen Gipfelstellungen abzuschneiden, führte die Truppen der Mittelmächte zum Erfolg.[983] Die italienischen Kräfte vermochten auf Grund dessen nämlich nicht, ihre strategischen Reserven schnell und gebündelt in das Kampfgeschehen zu werfen. Das primär gesetzte Ziel der österreich-ungarisch-deutschen Offensivaktion war vorläufig erreicht worden. Im Abschnitt Tolmein waren die Angreifer erfolgreich und auch bei Flitsch war der Durchbruch geglückt. Am Ende des ersten Angriffstages standen die ersten deutschen Truppen an der alten Landesgrenze bei Robic.[984] Den endgültigen siegreichen Ausgang der 12. Isonzoschlacht komplettierte Boroevićs Isonzoarmee im südlichen Abschnitt.[985] Der Monte Matajur fiel am 26. Oktober in die Hände der Mittelmächte, Görz am 27. Oktober und Udine am Folgetag.[986]

Im Momentum eines drohenden italienischen Zusammenbruches wurden von der militärischen Führung der k.u.k. Wehrmacht neuen Angriffsziele ausgegeben.[987] Zeitgleich mit den Erfolgen an der Isonzofront hatten auch die k.u.k. Südtirol-Armeen mit Angriffen gegen die Dolomitenfront begonnen.[988] Da die italienischen Streitkräfte an der Dolomitenfront auf Grund der gravierenden Lageänderung nun Gefahr liefen, von der k.u.k. 10. Armee eingeschlossen und von den eigenen Kräften abgeschnitten zu werden, waren die Italiener gezwungen, die Dolomitenfront aufzugeben und den Rückzug anzutreten.[989] Für die italienischen Dolomiten-Truppen war der geordnete Rückzug jedoch auf Grund des schlecht erschlossenen Gebirgsareals ein schwieriges Unterfangen.[990] Der italienischen 2. Armee und den Resten der 3. Armee glückte es schlussendlich jedoch, den Tagliamento zu queren.[991] Die italienische militärische Führung hatte bereits während der ersten Kriegsjahre Verteidigungsstellungen im rückwärtigen Raum der Isonzofront errichten lassen. Der italienische Generalstabschef Cadorna beurteilte auf Grund der militärischen Situation den neuen italienischen Abwehr-Riegel nicht an der Livenza aufzubauen, sondern die neue Frontlinie hinter den Piave zu errichten.[992]

983 Jordan, Krieg um die Alpen, S. 350.
984 Schmidl, Kriegführung: Die österreichisch-ungarische ‚Südfront', S. 354.
985 Jordan, Krieg um die Alpen, S. 352.
986 Schmidl, Kriegführung: Die österreichisch-ungarische ‚Südfront', S. 354.
987 Schmidl, Kriegführung: Die österreichisch-ungarische ‚Südfront', S. 354.
988 Jordan, Krieg um die Alpen, S. 363.
989 Schmidl, Kriegführung: Die österreichisch-ungarische ‚Südfront', S. 354.
990 Jordan, Krieg um die Alpen, S. 363.
991 Schmidl, Kriegführung: Die österreichisch-ungarische ‚Südfront', S. 354.
992 Ebd., S. 354.

Die österreich-ungarischen Truppen aus dem Norden vereinigten sich mit den Verbänden der ehemaligen Isonzofront in der Tiefebene von Venezien.[993] Bei diesen Kampfhandlungen bewährte sich Oberleutnant Goldegg der Reitenden Tiroler Kaiserschützen im *Fremden-Blatt* wie folgt geschildert:

„Oberleutnant Anton von und zu Goldegg und Lindenburg, Kommandant einer Maschinengewehrschwadron reitender Tiroler Kaiserschützen, wurde für tapferes Verhalten vor dem Feinde mit dem Eisernen Kronen-Orden dritter Klasse mit der Kriegsdekoration und den Schwertern ausgezeichnet. Gelegentlich der Herbstoffensive 1917, während welcher Oberleutnant v[on] Goldegg am 1. November bei der Erstürmung von San Pietro am Tagliamento an der Spitze seiner Schwadron schwer verwundet wurde, hatten ihn die vorgesetzten Kommandanten für die goldene Offiziers-Tapferkeitsmedaille und das Militärverdienstkreuz 3. Klasse mit der Kriegsdekoration und den Schwertern sowie das Eiserne Kreuz 2. Klasse eingegeben."[994]

Die Einheiten der k.u.k. Wehrmacht rückten am 10. November 1917 bis an den Piave vor, konnten aber außer einigen Brückenköpfen, die in weitere Folge wieder zurückgenommen werden mussten, nicht weiter über das westliche Ufer vorstoßen. Der Angriffsschwung war auf Grund des raschen Vorstoßens - 120 Kilometer binnen 17 Tagen - sowie der hierbei starken Anforderungen an die Truppen versandet.[995] In Bezug auf Jordan hatte jedoch die „[...] Karnisch-julische Front, die Dolomitenfront und die Front am Isonzo aufgehört zu existieren."[996] Die gesamte Frontlinie war nun um 240 Kilometer verkleinert und die neuen Hauptlasten der Kämpfe wurde an der Piave-Front, im Grappa-Massiv und am Monte Pasubio ausgetragen.[997]

Im Endeffekt hatte sich die allgemeine Gesamtlage an den Fronten der k.u.k. Wehrmacht mit dem Ende des Kriegsjahres 1917 gravierend geändert. An der Südwestfront waren auf italienischer Seite 300.000 Mann in Kriegsgefangenschaft, eine große Anzahl an Ausrüstung und Waffen waren verloren, außerdem war die Südwestfront zu Gunsten Österreich-Ungarns um 240 Kilometer verkürzt worden. In dieser Situation erhoffte sich die österreich-ungarische Führung, durch die Besetzung der veneziani-

---

[993] Jordan, Krieg um die Alpen, S. 363.
[994] *Fremden-Blatt (15.09.1918)*, S. 9.
[995] Schmidl, Kriegführung: Die österreichisch-ungarische ‚Südfront', S. 354-355.
[996] Jordan, Krieg um die Alpen, S. 363.
[997] Ebd., S. 363.

schen Tiefebene die längst schon katastrophal gewordenen Versorgungsverhältnisse ausgleichen zu können. An der Ostfront konnten auf Grund der russländischen Revolution und dem folgenden Friedensvertrag von Brest-Litowsk (Ukraine 9. Februar 1918/Sowjet-Russland 3. März 1918) weite Teile der Ukraine bis an das Schwarze Meer von Verbänden der Mittelmächte besetzt werden. Der Kriegseintritt respektive die Kriegserklärungen der USA (6. April 1917 an das Deutsche Reich/7. Dezember 1917 an Österreich-Ungarn) erhoben den Ersten Weltkrieg in eine globale Dimension der Kräfteverschiebung.[998]

3.3.3 Die Kämpfe auf der Hochfläche von Asiago

Im Angesicht der von der Isonzofront eintreffenden positiven Nachrichtenlage über die Anfangserfolge der k.u.k. Truppen hatte Feldmarschall Conrad bereits am 26. Oktober 1917 bei der österreich-ungarischen Heeresleitung den Vorschlag unterbreitet, eine Truppenverschiebung von mehreren Divisionen aus dem Küstenland nach Südtirol zu veranlassen, um mit einem Stoß den italienischen Streitkräften die Aussicht auf eine erfolgreiche Verteidigung an der Piave-Linie zu nehmen. Die k.u.k. Heeresleitung ließ hierzu eine vorbereitende Lagefeststellung für ein weiteres Vorgehen nach dem entscheidenden Schlag der italienischen Kräfte ausarbeiten und kam zum Schluss, dass mit einer externen Zuführung von Kräften aus dem Küstenland an die Heeresgruppe Conrad nicht gerechnet werden könne und nur ein örtlich begrenzter Stoß respektive ein strategisch guter Sammelort mit der Möglichkeit einer schnellen Hol- und Bringversorgung von Reserven und Nachschub hierfür in Frage käme. Angesichts jener Vorgaben der österreich-ungarischen Heeresleitung fiel die Beurteilung Conrads auf die Hochflächen von Asiago als Ausgangspunkt für einen Entlastungsangriff aus dem Raum Südtirol. Die geplante Durchführung hierbei sah vor, mit drei Divisionen westlich von Asiago die italienischen Kräfte anzugreifen. Nachdem die Erfolge an der Isonzofront, wie bereits beschrieben, die österreich-ungarischen Erwartungen übertroffen hatten, wurde Conrad von der k.u.k. Heeresleitung zugesagt, zwei Divisionen, die 21. Schützendivision und 106. Landsturm-Infanterie-Division, aus dem Küstenland zur Verstärkung des Entlastungsangriffes zu verschieben.[999] Laut Kiszling bildete „[d]er Stoß aus Tirol [...] nunmehr, da sich die Anfänge der Armeen des FM. Erzherzog Eugen dem Piave näherten, eine gewichtige Vorbedingung, um die Offensive

---

[998] Schmidl, Kriegführung: Die österreichisch-ungarische ‚Südfront', S. 354-355.

[999] Rudolf Kiszling, Die Vorbereitungen der Offensive bei der Heeresgruppe Conrad, in: *ÖULK, Das Kriegsjahr 1917*. Band 6, hrsg. v. Edmund Glaise-Horstenau, Wien 1936, S. 629-632, hier S. 629-630.

auch weiterhin im Flusse zu halten."[1000] Die Heeresgruppe Conrad stellte für die k.u.k. Offensive auf der Hochfläche von Asiago im Gesamten 70 Bataillone. Die Abschnitte für den Angriff waren wie folgt verteilt: Zwischen dem Nordrand und dem Monte Dorole standen 13 Bataillone unter der Führung von FML Edler von Kletter, angrenzend war das k.u.k. III. Korps mit vier Divisionen und 41 Bataillonen bis Astico. Als operative Reserve dienten die 106. Landsturm-Infanterie-Brigade mit neun Bataillonen bei Ghertele-Monte Rovere sowie die 49. Infanteriedivision mit sieben Bataillonen bei Trient.[1001] Unter jenen Teilen befanden sich auch, auf drei Infanteriedivisionen verteilt, Teileinheiten der Reitenden Tiroler Kaiserschützen, so auch die 3. Schwadron unter dem Kommando von Rittmeister Franz Foltin[1002], in Summe jeweils zwei Züge der 2. und 3. Schwadron. Bei den Kampfhandlungen auf der Hochfläche von Asiago waren im k.u.k. III. Korps ein Zug der 3. Schwadron bei der 19. Infanteriedivision, ein Zug der 3. Schwadron bei der 6. Infanteriedivision sowie zwei Züge der 2. Schwadron der Reitenden Tiroler Kaiserschützen bei der 18. Infanteriedivision in den k.u.k Angriffsformationen eingeteilt.[1003]

Als Angriffsbeginn war der 12. November 1917 festgesetzt worden, musste jedoch auf den 10. November vorverlegt werden, da die italienischen Verbände ab diesem Zeitpunkt den Rückzug von der Dolomitenfront einleiteten.[1004] Fröhlich schrieb, dass „[d]ie Nachricht von der Räumung der Dolomitenfront vom Kreuzbergsattel bis zum Rollepaß seitens des Feindes [...] die zuversichtliche Stimmung [hob]."[1005]

Nächtliche italienische Truppenverschiebungen auf der Linie Asiago-Gallo wiesen auf eine gravierende Änderung der Frontlinie in den Folgetagen hin. Die militärische Führung der Heeresgruppe Conrad vermutete das italienische Rückweichen bis zu deren Auffanglinie Monte Castelgomberto-Monte Meletta-Monte Zomo-Monte di val Bella.[1006] Für die k.u.k. Truppen galt nunmehr die Losung, wie Fröhlich vermerkte, den italienischen Verbänden „[...] auf den Fersen zu bleiben".[1007]

Das k.u.k. III. Korps hatte trotz starker Schneefälle auf der Hochfläche von Asiago, frühmorgens am 10. November, mit dem Stoß gegen die

---

[1000] Rudolf Kiszling, Die Bereitstellung der k.u.k. 11. Armee, in: ÖULK, Das Kriegsjahr 1917. Band 6, hrsg. v. Edmund Glaise-Horstenau, Wien 1936, S. 647-650, hier S. 649.
[1001] Ebd., S. 650.
[1002] PA-EH Persönliche Aufzeichnungen des Reitenden Tiroler Landesschützen/Kaiserschützen Franz Foltin über seine Familie und seinen Werdegang.
[1003] Kriegsgliederung der an der Südwestfront stehenden Streitkräfte zu Beginn der Herbstoffensive 1917, Beilage 23, S. 5-6.
[1004] Hermann Fröhlich, Geschichte des Steirischen K. u. K. Infanterie-Regimentes Nr. 27 für den Zeitraum des Weltkrieges 1914-1918, Band 2, Graz 1937, S. 238.
[1005] Fröhlich, Geschichte des Steirischen K. u. K. Infanterie-Regimentes Nr. 27, S. 238.
[1006] Ebd., S. 238-239.
[1007] Ebd., S. 239.

italienischen Kräfte begonnen. Die 6. Infanteriedivision konnte hierbei bereits bis 10 Uhr vormittags die Ortschaft Gallio sowie die Kreuzhöhe (Kote 1116) im Westen des Monte Sisemol gewinnen, wurde jedoch durch einen massiven italienischen Gegenschlag wieder in vorherige Sturmausgangsstellungen zurückgeworfen.[1008] Die italienischen Verbände auf der Hochfläche von Asiago, vor allem im Gebiet um Gallio, beschränkten sich nämlich nicht nur auf das Verteidigen ihres Rückzuges, sondern bezogen auch massive Abwehrriegel gegen die österreich-ungarischen Truppen und führten frische Reserven zu, um verlorenes Gebiet für deren weitere operative Planungen wieder zu gewinnen.[1009] Im österreich-ungarischen Generalstabswerk erfuhr dieser Verlust von Gallio kaum Erwähnung[1010], obwohl die Lage für die k.u.k. Truppen in Bezug auf Fröhlich nach den ersten Gefechtsstunden bedrohliche Ausmaße angenommen hatte:

> „Allein die schwere Gefechtskrisis vermochte nicht mehr gebannt zu werden. Bei Gallio hatte der Feind bereits mit großer Übermacht zum Gegenstoße angesetzt und immer mehr an Gelände gewonnen. Die durch Verluste und Strapazen arg geschwächten, munitionsarmen Kampfverbände, deren letzte Reserve längst verausgabt war, vermochten dem starken Gegendrucke auf die Dauer nicht zu widerstehen."[1011]

Die *Innsbrucker Nachrichten* verkündeten am 11. November 1917 unter der Schlagzeile *„Das Suganertal befreit. – Asiago genommen. – Die Piave erreicht."*[1012] den vermeintlichen Sieg der Heeresgruppe Conrad. In Wirklichkeit jedoch, so führt Fröhlich weiter aus, endete

> „[...] der unter so trügerischen Hoffnungen angesetzte Stoß mit der restlosen Aufgabe des Beckens von Gallio-Asiago. Am Abende des 10. November stand man dort, wo man begonnen hatte. Der erste Tag der Offensive der Heeresgruppe Conrad mit unzulänglichen, improvisierten Mitteln begonnen, wobei auch eine Unterschätzung der Abwehrkraft des Feindes uns sonstige widrige Umstände beigetragen haben mögen, nahm einen höchst unerfreulichen, enttäuschenden Abschluß."[1013]

[1008] Rudolf Kiszling, Der erste Ansturm auf die Hochfläche von Asiago (10. bis 16. November), in: ÖULK, Das Kriegsjahr 1917. Band 6, hrsg. v. Edmund Glaise-Horstenau, Wien 1936, S. 650-657, hier S. 651.
[1009] Fröhlich, Geschichte des Steirischen K. u. K. Infanterie-Regimentes Nr. 27, S. 240.
[1010] Vgl. Kapitel: Quellenlage und Quellenkritik.
[1011] Fröhlich, Geschichte des Steirischen K. u. K. Infanterie-Regimentes Nr. 27, S. 241.
[1012] Innsbrucker Nachrichten (15.02.1917), S. 1.
[1013] Fröhlich, Geschichte des Steirischen K. u. K. Infanterie-Regimentes Nr. 27, S. 241.

In der k.u.k. Neubeurteilung der Lage wurde schnell klar, dass eine Flankenabsicherung für einen neuerlichen Angriffsversuch unabdingbar war. Das k.u.k. III. Korps befahl folglich der 21. Schützendivision den Angriff des Monte Sisemol, die 6. Infanteriedivision erhielt den Auftrag, abermals Gallio einzunehmen. Es wurde schnell ersichtlich, dass sich die italienischen Streitkräfte im Melettamassiv zu einem hartnäckigen Widerstandsriegel formiert hatten.[1014] Nach dem österreich-ungarischen Generalstabswerk waren „[d]ie unerläßlichen Vorbedingungen für den Durchbruch in die Ebene, Sicherung der Stoßgruppe gegen Osten und Gewinnung des für die Neugruppierung der Angriffsartillerie nötigen Raumes [...] trotz aller Opfer bisher nicht erzielt [worden].“[1015]

Die 6. Infanteriedivision vermochte es, am Abend des 12. November den Monte Longara sowie die Ortschaft Gallio endgültig in die Hände des k.u.k. III. Korps zu bringen. Conrad informierte, laut dem k.u.k. Generalstabswerk, am selben Abend noch die k.u.k. Heeresleitung, dass „der auf Störung des feindlichen Rückzuges abzielende Stoß des III. Korps [...] teils wegen verfrühten Rückzuges, teils wegen des hartnäckigen Widerstandes des Feindes in seinen ausgebauten hinteren Stellungen nicht zum angestrebten Erfolg geführt [hatte].“[1016] Am 13. November sollte diesbezüglich die Lage „bereinigt“, das Melettamassiv sowie das Gebiet bis zur Brenta und der Frenzelaschlucht eingenommen werden. Der Heeresgruppe Conrad gelang es jedoch nicht, den italienischen Riegel der Melettastellungen aufzubrechen.[1017] Conrad erbat bei der k.u.k. Heeresleitung um weitere Verstärkungen, um den entscheidenden Schlag auf den Hochflächen von Asiago durchzuführen, wurde jedoch abgewiesen. Auf Grund dessen wurde das Gefecht auf der Hochfläche von Asiago abgebrochen, um laut dem k.u.k Generalstabswerk „[...] die seit einer Woche im winterlichen Gebirge bei stockendem Nachschub kämpfenden Truppen, die neben bedeutenden Kampfverlusten auch erhebliche Standesabgänge infolge der Strapazen hatten, keiner weiteren Zermürbung auszusetzen [...].“[1018] Zudem erklärte das Armeeoberkommando, dass es „[...] nicht in der Lage [wäre] weitere Divisionen nach Tirol zu senden, so lange die Italiener am Piave hielten.“[1019]

[1014] Kiszling, Der erste Ansturm auf die Hochfläche von Asiago (10. bis 16. November), S. 652.
[1015] Ebd., S. 652.
[1016] Ebd., S. 654.
[1017] Ebd., S. 654-657.
[1018] Ebd., S. 657.
[1019] Ebd., S. 657.

3.4 Gliederung und Organisation 1918

Während des Krieges waren keine Neuformationen in der Waffengattung Kavallerie aufgestellt worden. Der 10. Armee (Trient) war das Halbregiment zu Fuß der Reitenden Tiroler Kaiserschützen unterstellt. Das Kommando der Reitenden Tiroler Kaiserschützen[1020] war hierbei der Heeresgruppe Belluno unterstellt worden.[1021] Die Reitenden Tiroler Kaiserschützen hatten im Juni 1918 folgende Gliederung: ein Halbregiment zu Fuß sowie sechs Schwadrone.[1022] Oberleutnant Wilhelm von Jenny befehligte hierbei eine Fußschwadron des Halbregiments der Reitenden Tiroler Kaiserschützen.[1023] Im Endeffekt entsprachen diese sechs Einheiten nun 4 regulären Schwadronen sowie 2 Maschinengewehrkompanien, wobei in den k.u.k. *Ordre de bataille* des Kriegsjahres 1918 nur vier Schwadrone der Reitenden Tiroler Kaiserschützen aufscheinen, die Maschinengewehrkompanien jedoch nicht. Die *Rettenberger Schützenchronik* vermerkt hierzu, dass Maschinengewehrschwadrone der Reitenden Tiroler Kaiserschützen in der 6. und 50. Infanteriedivision sowie in der 10. Armee vorhanden waren. Weder in den genannten Infanteriedivisionen noch bei den Einheiten der 10. Armee finden sich in der Kriegsgliederung allerdings Hinweise auf eine Maschinengewehrschwadron der Reitenden Tiroler Kaiserschützen.

Wie in der gesamten k.u.k. Armee spielten die Maschinengewehre auch für die Reitenden Tiroler Kaiserschützen eine immer wichtigere Rolle. Gemäß den Quellen der Ersatzabteilung der Reitenden Tiroler Kaiserschützen wurden regelmäßig zehn Soldaten des Verbandes auf Erlass des k.k. Ministerums für Landesverteidigung, Abteilung II (Nr. 1809 und 1859), zur Frequentierung des Kavallerie-Maschinengewehr-Instruktions-Kurses nach Bruck-Kiralyhida dienstzugeteilt.[1024] Laut dem k.u.k. Generalstabswerk waren diesbezüglich zwei Maschinengewehrschwadrone der Reitenden Tiroler Kaiserschützen aufgestellt worden. Dies würde mit der vorliegenden Quellenlage übereinstimmen, da von denen die eine Maschinengewehrschwadron von Leutnant Josef Brüll[1025], die andere vom

[1020] Das Kommando der Reitenden Tiroler Kaiserschützen führte ab 7. Mai 1918 die Feldpostnummer 224 und seit 31. Mai 1918 die Feldpostnummer 486. vgl. PA-VRTKsI Befehl Nr. 107. Innsbruck 7. Mai 1918.Änderung der Feldpostnummer des Kommandos der k.k. Reitenden Kaiserschützen sowie PA-VRTKsI Befehl Nr. 126. Innsbruck 31. Mai 1918. Änderung der Feldpostnummer des Kommandos der k.k. Reitenden Kaiserschützen.

[1021] Felix Kern, Von der alten österreichischen Armee, Ried im Innkreis 1930, S. 25-26.

[1022] Die öst.-ung. Kavallerie nach ihrer Umwandlung zur Fußtruppe, in: ÖULK, 7. Das Kriegsjahr 1918. Beilagen (VII. Beilagen), hrsg. v. Edmund Glaise-Horstenau, Wien 1938, Beilage 2.

[1023] Hildebrand, Die Generale der deutschen Luftwaffe 1935-1945, S. 137.

[1024] PA-VRTKsI Befehl Nr. 98. Innsbruck 26. April 1918. Mg. Instr. Kurs. sowie PA-VRTKsI Befehl Nr. 123. Innsbruck 27. Mai 1918. Mg. Instr. Kurs.

[1025] Vgl. JHM-A 1840. Abschrift des Brigadekommando Befehls vom 19. Juni 1918, Gefecht an der Hochfläche von Asiago, S. 1.

nunmehrigen Oberleutnant[1026] Anton Goldegg[1027], geführt wurde. Zusätzlich geht aus den Quellen der Ersatzabteilung der Reitenden Tiroler Kaiserschützen hervor, dass die erste Maschinengewehrschwadron die Feldpostnummer 525[1028], die Zweite die Feldpostnummer 369[1029] besaß. In der Quelle des Jüdischen Historischen Museums war die Maschinengewehrschwadron der Reitenden Tiroler Kaiserschützen in die 11. Armee in das III. Korps in der 52. Infanteriedivision eingegliedert. In der Kriegsgliederung dieser Verbände und Untereinheiten scheint diese Schwadron aber nicht auf. Dies lässt vermuten, dass jene Einheiten der Reitenden Tiroler Landesschützen nicht explizit als eigene Einheit aufgestellt wurden, sondern an bestehende Einheiten angegliedert wurden und deren Personalstand auffüllten.[1030]

Im Kriegsjahr 1918 waren die Reitenden Tiroler Kaiserschützen in zwei k.u.k. Großverbänden im Einsatz.[1031] Die 2. Schwadron[1032] stand in der 10. Armee mit dem XIV. Edelweiß Korps in der 8. Infanteriedivision („Kaiserjägerdivision") in Kampfhandlungen im Pasubio-Abschnitt[1033] unter dem Schwadronskommandanten Rittmeister Leopold Schreiner-Soenegard.[1034] Zusätzlich unterstand der 10. Armee das bereits erwähnte Halbregiment zu Fuß der Reitenden Tiroler Kaiserschützen im so genannten „Schützenhalbregiment"[1035] im Rayon II der Gruppe Erzherzog Peter Ferdinand im V. Korps in der 163. Infanterie Brigade[1036] (Otto Freiherr Ellison).[1037] Die 1. sowie 4. Schwadron[1038] der Reitenden Tiroler Kaiserschüt-

[1026] Anton Ritter von Goldegg wurde im Mai 1916 in die frühere Oberleutnantscharge ernannt. vgl. *Neue Tiroler Stimmen (30.05.1916)*, S. 3.

[1027] Vgl. *Fremden-Blatt (15.09.1918)*, S. 9.

[1028] Die Maschinengewehrschwadron I führte bis 6. Mai 1918 die Feldpostnummer 629, seit 6. Mai 1918 die Feldpostnummer 525. Vgl. PA-VRTKsI Befehl Nr. 106. Innsbruck 6. Mai 1918. Änderung der Feldpostnummer der Maschinengewehrschwadron (FePoNr. 525).

[1029] PA-VRTKsI Befehl Nr. 126. Innsbruck 31. Mai 1918. Mannschaftsabgabe an Maschinengewehrschwadron (FePoNr. 369).

[1030] Vgl. hierzu *Rettenberger Schützenchronik*, S. 15 sowie Kriegsgliederung der öst.-ung. Heeres am 15. Juni 1918, in: *ÖULK, 7. Das Kriegsjahr 1918*. Beilagen (VII. Beilagen), hrsg. v. Edmund Glaise-Horstenau, Wien 1931, Beilage 11 sowie ebd. Beilage 32.

[1031] Vgl. Neugliederung und Einteilung des öst.-ung. Heeres am 15. Juni 1918, in: *ÖULK, 7. Das Kriegsjahr 1918*. Beilagen (VII. Beilagen), hrsg. v. Edmund Glaise-Horstenau, Wien 1931, Beilage 3.

[1032] Die 2. Schwadron führte seit 19. April 1918 die Feldpostnummer 307 sowie ab 11. Juni 1918 die Feldpostnummer 401. vgl. PA-VRTKsI Befehl Nr. 92. Innsbruck 19. April 1918 sowie PA-VRTKsI Befehl Nr. 135. Innsbruck 11. Juni 1918 Änderung der Feldpostnummer der 2. Feldschwadron

[1033] Neugliederung und Einteilung des öst.-ung. Heeres am 15. Juni 1918, S. 4. sowie: Maximilian Ehnl/Edwin Sacken, Infanteriedivisionen, in: ÖULK, Registerband, hrsg. v. Edmund Glaise-Horstenau, Wien 1938, S. 181.

[1034] E-Mail Dominik Ender mit Dr. Erhard Hartung über die Quellen der Reitenden Tiroler 04.09.2021.

[1035] Die 3. Schwadron im Schützenhalbregiment führte 1918 die Feldpostnummer 611. Vgl. *Vorarlberger Volksblatt (07.09.1919)*, S. 3.

[1036] Kriegsgliederung der öst.-ung. Heeres am 15. Juni 1918, in: *ÖULK, 7. Das Kriegsjahr 1918*. Beilagen (VII. Beilagen), hrsg. v. Edmund Glaise-Horstenau, Wien 1931, Beilage 11, S. 4.

[1037] Neugliederung und Einteilung des öst.-ung. Heeres am 15. Juni 1918, in: *ÖULK, 7. Das Kriegsjahr 1918*. Beilagen (VII. Beilagen), hrsg. v. Edmund Glaise-Horstenau, Wien 1931, Beilage 3, S. 13.

[1038] Die 4. Schwadron führte seit 11. Mai 1918 die Feldpostnummer 555 sowie ab 19. Juni 1918 die Feldpostnummer 525. vgl. PA-VRTKsI Befehl Nr. 110. Innsbruck 11. Mai 1918 und PA-VRTKsI Befehl Nr. 142. Innsbruck 19. Juni 1918. Änderung der Feldpostnummer der 4. Feldschwadron.

zen standen im Großverband der 11. Armee mit dem XV. Korps in der 48. Infanteriedivision (1. Schwadron[1039]) sowie die in der 50. Infanteriedivision (4. Schwadron)[1040] in den Kämpfen auf der Hochfläche der Sieben Gemeinden.[1041] Zusätzlich war der 11. Armee die 3. Schwadron im III. Korps in der 52. Infanteriedivision angegliedert.[1042]

Bis Oktober 1918 blieb die Kriegsgliederung der Reitenden Tiroler Kaiserschützen großteils unverändert. In der 10. Armee war, wie schon zu Jahresbeginn, im V. Korps das Halbregiment der Reitenden Tiroler Kaiserschützen zu Fuß in der 163. Infanteriebrigade sowie im XIV. Edelweiß Korps in der 8. Infanteriedivision die 2. Schwadron der Reitenden Tiroler Kaiserschützen eingegliedert.[1043] In der 11. Armee im III. Korps stand in der 52. Infanteriedivision unverändert die 3. Schwadron[1044].[1045] In der Heeresgruppe Boroević waren im Abschnitt Belluno im I. Korps die 1. Schwadron in der 48. Infanteriedivision sowie im XV. Korps die 4. Schwadron der Reitenden Tiroler Kaiserschützen neu eingegliedert worden.[1046]

3.4.1 Kampf um die südliche Ortlerfront: Der Presena Kessel

Während nördlich des Tonale kleinere Kampfhandlungen und Patrouillentätigkeiten der Reitenden Tiroler Kaiserschützen durchgeführt wurden, gestaltete sich der so genannte Presena-Kessel zu einem Abschnitt mehrerer Schwerpunktkämpfe. Beispielsweise konnten italienische Soldaten des Infanterieregiments Nr. 56 auf der Forno Feldwache IV gefangengenommen werden[1047] oder, wie in folgender Kommandoverlautbarung der Reitenden Tiroler Kaiserschützen vermerkt, wichtiges Nachrichtenmaterial erbeutet werden:

> „In der Nacht zum 18. d[es] M[onats] [wurde] […] eine Offizierspatrouille der Reit[enden] Tir[oler] Kaiserschützen eine gut angelegte und mit Schneid durchgeführte Unternehmung gegen die feindli-

---

1039 Die 1. Schwadron führte seit 30. März 1918 bis 11. Mai 1918 (Wechsel FePoNr. zur 4. Feldschwadron) die Feldpostnummer 555 sowie ab 19. Juni 1918 die Feldpostnummer 628. vgl. PA-VRTKsI Befehl Nr. 75. Innsbruck 30. März 1918 und PA-VRTKsI Befehl Nr. 142. Innsbruck 19. Juni 1918. Änderung der Feldpostnummer der 1. Feldschwadron.

1040 Neugliederung und Einteilung des öst.-ung. Heeres am 15. Juni 1918, Beilage 3, S. 8-9.

1041 *Rettenberger Schützenchronik*, zweiter Teil: Tradition, S. 15.

1042 Ebd., S. 15.

1043 Letzte Kriegsgliederung der öst.-ung. und der dem k.u.k. AOK. unterstellten deutschen Streitkräfte am 15. Oktober 1918, in: *ÖULK, 7. Das Kriegsjahr 1918.* Beilagen (VII. Beilagen), hrsg. v. Edmund Glaise-Horstenau, Wien 1931, Beilage 32, S. 5-7.

1044 Die 3. Schwadron führte seit 15. Mai 1918 die Feldpostnummer 407. vgl. PA-VRTKsI Befehl Nr. 113. Innsbruck 15. Mai 1918. Änderung der Feldpostnummer der 3. Feldschwadron.

1045 Letzte Kriegsgliederung der öst.-ung. und der dem k.u.k. AOK. unterstellten deutschen Streitkräfte am 15. Oktober 1918, S. 9.

1046 Ebd., S. 13-14.

1047 Weiser, Kaiserschützen, Tiroler-Vorarlberger Landsturm und Standschützen, S. 137.

che Stellung bei Kote 2727 im Fornogletschergebiet durchgeführt. Nach Ueberwindung bedeutender alpinistischer Schwierigkeiten und nach Handgranatenkampf wurde die feindliche Besatzung in die Flucht gejagt und in die Stellung eingedrungen. Erbeutete Schriften etz. ergaben wertvolle[s] [N]achrichten Material."[1048]

Der seit Mai 1915 von den Reitenden Tiroler Kaiserschützen gehaltene Montozzo scheint hierbei bis in das Kriegsjahr 1918 in den Quellen nicht mehr auf. Einzig eine Eintragung in der „Ehren-Chronik" des Reitenden Tiroler Kaiserschützen Zugsführer Johann Georg Zauner sowie eine handschriftliche Urgenz von Hauptmann Peyerl im Kriegstagebuch des letzten bestellten Kommandanten des I. Kaiserschützenregiments, Oberst Florio, gibt Aufschluss über jenen Frontabschnitt. Während Zugsführer Zauner vermerkte, dass dieser nach einer Verwundung am 29. Juni 1918 wieder zum Halbregiment der Reitenden Tiroler Kaiserschützen am Montozzopass zu den Stellungskämpfen einrückte[1049], schrieb Hauptmann Peyerl, dass „[d]ie Montozzo Feldwachen [...], die von den Reitenden Tiroler Kaiserschützen verloren wurden, [...] vom II. Baon (7. Reg. unter Hptm Basylewicz - da Hptm Peyerl beurlaubt) zurück erobert (13-16 VIII) [worden waren]."[1050] Beide Eintragungen geben somit Rückschluss auf die Schwere der Kämpfe im Zeitraum von Ende Juni bis Mitte August 1918 in einem weitgehendst unbeachteten Kampfabschnitt der südlichen Ortlerfront.

Vor der großen Junischlacht 1918 ereignete sich die bedeutendste Kampfhandlung im angrenzenden Raum des Tonalepasses. Hier planten die italienischen Militärstrategen einen Einbruch in das Val di Sole und die Besetzung des Überganges. Bereits im Frühjahr 1916 wurde ein ähnliches Unternehmen von italienischer Seite aus auf einem dementsprechenden Umweg über den Adamelloferner, den die Italiener gewinnen konnten, erfolgreich geschlagen, kam jedoch wegen der Südtiroloffensive der österreichischen Einheiten zum Erliegen. Die ursprünglichen italienischen Planungen wurden allerdings reaktiviert und sollten den entscheidenden Schritt zum Gebietsgewinn darstellen. Hierzu wurden 23 Alpinibataillone, Minenwerfer und etliche Geschütze an der Kampflinie der 5. Infanteriedivision des italienischen III. Korps in Sturmausgangsstellung gebracht. In monatelanger sorgfältiger Vorbereitungsarbeit wurde zusätzlich für den Angriff ein Galerieweg in die Felswände des ansteigenden Grates zur

[1048] PA-VRTKsI Befehl Nr. 72. Innsbruck 27. März 1918. Verlautbarung des Befehles des Kmdos. der k.k. RTKSch.
[1049] Ehren-Chronik Weltkrieg 1914-1918 des Zugsführer Johann Georg Zauner aus Hallstatt.
[1050] TLM-Tiroler Landesmuseen, KSM-Bibliothek, Kiste VI. Rudolf Florio, Aus der Geschichte der Kaiserschützen. „Das Gefechtstagebuch des I. Regiment", S. 44.

Cima Presena (3069 m) ausgemeißelt, um den Anmarschweg zu erleichtern und die österreichischen Kräfte im Handstreich zu werfen.[1051]

Als erstes Angriffsziel der militärischen Operation stellte vorrangig das Gewinnen der Höhen südlich des Presenapasses, der Felsburgen des Monticello sowie des gletscherumrandeten Presenagipfels dar. Aus taktischen Gründen war von italienischer Seite aus geplant, einen Scheinangriff nördlich des Passes zu führen. Hierzu eröffneten 9 schwere, 117 mittlere und 62 leichte Geschütze in der Nacht auf den 25. Mai 1918 schweres Artilleriefeuer, welches sich bis Pizzano erstreckte und über die Marschwege zu den österreichischen Stellungen Wolken aus Giftgas legte. Der Stoß gegen die Riegelstellungen der Verteidiger wurde von fünf Alpinibataillonen, unterstützt durch mehrere Sturmabteilungen sowie drei Bataillone in Reserve, geführt.[1052] Das Abendblatt der *Innsbrucker Nachrichten* vermerkte unter der Schlagzeile „Schwerer italienischer Angriff südlich des Tonale-Passes" wie folgt:

> „Amtlich wird verlautbart: Im Anschluss an die Erkundungsunternehmungen am 25. d.s. haben die Italiener gestern mit mehreren Alpini-Bataillonen unterstützt durch schweres Artillerie- und Minenfeuer, unsere Stellungen südlich des Tonale-Passes angegriffen. Ein kleinen Teil unserer Linien wurde etwas zurückgedrängt, sodann ein weiteres Vordringen des Gegners verhindert."[1053]

Die Verteidigungsstellungen auf österreichischer Seite waren am 24. Mai an der betroffenen Frontlinie mit den k.k. Landsturmbataillonen 170 und 173, jenem zu Fuß formierten Halbregiment der Reitenden Tiroler Kaiserschützen, vier Hochgebirgskompanien, drei selbstständigen Maschinengewehrkompanien sowie einer Gebirgshaubitz-, sechs Gebirgskanonen-, und zwei Minenwerferbatterien besetzt und dem Rayon Kommandanten, Generalmajor Freiherr von Ellison, unterstellt.[1054]

Bei der Abwehr des italienischen Angriffes auf den Presena-Kessel tat sich, laut dem Bericht von Oberstleutnant Rudolf Baron Taxis über die entscheidende „Waffentat" am Presenagletscher, Oberleutnant Mario Volpi, ein dienstzugeteilter Offizier der Reitenden Dalmatiner Schützendivision bei den Reitenden Tiroler Kaiserschützen, am 25. und 26. Mai 1918, hervor:

> „Oblt. VOLPI hat am 25./5. [...] 12 Uhr 15 Min[uten] nachm[ittags] nachdem der Feind am MAROCCARORÜCKEN durchgebrochen

---

[1051] Rudolf Kiszling, Der letzte Angriff der öst.-ung. Armee, in: ÖULK, Das Kriegsjahr 1918, Band 7, hrsg. v. Edmund Glaise-Horstenau, Wien 1938, S. 175-364, hier S. 208-209.
[1052] Kiszling, Der letzte Angriff der öst.-ung. Armee, S. 209.
[1053] *Innsbrucker Nachrichten (27.05.2918)*, S. 1.
[1054] Kiszling, Der letzte Angriff der öst.-ung. Armee, S. 209.

war und diesen und den PRESANAPASS [sic!] besetzt hatte, mit seiner und Teilen anderer Schwadrone in der bravourösesten Weise die erste Sturmwelle führend, den PRESONAPASS [sic!], trotz Nichteingreifens der eigenen Artillerie, gestürmt. Durch schwerstes Art. -Minen, -und M.G. Feuer aus der Flanke, durch blutige Verluste stark geschwächt, hielt er eine Linie ca. 30 Schritt unter dem Kamm und machte von dort aus zwei weitere erfolgreiche Angriffe auf die Kammlinie. Dadurch machte er de[m] Feind das Festsetzen am Passe unmöglich und hielt so durch persönlich heldenhafte Aufopferung den Ausbau des feindl[ichen] Anfangserfolges auf.
Um 5 Uhr 45 Min. nachm[ittag] warf er, durch von Ihm geleitetes Einzelfeuer, trotz stärkster feindlicher Gegenwirkung, gegen PRESANASPITZE [sic!] aufsteigenden Sturmpat[rouillen] herab und verhinderte so die Besetzung dieses wichtigen Punktes."[1055]

Am Folgetag

„Um 8 Uhr nachm[ittags] [...], brachte sein nächtlicher Gegenangriff den feindl[ichen] Stoß vom Westen zum Stehen und verhinderte dadurch bis zum anbefohlenen Rückzug am 26./5.1918, 5 Uhr 15 Min. vorm[ittag] den feindl[ichen] Einbruch zwischen MAROCCARORÜCKEN und STEINHARDTSPITZE der das Halb.-Reg[iment] eingeschlossen hätte."[1056]

Letztlich gelang es den Italienern, die Cima Presena, den Monticello-Grat sowie Teile des Presena-Gletschers einzunehmen und so eine Bresche in das Val di Sole zu schlagen.[1057] Das Halbregiment der Reitenden Tiroler Kaiserschützen musste hierbei nicht nur durch die Artilleriegranaten selbst, sondern auch durch die Folgewirkungen der Einschläge Verluste hinnehmen. So wurde bei diesem massiven italienischen Artilleriefeuer am 27. Mai 1918 beispielsweise der Reitende Tiroler Kaiserschütze Johann Georg Zauner durch Steinschlag im Presena-Kessel mehrfach verletzt und musste in das Spital nach Male-Trient instradiert werden.[1058] Bossi-Fedrigotti vermerkte über die Multikausalität des italienischen Angriffes sowie des geplanten Entlastungsangriff an der Tonalefront im Sinne der bevorstehenden Junischlacht wie folgt:

„Da zerstört noch Ende Mai die auf einem umfassenden Erfolg ge-

[1055] OeStA-KA AdTK 1724 Reit.Sch.Reg. Abschrift des Berichtes des obigen Kmdos (K.k. Kav. Schützenhalbregiment der k.k. Reit. Tir. Kaiserschützen) Res. E. Nr. 2091.
[1056] Ebd.
[1057] Lichem, Krieg in den Alpen. Band 1, S. 242.
[1058] Ehren-Chronik Weltkrieg 1914-1918 des Zugsführer Johann Georg Zauner aus Hallstatt.

richteten Hoffnungen. Alpini haben überraschend die Cime Presena im Tonalegebiet angegriffen, die dort eingesetzten Fußschwadronen der Reitenden Tiroler Kaiserschützen - darunter viele Tschechen und Landstürmer - nach 24stündigem Nahkampf überwältigt und tags darauf auch den wichtigen Westgipfel des 2432 m hohen Monticello erstürmt. Allein der Haltung der dort eingesetzten Verteidiger und herangeführter Angehöriger zweier Hochgebirgskompanien [...] war die Behauptung des Ostgipfels zu verdanken. Auch der Hauptgipfel verblieb in österreichischer Hand. Der italienische Erfolgt führt jedoch dazu, daß die für den bevorstehenden Angriff bereitgestellten Kräfte auf dem Tonale für die Durchführung desselben nicht mehr ausreichen."[1059]

Athos Banti, Kriegsberichterstatter der *Il Giornale d'Italia* schrieb am 30. Mai 1918 unter dem Titel „La vittoria", dass hierbei „Fra i prigioneri catturati (v'erano dei *feldjäger* massici, e dei tirolesi membruti e dei *kaiserschützen* e dei *berg-führer*) sono stati contati i resti di tre squadroni appiedati, ch'erano giunti freitolosamente, la sera del 25, dal Monte Vioz lontano."[1060]

Im Juni 1918 setzten zwei österreichische Einheiten, die 17. sowie 28. Hochgebirgskompanie zur Rückeroberung des verlorengegangenen Gebietes an. Gegen stärksten Widerstand der italienischen Besatzer, welche die angreifenden Tiroler mit Maschinengewehrfeuer sowie direktem Artilleriebeschuss eindeckten, drangen die Soldaten der beiden Hochgebirgskompanien im Nahkampf gegen den Monticello-Grat vor. Trotz herber Verluste, welche den Sturmangriff versiegen zu lassen drohten, beurteilten die Tiroler Kompaniekommandanten, Oberleutnant Toni Kaaserer und Leutnant Peter Schneider, mittels Staffeln weiter anzugreifen. Hierzu wurden Reihen von zwei oder drei Soldaten gebildet, die im Sturmlauf hintereinander unter Dauerfeuer die italienischen Truppen niederhielten und so kontinuierlich Gelände gewinnen konnten. Auf Grund dieser Taktik konnte der Monticello-Grat wiedererobert werden.[1061] Hiermit, so Lichem, blieb den Alpini „der Angriff durch die größte Lücke der Tiroler Front, die sie je schlagen konnten, verwehrt"[1062], die nördliche Flanke des Presena-Kessels war gesichert.

[1059] Bossi-Fedrigotti, Die Kaiserjäger im Ersten Weltkrieg, S. 447.
[1060] *Il Giorlane d'Italia (30.05.1918)*, S. 1. Eigene Übersetzung: Athos Banti, Kriegsberichterstatter der *Il Giornale d'Italia* schrieb am 30. Mai 1918 unter dem Titel „La vittoria", dass „sich [hierbei] unter den Gefangenen die aus Feldjägern, Kaiserschützen und Bergführern, auch Teile dreier abgesessener Schwadrone Kaiserschützen, welche am 25. Mai vom Monte Vioz zugeführt wurden, befanden."
[1061] Lichem, Krieg in den Alpen. Band 1, S. 242-244.
[1062] Ebd., S. 244.

3.4.2 Der Kampf um die Pasubio-Stellung

Bis zum Mai des Kriegsjahres 1916 verlief die so genannte Etschtalfront auf der Linie Riva - Monate Biaena - Rovereto - Serrada. Eine Bilanz der genannten Südtiroloffensive war in jenem Frontabschnitt, dass erstmalig der Coni Zugna, die Zugna Torta und der Pasubio in das Kampfgebiet miteinbezogen worden waren. In diesem Abschnitt war, wie bereits beschrieben, die k.u.k. Frühjahrsoffensive auf massiven, hinhaltenden italienischen Widerstand gestoßen, welcher nicht überwunden werden konnte, da die italienische operative Führung den strategischen Wert der geographischen Lage erkannt hatte und an diesen Frontpunkten italienische Elitetruppen zur Verteidigung bereitgestellt hatte – aus der Sicht der k.u.k. Verbände wurde hier ein italienisches Bollwerk geschaffen.[1063] In Bezug auf Lichem „[...] verbissen sich beide Seiten in beide Berge."[1064] Nach der gescheiterten Südtiroloffensive hatte sich die Gefechtstechnik bis Ende des Kriegsjahres 1918 gewandelt. Während die italienischen Einheiten nun versuchten, über die Abschnitte der Zugna Torta - Pasubio in das Etschtal einzufallen, mussten jetzt die k.u.k. Truppen, Kaiserjäger auf dem Pasubio und Kaiserschützen auf der Zugna Torta jene italienischen Angriffsbestrebungen abwehren.[1065]

Das Kriegsgeschehen am Pasubio war von vier Eigenheiten gekennzeichnet. Erstens, ein Einsatz im Winter im Angesicht eines starken Hochwinters und Lawinengefahr. Zweitens, permanente Gefechtstätigkeit über kurze Entfernungen. Drittens, der Fortgang etlicher Schlachten und viertens, der beiderseitige Minierkrieg mit dem Sprengen gegnerischer Stellungen.[1066] Lichem betonte, dass „[...] der Pasubio bis zum letzten Kriegstag von den Tiroler Kaiserjägern und die Zugna Torta bis zuletzt von den Tiroler Kaiserschützen gehalten werden konnte [...]."[1067] In der so genannten „Kaiserjägerhölle" des Pasubio standen Tiroler Kaiserjäger aller vier Kaiserjägerregimenter im Einsatz.[1068] Eine Kontroverse stellt hierbei das Faktum dar, dass jene Teile der 2. Schwadron der Reitenden Tiroler im Pasubio-Abschnitt zwar Kaiserschützen waren, jedoch in der bereits erwähnten „Kaiserjägerdivision" (8. ID/KJD) am Pasubio im Verbund mit Kaiserjägern[1069] und nicht mit Teilen der 3. Schwadron der Reitenden

[1063] Heinz Lichem, Krieg in den Alpen 1915-1918. Band 2: Die Dolomitenfront, Augsburg 1993, S. 164-166.
[1064] Ebd., S. 166.
[1065] Ebd., S. 166.
[1066] Lichem, Krieg in den Alpen. Band 2, S. 183.
[1067] Ebd., S. 166.
[1068] Ebd., S. 183.
[1069] Letzte Kriegsgliederung der öst.-ung. und der dem k.u.k. AOK. unterstellten deutschen Streitkräfte am 15. Oktober 1918, Beilage 32, S. 7.

Kaiserschützen auf der Zugna Torta[1070] eingesetzt waren. Unter anderem stand der ehemalige Ausbildungsoffizier der Ersatzabteilung der Reitenden Tiroler Kaiserschützen, Rittmeister Emil Gerlich, welcher am 5. Juni 1918 zur „Armee im Felde" befohlen worden war[1071], als Angehöriger der Reitenden Tiroler Kaiserschützen in den Kämpfen um den Pasubio.[1072]

Angetter und Schramm schrieben über den Frontverlauf am Pasubio: „Der Pasubiokopf war in italienischer Hand, der Eselsrücken lag als Niemandsland zwischen den Fronten, die Pasubioplatte wurde von Soldaten der Kaiserjägerdivision gehalten."[1073] In der militärischen Geländetaufe wurde der Pasubiokopf als Dente d'Italia, die Pasubio-Platte als Dente Austriaco und die Einsattelung dazwischen als Eselsrücken, Seletta, bezeichnet.[1074] Der gravierendste Unterschied zwischen der italienisch und österreich-ungarisch besetzten Platten war, dass jene mit italienischer Besatzung um 30 Meter höher war als jene auf Seiten der k.u.k. Truppen. Zudem konnten die „Kaiserjägerbesatzung" den Eselsrücken nicht einsehen, die italienischen Verbände hingegen schon. Aus militärstrategischer Sicht war es hierbei den italienischen Besatzern möglich, einerseits Bewegungen auf der österreich-ungarischen Platte durchgehend aufzuklären und mit Feuer einzudecken, andererseits sich verdeckt unter eigener Feuerunterstützung im Sattel anzunähern und sich für einen Sturmangriff vorzubereiten, während den Soldaten auf der österreich-ungarischen Platte nur die Möglichkeit blieb in den eigenen Stellungen auszuharren und einen etwaigen italienischen Sturmangriff abzuwarten und abzuweisen.[1075] Ab September 1916 begannen die „Schlachten am Pasubio", bei welchen auf beiden Seiten unter schweren Verlusten nur temporäre Teil-Eroberungen der jeweilig besetzten Pasubio-Platte erreicht werden konnten. Im ab dem Kriegsjahr 1917 forcierten Minenkrieg, in welchem auch auf k.u.k. Seite ab 1918 die Kaiserjägerdivision zugegen war[1076], begannen die Soldaten die Platten des Pasubio mit Sprengstollen, Depot- und Magazinsstollen, Kavernen und Kampfstollen auszuhöhlen und, wie schon am vorhergegangenen genannten Beispiel des Col di Lana in den Dolomiten, die jeweiligen Besatzungstruppen mit massiven Sprengungen

---

[1070] PA-EH Persönliche Aufzeichnungen des Reitenden Tiroler Landesschützen/Kaiserschützen Franz Foltin über seine Familie und seinen Werdegang.

[1071] PA-VRTKsI Befehl Nr. 130. Innsbruck 5. Juni 1918. Rtm. Gerlich Abgang zur Armee im Felde.

[1072] *Innsbrucker Nachrichten (15.07.1932)*, S. 8.

[1073] Daniela Angetter/Josef-Michael Schramm, Über den Minierkrieg in hochalpinen Fels- und Eisregionen (1. Weltkrieg, SW-Front, Tirol 1915-1918) aus ingenieurgeologischer Sicht, in: *Geo. Alp (11/2014)*, S. 135-160, hier S. 156.

[1074] Ebd., S. 156.

[1075] Lichem, Krieg in den Alpen. Band 2, S. 184.

[1076] Viktor Schemfil, Die Pasubio-Kämpfe 1916-1918. Genaue Geschichte des Ringens um einen der wichtigsten Stützpfeiler der Tiroler Verteidigungsfront, verfaßt auf Grund österreichischer Feldakten und italienischer kriegsgeschichtlicher Werke, Bregenz 1937, S 222.

aus den Stellungen respektive vom Berg zu werfen. Von Seiten Österreich-Ungarns erfolgte am 13. März 1918 mit 50 Tonnen Sprengstoff die verheerendste Sprengung des italienisch-besetzten Pasubiomassivs mit 500 bis 800 Toten.[1077] Robert Skorpil, ein Augenzeuge jener Sprengung, schrieb diesbezüglich:

> „Im März des Jahres 1918 war man auf beiden Seiten zur Sprengung bereit. Hüben wie drüben wußte jeder Kämpfer, daß unter seinen Füßen viele Tonnen des furchtbaren Sprengstoffs den zündenden Funken erwarteten. Am 13. März 1918, um 8 Uhr früh, entzündeten die Österreicher ihre Mine. Die Stirnwand der italienischen Platte flog mit einem Teil der Besatzung in die Luft. In weitentfernte Stollen und Kavernen noch fuhren die Stichflammen der Sprenggase."[1078]

Selbst nach der erfolgten Sprengung von Teilen der italienischen Pasubio-Platten konnte weder der Hauptgipfel durch die k.u.k. Verbände eingenommen werden, noch konnten italienische Truppen ein kriegsentscheidendes Folgegefecht herbeiführen.[1079] Eine Einnahme des Pivots Pasubio hätte, laut Lichem, mit dem

> „[...] Erringen der gegnerischen Platte [...] den Sieg bedeutet, aber keine der beiden Seiten konnte die Platte des Gegners einnehmen. Höher zu bewerten ist in diesem Zusammenhang allerdings die Leistung der Verteidiger Tirols, da sie hier in einem Abwehrkampf standen, während die Italiener nach Tirol eindringen wollten. Und genau dies abzuwehren war der Zweck der Tiroler Front am Pasubio."[1080]

3.4.3 Die Junischlachten 1918: Altolà sul Piave

Durch den Vorstoß an den Piave ließ die militärstrategische Lage auf Seiten Österreich-Ungarns an der Südwestfront in der zweiten Kriegsjahreshälfte 1918 zwei offensive Angriffsoptionen zur Entlastung der deutschen Truppen an der Westfront zu. Aus zwei zueinander abgewinkelten Frontabschnitten konnte ein österreich-ungarischer Entlastungsangriff einerseits mit einem direkten Stoß über den Piave, andererseits aus dem Gebirge, west- und ostseitig der Brenta, gegen die italienischen Stellungen erfolgen.[1081] Da jedoch bereits vor dem großen deutschen Großangriff an der Westfront, dem so genannten „Unternehmen Michael", die deutsche

---

[1077] Lichem, Krieg in den Alpen. Band 2, S. 187-188.
[1078] Robert Skorpil, Pasubio, Innsbruck u.a. 1934, S. 382.
[1079] Hugo Huber, Krieg in den Bergen, in: *Echo Spezial (7/2003)*, Krieg in den Alpen. Der Erste Weltkrieg. Wie Tirol geteilt wurde, S. 45-55, hier S. 51.
[1080] Lichem, Krieg in den Alpen. Band 2, S. 184.
[1081] Wagner, Der Erste Weltkrieg. Ein Blick zurück, S. 341. Vgl. auch Peter Schubert, Piave 1918. Österreich-Ungarns letzte Schlacht, Klagenfurt-Wien 2000.

14. Armee aus der Südwestfront nach Frankreich instradiert worden war, trugen die k.u.k. Verbände allein die Last etwaiger folgender Kampfhandlungen.[1082]

Während Conrad mit seiner Heeresgruppe abermals über die Gebirgsfront, mit einem Durchbruch zwischen Piave und Astico an die italienische Tiefebene mit der Stoßrichtung Vincenza, die finale Kriegsentscheidung anstrebte, plante Boroević mit seinem Armeeverband im Schwerpunktangriff die italienischen Verbände am Piave endgültig zu werfen.[1083] Lichem schrieb diesbezüglich: „Boroević wollte den Hauptstoß am Piave führen, Conrad bestand erneut am unsinnigen Offensivstoß über die Sieben Gemeinden. Unsinnig deshalb, weil diesen in allen bisherigen Kriegsjahren nie gelungen war."[1084] Bei Conrads Angriffsoperation mussten zudem viele Parameter für die k.u.k. Truppen erfüllt werden, um die Unternehmung mit Aussicht auf Erfolg durchführen zu können. Erstens mussten zuerst die italienischen Truppen im Waldabschnitt zwischen Brenta und Astico geworfen sowie ein Durchbruch durch das Grappa-Massiv mit gut ausgebauten italienischen Verteidigungslinien erzwungen werden. Zweitens musste ein solcher Angriff mit starken Infanterie- sowie Artilleriekräften erfolgen, um schnellstmöglich die italienische Tiefebene im Rücken der italienischen Gebirgsfront zu erreichen. Drittens sahen Conrads Pläne für Boroevićs Truppen vor, seine Heeresgruppe mit einem Nebenstoß gebührend zu unterstützen, um die italienischen Kräfte dort zu binden. Boroević hingegen sah den gedachten Nebenstoß nur mit einer Kräftemassierung zu Gunsten seiner Isonzoarmee und tief gestaffelten Vorstößen über den Piave und die folgenden italienischen Verteidigungslinien und nicht in Conrads Angriff durch das Gebirge. Der österreich-ungarische Generalstab entschied jedoch nicht, einer Variante den Vorzug zu geben, sondern nahm partiell die Anträge zur Einsatzführung von Conrad und Boroević an, handelte hierbei jedoch dem eigenen Führungsgrundsatz der Schwergewichtsbildung zuwider. Im Endeffekt wurde somit kein Schwergewicht an einer der beiden Angriffsfronten gelegt, sondern ein „vollkommen gleichwertiger"[1085] Zangenangriff veranschlagt.[1086] Im österreich-ungarischen Generalstabswerk wurde diesbezüglich Folgendes vermerkt:

> „Beide Angriffsgruppen waren somit ungefähr gleich stark; keine derselben besaß eine ins Gewicht fallende Überlegenheit über den

[1082] Etschmann, Die Südfront 1914-1918, S. 45.
[1083] Wagner, Der Erste Weltkrieg. Ein Blick zurück, S. 341-342.
[1084] Heinz Lichem, Krieg in den Alpen 1915-1918. Band 3: Karnische und Julische Alpen, Monte Grappa, Piave, Isonzo, Augsburg 1993, S. 314.
[1085] Rudolf Kiszling, Der letzte Angriff der öst.-ung. Armee, in: *ÖULK, Das Kriegsjahr 1918*, Band 7, hrsg. v. Edmund Glaise-Horstenau, Wien 1938, S. 175-364, S. 193.
[1086] Wagner, Der Erste Weltkrieg. Ein Blick zurück, S. 342.

gegenüberstehenden Feind. Das Plus, das zur unbedingten Sicherheit des Erfolges fehlte, wähnte das AOK. gewissermaßen suggestiv den Angriffsarmeen zukommen zu lassen."[1087]

Zusätzlich hatte der italienische Generalstabschef Diaz die Einsatzführung mit tief gestaffelten Linien der italienischen Lage am Piave angepasst, bei welcher bewusst bei einem österreich-ungarischen Angriff die vordersten Linien aufgegeben werden konnten, um die k.u.k. Verbände in die Tiefe eindringen zu lassen, um dann jene kontinuierlich in zeitlich begrenzter Verteidigung konzentriert aufzureiben.[1088] Diaz handelte hierbei klassisch nach dem Truppenführungsprinzip: „Ist die Feindlage ungewiss [...] soll der Truppenführer vorne weniger Kräfte einsetzen und starke Kräfte bereithalten, mit denen er den Feind in geeigneten und vorbereiteten Räumen in der Tiefe zerschlagen kann, wenn dessen Angriffsschwung gebrochen ist."[1089]

Einen Tag vor der großen österreich-ungarischen Offensivaktion wurde der Kommandant der Reitenden Tiroler Kaiserschützen abgezogen und zum k.k. Reitenden Schützenregiment Nr. 3 instradiert. Oberstleutnant Kafka wandte sich im Kommandotagesbefehl der Reitenden Tiroler Kaiserschützen am 14. Juni 1918 wie folgt an seine Soldaten:

> „Mit dem Kommando des k.k. Reitenden Schützenregiments Nr. 3 definitiv betraut, scheide ich nach einer 4 ½ jährigen Zugehörigkeit von den Reitenden Tiroler Kaiserschützen. War es mir auch nicht vergönnt, als deren Kommandant vereint mit ihnen zu wirken und im Kampfe sie zu führen, so hat doch mein volles Interesse ihnen gehört. Schweren Herzens übergebe ich das Kommando über diesen nicht nur durch seinen Namen sondern auch durch seine Geschichte ausgezeichneten Truppenkörper, das ich mit Stolz und Freude geführt habe. Ich wünsche den Reitenden Tiroler Kaiserschützen Heil und Sieg für den weiteren Kampf und sage dem Offiziers- und Unteroffizierskorps sowie der braven Mannschaft ein herzliches ‚Lebet wohl'."[1090]

Am 15. Juni 1918 wurde nach vorher erfolgtem, jedoch gescheitertem Scheinangriff von zwei Infanteriedivisionen am Tonale am 13. Juni von

---

[1087] Kiszling, Der letzte Angriff der öst.-ung. Armee, S. 193.
[1088] Lichem, Krieg in den Alpen 1915-1918. Band 3, S. 312.
[1089] Bundesministerium für Landesverteidigung, Dienstvorschrift für das Bundesheer. Truppenführung, Wien 2004, S. 229.
[1090] PA-VRTKsI Befehl Nr. 138. Innsbruck 14. Juni 1918. Verlautbarung des Befehles des Kommandos der Reitenden Tiroler Kaiserschützen.

Seiten Österreich-Ungarns die so genannte Junischlacht eingeleitet. Laut Etschmann „[...] war dies eine verzweifelte ‚Flucht nach vorne', da die Zeit gegen die Mittelmächte arbeitete."[1091] Conrads 11. Armee gelang es anfänglich, mit Hilfe massiver Artillerieunterstützung, die ersten italienischen Gebirgs-Verteidigungsstellungen auf der Hochfläche von Asiago niederzukämpfen.[1092] Bei den Gefechten auf der Hochfläche der Sieben Gemeinden und im Grappa Gebiet waren im k.u.k. III. Korps[1093], wie bereits erwähnt, auch Teile der Reitenden Tiroler Kaiserschützen im Kampfeinsatz gegen die Truppen der Entente. In der Abschrift des Brigadekommandobefehls vom 19. Juni 1918 vom Kommandanten der k.u.k. 11. Infanteriebrigade des k.u.k. III. Korps Oberstbrigadier Sparber wurde über die ersten zwei Angriffstage Folgendes vermerkt:

> „Im schweren Kampf am 15. und 16. Juni 1918, hat[te] die tapfere Maschinengewehrschwadron der Tiroler Reitenden Kaiserschützen, unter dem Kommando des Herrn Leutnant Josef Bruell [sic!], wieder einmal Gelegenheit in unwiderstehlicher Schneid und frischem kuehnen Drauflosgehen, dem frechen Englaender [sic!] zu zeigen, wie man sich fuer seinen heissgeliebten Kaiser und sein teures Vaterland schlaegt.
> Stets wollen wir der Losung eingedenk bleiben, tapfer und unverdrossen auszuharren, bis zum siegreichen Ende."[1094]

Die italienischen Stellungen konnte jedoch auf Grund von Munitionsmangel nicht gewonnen werden und die k.u.k. Infanterie blieb an den gemeinsamen Linien der italienischen, englischen und französischen Verteidiger hängen und unterlag sogar dem Zwang, den allgemeinen Rückzug in die Sturmausgangsstellungen anzutreten.

Beim Angriff auf das Grappa-Massiv konnte zunächst durch das 85. magyarisch-rumänisch-ruthenische Infanterieregiment der Col Moschin gewonnen werden. Sowie zeichnete sich auch die dort eingesetzte Schwadron der Reitenden Tiroler Kaiserschützen unter der Führung vom bereits genannten Oberleutnant Goldegg, wie das *Fremden-Blatt* vermerkte, wie folgt aus:

> „Bei der heurigen Juni-Offensive, zu deren Mitmachung Oberleutnant v[on] Goldegg noch vor seiner vollen Genesung wieder in

1091 Etschmann, Die Südfront 1914-1918, S. 46.
1092 Wagner, Der Erste Weltkrieg. Ein Blick zurück, S. 344.
1093 Maximilian Ehnl/Edwin Sacken, Korps, in: *ÖULK, Registerband,* hrsg. v. Edmund Glaise-Horstenau, Wien 1938, S. 140.
1094 JHM-A 1840. Abschrift des Brigadekommando Befehls vom 19. Juni 1918, Gefecht an der Hochfläche von Asiago, S. 1.

Oberleutnant Josef Brüll, Mitglied der Reitenden Tiroler Kaiserschützen, wird Kaiser Karl I., von Österreich vorgestellt. Foto: JHM-f-brue-117.

die Front eingerückt war, kommandierte er im Grappagebiete eine Gruppe von 24 Maschinengewehren, welche sich derart auszeichnete, daß beispielsweise seine Schwadron reitenden Tiroler Kaiserschützen (8 Maschinengewehre) allein 8 große und 6 kleine silberne und jeder noch nicht dekorierte Mann derselben die bronzene Tapferkeitsmedaille erhielt."[1095]

Massive italienische Gegenangriffe zwangen die k.u.k. Truppen im Endeffekt jedoch auch an dieser Angriffsfront zum Rückzug.[1096]

Die k.u.k. Truppen der Isonzoarmee an der Piave-Front erfuhren ein ähnliches Schicksal wie jene österreich-ungarischen Einheiten im Nordwesten der Front. Trotz anfänglicher starker Geländegewinne linksseitig des Piave durch das k.u.k. IV. und VII. Korps sowie eines vier Kilometer langen Einbruches in die italienischen Stellungen durch das XXIII. Korps, der Einnahme des Montello Rückens und des Scheiterns italienischer Gegenangriffe konnte die Piave-Front trotz des Aufbaus einer zusammen-

---

[1095] *Fremden-Blatt (15.09.1918)*, S. 9.
[1096] Wagner, Der Erste Weltkrieg. Ein Blick zurück, S. 345.

hängenden Hauptkampflinie über dem Piave von Boroevićs Einheiten nicht kriegsentscheidend durchbrochen werden. Zudem rächte sich das Scheitern Conrads an der Gebirgsfront, da von der italienischen militärischen Führung nun Verbände, welche die Heeresgruppe Conrad nicht mehr band, an die Piave-Front instradiert wurden.[1097] Ab diesem Zeitpunkt befanden die österreich-ungarischen Piave-Truppen in der „Mühle". Laut Lichem hatten die k.u.k. Verbände „[i]m Rücken den Piave, vorne die Italiener, so saßen die Österreicher fest und wurden vom eigenen Nachschub abgeschnitten."[1098] Am 19. und 20. Juni konnten italienische Gegenangriffe noch von Boroevićs Truppen abgewiesen werden, jedoch ging ab diesem Zeitpunkt die Initiative auf die Seite des italienischen Königreichs über. Auf Grund der eigenen katastrophalen Versorgungs- und Ernährungslage sowie des Hochwassers des Piave, des Fehlens von Mannesreserven und des daraus resultierenden Schwindens der Angriffs- und Verteidigungskraft mussten Boroevićs Piave-Truppen am 20. Juni 1918 um 19:00 Uhr wieder den ganzheitlichen Rückzug an das östliche Piave-Ufer antreten.[1099]

Auf den Rückzug der k.u.k. Truppen folgten schwere italienische Angriffe auf den Brenta Abschnitt, wobei jedoch die k.u.k. Truppen ihre Gebirgsverteidigungsstellungen halten konnten.[1100] Beispielsweise waren westlich des Grappa Gebietes im Raum um Canove[1101] in der 52. Infanteriedivision die 3. Schwadron der Reitenden Tiroler Kaiserschützen eingesetzt. Über eine „Waffentat" des Reitenden Tiroler Kaiserschützen, Stabswachtmeister Franz Verhovsek, der, wie der bereits erwähnte Oberleutnant Volpi aus dem Standeskörper der Reitenden Dalmatiner Schützen stammt[1102], wurde hierbei Folgendes vermerkt:

> „Stabswachtmeister VERHOVSEK hat am 25./ und 26./[6].1918 als Kommandant eines Zuges der mit der ersten Sturmwelle vorging, seinen Leuten ein Vorbild an hervorragender Tapferkeit und Scheid alle Stürme der Schwadron mitgemacht und war durch seine Umsicht während der 17 Stunden dauernden Angriffe und Gegenangriffe seinem Kommandanten eine vorzügliche Stütze, seinen Leuten ein vorzüglicher Führer."[1103]

1097 Ebd., S. 346-348.
1098 Lichem, Krieg in den Alpen 1915-1918. Band 3, S. 312.
1099 Wagner, Der Erste Weltkrieg. Ein Blick zurück, S. 348.
1100 Ebd., S. 348.
1101 Ehnl/Sacken, Korps, S. 140.
1102 OeStA-KA AdTK 1724 Reit.Sch.Reg. Abschrift des Berichtes des obigen Kmdos (K.k. Kav. Schützenhalbregiment der k.k. Reit. Tir. Kaiserschützen) Res. E. Nr. 2091.
1103 OeStA-KA AdTK 1724 Reit.Sch.Reg. Abschrift des Berichtes des obigen Kmdos (K.k. Kav. Schützenhalbregiment der k.k. Reit. Tir. Kaiserschützen) Res. E. Nr. 2091.

In den Junischlachten am Piave war der Kampfwert der Reitenden Tiroler Kaiserschützen als niedrig zu bewerten. Einerseits waren die Reitenden Tiroler Kaiserschützen wiederum als infanteristische beziehungsweise Maschinengewehreinheiten abgesessen im Kampfgebiet mit beherrschenden Höhen im Raum Brenta und Grappa Massiv eingesetzt. Andererseits wären für einen kavalleristischen Einsatz im Raum des Piave, obwohl das Gelände dort prädestiniert für kavalleristische Verfolgungskämpfe gewesen wäre, zu viele Flüsse querverlaufend zur österreich-ungarischen Angriffsrichtung vorhanden gewesen, deren Übergänge erst wieder infanteristisch erzwungen hätten werden müssen und den Reitenden Tiroler Kaiserschützen den Angriffsschwung des Verfolgungskampfes genommen sowie jene wiederum gestoppt hätten.

Nach Schmidl kündigte sich nach der Niederlage der letzten österreich-ungarischen Offensivaktion endgültig „[...] der Zerfall des Reiches und der Armee [...] an."[1104] Zusätzlich erfuhren die k.u.k. Verbände Conrads und Boroevićs noch eine psychologische Niederlage mit dem von italienischer Seite propagierten „Altolà sul Piave", dem Halt der österreich-ungarischen Heeresgruppen durch die italienischen Streitkräfte an dem Piave. Eine spätere italienische „Helden-Legende" formierte sich hier. Minniti vermerkt hierbei, dass die Junischlacht in Venetien „[...] prima e vera battaglia nazionale che l'Italia avesse mai combattuto."[1105] Auch Schober führte aus: „Wesentlich war auch die psychologische Auswirkung der Schlacht. Die Italiener waren durch die gelungene Abwehrschlacht mental gestärkt, während die österreich-ungarischen Truppen das Vertrauen in die strategische Führung verloren"[1106] hatten. Laut Wagner war „[d]ie eindeutige Niederlage des österreich-ungarischen Heeres in der Juni-Schlacht in Venetien [...] eine klare militärische Entscheidung, der ähnlich wie an der Westfront der Umschwung zu Gunsten der Alliierten folgen musste."[1107] Der Ansatz der Mittelmächte, der Instradierung von größeren US-amerikanischen Verbänden auf das europäische Festland mit kriegsentscheidenden Offensivoperationen zuvorzukommen, war schlussendlich vergeblich und gänzlich gescheitert. Am 6. Juli waren alle Truppen der k.u.k. Wehrmacht wieder in deren Ausgangsstellungen vor den Angriffsaktionen – dies sollte die letzte Offensive Österreich-Ungarns gegen das Königreich Italien gewesen sein.[1108]

[1104] Schmidl, Kriegführung: Die österreichisch-ungarische ‚Südfront', S. 355.

[1105] Fortunato Minniti, Il Piave, Bologna 2002, S. 69. Eigene Übersetzung: Minitti vermerkt hierbei, dass die Julischlacht in Venetien „die erste und wahre nationale Schlacht war, die Italien jemals geführt hatte."

[1106] Schober, Tiroler Front im Ersten Weltkrieg, S. 140.

[1107] Wagner, Der Erste Weltkrieg. Ein Blick zurück, S. 349.

[1108] Schmidl, Kriegführung: Die österreichisch-ungarische ‚Südfront', S. 355.

Während der letzten folgenden Kriegsmonate von Juli bis Oktober 1918 lagen die verbliebenen k.u.k. Verbände der ehemaligen Isonzoarmee in wassergefüllten, sumpfigen und fauligen Stellungen östlich des Piave.[1109] Allein jene Umfeldbedingungen schwächten die Kampfkraft der k.u.k. Einheiten. An der nunmehrigen Piave-Frontlinie mussten täglich 800 österreich-ungarische Soldaten wegen malariaähnlicher Zustände von der Hauptkampflinie abgezogen werden, bis Oktober war die Zahl der Erkrankten bereits auf 1.200 angestiegen.[1110]

Auf Grund der katastrophalen Nachschubslage an jenem Frontteil waren die österreich-ungarischen Truppen zunächst ausgehungert und mit Artilleriefeuer zermürbt, als am 24. Oktober 1918 die kriegsentscheidende Offensive, gebildet aus italienischen, britischen und französischen Verbänden, gegen die Reste der Österreich-Ungarischen Wehrmacht begann.[1111] Die italienischen Streitkräfte konnten zunächst von den k.u.k. Truppen am Grappa-Massiv noch abgeschlagen werden, jedoch gelang der alliierte Durchbruch am 27. Oktober über den Piave – die beiden Heeresgruppen waren gezwungen, den allgemeinen Rückzug anzutreten.[1112] Bis zum 29. Oktober konnten Vittorio-Veneto, Quero, Belluno und Feltre von italienischer Seite aus rückerobert werden, am 3. November fiel Trient, am 4. November war der Tagliamento in italienischer Hand und der Krieg an jener Front, welcher am Piave kriegsentscheidend für die Seite des italienischen Königreiches geschlagen worden war, war endgültig entschieden.[1113] An der Gebirgsfront war Ende Juni mit schwersten Angriffen der italienischen Truppen gegen die österreich-ungarischen Stellungen vorgegangen worden, trotz hoher Verluste für Angreifer und Verteidiger konnte jedoch für keine Seite ein finaler richtungsweisender Sieg errungen werden.[1114]

3.4.4 Kriegsende

Als sich die innerpolitische Situation in Österreich-Ungarn immer weiter zuspitzte, sich ein Zerfall der Monarchie abzeichnete und selbst des Kaisers „Völkermanifest“[1115] vom 16. Oktober 1918 – ein Versuch der Befriedigung der Interessen der unterschiedlichen Gebiete der Monarchie – nichts mehr bewirkte, endete Österreich-Ungarns letzter Krieg auf dem italienischen Kriegsschauplatz mit der Unterzeichnung des Waffenstill-

---

[1109] Lichem, Krieg in den Alpen 1915-1918. Band 3, S. 319.
[1110] Etschmann, Die Südfront 1914-1918, S. 44.
[1111] Lichem, Krieg in den Alpen 1915-1918. Band 3, S. 319-320.
[1112] Schmidl, Kriegführung: Die österreichisch-ungarische ‚Südfront‘, S. 356.
[1113] Lichem, Krieg in den Alpen 1915-1918. Band 3, S. 319-320.
[1114] Etschmann, Die Südfront 1914-1918, S. 47.
[1115] Vgl. Helmut Rumpler, Das Völkermanifest Kaiser Karls vom 16. Oktober 1918. Letzter Versuch zur Rettung des Habsburgerreiches, Wien 1966.

standvertrages in der Villa Giusti bei Padua am 3. November des Jahres 1918. Die k.u.k. Wehrmacht musste alle besetzten Gebiete, Görz und Triest bis nach Dalmatien sowie Südtirol aufgeben und räumen. Auf Befehl des k.u.k. Oberkommandos legten die k.u.k Truppen schon am 3. November die Waffen nieder und 400.000 österreich-ungarische Soldaten gerieten ohne Gegenwehr in italienische Kriegsgefangenschaft.[1116] Etschmann vermerkte diesbezüglich:

> „Die überstürzten und widersprüchlichen Befehle, die aus einer falschen Interpretation des Vertrages resultierten, bewirkten eine chaotische Situation an der zerfallenen Südwestfront die in den 21 Stunden zwischen dem 3. November, 18 Uhr, und dem 4. November, 15 Uhr, durch die vorstürmenden italienischen Truppen ausgenützt wurde. In diesen 21 Stunden erfüllte sich das Schicksal der k.u.k. Armee in Italien."[1117]

Granichstaedten-Czerva schrieb in Bezug auf das Kriegsende für die Reitenden Tiroler Kaiserschützen wie folgt: „Am 2. [sic!] November 1918 rückten die vier Schwadronen der Reitenden Kaiserschützen, in voller Disziplin, mit Roß und Reiter, in Innsbruck ein."[1118] Jene Aussage von Granichstaedten-Czerva deckt sich jedoch nicht mit Hausdorfs Forschungen, einem Eintrag der Regimentsgeschichte des Dragonerregiments 5 über die Schwadron des Rittmeisters Gilbert in der Maur sowie mit einem zwischen 18. und 22. November 1918 verschriftlichten Bericht des Reitenden Tiroler Kaiserschützen Matt und den Aufzeichnungen des Eskadronskommandanten der 3. Schwadron der Reitenden Tiroler Kaiserschützen. Hausdorf vermerkte diesbezüglich: „In-der-Maur behauptete in seinem Bericht, dass er mit seiner Schwadron die einzige Reiterformation war, welche am Ende des Krieges geschlossen Innerösterreich, in seinem Fall Innsbruck, erreichen konnte."[1119] In der Regimentsgeschichte schrieb Berendt: „Der Rittmeistser [in der Maur] führte [...] die Schwadron [...] am 4. [November 1918] morgens [nach] Bozen, dann über Brixen - Franzensfeste - Sterzing weitermarschierend, am 7. November abends [bis nach] Innsbruck, wo auf Anordnung des Tiroler Wehrausschusses abgerüstet wurde."[1120]

Der Innsbrucker Soldat Matt der Reitenden Tiroler Kaiserschützen im

---

[1116] Schmidl, Kriegführung: Die österreichisch-ungarische ‚Südfront', S. 356.
[1117] Etschmann, Die Südfront 1914-1918, S. 52.
[1118] Granichstaedten-Czerva, Die „Gletscher-Husaren", S. 11.
[1119] E-Mail Dominik Ender mit Oberst i. R. Ewald Hausdorf über Reitende (Tiroler) Kavallerie zu Kriegsende, 26.09.2020.
[1120] Otto Berendt, Die 5er Dragoner im Weltkrieg 1914-1918, Wien 1940, S. 296-297.

Kampfabschnitt des Monte Vioz schrieb diesbezüglich unter dem Titel „Rückzugserlebnisse" die Ereignisse vom Beginn des Waffenstillstandes an der Westfront der Tiroler Front bis zum Rückzug nach Innsbruck sowie die allgemeine Stimmungslage nach Kriegsende aus der Sicht eines Reitenden Tirolers wie folgt nieder:

„Am 3. XI. früh wurde uns in Stellung der Waffenstillstand verlautbart, spätere Bekanntgabe der Bedingungen in Aussicht gestellt. Um 12 Uhr mittags kam folgender Befehl des 10. Armeekommandos: Sofortiger Rückzug, Stellungen, Seilbahn unversehrt lassen, jeder darf mitnehmen, was er tragen kann. Bei Berührung mit dem Feind hat sich die Truppe kampflos zu ergeben. Gleichzeitig kam Nachricht von der Brigade, daß die Italiener am Tonale durchgebrochen seien und auf der Reichsstraße gegen Fucine marschierten, würden dort in zwei bis drei Stunden erwartet. Und wir saßen noch oben am Vioz in 3500 m Seehöhe und bekamen Befehl, über Pejo - Fucine - Malé zurückzugehen. Weiter kam keine Nachricht mehr herauf. Irgend eine Schweinerei mit dem Waffenstillstand mußte los sein, bei den Welschen schließlich nicht verwunderlich. Was sollte das heißen ‚Stillstand' der Waffen seit 6 Uhr früh und jetzt der Befehl bezüglich Gefangenschaft und der Vormarsch des Feindes, ein wahrhaft ruhmvoller Sieg mittags, wenn uns seit früh jede feindliche Handlung verboten war.

Fort mußten wir, aber nicht über Fucine, das war klar. Fluchend räumten wir die stolzen Firnengipfel, die wir seit zwei Jahren als Herren des ganzen Fornogletschergebietes bewohnt hatten. Ich führte als einziger Wegkundiger den Hauptteil des Halbregimentes der reitenden Tiroler Kaiserschützen über den Vallenajagrat ins Val Venezia zum Refugio Cevedale. Wegloses Gletscherterrain, tiefer Bruchkarst, die Leute alle schwer beladen mit Lebensmitteln, bewaffnet mit Munition, zirka 200 Mann. Die Partie werde ich mir merken. Abenteuerlich sah's aus, wie die Leute in langer Reihe hintereinander durch die steilen Schneerinnen herunterrutschten, über Geröll und Blöcke trabbelten, durch den Bach wateten oder wieder geradeaus im tiefen Schnee über den Gletscher stapften. Den Viozgipfel (3600 m) verließen wir um halb 3 Uhr, erreichten das Refugio Cevedale um (2600 m) um 10 Uhr abends. Dort wurde Kaffee gekocht und gegessen. Wenn die Fenster nicht alle zerbrochen gewesen, wäre es gemütlich gewesen. Am 4. November um 3 Uhr früh setzten wir den Marsch fort. Neumond, Schneefall, Nebel. Ich kannte hier von meinem zweimonatigen Aufenthalt her jeden Schritt, aber bei Finsternis, bei dem Wetter hatte ich große Sorge, den Weg zu verfehlen, alles tief verschneit gleichmäßig grau, alle Augenblicke fiel einer bis zu den Hüften in ein Schneeloch, da der Weg über ein großes Felstrümmerfeld führt. Im Sommer springt man dort leicht schnell von Block zu Block. Dann ein steiler Hang; soll man weiter rechts oder weiter links halten? Wenn die Nacht doch nicht gar so stockfinster wäre! Ein Offizier rutscht aus, gleitet 100 m hinunter, muß angeseilt wieder heraufgeholt werden. Alle sind hundsmüd', ich erleichtere meinen Rucksack, wenn mir's auch leid tut um die weggeworfenen Sachen. Endlich sind wir den steilen Schinder oben, jetzt muss eine ebene Strecke kommen, oder wir sind fehlgegangen. Richtig, es stimmt, die Hauptschwierigkeit ist überwunden. Weiter in Serpentinen einen Steilhang hinauf, alle drei Minuten müssen die Vorspürenden wechseln, eine schwere Arbeit. Wie leicht sind wir da (im Frieden, hätt' ich bald gesagt) früher mit Ski heruntergefahren. Eisiger Westwind, Finger und Zehen spüre ich schon längst nicht mehr, nasse Schuhe vom Vortag. Nach fünfstündiger Schinderei, Marsch kann man das nicht mehr nennen, erreichten wir Fürkelescharte (3030 m), die deutsche Sprachgrenze. Nördlich davon hofften wir in Sicherheit zu sein.

Der Westwind hatte zum Sturm aufgefrischt. Schnell weiter ohne Rast, sonst gibt's böse Erfrierungen! 12 Uhr mittags Ankunft in der Zufallhütte. Dort, zu unserer großen Enttäuschung alles ausgeräumt! Rast, Menage. Um 2 Uhr rückt noch eine Schwadron ein, die vom Fornogletscher über den Monte Cevedale (3770 m) gegangen war und meldet: „Dreiviertel Stunde hinter uns Kolonne von 120 Mann, unbekannt ob Freund oder Feind." Ich nehme letzteres an, schlage vor, mit Trieder auf der nächsten Terrainstufe ober der Hütte nachzusehen, damit wir dann laufen oder uns auf den Empfang einrichten, mit 300 Feuergewehren, ganz aussichtsreich. Mein Vorschlag wird nicht angenommen. Ungschauter fangen lassen nach 17 Stunden Marsch paßt mir nicht, ich gehe daher mit einem Teil der Leute voraus hinunter. Nach kaum einer halben Stunde hinter mir lebhaftes Gewehrfeuer. Da haben wir die Bescherung! Panik, die Leute werfen alles weg, zuerst das Gewehr, dann den Rucksack, dann den Bergstock und laufen, was sie können. Ich beschließe, falls ich am Schießen ihr Näherkommen merken sollte, lieber samt Proviant und Schlafsack mich seitlich in den dichten Wald zu empfehlen.

Nach drei Stunden holen uns noch Leute ein, die von der Hütte entkommen sind, erzählen: ein Offizier gefallen, alle anderen gefangen. Das war am 4. XI. um 2 Uhr 30 Minuten, eigenartiger Waffenstillstand!! Wie ich später erfuhr, wurden alle über die Gletscher nach Bormio zurücktransportiert. Und wir hatschten weiter. Kilometer für Kilometer, bis wir bei Goldrain um halb 8 Uhr abends die Bahn erreichten. Aber in Spondinig 3000 Welsche, wieder eine Enttäuschung! Bleibt der Jaufenpaß oder im Notfall die Ötztaler. Durch müssen wir. Mit Mühe erhalte ich einen Extrazug für die noch übrigen 100 Mann nach Meran.

Dort die erste ausgiebige Rast nach 23 Wegstunden. Am 5. vormittags Aufbruch in kleinen Gruppen ins Passeiertal, der größte Teil mußte, da fußmarod, zurückbleiben. Ich ging wegen einer Sehnenscheidenentzündung zwei Stunden in Socken, kroch in einen Trainwagen, dann wieder zu Fuß. Auch die 56 Kilometer nach Sterzing hatten einmal ein Ende. Dazu die Gesellschaft auf der Straße, disziplinlose Horde ist mild ausgedrückt, Verwüstung von Millionenwerten, massenhaft zerstörte Autos auf der Straße, in den Gassen u. s. w. und zu Haufen die Sozi, die am liebsten jeden Offizier ohrfeigen möchten, die frohlocken, dass unsere mächtige Armee zertrümmert, die Ideale, für die Hunderttausende Leben und Gesundheit gaben, zerstört sind, die aber nicht kapieren, daß ein Volk ohne Wehr hilflos einem erbitterten Feind ausgeliefert ist. Wie eine Seuche greifen die Ententephrasen um sich: ‚Preußischer Militarismus, der deutsche Kaiser hat den Krieg angefangen, Österreich hat ihn gewollt.' […] in Innsbruck blähen sich Welsche und Engländer als Herrenvolk, aber das größere Deutschland wird werden […]."[1121]

Der Schwadronskommandant der 3. Eskadron, Franz Foltin, war nach dem Waffenstillstand bei Vielgereuth in Kriegsgefangenschaft geraten. Foltin vermerkte diesbezüglich in seinen Aufzeichnungen:

„Am 4. Nov. 1918 kam ich nach dem Abschlusse der Waffenstillstandsverhandlungen mit der Schwadron, weil ich den Auftrag hatte, die Italiener am Vorrücken zu verhindern, durch Verrat der Italiener, die den Vertrag nicht einhielten, in ihre Gefangenschaft. Diese Gefangenschaft verbrachte ich unter der schlechtesten Behausung in Lagern, Verona (Kastel Pietro), S. Pellegrino, Bell'Agio am Comosee, Insel Elba (Parto-Ferragio, Kastel, wo Napoleon eins

[1121] *Kriegs-Zeitung des Akademischen Turn-Vereines Graz (29.11.1918)*, S. 6.

lebte) dann Villa Ottone/Elba, Calei bei Florenz, Samuls Kloster, Peschiera/Gardasee."[1122]

In der *Wiener Zeitung* hieß es, dass der Reitende Tiroler Kaiserschütze Ignaz Antherith „[...] auf dem Rückzuge bei Ala zurückgeblieben und in die Hände der Italiener gefallen [...] [war]."[1123] Selbiges Schicksal ereilte den Reitenden Tiroler Zugsführer Johann Georg Zauner, welcher am 05. November 1918 in Male in Kriegsgefangenschaft geriet, jedoch flüchten konnte und über Meran, den Jaufenpass sowie Sterzing und Innsbruck am 10. November 1918 den Rückmarsch nach Hallstatt antrat.[1124] Somit hätten drei Soldaten der Reitenden Tiroler Kaiserschützen im Raum um Rovereto beim Rückzug beziehungsweise in Rückzugsgefechten die italienische Kriegsgefangenschaft angetreten. Wie die vorliegenden Berichte belegen, rückte die Division der Reitenden Tiroler Kaiserschützen somit nicht geschlossen nach Innsbruck ein.

Für die Reitenden Tiroler Kaiserschützen war somit der Kriegseinsatz im Ersten Weltkrieg zu Ende. Im Endeffekt hatten die Jahre des erbitterten Kampfes im Hochgebirge der k.u.k. Wehrmacht sowie der Reitenden Tiroler Landesschützen/Kaiserschützen gegen die Truppen des italienischen Königreiches um Berggipfel und Grate, im Eis und Schnee der Gletscher um jede noch so günstigere Stellung gegen den „italienischen Feind" bis zum Kriegsende 1918 nur marginale, örtlich limitierte Änderungen der Front ergeben.[1125] Rückblickend an das Kriegsende für die Tiroler Kaiserschützen verlautbarte GenMjr Miksch-Hermanny bei der Fahnenweihe des 21. Feldjäger Bataillons Kufstein im Jahr 1961 diesbezüglich:

> „[...] es wird in Südtirol wenige Bergspitzen, Höhenrücken und Hochtäler geben, auf welchen nicht K[aiser]schützen gekämpft haben - Ortler - Tonale - Etschtal - Vallarsa - Marmolata - Ortigara – Dolomiten! [...] Und bis zum unglückseligen Waffenstillstand im Nov[ember] 1918 – also nach 4 Jahren schwersten Kämpfen und Opfern standen unsere Regimenter unerschütterlich auf ihren Plätzen vielfach sogar tief im Feindesland - allerdings oft nur in Lumpen und Fetzen gehüllt – 15.000 Tote Officiere und Mannschaften – ein großes Opfer für das Vaterland – aber die K[aiser]schützen hatten durchgehalten!"[1126]

1122 PA-EH Persönliche Aufzeichnungen des Reitenden Tiroler Landesschützen/Kaiserschützen Franz Foltin über seine Familie und seinen Werdegang.
1123 *Wiener Zeitung (19.02.1928)*, S. 21.
1124 Ehren-Chronik Weltkrieg 1914-1918 des Zugsführer Johann Georg Zauner aus Hallstatt.
1125 Schaumann, Der österreichische Gegenangriff auf die Punta San Matteo, S. 580.
1126 PA-VRTKsI Originalentwurf der Rede von Generalmajor Rudolf Miksch-Hermanny anlässlich der Fahnenweihe für das 21. Feldjäger Bataillon Kufstein am 28.05.1961.

In den Tagen nach dem Waffenstillstand besetzten kurzzeitig deutsche Militäreinheiten Tirol, bis italienische Truppen ganz Tirol übernahmen.[1127] Bei der italienischen Besatzung Innsbrucks übernahmen die italienischen Truppen die Kaserne der Reitenden Tiroler Kaiserschützen in der Saggengasse sowie das Barackenlager der Tiroler Kavallerie in der Reichenau.[1128] Erst ein Jahr und drei Monate nach dem Ausgang der Verhandlungen über die „Tiroler Frage"[1129] und dem geschlossenen Vertrag von Saint Germain en Laye (10. September 1919) verließ der letzte italienische Besatzungssoldat am 11. Dezember des Jahres 1920 Nordtirol.[1130] Lichem schrieb diesbezüglich:

> „Obwohl im Augenblick des Zusammenbruches im November 1918 die gesamte Front eisern stand und Italien keinen Fußbreit von Tiroler oder Kärntner Boden erobern hatte können, sondern offensiv geschlagen worden war, konnte dieses territoriale Faustpfand der unbesiegten Tiroler Front nicht politisch bei den Friedensverhandlungen umgesetzt werden [...]"[1131]

Die ehemaligen Reitenden Tiroler Landesschützen/Kaiserschützen wurden nach Kriegsende aufgelöst, nur ein Reiterzug in der Volkswehr unter dem Kommando von Theobald Freiherr von Seyfertitz blieb anfänglich bestehen.[1132] Federführend für die Auflösung der Reitenden Tiroler Kaiserschützen in Innsbruck war der mit den Reitenden Dalmatiner Landesschützen in den Krieg gezogene Innsbrucker Anton Karl von Spielmann.[1133]

Auf der Grundlage des neuen Wehrgesetzes[1134] und der Formierung des Bundesheeres der Ersten Republik wurde für die neu geschaffenen 6. Brigade eine Schwadron reitender Soldaten, mit nunmehrigem Garnisonsort in Salzburg, kontingentiert.[1135] Die Gesamtstärke dieses Verbandes mit Schwadronskommando, drei Reiterzügen, einem Reiter-Maschinengewehrzug sowie einem technischen Reiterschwarm (Reiterpioniere) belief sich im Jahr 1920 auf sechs Offiziere, neuen Unteroffiziere, 91 Wachtmeister und 124 Pferde.[1136] Die neugeschaffene Kavalleriekompanie wurde als ‚Salzburger Dragonerschwadron Nr. 6 aufgestellt und sah sich als Tra-

[1127] Schmidl, Kriegführung: Die österreichisch-ungarische ‚Südfront', S. 356.
[1128] *Der Tiroler (13.01.1920)*, S. 4.
[1129] vgl. Thomas Lintner, Die Tiroler Frage 1918/1919 unter Berücksichtigung der Erinnerungskultur zwischen 1920 und 2010 (=Mitteleuropäische Geschichte und Kultur 6), Wien 2020.
[1130] Johann Überbacher, Von Bomben und Besatzern, in: *Echo Spezial (7/2003)*, Krieg in den Alpen. Der Erste Weltkrieg. Wie Tirol geteilt wurde, S. 96-97, hier S. 96.
[1131] Lichem, Krieg in den Alpen. Band 1, S. 13.
[1132] Weiser, Kaiserschützen, Tiroler-Vorarlberger Landsturm und Standschützen, S. 329.
[1133] *Tiroler Anzeiger (02.09.1936)*, S. 5.
[1134] *Staatsgesetzblatt für die Republik Österreich. Jahrgang 1920/122.* Wehrgesetz vom 18. März 1920, §11 Benennung und Adjustierung der Truppen.
[1135] Weiser, Kaiserschützen, Tiroler-Vorarlberger Landsturm und Standschützen, S. 329.
[1136] Michael Kaes, Die Salzburger Dragonerschwadron Nr. 6, in: *Pallasch. Zeitschrift für Militärgeschichte (1/1997)*, S. 2-10, hier S. 6-7.

ditions- sowie Nachfolgeverband der Reitenden Tiroler Landesschützen/Kaiserschützen.[1137] Im Jahr 1923 wurde die Tradition mit der Einführung von grasgrünen Uniformaufschlägen sowie der Übernahme des Traditionstages der Reitenden Tiroler Landesschützen/Kaiserschützen, des 9. September, begonnen.[1138] Der Garnisonsortwechsel nach Salzburg in die Riedenburg-Kaserne[1139] und die finale Umbenennung besiegelten jedoch das militärische Ende der im Jahr 1872 errichteten Kavallerieeinheit in Tirol. Die neue geschaffene Dragonerschwadron wurde nämlich nur mehr aus dem Gebiet von Salzburg ergänzt.[1140] Einzig und allein der Wahlspruch der Reitenden Tiroler Landesschützen/Kaiserschützen „Einer für Alle" blieb im Bundesheer der Ersten Republik auf einem Fahnenband der im Jahr 1925 der Schwadron gewidmeten Standarte aus weißem Fahnentuch, mit Republiks-Adler und Salzburger Wappen erhalten.[1141]

Bereits während des Kriegsjahres 1917 wurde von der Ersatzabteilung der Reitenden Tiroler Kaiserschützen in Innsbruck eine Anfrage an die Stadt Innsbruck wegen der Errichtung eines Gedenksteines als Kriegerdenkmal für die gefallenen Soldaten der Tiroler Kavalleriedivision am Berg Isel oder am Soldatenfriedhof Tummelplatz bei Amras gestellt. Da sich jene Grundstücke jedoch nicht im Besitz der Stadt Innsbruck befanden, musste jene Anfrage anfänglich verneint werden.[1142] In Innsbruck wurden jedoch in weiterer Folge zwei Kriegerdenkmäler, am Friedhof von Nago am Gardasee ein Denkmal für die Reitenden Tiroler Landesschützen/Kaiserschützen errichtet. Während das Kriegerdenkmal in Nago nach Kriegsende entfernt wurde, steht zum gegenwärtigen Zeitpunkt ein Obelisk in der noch heute genutzten Eugenkaserne in Innsbruck und ein Monument aus Kunststein auf der Landesgedächtnisstätte, dem Soldatenfriedhof „Tummelplatz" in Innsbruck/Amras.[1143]

In den *Innsbrucker Nachrichten* wurde am 30. September 1920 in Bezug auf die Einweihung des Denkmales für die gefallenen Soldaten der Reitenden Tiroler Landesschützen/Kaiserschützen am Soldatenfriedhof folgende Ankündigung abgedruckt:

> „Am Sonntag, den 3. Oktober [...] um 10 Uhr vormittags findet am Tummelplatz bei Amras die feierliche Einweihung des vom Offizierskorps der ehemaligen Reitenden Tiroler Kaiserschützen zur Ehre und Erinnerung an die im Weltkriege gefallenen Angehörigen

[1137] Weiser, Kaiserschützen, Tiroler-Vorarlberger Landsturm und Standschützen, S. 329.
[1138] Kaes, Die Salzburger Dragonerschwadron Nr. 6, S. 2.
[1139] Ebd., S. 2.
[1140] PA-VRTKsI-VIHL Unsere Kaiserschützen, unveröffentlichtes Manuskript. Heft 2, S. 27.
[1141] Ebd., S. 27.
[1142] *Innsbrucker Nachrichten (02.06.1917)*, S. 4.
[1143] Regele, Überlieferungspflege im Bundesheer, S. 110.

dieses Truppenkörpers errichteten Denkmales statt. Hiezu werden sämtliche Offiziere, Unteroffiziere und Mannschaft der ehemaligen Reitenden Tiroler Kaiserschützen kameradschaftlichst eingeladen."[1144]

Im Angedenken der Verstorbenen wurde folgende Inschrift auf dem Tummelplatz-Monument eingraviert: *„Solang Tiroler Berge stehen wird unser Geist durch ihre Wälder wehen!"*[1145]

[1146]

[1144] *Innsbrucker Nachrichten (30.09.1920)*, S. 8.
[1145] Abschrift Kriegerdenkmal der Reitenden Tiroler Landesschützen Tummelplatz Innsbruck/Amras. Das Monument wurde von Rittmeister Foltin entworfen sowie vom Soldaten der 3. Schwardron, Ponticelli, errichtet.
[1146] Eigene Photographie, Kriegerdenkmal der Reitenden Tiroler Landesschützen Tummelplatz Innsbruck/Amras.

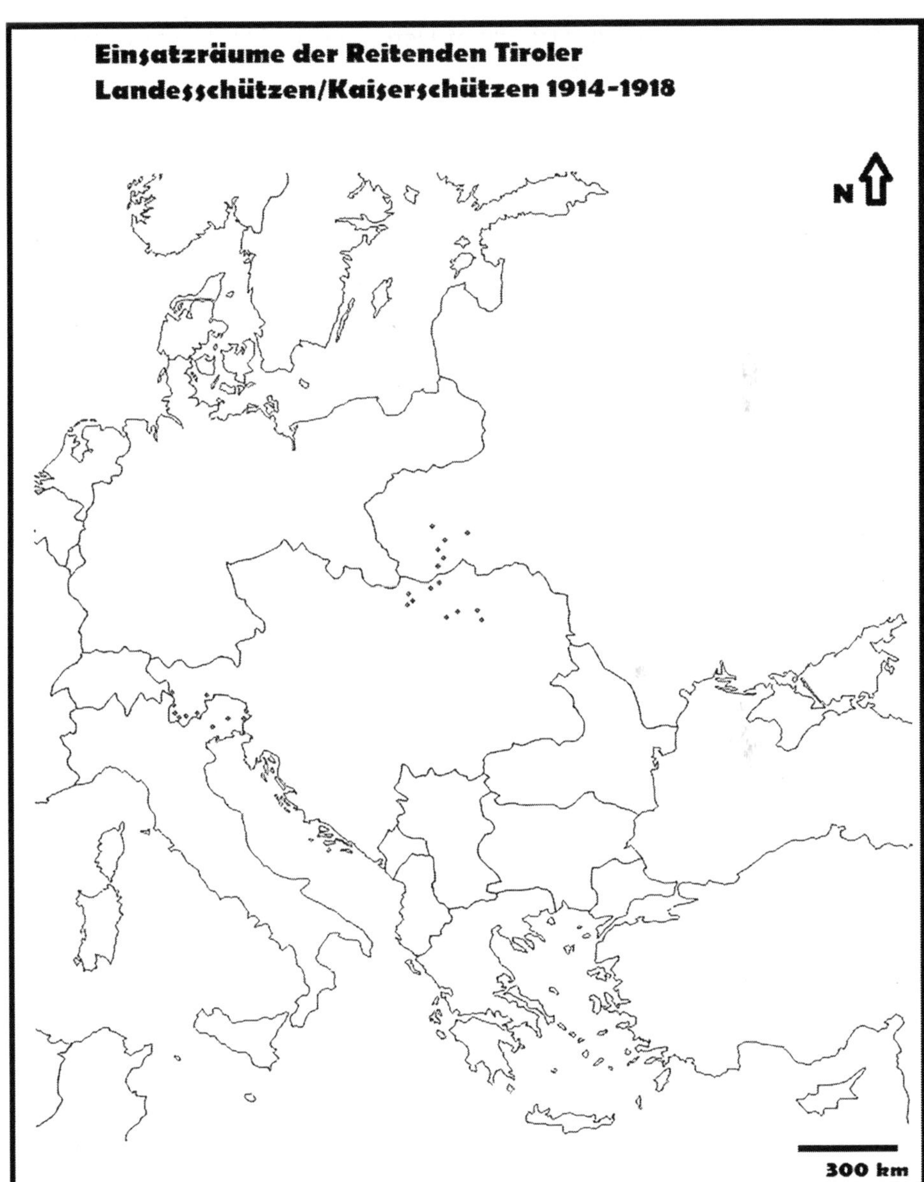

1147

[1147] Einsatzräume der Reitenden Tiroler Landesschützen/Kaiserschützen 1914-1918. Eigene Darstellung und Karte Glänzer. Europa 1914 [https://d-maps.com/], eingesehen am 11.02.2022.

VI. Der Kampfwert der Reitenden Tiroler Landesschützen/Kaiserschützen 1914-1918

In Bezug auf die Reitenden Tiroler Landesschützen/Kaiserschützen lässt sich die Wandlung von einer berittenen Truppe des ersten Kriegsjahres 1914 hin zu einer primär abgesessenen Einheit in den Kriegsjahren 1915-1918 durch den Faktor „Kampfwert"[1148] wie folgt erklären. Der Kampfwert der Reitenden Tiroler Landesschützen/Kaiserschützen an der südlichen Ortlerfront war der determinierende Faktor, der jene Kavallerietruppe als alleiniges Kampfelement einen Abschnitt der Westfront der Tiroler Front halten ließ. Auf Grund dessen, dass die Reitenden Tiroler Landesschützen/Kaiserschützen, wie bereits erwähnt, nur „Elitekader" mit Schulbildung und kräftigem Körperbau als Mannschaften aufnahmen, sowie eine hohe Affinität für einen Einsatz im Gebirge aufwiesen, war deren Kampfwert hoch. Folglich wurde bei jenen - wie an der Hochgebirgsfront zwischen Monte Rosole und Monte Vioz - die Auftragstaktik angewandt, welches sich in den Kommandotagebüchern klar widerspiegelte.

In Bezug auf die Kampfkraft der Pferde der Tiroler Kavallerie war jene auf der Ebene des Russländischen Reiches respektive Galiziens oder im adriatischen Küstenland höher als im Hochgebirge oder Karst, auf Grund der höheren Belastung und Anstrengungen für das Pferd und der gestiegenen Unzugänglichkeit des Geländes. Ein Einsatz des Haflinger-Pferdes der Reitenden Tiroler Landesschützen/Kaiserschützen als Tragtier und nicht Gefechtsmittel hätte hierbei eine positive Wirkung auf die Kampfkraft der Reitenden Tiroler Landesschützen/Kaiserschützen ergeben, da jene, beispielsweise ihre schweren Ausrüstungsgegenstände, Verpflegung sowie schweren Waffen und Kampfmittel dementsprechend nicht selbst hätten tragen müssen, sondern dies zu Lasten des Tragtieres gegangen wäre.

Wird der Kampfwert einer Kavallerieeinheit im Vergleich auf alle Streitkräfte des Ersten Weltkrieges umgemünzt, war der Kampfwert der Pferde in der Ebene respektive in hügeligem Gebiet hoch, da die Vorzüge des Pferdes als Gefechtsmittel vollkommen ausgenutzt werden konnten. In den Karpaten, im Karst der Dolomiten oder an der Ortlerfront hingegen, auf Grund der Parameter der schlechten Trittsicherheit sowie dem entscheidenden Verlust des Faktors Schnelligkeit, war der Kampfwert hierbei nur als niedrig einzustufen gewesen. Der Kampfwert der Reiten-

---

[1148] Bei der Ermittlung des Kampfwertes der Reitenden Tiroler Landesschützen/Kaiserschützen muss festgehalten werden, dass dieser nicht in absoluten Zahlen dargestellt werden kann, sondern als hoch, mittel oder niedrig eingestuft wird. Vgl. Bundesministerium für Landesverteidigung, Dienstvorschrift für das Bundesheer.Taktisches Führungsverfahren, Wien 2012, S. 90. Vgl. hierbei auch in Bezug auf Kampfkraft: Martin van Creveld, Kampfkraft. Militärische Leistung und Organisation 1939-1945, Freiburg [2]1992.

den Tiroler Landesschützen/Kaiserschützen muss jedoch nach Kriegsschauplatz differenziert betrachtet werden. Für den Feldzug im Kriegsjahr 1914 bis Mitte des Jahres 1915 gegen das Russländische Reich war ein hoher Kampfwert gegeben, das Gelände gemäß dem Gefechtskalender der Reitenden Tiroler Landesschützen/Kaiserschützen war primär in der Ebene, die Tiroler Kavallerieeinheit war auf Grund der getätigten Organisation des Krieges gut ausgerüstet und zudem mit bildungsnahen und adäquat ausgebildeten, manövergeprägten Soldaten im Einsatz. Zudem dienten die Pferde der Reitenden Tiroler Landesschützen/Kaiserschützen auf russländischem Boden als Gefechtsmittel mit dem Schwergewicht einer aufgesessenen Einsatzführung, wie beispielsweise anhand der Verfolgungsoperationen nach der Durchbruchsschlacht bei Tarnów-Gorlice, im Verbund des Kavallerie-Detachement Vevér, erkannt werden kann.

Im Kriegsjahr 1915 kam es, vor allem durch die Kriegserklärung des Königreiches Italien an die Mittelmächte, zu einer Änderung des Einsatzortes der Reitenden Tiroler Landesschützen/Kaiserschützen. Im Karst und Fels in Höhen zwischen 3.000 und 4.000 Metern der südlichen Ortlerfront war der Kampfwert jenes Tiroler Kavallerieelementes niedriger als auf den Ebenen des Russländischen Reiches, da die Kavallerieeinheit nicht mehr die eigentlich erlernten Gefechtstechniken der Kavallerietruppe anwenden konnte. Selbst die *Meraner Zeitung* schrieb, wie bereits in der vorliegenden Arbeit dargestellt, im Kriegsjahr 1916, dass „[...] die Südwestfront [...] kein Feld der Tätigkeit für die Reiterwaffe war."[1149] Zwar blieben die Soldaten, abgesehen von den Gefechtsverlusten, dieselben wie noch 1914, hatten aber nur wenig gefechtstechnisches Rüstzeug, um die auf sie zukommenden Aufträge im Hochgebirge zu erfüllen. Selbst bei noch so hoher Einsatzfreude, Motivation und guter Kavallerieausbildung, im Vergleich mit Hochgebirgs- oder Bergführerkompanien der k.u.k. Wehrmacht oder der Alpinitruppe, konnten sie, im abgesessenem Kampf, in diesem Gelände nicht adäquat bestehen.

Streitkräfte mit starken Pferdeverbänden waren, wie die Geschichte zeigte, jahrtausendelang, jeweils mit Unterbrüche[1150], die beherrschende Kraft auf dem Schlachtfeld. Im Hinblick auf den Ersten Weltkrieg und die k.u.k. Kavallerie respektive die Reitenden Tiroler Landesschützen/Kaiserschützen war dies anfänglich bis zu den letzten Reitergefechten auch noch der Fall, im Kriegsjahr 1916 hätten die Reitenden Tiroler Landesschützen/Kaiserschützen auch noch effektiv als Kavallerieeinheit wirken können,

[1149] *Meraner Zeitung (29.02.1916)*, S. 3.
[1150] Jene Unterbrüche fanden immer dann statt, wann Neuerungen bei der Infanterie eingeführt wurden. Die Kavallerie antwortete jeweils daraufhin ihrerseits mit einer neuen Innovation, wie neuen Taktiken, geänderter Bewaffnung oder Rüstung.

wenn durch das Aufkommen der italienischen Maschinengewehre jene Waffengattung nicht mehr einsetzbar geworden wäre. Die *Frankfurter Allgemeine Zeitung* vermerkte diesbezüglich: „Wenige Mann konnten mit ihren Maschinengewehren ganze Bataillone aufhalten. Die Reiterei, früher Königin des Gefechtsfelds, war mit einem Mal überlebt."[1151]

Die k.u.k. Kavallerie sowie im Speziellen der Tiroler Kavallerieverband erfuhren ab dem Einsatz von Maschinengewehren auf italienischer Seite eine Unzweckmäßigkeit in deren Kernelement, dem Gefechtsmittel zu Pferd. Die Soldaten der Kavallerieverbände stellten ab Mai 1915 ein unbewegliches, großes Ziel auf dem Gefechtsfeld dar, welche keine entscheidende durchschlagende Offensivwirkung mehr erzielen konnten und auf Grund dessen keine entscheidende Waffe im Gefecht mehr darstellten und so deren Kampfwert niedrig ausfiel. Laut Rauchensteiner zeigte sich in den Kämpfen an der Südwestfront „[...] sehr bald, daß eine bereits erprobte Operationsführung nicht einfach durch Patriotismus, Tapferkeit und eiserne Disziplin ausgeglichen werden konnte. Moral gegen Maschinengewehre war immer ein unendlich verlustreiches Konzept."[1152] Auch Pöppinghege führt diesbezüglich aus, dass in Zeiten „[...] des industrialisierten Massenkrieges [...] Pferde fehl am Platze [schienen]. Die tollkühne Attacke mit gezücktem Säbel musste angesichts von Maschinengewehren und Schützengräbensystemen anachronisch erscheinen [...]."[1153] Die Folge daraus war, dass die Reitenden Tiroler Landesschützen/Kaiserschützen ab Ende des Kriegsjahres 1915 respektive 1916 an deren Kriegsschauplätzen im Hochgebirge zu Pferd nicht mehr gangbar waren, da speziell an der südlichen Ortlerfront sowie im Karst der Dolomiten kein Gelände für Kavallerie vorhanden war.

Ist der Kampfwert einer Einheit als hoch einzustufen, ist die Truppe bestens dazu in der Lage, einen Auftrag zu erfüllen. Bestens kann jener Truppenkörper hierbei nur sein, wenn die gegnerischen Kräfte nicht fähig sind, die eigene Auftragserfüllung abzuschlagen. Vice versa konnte bei einem hohen Kampfwert des Gegners der eigene Kampfwert nur gering sein. Wird der Kampfwert der eigenen Truppe als gering deklariert, müssen folgend Ausgleichsmaßnahmen ergriffen werden.[1154] Am Beispiel der Reitenden Tiroler Landesschützen/Kaiserschützen war dies das Momentum vom Kampf zu Pferd hin zum infanteristischen Einsatz. Die

[1151] O.A., Neue Waffen im Ersten Weltkrieg, Die Industrie des Tötens, *Frankfurter Allgemeine Zeitung* [https://www.faz.net/aktuell/politik/der-erste-weltkrieg/neue-waffen-im-ersten-weltkrieg-die-industrie-des-toetens-13068359.html], eingesehen 14.12.2020.
[1152] Rauchensteiner, Der Tod des Doppeladlers, S. 248.
[1153] Pöppinghege, Abgesattelt! – Die publizistischen Rückzugsgefechte der deutschen Kavallerie seit 1918, S. 235.
[1154] Bundesministerium für Landesverteidigung, Taktisches Führungsverfahren, S. 90.

Ausgleichsmaßnahme hierbei war beim Aufkommen der Maschinengewehre an der Südwestfront die Pferdekomponente abzulegen und dafür in starkem Gelände des Hochgebirges respektive im Schutz der Hochgebirgsstellungen vom Monte Rosole bis zum Monte Vioz, als abgesessene Infanterie den Auftrag zu erfüllen.

Eine Alternative im Hinblick auf den Kampfwert hingegen wäre ein Einsatz der Reitenden Tiroler Landesschützen/Kaiserschützen weiterhin an der Ostfront gewesen, wenngleich nicht im offensiven Kavalleriegefecht, sondern als Stoßelement oder Element in der Tiefe, wie schon im zuvor genannten Kavallerie-Detachement Oberst Vevér im Frühjahr 1915 des Ostfeldzuges. Der in der Friedenszeit stetig in Waffenübungen geübte Kampf am und mit dem Pferd war nunmehr eine Ausnahmeerscheinung, der nur noch allein an der Ostfront im Bewegungskrieg als operative Reserve eine dementsprechende Verwendung fand.[1155] Ein weiterer Einsatz derselben Art und zeitgleich ein hoher Kampfwert wäre bei den k.u.k. Kavallerieeinheiten respektive den Reitenden Tiroler Landesschützen/Kaiserschützen als Kavallerieelement, beispielsweise nach erfolgten Durchbruchsschlachten, wie jene bei Flitsch-Tolmein, möglich gewesen. Wären die k.u.k. Kavallerieverbände als infanteristische Kräfte zu diesem Zeitpunkt nicht bereits verbraucht gewesen, sondern gemäß ihrem Einsatzspektrum bereitgehalten, wäre ein Übergang zum Bewegungskrieg, beispielsweise nach dem Durchbruch bei Flitsch-Tolmein, möglich gewesen. Dies hätte vermutlich eine ungleich höhere Anzahl an Gefangenen und damit auch an zerschlagenen italienischen Großverbänden mit sich gebracht, was dem operativen Erfolg somit eine noch höhere, möglicherweise sogar strategische, Bedeutung zugemessen hätte. Nachdem der Karst überwunden gewesen wäre, hätte die Kavallerie mit der Beschleunigung des Gefechtes wieder einen hohen Kampfwert bei der Verfolgung der geschlagenen italienischen Verbände, wie auch schon im Ostfeldzug praktiziert, erwirkt. Jenes hätte auch gänzlich der bereits erwähnten damaligen österreich-ungarischen Kavallerietaktik entsprochen, gegen einen geworfenen, sich rückziehenden Gegner eine energische Verfolgung einzuleiten.[1156]

Auf Grund der verschiedensten Instradierungen auf den k.u.k. Schlachtfeldern im Osten und Südwesten sowie des Niederganges der Kavallerie zu Gunsten einer technologisierten Kriegsführung waren jedoch jene ausgebildeten k.u.k. Kavallerieelemente zwangsweise entgegen ihrer vorherigen Bestimmung und Ausbildung verwendet worden. Dies er-

[1155] Wagner, Der Erste Weltkrieg. Ein Blick zurück, S. 247

[1156] Vgl. Hugo Schmid, Taktisches Handbuch, Wien [9]1911, S. 47.

klärt einerseits, warum die k.u.k. Kavallerie respektive die Reitenden Tiroler Landesschützen/Kaiserschützen effektiv im Ostfeldzug beritten mit hohem Kampfwert im Einsatz waren, andererseits ab dem Zeitpunkt der Zuführung italienischer Maschinengewehre auf Grund des „Kampfwertverlustes“ an die Südwestfront nur noch abgesessen im Einsatz mit mittlerem Kampfwert, im adriatischen Küstenland, wo im abgesessenen Zustand kein die Reitenden Tiroler Landesschützen/Kaiserschützen definierender Parameter wie Gebirgsaffinität oder der geübte Kampf zu Pferd vorhanden war, sogar mit niedrig bemessenem Kampfwert im Gefecht standen.

Da, bis auf wenige Ausnahmen - Etschtal/Asiago/Kanaltal - das Gelände an der Südwestfront absolut kein Kavalleriegelände darstellte, musste ein infanteristischer Einsatz notgedrungen folgen. Die Reitenden Tiroler Landesschützen/Kaiserschützen hätten jedoch dauerhaft in ihrer Divisionsstärke - und nicht wie veranschaulicht, in den meisten Fällen nur in ¼ Eskadronsstärke zwischen 25 und 30 Reitern - als Reserve bereitgehalten werden können, zwar nicht in den Dolomiten, hier war eine Verfolgungsoperation von vornherein eher auszuschließen, da eine solche Unternehmung einen immensen Zeitaufwand durch ein Vorkämpfen auf die Alpenausläufe auf der Linie Como - Verona - Bassano - Belluno benötigt hätte. Anders hätte es sich im Bereich des Isonzo verhalten. Hier hätten die Reitenden Tiroler Landesschützen/Kaiserschützen, da bereits im Vorhinein das Schwergewicht der italienischen Offensivbemühungen zu erwarten gewesen wäre - Triest, das Tor nach Istrien und Dalmatien - als rasch verfügbare „Krisenfeuerwehr“, auf- oder abgesessen, agieren können, da eine Truppenverlegung mit Pferden in die Tiefe des Gefechtsfeldes rasch möglich gewesen wäre.

VII. Gefechtskalender der Reitenden Dalmatiner Landesschützen

Auf Grundlage des österreich-ungarischen Generalstabswerkes sowie weiterführender kroatischer Literatur wird im folgenden Kapitel ein Abriss des Gefechtskalenders der Reitenden Dalmatiner Landesschützen zusammengestellt, um die Kriegsereignisse an der Balkan-, Siebenbürgen- sowie Isonzofront zu rekonstruieren. Zusätzlich werden, wie beim Tiroler Pendant, mit folgender erstmaliger kurzer Gesamtdarstellung, die Forschungslücken in Bezug auf die dalmatinische k.k. Kavallerieeinheit aufgezeigt.

1. Vom Balkan zum Isonzo

Als Hauptgegner galt für das Deutsche Reich primär Frankreich, für Österreich-Ungarn hingegen Serbien. Das Russländische Reich wurde von den Mittelmächten diesbezüglich nur als Nebenkriegsschauplatz klassifiziert. Dies änderte sich jedoch mit dem Faktum der schnellen Mobilmachung des Russländischen Reiches, da das anfängliche Schwergewicht der Kriegsführung im Osten von den Teilen der k.u.k. Armee getragen werden musste. Das deutsche Interesse lag gegen Frankreich, so gab es im Ostfeldzug weder gemeinsame operative Einsatzpläne noch eine gemeinsame oberste Führung - es wurde dementsprechend autark geplant und getrennt gekämpft.[1157] In Bezug auf Wagner schien der Kriegsschauplatz Balkan auf Grund dessen „[...] auf den ersten Blick [...] mit dem Eintritt Rußlands in den Krieg nur noch von zweitrangiger Bedeutung gewesen zu sein."[1158] Der Hauptlast im Osten zum Trotz blieb das ausgerufene Ziel jedoch dasselbe, der Balkanfeldzug mit der Strafexpedition gegen Serbien unter der Führung von Feldzeugmeister Oskar Potiorek.[1159]

Die Teileinheiten aller Eskadrone der Reitenden Dalmatiner Landesschützen waren bei Beginn des Feldzuges am Balkan gegen Serbien in die österreich-ungarischen Kriegsgliederung integriert worden. Das Gros der Reitenden Dalmatiner Landesschützen befand sich hierbei anfänglich in der 6. Armee im XVI. Korps (Ragusa), unter der Führung von FZM Wurm in der 18. Infanteriedivision mit dem Standort Mostar (Bosnien). Jene Teile der dalmatinischen Eskadronen waren der 2., 4., 5., 6. und 8. Gebirgsbrigade unterstellt. Die 2. Gebirgsbrigade zählte hierbei einen Zug der 1. Eskadron, die 4. Gebirgsbrigade einen Zug der 1. Eskadron, die

[1157] Steininger, Der große Krieg 1914-1918, S. 63.
[1158] Wagner, Der Erste Weltkrieg. Ein Blick zurück, S. 72.
[1159] Vgl. Rudolf Jerabek, Potiorek. General im Schatten von Sarajevo, Wien 1991. Feldzeugmeister Oskar Potiorek war Oberkommandeur der Balkanstreitkräfte und erlangte unter anderem wegen der drei gescheiterten Offensiven gegen Serbien im Jahr 1914 Bekanntheit.

5. Gebirgsbrigade einen Zug der 2. Eskadron, die 6. Gebirgsbrigade einen Zug der 1. Eskadron sowie die 8. Gebirgsbrigade einen Zug der 1. Eskadron. Divisionsunmittelbar war der 18. Infanteriedivision ein Zug der 2. Eskadron zugeteilt. Außerdem kamen ein Zug der 1. und zwei Züge der 2. Eskadron auf dem galizischen Kriegsschauplatz bei der 47. Infanteriedivision und der 40. Honvéd Infanterie Division, zum Einsatz.[1160] Im Gegensatz zur 2. Eskadron der Reitenden Dalmatiner Landesschützen gliederte sich die 1. Eskadron im Kriegsjahr 1914 gemäß dieser Kriegseinteilungen nicht in vier, sondern atypisch in fünf Züge.

Die gegen Serbien eingesetzten Schwadronen der Reitenden Dalmatiner Landesschützen machten die drei verlustreichen Offensiven gegen Serbien bis Ende 1914 mit. Belgrad fiel zwar im Dezember 1914 in die Hände der k.u.k. Truppen, musste jedoch auf Grund einer starken Gegenoffensive der letzten serbischen Reserven mit einer Gesamtstärke von 200.000 Mann gegen die ausgelaugten und dezimierten Truppenteile der k.u.k. 6. Armee mit 80.000 Soldaten wieder geräumt werden. Ein allgemeiner Rückzug der österreich-ungarischen Balkanstreitkräfte war in Folge des Angriffsschwunges der Serben nicht mehr aufzuhalten - obwohl auch die serbischen Kräfte erschöpft waren, war die österreich-ungarischen Strafexpedition gegen Serbien mit dem Rückzug über die Reichsgrenze vollends gescheitert.[1161] Laut Wagner trat

> „[...] als Folge dieser außerordentlichen Verluste [...] eine zehnmonatige Kampfpause auf dem Balkankriegsschauplatz ein. Die Angriffskraft des serbischen Heeres war endgültig gebrochen. Dies gestattete, im Winter 1914/15 die österreichisch-ungarische Front in den Karpaten mit Einheiten der Balkanstreitkräfte zu stützen und im Mai 1915 mit den beiden letzten Korps der Balkanfront (XV. und XVI.) die Abwehr am Isonzo aufzubauen.“[1162]

Die Balkanfront rückte erst im Kriegsjahr 1915 wieder in den Fokus Österreich-Ungarns, als, nach Erfolgen an der Ostfront, Bulgarien für den Kriegseintritt Anfang Oktober 1915 gewonnen werden konnte. Am 24. November 1915 gelang den österreich-ungarischen Balkanstreitkräften mit deutscher Hilfe, was ihnen im Kriegsjahr 1914 versagt geblieben war - ein vernichtender Sieg über das serbische Heer.[1163]

[1160] Rudolf Kiszling, Kriegsgliederung. Balkanstreitkräfte, in: *ÖULK, Vom Kriegsausbruch bis zum Ausgang der Schlacht bei Limanowa-Lapanów. Das Kriegsjahr 1914*, Band 1, hrsg. v. Edmund Glaise-Horstenau, Wien 1931, S. 63-68, hier S. 65.
[1161] Steininger, Der große Krieg 1914-1918, S. 65.
[1162] Wagner, Der Erste Weltkrieg. Ein Blick zurück, S. 79.
[1163] Steininger, Der große Krieg 1914-1918, S. 65.

2. Die Reitenden Dalmatiner Landesschützen an der Isonzofront 1915-1918

Mit den Truppenverschiebungen vom Balkankriegsschauplatz an die Isonzofront waren auch Gebirgsbrigaden mit Teileinheiten der Reitenden Dalmatiner Landesschützen instradiert worden. In der Kriegsgliederung der Verbände zur Verteidigung des Küstenlandes im Frühjahr des Jahres 1915 standen, eingelangt am 11. Mai 1915, in der 57. Infanteriedivision unter dem Kommando von FML Goiginger in den Verbänden der 2. Gebirgsbrigade sowie in der 6. Gebirgsbrigade jeweils ein Zug der 1. Eskadron in den Deckungstruppen von Boroevićs 5. Armee. Die Verbände des XVI. Korps zählten zu den Verstärkungstruppen der Isonzoarmee. Mit dem XVI. Korps wurden im Mai 1915 mehrere Truppenkörper aus Dalmatien zur Verteidigung des Küstenlandes verlegt. Dazu zählten – neben dem dalmatischen 22. Infanterieregiment und dem dalmatischen 23. und 37. Schützenregiment – auch ein Zug der 2. Eskadron der Reitenden Dalmatiner Landesschützen in der 5. Gebirgsbrigade und ein Zug der 1. Eskadron in der 4. Gebirgsbrigade.[1164]

Das XVI. Korps war im Sektor zwischen Krn bis zur Adria eingesetzt. Das Schwergewicht jener Kämpfe lag während der ersten Isonzoschlacht bei der Kote 383, einer Erhebung direkt an der Hauptkampflinie des Flusses Isonzo sowie bei der zweiten Isonzooffensive am Goričko-Brückenkopf in der Nähe von Podgora. Beide Schwerpunktgebiete wurden hierbei von den genannten dalmatischen Einheiten der Isonzoarmee verteidigt.[1165]

Bis zum Herbst des Kriegsjahres 1915 war die Isonzofront in sektorale Abschnitte untergliedert worden. Die Reitenden Dalmatiner Landesschützen waren im Abschnitt I des XV. Korps sowie im Abschnitt II des XVI. Korps eingegliedert. Während im Abschnitt I in der 50. Infanteriedivision, in der sich auch, wie erwähnt, ein Zug der Marscheskadron der Reitenden Tiroler Landesschützen befand, in der 14. Gebirgsbrigade ein Zug der 2. Eskadron unterstellt war, blieben im Abschnitt II dieselben Kontingente der Reitenden Dalmatiner Landesschützen wie zu Beginn des Frühjahres in der 4. und 5. Gebirgsbrigade. Zusätzlich war im Abschnitt II der Isonzoarmee armeeunmittelbar die königlich ungarische 16. Landsturm Gebirgsbrigade zugeteilt, welcher ein Zug der 1. Eskadron der Reitenden Dalmatiner Landesschützen zugeteilt war.[1166]

[1164] Kriegsgliederung der im Frühjahr 1915 dem k. u. k. Armeeoberkommando unterstehenden Streitkräfte, Beilage 14, S. 24-26.

[1165] Mate Božič, PRIČA IZ PRVOG SVJETSKOG RATA: Dalmatinske pukovnije iskazale su iznimnu hrabrost u borbi protiv Talijana, radilo se o brutalnim bitkama prsa o prsa. [https://dalmatinskiportal.hr/hrvatska/prvisvjetski-rat/39545], eingesehen 17.10.2020.

[1166] Brauner, Pläne und Kräfteaufgebot für Herbst 1915, S. 40-43.

Der im Herbst den Reitenden Dalmatiner Landesschützen in der 50. Infanteriedivision eingegliederte Anton von Goldegg schilderte mit dem längsten Kriegstagebucheintrag[1167] vom 10. November 1915 den Beginn der vierten italienischen Isonzooffensive im Kampfgebiet um Tolmein:

> „[…] Wetter leider trübe abends kommt sicher ein Regen. ½ 7h abends ich gehe in Stellung u. zwar zum rechten Gewehr, welches das wichtigere. Es ist stockfinster […] ich sehe nicht einmal die nur 15x unter mir in zwei Reihen ca. 8-10x von einander befindlichen Stacheldrahthindernisse. Das Gewehr ist aber auf Nachtschuß eingerichtet fest geklemmt sowohl nach seitlich als auch vertikal was hier durch die Mulde herauf kommt muß hier in die Garbe kommen. Rechts vom Gewehr ca. 4x ist ein Unterstand aber nur gegen Regen u. nur dann wenn es nicht zu dicke wird, sonst tröpfelt es ganz munter durch. Nach vorne ist es wie eine Theaterloge offen, damit man ja nichts von dem schönen Spektakel versäume. So schön, es regnet schon. Setze mich auf meinen.....primitiven Sitz eher einer Hühnerstange vergleichbar, dürfte auf die Länge etwas…peinlich werden. Für den Fall eines Angriffs habe ich nicht weniger als 7 Reserve Munitions Verschläge bereit. Ein Band ist schon eingezogen also 2000 Schuß dürfte genügen. Es regnet immer stärker. Unter mir ca. 200x hört man unausgesetzt schießen manchmal ein Schuß, dann in rascher Folge 4,5, zehn, 100, es wächst zu einem veritablen Schnellfeuer an die ganze Stellung der 77er wird lebendig, links bei Dobjc die 72, dann die 37 an der Tolmeiner Brücke bis ganz hinüber St.Maria, St.Lucia jetzt schießen unsere Gebirgs Geschütze hinter mir. Zischend flizen die Shrapnels über unsere Köpfe gegen die italienischen Schützengräben die schweren Korps hinter dem Schloßberg dröhnen dumpf, am Kolowrat Vrch speien die Italiener aus 4-5 Batterien ihre Shrapnels, Granaten, Shrapnelgranaten gegen unsere Stellungen im Höllenlärm, auf einmal...alles liegt, der italienische Scheinwerfer leuchtet das Vorterrain ab, alles bleibt unbeweglich um kein Ziel zu verrathen man sieht endlich, es ist nichts, viel Lärm um nichts. Es ist wieder dunkel, das Gewehrfeuer ist ruhiger, die Geschütze auf unserer Seite schweigen wieder, nur die Italiener sind nicht so liebenswürdig, diese schießen Schuß auf Schuß auf die Höhe des Vodil u. Mrzli Vrch [sic!]. Arme 16 Komp, sie hat es am schlechtesten. Pfui Teufel ich war ganz geblendet gerade vis a vis von mir ein glühender Ballen u. gleich darauf ca. 12 m unter mir bei

[1167] Vgl. Diana Goldegg, I diari di Anton e Emma de Goldegg nella guerra dei boeri e nella la guerra mondiale dall'avventura alla guerra, phil.Bachelorarbeit Verona 2017.

den Hindernissen ein Krach, die sogenannte Sappeurbatterie knapp hinter dem Isonzo beim Dreinkyner Waldl beginnt ihr unfrendliches Concert bum, Krach schon wieder, dies mal etwas tiefer u. mehr links schon ca.40m weit genau nach der Richtung unserer Stellungen, es wird wieder hell eine Leuchtpistole ward abgeschossen vom Zugskommandanten rechts von mir, ich bin ihm sehr dankbar, mein Vormeister und ich spähen nach vorne die dies verhüllenden Zweige auseinander biegend. Ich sah nichts, der Vormeister versteht meine mehr gedankliche Frage, nema nista. Wir setzen uns beide wieder auf die ca. 4 zöllige runde Stange der Druck auf die Sitzfläche wird schon ziemlich fühlbar und es ist erst 9h. Das Gewehrgeschieße geht immer gleich weiter hie u. da zu neuem adagio anschwellend dann wieder auf Secunden nichts. Jetzt beleuchtet der Zugs Komdt. links durch einen Schuß aus der Leuchtpistole meine Mulde, schon wieder stecken zwei ihre Köpfe aus den Zweigen vorsichtig vor das Terrain abschätzend. Nema nista und die rundlichsten Partien sanft reibend, setzt man sich wieder nieder. Es ist ¾ 10 Die Sappeurbatterie beginnt wieder zu feuern, dieser plötzliche Lichtblitz tut den Augen direkt weh, diesmal noch etwas weiter unten u. links gegen den Mittel…Der obere Theil des Vodil u. Mrzli Vrch stehen unter schwerem Feuer, jetzt rattert in nächster Nähe ein Maschinengewehr mit hellem peitschenähnlichem Klang, ein italienisches, mein Herz klopft, kommen sie, es ist finster, da leuchtet aber der italienische Scheinwerfer ganz ruhig, direkt unverschämt in diese unruhige Gegend, nichts. Beim geringsten Geräusch schießen die Leute aus den Deckungen ohne Ziel nur in die finstere Nacht hinaus, theils sich zu beruhigen sich wach zu erhalten, dem Feinde zu beweisen man ist auf seiner Hut. Unsere Leute beschießen wenig die Italiener aber fortwährend, man kann die Töne genau unterscheiden ob ein unsriges oder ein feindliches Gewehr abgeschossen, schon wieder rattert das feindliche Maschinengewehr rechts von mir, eine Leuchtpistole wird sofort abgeschossen und der Leuchtkörper sinkt ruhig gerade in die Mitte meiner Mulde ca. 70x von den Hindernissen u. brennt noch aus der Ferne einige Sekunden weiter, man kann jeden kleinen Stein sehen; Nema nista […]. Es zischt, ein Blitz dann einige Secunden ein langanhaltender Donner ein Gewitter am 10. November, jetzt kommt Blitz auf Blitz. Es stürzen die Wasser von den Bergen ein richtiger Wolkenbruch, ich bin trotz Pelz und Pellerinen schon tatschnaß, drüben hinter den Brücken des Kolowrat Vrch ein heller Schein dann ein tiefes Dröhnen die Erde zittert.

Das war unser 305 in Sta Lucia. Wenn dieser Herr seine Stimme erhebt, dann ist es einige Minuten ganz ruhig hüben und drüben, es ist wie wenn der Donner schweigt. Nach kurzer Zeit ertönt vorlaut einer, dann mehrere Schüsse aus den ausländischen Schützengräben auch Geschütze beginnen wieder ihr unmelodisches Concert, so geht es bis 12h die Finsternis hat womöglich noch zugenommen, scharfe Windstöße treiben den Regen hier in die Sappeurbatterie welche sich etwas Ruhe gönnte, mit meinem vollsten Einvernehmen, holt das Versäumte nach, diesmal geht's hinter uns auf ca. 50m ffff-bum beim zerschossenen Haus wo von uns eine Feldwache steht Steine u. Erdklumpen fliegen auf unser schwaches Dach, ohne jedoch einen Schaden anzurichten. Oben am Kolowrat geben die Batterien Schuß auf Schuß auf die Stellungen am Mrzli Vrch ab und bei diesem Unwetter und Lärm liegen die braven 80er die Maschinisten am Boden auf einem harten Brett oder auch nur einem Zeltdach und vereinigen ihr Geschnarche und sonstige Geräusche ruhig mit dem um sie tobenden, es ist aber auch kein Spaß, diese braven Burschen haben die ganzen schweren Kämpfe am Mrzli Vrch vom 20/X. an mitgemacht, liegen jetzt hier seit Tagen im Schnee Regen haben kein trockenes Fleckchen am Leibe. Sie schlafen ruhig, sie wissen das Gewehr ist schußbereit, die Munition und Requisiten vorhanden und was das Wichtigste ihr Kommandant und ihr Vormeister wachen. Diese Stange auf welcher ich sitze ist aber eben auch das beste Instrument zur Vertreibung aller Schlafversuche, die reine Tortur selbst für einen abgehärteten Reitersmann. [...]."[1168]

In den Gefechten der österreich-ungarischen Isonzoverteidigung wurde Anton Ritter von Goldegg Ende November 1915 „[...] für besonders tapferes Verhalten vor dem Feinde [...]"[1169] ausgezeichnet.

Drei Tage vor Ende der „vierten Isonzoschlacht", am 11. Dezember 1915, vermerkte Goldegg in seinem Kriegstagebuch: „Der Gesundheitszustand der Mannschaft nicht besonders. Sind durch schlechtes Wetter und viele Arbeit sehr heruntergekommen. Mit diesen Leuten kann man keine Offensive durchführen. Trotz aller schönen Befehle von Seiten hoher Kommandanten. Sind wir froh wenn wir die Front halten."[1170] Am

---

[1168] PA-G Kriegstagebuch des Reitenden Dalmatiner Landesschützen und Reitenden Tiroler Landesschützen/Kaiserschützen Anton Ritter von Goldegg und Lindenburg von 29.10.1915-30.12.1915.

[1169] *Znaimer Wochenblatt (28.11.1915)*, S. 7.

[1170] PA-G Kriegstagebuch des Reitenden Dalmatiner Landesschützen und Reitenden Tiroler Landesschützen/Kaiserschützen Anton Ritter von Goldegg und Lindenburg von 29.10.1915-30.12.1915.

22. Dezember 1915 lagen immer noch die Toten beider Seiten in den Schützengräben und Drahtverhauen. Goldegg schrieb: „Die Toten hängen in unseren äußersten Drahtverhauen u[nd] sind nicht zu bergen weder von uns noch von den Italienern. Es liegen übrigens noch genug vor unseren Stellungen von früher her stinken zeitweise bestialisch."[1171] Die Tagebucheinträge spiegeln einerseits die Aspekte des Lebens im schwer umkämpften Einsatzraum unter Belastung durch den Gegner sowie extreme Umfeldbedingungen wider. Andererseits den „Schrecken an der Front" mit Toten und Gestank als auch die Intensität der Kämpfe im Isonzogebiet.

Im Kriegsjahr 1916 wurde die Isonzofront im III. Abschnitt mit aus Siebenbürgen zugeführten Verbänden verstärkt. Darunter befanden sich in der 61. Infanteriedivision als Divisionskavallerie drei Züge der 2. Eskadron der Reitenden Dalmatiner Landesschützen mit einer Gesamtstärke von 80 Reitern.[1172] An einem anderen Abschnitt der italienischen Front, im Raum des Sugangatals, wurde - bei der 2. Gebirgsbrigade - ein Zug der 1. Eskadron der Reitenden Dalmatiner Landesschützen in Stärke von 46 Mann vom russländischen Kriegsschauplatz eingesetzt[1173] und in der zweiten Jahreshälfte in die 11. Armee von GO Rohr im Rayon III Südtirol[1174] und während der 6. Isonzoschlacht am 11. August 1916 im Bereich der 5. Armee in Podmelec und Grappa östlich von Tolmein eingegliedert.[1175] In Anerkennung ihrer Verdienste erhielten die dalmatinischen Einheiten von Kaiser Karl im Kriegsjahr 1917 ad honorem „[...] heraldiče elemente iz grba Kraljevine Dalmacije - točnije tri zlatne okrunjene heraldički leopardove glave na plavom polju."[1176]

[1171] Ebd.
[1172] Kriegsgliederung für das erste Halbjahr 1916, Beilage 2, S. 15.
[1173] Ebd., S. 21.
[1174] Kriegsgliederung für die Monate August und September 1916, Beilage 7, S. 8.
[1175] Ebd., S. 15.
[1176] Mate Božič, PRIČA IZ PRVOG SVJETSKOG RATA: Dalmatinske pukovnije iskazale su iznimnu hrabrost u borbi protiv Talijana, radilo se o brutalnim bitkama prsa o prsa. [https://dalmatinskiportal.hr/hrvatska/prvisvjetski-rat/39545], eingesehen 17.10.2020. Eigene Übersetzung: Auf Grund der schwere der Verteidigung des Küstenlandes gegen die italienischen Verbände und dem Einsatz der dalmatinischen Verbände wurde jenen von Kaiser Karl im Kriegsjahr 1917 ad honorem „heradlische Elemente aus dem Wappen des Königreichs Dalmatien - genauer gesagt drei goldene gekrönte heraldischen Leopardenköpfe auf einem blauen Feld", verliehen.

3. Südtirol, Siebenbürgen und Montenegro/Albanien: Die Stationen 1916-1918

Der *Allgemeiner Tiroler Anzeiger* vermerkte am 15. Februar 1916 diesbezüglich: „[Wie sich die] […] Dalmatiner[,] […] ihre Landwehr und berittene Landesschützen […] heute an der Isonzofront und als ‚Grenzjäger' an der montegrinischen Front bewährten, gehört zu den stolzesten Ruhmesblättern der österreichischen Kriegsgeschichte."[1177] Andere Eskadronen der Dalmatischen Landesschützen waren weiter an der Ostfront sowie auf dem Balkan-Kriegsschauplatz eingesetzt, wo sie bei der Eroberung von Montenegro und der Besetzung Nordalbaniens Anfang 1916 teilnahmen. Im Februar 1916 wurde ein Zug der 1. Eskadron[1178] von Montenegro an die Tiroler Front verlegt und kam in der 6. Gebirgsbrigade bei der 57. Infanteriedivision im VIII. Korps, in der für die Südtirol-Offensive neu formierten 11. Armee bei der Heeresgruppe GO Erzherzog Eugen zum Einsatz. Ein Zug der 2. Eskadron[1179] war außerdem der 59. Infanteriedivision zugeteilt. Diese Züge waren an den Gefechten bei Folgaria und Lavarone sowie Asiago und Arsiero beteiligt.[1180] Ende Juni 1916 kam der Zug der 1. Eskadron zur 7. Armee, jener der 2. Eskadron wurde wieder an die russländische Front verlegt.[1181]

Auf dem rumänischen Kriegsschauplatz waren im VI. Korps in der 61. Infanteriedivision als Divisionskavallerie drei Züge der 2. Eskadron der Reitenden Dalmatiner Landesschützen.[1182] Diese drei Züge wurden Ende Juli 1916 nach Siebenbürgen verschoben, und wehrten im Verbund mit der 61. Infanteriedivision von August bis September den Einbruch der Rumänen in Siebenbürgen ab. Von Mitte Oktober waren sie an der rumänischen Front eingesetzt.[1183] Die 2. Gebirgsbrigade mit dem Zug der 1. Eskadron der Reitenden Dalmatiner Landesschützen war zur Verstärkung der in Rumänien im Kampf stehenden Truppen auf Anregung Hindenburgs von der Isonzofront, in welcher zu jenem Zeitpunkt die Gefechtshandlungen der siebenten Isonzoschlacht am Abklingen waren, nach Siebenbürgen verlegt worden. Am 24. August 1916 rückten die Reitenden Dalmatiner Landesschützen vom Podmelec ab und wurden über Piski nach Puj der 144. Infanteriebrigade angeschlossen. Sie waren an der Verteidigung während der Schlacht bei Hermannstadt sowie der Vertreibung

[1177] *Allgemeiner Tiroler Anzeiger (15.02.1916)*, S. 4.
[1178] Kriegsgliederung für das erste Halbjahr 1916, Beilage 2, S. 18.
[1179] Kriegsgliederung für das erste Halbjahr 1916, Beilage 2, S. 19.
[1180] Ehnl/Edwin Sacken, Gebirgsbrigaden, S. 277.
[1181] Ehnl/Sacken, Infanteriedivisionen, S. 235.
[1182] Kriegsgliederung für die Monate August und September 1916, Beilage 7, S. 43.
[1183] Ehnl/Sacken, Infanteriedivisionen, S. 237.

der Rumänen aus Siebenbürgen beteiligt.[1184] Währenddessen stand ein Zug der 1. Eskadron am albanischen Kriegsschauplatz in den Stellungskämpfen in Albanien im Winter 1917[1185] in der 3. Armee in der 47. Infanteriedivision, der 14. Gebirgsbrigade unterstellt.[1186] Auf dem russisch-rumänischen Kriegsschauplatz war im Kriegsjahr 1917 in der so genannten „Gruppe Pichler" mit der 59. Infanteriedivision neben dem Husarenregiment 6 als Divisionskavallerie auch ein Zug der 1. sowie ein Zug der 2. Schwadron der Reitenden Dalmatiner Schützendivision.[1187] Die Stationen dieser Teileinheiten der 1. und 2. Schwadron der Reitenden Dalmatiner Schützendivision waren der Kleinkrieg bei Kirlibaba im Winter 1917 - Vormarsch bis an die Moldawa - Vordringen in der Bukowina sowie Vorstöße aus der Bukowina - Kämpfe auf der Ciotahöhe - Besetzung der Ukraine bis Mai 1918.[1188] Am 12. Dezember 1917 wurde über eine „Waffentat" in der Bukowina von Reserve Wachtmeister Ivan Tijardovic der Reitenden Dalmatiner Schützendivision in der „Gruppe Pichler" am Kriegsschauplatz der Bukowina Folgendes vermerkt:

> „Vom Kriegsbeginn an stand er an der Front und kämpfte an allen 5 Kriegsschauplätzen, wo er es verstand sich als tapferer Sohn Dalmatiens durch seinen Mut und Pflichttreue, - Ruhm zu erwerben.
> Am 1./8.1917 bekam Obiger vom Divisionär Fmlt. PICHLER den Befehl, die Verbindung mit dem 6. H.J.R. aufzustellen. Gleichzeitig sollte [er] gegen das Dorf ARDZEL, welches von Russen noch besetzt war aufklären. Er stellte die Verbindung her, indem er ungeachtet des feindlichen Feuers, die Linien des Gegners passierte, - übernachtete 2 km hinter denselben und orientierte sich über die allgemeine Lage des Feindes, über dessen Stärke und Zusammensetzung. Mit Morgengrauen des folgenden Tages rückte er zu seiner Brigade mit wichtigen Meldungen ein. Am Rückwege wurde er mit seiner kleinen Patrouille vom Feinde entdeckt und von diesem mit heftigem Art[illerie]- und Inf[anterie] Feuer überschüttet. Dursch [sic!] seine umsichtige Führung gelang es ihm und seiner Schar dem Verderben zu entgehen und dadurch die wichtigen Wahrnehmungen und Meldungen zu retten. Für diese Tat bekam er die Goldene Tapferkeitsmedaille."[1189]

[1184] Rudolf Kiszling, Der Feldzug in Siebenbürgen, in: *ÖULK, Die Ereignisse von August bis Jahresende. Das Kriegsjahr 1916*, Band 4, hrsg. v. Edmund Glaise-Horstenau, Wien 1933, S. 221-358, hier S. 312.

[1185] Ehnl/Edwin Sacken, Gebirgsbrigaden, S. 282.

[1186] Kriegsgliederung für das erste Halbjahr 1916, Beilage 2, S. 3.

[1187] Kriegsgliederung für den russisch-rumänischen Kriegsschauplatz im Sommer 1917, in: *ÖULK, 6. Das Kriegsjahr 1917.* Beilagen (VI. Beilagen), hrsg. v. Edmund Glaise-Horstenau, Wien 1936, Beilage 13, S. 11.

[1188] Ehnl/Sacken, Infanteriedivisionen, S. 235.

[1189] OeStA-KA AdTK 1724 Reit.Sch.Reg. Abschrift des Berichtes des obigen Kmdos (K.k. Reit. Dalm. Schützen. 2. Schwadron, 1 Zug.) E. Nr. 56.

Im Kriegsjahr 1918 wurden die gesamte 1. sowie 2. Schwadron der Reitenden Dalmatiner Schützendivision in der 11. Armee zusammengeführt. Die 1. Schwadron war hierbei in die 60. Infanteriedivision[1190], die 2. Schwadron in die 53. Infanteriedivision[1191] eingegliedert und nahmen einerseits mit der 53. Infanteriedivision an der Junischlacht am Piave[1192] sowie andererseits mit der 60. Infanteriedivision bei der Schlacht auf der Hochfläche der Sieben Gemeinden und im Grappa-Gebiet[1193] teil.

[1190] Neugliederung und Einteilung des öst.-ung. Heeres am 15. Juni 1918, Beilage 3, S. 10.
[1191] Ebd., S. 9.
[1192] Ehnl/Sacken, Infanteriedivisionen, S. 230.
[1193] Ebd., S. 236.

VIII. Vergleich der Reitenden Tiroler Landesschützen mit den Reitenden Dalmatiner Landesschützen

Bis zum Kriegsjahr 1914 erfuhren die Eskadronen der Reitenden Tiroler Landesschützen sowie die Eskadronen der Reitenden Dalmatiner Landesschützen eine massive personelle Aufwertung ihrer Kavallerieelemente. Die Gesamtstärke bei Kriegsbeginn 1914 betrug bei den Reitenden Tiroler Landesschützen drei Eskadronen, bei den Reitenden Dalmatiner Landesschützen zwei Eskadronen.

Die Reitenden Tiroler Landesschützen wurden auf direkten Antrag des Thurn von Hohensteins, mit der Verwirklichung im Landwehrgesetz von 1869 sowie im Speziellen des Landesverteidigungsgesetzes für Tirol, aufgestellt. Die Reitenden Dalmatiner Landesschützen hingegen entsprangen einer generellen Aufstockung der Landwehr-Eskadrone. Eine Verbindung der Reitenden Tiroler Landesschützen mit den Reitenden Dalmatiner Landesschützen ergibt sich daraus, dass der Kommandant der Tiroler und Vorarlberger Landesschützen zu Pferd, Rittmeister Gustav Freiherr von Tinti, im Jahr 1874 als formierungsverantwortlicher Kavallerie-Offizier zur Aufstellung der Reitenden Dalmatiner nach Zara beordert wurde. Gewissermaßen am Ende ihrer Existenz mutet es paradox an, dass die Reitenden Tiroler Kaiserschützen von einem Reitenden Dalmatiner Offizier, dem Innsbrucker Anton Karl von Spielmann, nach Kriegsende in Innsbruck aufgelöst wurden.

Während des Krieges waren Angehörige beider Truppenkörper gelegentlich nebeneinander eingesetzt; außerdem gab es Transferierungen von Offizieren und Mannschaften zwischen beiden Reitenden Landesschützen vor allem im Raum des Presenagletschers sowie im Brenta-Gebiet respektive auf der Hochfläche der Sieben Gemeinden/Grappamassiv und der Isonzofront. Oftmals wurden diese dienstzugeteilten Soldaten in Bezug auf „Waffentaten" durch Kriegsmedaillen und Auszeichnungen sowie in Kommando-Tagesbefehlen gewürdigt.

Bei der Auswahl der Mannschaften wurde von Tiroler Seite aus ein strenger Maßstab angesetzt.

Die Offiziere und Mannschaften der Reitenden Tiroler Landesschützen mussten strikte Parameter erfüllen. Beispielsweise durften schwache und kurzsichtige Soldaten sowie solche ohne Schulbildung nicht zu den Tiroler Eskadronen eingeteilt werden. Zudem mussten jene Männer kräftige und gute Schützen sein, die Erfahrung im Umgang mit Pferden war Voraussetzung. Bei den berittenen Dalmatinern hingegen galt das Credo, eine Vorliebe für den Dienst zu Pferd zu haben, der Bildungsstandard war bei der Aufnahme zu jener Kavallerieeinheit nicht ausschlaggebend.

Die Mannschaften der Dalmatiner wurden vorrangig aus einjährig sowie zweijährig Freiwilligen gestellt.

Die Ausbildungs- respektive Verpflichtungsdauer in der Tiroler Kavallerie-Landwehr betrug anfänglich 15 Wochen Ausbildung mit anschließenden drei Wochen Waffenübungen, welche nach dem ersten Jahr jedoch auf eine einjährige Dienstzeit und ab dem Jahr 1895 auf eine zweijährige Dienstzeit verlängert wurde. Die Dalmatiner Eskadron hingegen hatte standardmäßig eine einjährige Dienstzeit und von Anfang an eine längere Waffenübungsdauer von vier Wochen abzuleisten.

Adjustierung und Ausrüstung waren während der Aufstellungsjahre anfänglich unterschiedlich, da die berittenen Dalmatiner aus Beständen der Dalmatinischen Infanterieregimenter eingekleidet wurden, im Laufe der Reorganisation der k. k. Landwehr wurde jedoch die Uniformierung fast ident mit einigen wenigen Unterscheidungsmerkmalen. Gemeinsames Alleinstellungsmerkmal der Tiroler und Dalmatiner Kavalleriekörper in der gesamten k.k. Landwehrkavallerie war die grasgrüne Egalisierung am Kragen und den Ärmeln. Unterschiede zwischen den beiden Kavallerieeinheiten bei der Adjustierung waren nur noch in Bezug auf die obersten Bekleidungsstücke sichtbar. Die Reitenden Dalmatiner hatten anstelle des Waffenrockes die Bluse und den Waffenrock anstatt des Pelzes. Sowohl die Reitenden Tiroler wie die Reitenden Dalmatiner den Jägerhut als Kopfbedeckung trugen, war jener der Tiroler im Emblem mit dem Tiroler Adler, jener der Dalmatiner mit dem Doppel-Adler bestückt. Die Bewaffnung war ähnlich, jedoch nicht gleich, da die Dalmatiner Einheit leichtere Kavalleriesäbel als das Tiroler Pendant zugewiesen bekommen hatte. In Bezug auf die Feldverwendbarkeit unterschieden sich die beiden Einheiten jedoch gravierend. Während die Tiroler Eskadronen im Hinblick auf Gebirgseinsätze mit dem Pelzmantel als Überbekleidung, genagelten Bergschuhen, Gamaschen, Seil und Pickel ausgerüstet waren, waren die Dalmatiner Eskadronen der standardisierten k.k. Landwehr entsprechend ausrüstungstechnisch beteilt worden.

Die Pferde unterschieden sich in Art und Stockmaß, da bei den Reitenden Tiroler Landesschützen ursprünglich nur Tiroler Pferde mit einem Mindest-Stockmaß zwischen 1,54 und 1,60 Meter in den Stand der Eskadronen genommen wurden, hingegen bei den Reitenden Dalmatinern sich die Anforderung auf Pferde etwas kleineren Schlages belief, mit einem Stockmaß zwischen 1,50 und 1,56 Meter.

Während die Tiroler Eskadronen eine zunehmende Entwicklung der Gebirgsaffinität vom Meldereiter- und Aufklärungswesen hin zur kämpfenden Truppe der Infanteristen, allererst hoch zu Pferd und in weiterer Folge zum pferdelosen Hochgebirgsinfanteristen vollzogen, und durch Manöver und Gebirgsüberschreitungen sowie dem Vorüben des „Kampfes der verbundenen Waffen" im „Friedensbetrieb" ein Teil der „Organisation des Krieges" wurden, nahmen die berittenen Dalmatiner Landesschützen im Jahr 1878 im Kriegsgeschehen im Bosnien-Herzegowina-Feldzug effektiv an Kampfhandlungen teil. Jene Kriegsverwendung war zudem die erste und einzige einer k.k. Kavallerieeinheit vor dem Ersten Weltkrieg.

Ein weiteres Alleinstellungsmerkmal der berittenen Tiroler und Dalmatiner Einheiten war die gemeinsame Nomenklatur. Entgegen dem Umstand, dass die Kompanieebenen aller anderen k.k. Kavallerietruppenkörper als „Schwadron" bezeichnet wurden, wurde die Kompanieäquivalente bei den Tirolern und Dalmatinern bis zur Zirkularverordnung des Kriegsjahres 1917 als „Eskadron" bezeichnet. Die Tiroler Einheit erfuhr durch die Entwicklung einer Hochgebirgsaffinität mit Übungen/Manövern im Hochgebirge - wenn auch nur in der Soldatensprache respektive im „Volksmund" - eine Ableitung ihres Namens in „Gletscher-Husaren".

Beide Truppenkörper waren primär als berittene Infanterie und Meldereiter gedacht, wozu bei den Tiroler Landesschützen noch die Verwendungsfähigkeit im Gelände kam. Lediglich die Dalmatiner Landesschützen erlebten 1878 beim Okkupationsfeldzug in Bosnien-Herzegowina einen Einsatz im Krieg. Während des Ersten Weltkrieges teilten beide das Schicksal praktisch aller berittenen Truppen auf europäischen Kriegsschauplätzen, überwiegend infanteristisch zum Einsatz zu kommen. Die Einsatzgebiete waren ab 1915 überwiegend an der italienischen Front, bei den Dalmatiner Landesschützen auch auf dem rumänischen Kriegsschauplatz.

IX. Zusammenfassung

Wie anfänglich in der vorliegenden Arbeit festgehalten wurde, sollte hier eine erstmalige Gesamtdarstellung der Reitenden Tiroler Landesschützen/Kaiserschützen erfolgen. Hierbei sollte der „Gefechtskalender" der Reitenden Tiroler Landesschützen/Kaiserschützen des Ersten Weltkrieges rekonstruiert und dadurch Ableitungen in Bezug auf Kampfwert, Einsatzaufgabe und Veränderung des Kriegsbildes getroffen werden. Zusätzlich war ein Vergleich mit der dalmatinischen k.k. Kavallerietruppe angepeilt.

Der rekonstruierte Gefechtskalender der Reitenden Tiroler Landesschützen/Kaiserschützen des Ostfeldzuges zeigt, dass die „Feuertaufe" der Reitenden Tiroler Landesschützen/Kaiserschützen im ersten Kriegsjahr nicht das bis dato in der Literatur und das weitertradierte kolportierte Datum des 9. September 1914 im Raum Rawa-Ruska-Lemberg war, sondern sich schon im August respektive Anfang September zugetragen hatte, nämlich in Rückzugsgefechten an der Gnila Lipa zwischen 28. und 31. August 1914 und im Raum um Lemberg sowie andererseits in der Schlacht um Grodek am 2. September 1914.

Die Reitenden Tiroler Landesschützen/Kaiserschützen hatten ab dem Kriegsjahr 1915 zwei Hauptschwerpunkte an der Westfront der Tiroler Front. Erstens, der Frontabschnitt nördlich des Tonale Passes, die Nord-Süd-Linie, Monte Rosole - Pallon della Mare - vorgeschobene Forno-Gletscherstellung - Monte Vioz wurde von den Reitenden Tiroler Landesschützen/Kaiserschützen selbstständig, in Eigenverantwortung, bis zum Kriegsende gehalten. Zweitens, an der Presanella Front, südlich des Tonale Passes, waren die Reitenden Tiroler Landesschützen/Kaiserschützen an mehreren richtungsweisenden Gefechten im Raum Monticello Grat, Maroccaro Pass sowie im Presena Kessel zugegen und vermochten, unter schweren Verlusten, die Front entweder zu halten oder rückzuerobern. Als „Nebenkriegsschauplätze" der Reitenden Tiroler Landesschützen/Kaiserschützen können hierbei, obwohl teilweise in der Gefechtsintensität um nichts geschmälert, die Gardasee- und Judikarienfront, die Dolomitenfront, das adriatische Küstenland und der Isonzo Raum gewertet werden. Ähnliches gilt für die Südtiroloffensive, den Durchbruch bei Flitsch-Tolmein und auch die Pasubiogefechte sowie die Junischlacht im Brenta und am Grappa-Massiv. Im Gegensatz zur Westfront der Tiroler Front waren die Reitenden Tiroler Landesschützen/Kaiserschützen an jenen Kriegsschauplätzen nur in geringer Anzahl (Zugsstärke) sowie als infanteristische Einheit, vor allem als Maschinengewehrabteilung, Großverbänden der k.u.k. Wehrmacht unterstellt.

Der allgemeine Rückzug der Reitenden Tiroler Landesschützen/Kaiserschützen nach dem Waffenstillstand verlief von der südlichen Ortlerfront, am 3. November 1918 vom Monte Vioz über den Vallenajagrat in das Val Venezia zum Refugio Cevedale (Zufallhütte). Hierbei ist erwähnenswert, dass, obwohl seit 3. November 1918 keine Kampfhandlungen auf Grund des Waffenstillstandes mehr erlaubt waren, am 4. November 1918 um 02:30 Uhr ein Feuergefecht zwischen flüchtenden Reitenden Tiroler Landesschützen/Kaiserschützen und italienischen Soldaten, welche die ehemalige Tiroler Front überschritten hatten, bei der Zufallhütte stattfand und noch einige Tote forderte. Der weitere Rückzugsweg der Reitenden Tiroler Landesschützen/Kaiserschützen führte von der Zufallhütte nach Goldrain, von dort ins Passeiertal und folgend nach Innsbruck. Teile der 3. Eskadron wurden im Raum Rovereto in Rückzugskämpfe verwickelt und gerieten in italienische Kriegsgefangenschaft. Der Rückzug der Reitenden Tiroler Landesschützen/Kaiserschützen erfolgte somit nicht, wie in der Literatur falsch wiedergegeben, zu Pferd und in geschlossener Form der Division respektive der Eskadronen, sondern einzeln oder in kleinen Gruppen.

Die Reitenden Tiroler Landesschützen/Kaiserschützen waren bewusst auf einen Einsatz im Gebirgskrieg ausgebildet und vorbereitet worden. Jene „Gebirgskriegsvorbereitung" begann mit der Adjustierung und Ausrüstung von genagelten Schuhen bis zum eigens für die Reitenden Tiroler Landesschützen/Kaiserschützen entworfenen Pelzmantel, dem Dolman sowie Eispickel und Seil in Verbindung mit den veranschlagten und durchgeführten ständigen, wie auch bei den Reitenden Dalmatiner Landesschützen/Schützendivision getätigten Distanzritten sowie Überschreitungen und Übungsritten von ungangbarem Gelände und Gebirgspässen im nördlichen und südlichen Landesteil sowie Waffenübungen im „Kampf der verbundenen Waffen" in zahlreichen Manövern.

Der Veränderung des Kriegsbildes der Reitenden Tiroler Landesschützen/Kaiserschützen hingegen spiegelt sich im Kampfwert der Tiroler Kavallerietruppe wider. Es erfolgte nämlich keine Guerillataktik in der Einsatzführung der Reitenden Tiroler Landesschützen/Kaiserschützen als Gefechtstechnik, sondern eine Anpassung an die Kriegsentwicklung im Hochgebirge, Angriff und vor allem Verteidigung nach Stellungsbehelf respektive Vorschrift. Dies gründete sich jedoch in dem Faktum, dass die Reitenden Tiroler Landesschützen/Kaiserschützen auf Grund ihres Kampfwertes nach dem Aufkommen der italienischen Maschinengewehre an der Südwestfront den Weg in den abgesessenen Zustand antreten mussten. Hatten die Reitenden Tiroler Landesschützen/Kaiserschützen im Ostfeldzug noch das Pferd als Gefechtsmittel sowie ein adäquates Gelände und einen gleich starken und ähnlich ausgerüsteten Gegner am Gefechtsfeld zu erwarten, war deren Kampfwert hoch. Da die Reitenden Tiroler Landesschützen/Kaiserschützen in topologischer und geographischer Hinsicht im Karst der Dolomiten sowie an der Westfront der Tiroler Front mit den Pferden das Gelände nicht mehr effektiv nutzen konnten sowie in aufgesessenem Zustand ein zu großes bewegliches Ziel für die italienischen Maschinengewehrabteilungen darstellten, musste eine Entwicklung zum infanteristischen Kampf ohne Pferd - somit zu Lasten des Kampfwertes der Tiroler Kavallerietruppe, welche ihre angelernten Fähigkeiten nicht mehr ausnutzen konnte - folgen. Die Minderung des Kampfwertes wurde von der k.u.k. militärischen Führung, wie der Einsatz von Reitenden Tiroler Landesschützen/Kaiserschützen an der südlichen Ortlerfront und der Presanella Gruppe beweist, bewusst in Kauf genommen, da die Division der Reitenden Tiroler Landesschützen/Kaiserschützen, wären diese nach dem Kriegseintritt Italiens auf dem russländischen Kriegsschauplatz weiterhin in ihrem Kernelement verblieben, wenngleich auch auf Grund des auch dort eintretenden Stellungskrieges an Teilen der Front zeitlich begrenzt, hätten jene weiterhin mit hohem Kampfwert auf dem Gefechtsfeld wirken können. Die Verminderung des Kampfwertes konnte nur - visualisiert mit den Stellungen, Stellungsbauten sowie Stützpunkten zwischen dem Monte Rosole und dem Monte Vioz - durch eben jene Ausgleichsmöglichkeiten des Stellungsbaues an der südlichen Ortlerfront angepasst werden. Somit waren die Reitenden Tiroler Landesschützen/Kaiserschützen nie des „Feldmarschall Conrads Hochgebirgs-Guerillatruppe", sondern ein Produkt des technisierten Krieges.

Die Reitenden Dalmatiner Landesschützen/Schützendivision waren sehr ähnlich der Reitenden Tiroler Landesschützen/Kaiserschützen, jedoch trat die dalmatinische Kavallerie mit Einsatzerfahrung des Bosnien-Herzegowina Feldzuges gegenüber dem Tiroler Kavallerieverband sowie allen anderen k.k. Kavallerietruppenkörpern in den Ersten Weltkrieg ein. Das entscheidende Faktum bei den Reitenden Dalmatiner Landesschützen/Schützendivision entsprang der Tatsache, dass einerseits jener Kavallerietruppenkörper vom damaligen Kommandanten der Reitenden Tiroler Landesschützen/Kaiserschützen in Zara aufgestellt worden war, andererseits auch Dienstzuteilungen, vor allem in den Kriegsjahren 1916-1918 von den Reitenden Dalmatiner Landesschützen/Schützendivision zu den Reitenden Tiroler Landesschützen/Kaiserschützen erfolgten und oftmals jene zugeteilten Dalmatiner bei den „Erfolgsmeldungen" der Reitenden Tiroler Landesschützen/Kaiserschützen Erwähnung fanden. Die

Kriegsschauplätze der Reitenden Dalmatiner Landesschützen/Schützen-division unterschieden sich im Großen nur in dem Faktum, dass die Dalmatiner Eskadronen primär am Balkan sowie auf russländischem Boden auf dem Gefechtsfeld standen, wogegen die Tiroler Eskadronen nach dem Ostfeldzug größtenteils an die Westfront der Tiroler Front instradiert wurden. Gemein hatten beide Einheiten jedoch den Kampfschauplatz der Isonzofront sowie die Junischlacht im Gebiet des Grappa-Massivs.

Konkordanz der Ortsnamen

Die Schreibweise der Ortsnamen wurde auf Basis der Quellen der vorliegenden Arbeit übernommen.

Schreibweise in den Quellen und Seitenangaben:	*Heutige Schreibweise und Staatenzugehörigkeit:*
Agram S. 86;	Zagreb (HR)
Babia-Gora S. 123;	Babia Góra, polnisch-slowakisches Gebirgsmassiv (PL)
Bochotniza S. 119;	Bochotnica (PL)
Boleslav S. 120; 121;	Boleslaw k Tarnowa (PL)
Brest-Lytowsk/Brest-Litowsk S. 103; 133; 230;	Brest (BY)
Burkanow S. 133;	Burkaniv (UA)
Citerna S. 208; 209;	Cisterna (IT)
Flitsch S. 219; 225; 227; 228; 263; 278;	Bovec (SLO)
Karfreit S. 166; 225; 227;	Caporetto (IT)
Görz S. 165; 166; 167; 217; 223; 228; 251;	Gorizia (IT)
Grims S. 158;	Grigno (IT)
Grodek S. 17; 109; 110; 111; 278;	Horodok (UA)
Horn der Drei Herren S. 157;	Il Corno dei Tre Signori (IT)
Ivangorod S. 103;	ehemalige Festungsstadt südlich von Warschau (PL)
Janonka S. 113;	ehemalige deutsche Kolonie in Wolhynien (UA)
Kiralyhida S. 234;	Bruckneudorf (AT)
Liskowice S. 112;	Lesko (PL)
Miechocin S. 125;	ältester Stadtteil von Tarnobrzeg (PL)
Mokre S. 118;	Mokrzyska (PL)
Opole S. 130; 131; 132; 133;	Opole Lubelskie (PL)
Pallon della Mare S. 154; 155; 174; 178; 181; 182; 183; 184; 186; 198; 199; 278;	Palòn de la Mare (IT)
Persen S. 52; 56;	Pergine (IT)
Premyslani S. 103;	Przemyślany/Peremyschljany (UA)
Saczuczin S. 124; 125;	Szczucin an der Weichsel (PL)
Saggengasse S. 53; 57; 256;	Kaiserjägerstraße (AT)
Sieben Gemeinden S. 149; 216; 236; 244; 246; 274;	Sette Comuni (IT)
Skowieszyn S. 119;	Skowieszyn Lubelskie (PL)
Stanimirz S. 103;	Stanymyr (UA)
Steinhartspitze S. 206;	Cornicciolo di Presena (IT)
TimowaS. 125;	Tymowa (PL)
Tolmein 29; 148; 166; 168; 215; 219; 226; 228; 263; 268; 271; 278;	Tolmin/Tolmino (IT)
Trient S. 39; 52; 53; 55; 56; 66; 67; 143; 147; 149; 218; 220; 231; 234; 239; 250;	Trento (IT)
Triest S. 165; 167; 170; 171; 223; 251; 264;	Trieste (IT)
Turkocin S. 103;	Turkotyn (UA)
Uscje Jezniki S. 120;	Ujście Jeznicki (1914 ein Zollamt an der Weichsel) (PL)
Vielgereuth S. 254;	Folgaria (IT)

Weisswasser S. 104;	Biała Woda (PL)
Wiszniowczyk S. 119;	Vyshnivchyk (UA)
Wolkowice S. 133;	Wilkowice (PL)
Wysnica S. 130;	Zufluss der Weichsel in der Woiwodlandschaft (PL)
Zara S. 72; 73; 75; 275; 280;	Zadar (HR)
Zarwaniecki S. 133; 134;	Sarwanyzia (UA)

Fluss:

Isonzo	Soča (SLO)

Personenregister

Im vorliegenden Personenregister wurden Persönlichkeiten aufgenommen, welche im Text vorkommen, Kommandanten von großen und kleinen Verbänden mit Einfluss auf die Kampfführung sowie Einheiten und Teileinheiten, vor allem der Reitenden Tiroler Landesschützen/Kaiserschützen Division sowie ehemalige Kriegsteilnehmer, deren Werke für die vorliegende Arbeit herangezogen wurden.

Auffenberg, Moritz von * 22. Mai 1852; † 18. Mai 1828;
1911–1912 österreich-ungarischer Kriegsminister, 1914 Kdt. d. 4. Armee – Beiname: ‚von Komarow'

Boroević von Bojna, Svetozar * 13. Dezember 1856; † 23. Mai 1920;
GdI (FM 1918), 1916 Kdt. d. 5. Armee (Isonzoarmee) – Beiname: ‚Löwe vom Isonzo'

Brussilov, Aleksej * 31. August 1853; † 17. März 1926;
russischer GdK, 1916 Oberbefehlshaber der russländischen Südwestfront

Brüll, Josef * 29. Mai 1889; † 15. Dezember 1941;
Lt, Kommandant der Maschinengewehrschwadron der RTLs/RTKs

Cadorna, Luigi * 04. September 1850; † 21. Dezember 1928;
italienischer FM, 1914–1917 Italienischer Generalstabchef

Cavallieri, Alois * o.D; † o.D.;
Rtm, Eskadronskommdandant der RTLs/RTKs

Conrad von Hötzendorf, Franz * 11. November 1852; † 25. August 1925;
österreich-ungarischer Kriegsminister FM, 1906–1911 u. 1912–1917 Generalstabschef, März 1917 bis Juli 1917 Ober-Kdt der Südfront

Dankl, Viktor Frh. von Krasnik * 18. September 1854; † 08. Jänner 1941;
österreich-ungarischer GdK, 1914 Kdt. d. 1. Armee, 23.05.1915–1916 Kdt. LVK Tirol, 1916 GO, ab Marz 1916 Kdt. d. 11. Armee in Tirol

Diaz, Armando * 05. Dezember 1861; † 29. Februar 1928;
italienischer FM, 1917/18 Italienischer Generalstabsschef

Ellison von Nidlef, Otto * 06. April 1868; † 11. November 1947;
österreich-ungarischer Obst im Geniekorps, 1915 Abschnittskommandant Lavarone, 1916 Kdt. d. 43. Schützenbrigade, Brigadier am Pasubio

Eugen von Österreich, * 21. Mai 1863; † 30. Dezember 1954;
Erzherzog, FM, Kdt. d. Südwestfront und des Halbregiments ‚Erzherzog Eugen'

Falkenhayn, Erich Georg von * 11. September 1861; † 08. April 1921;
preußischer GdI, 1913–1915 preußischer Kriegsminister, 1914–29.08.1916 Deutscher Generalstabsschef

Florio, Rudolf * o.D; † o.D.;
Obst, Kdt. d. Kaiserschützenregiment I, 1916-1918

Foltin, Franz * 23. Oktober 1880; † 07. September 1968;
Rtm, Eskadronskommandant der 3. Eskadron/Schwadron der RTLs/RTKs

Franz Joseph I. * 18. August 1830; † 21. November 1916;
1848–1916 Kaiser von Österreich und apostolischer König von Ungarn

Fuchs, Karl * o.D; † o.D.;
Olt, Kommandant der 1. Marscheskadron der RTLs/RTKs

Fuchs, Viktor Freiherr von * o.D; † o.D.;
Lt, Kommandant der mobilen Maschinengewehrabteilung mit der Nummer 8/IV

Glaise-Horstenau, Edmund von * 27. Februar 1882; † 20. Juli 1946;
österreich-ungarischer Hptm d. G. und späterer General, Pressereferent im AOK, Historiker im Kriegsarchiv Wien

Goiginger, Ludwig * 11. August 1863; † 28. August 1931;
österreich-ungarischer FML, 1915 Kdt. d. Div. ‚Pustertal'

Goldegg und Lindenburg, Anton Ritter von * 31. Mai 1865; † 22. Dezember 1926;
Olt, Kommandant des 2. Zuges der Marscheskadron der Reitenden Dalmatiner Landesschützen sowie Kdt der Maschinengewehrschwadron der RTLs/RTKs

Guggenberg und Richthofen, Athanas zu * o.D; † o.D.;
Fhr, bei den RTLs/RTKs

Guseck Edler von Glankirchen, Oskar * 27. April 1860; † 22. Jänner 1939;
österreich-ungarischer FML

Handl, Leo *17. April 1887; † 13. Mai 1966;
Olt, Ingenieur, Begründer des ‚Gletscherstollen-Konzeptes'

Hermanny-Miksch, Rudolf * 21. Dezember 1874; † 27. Februar 1925;
GenMjr, Kreigsteilnehmer im k. k. Landesschützenregiment „Trient" Nr. I

Hindenburg-Beneckendorff, Paul v. * 02. Oktober 1847; † 02. August 1934;
preußischer GFM, 1914 Oberbefehlshaber der dt. Trp. an der Ostfront, Generalstabsschef in der 3. OHL

Jenny, Wilhelm von * 17. August 1891; † 19. Jänner 1961;
1917 Kommandant der ‚rollenden Einsätze' bei den RTKs; 1918 Kommandant einer Fußschwadron der RTKs

Karl I. (IV. von Ungarn) * 17. August 1887; † 01. April 1922;
1916 Kdt. XX. Korps in Tirol, 1916–1918 Kaiser von Österreich und apostolischer König von Ungarn

Kodera, Josef * o.D; † o.D.;
Hptm, Kriegsteilnehmer und Nachkriegsfunktionen im Ministerium für Landesverteidigung

Können-Horak, Edler von Ludwig * 15. Februar 1861; † 14. Oktober 1938;
österreich-ungarischer FML, Kdt. LVK Tirol bis 1915, 1916 Kdt. d. Rayon III

Kuhn, Franz Frh. von Kuhnenfeld * 15. Juli 1817; † 25. Mai 1896;
Kriegsminister 1867–74, Gebirgskriegtheoretiker

Lempruch, Moritz von *23. April 1871; † 29. Februar 1946;
österreich-ungarischer Obst, 1915 Abschnittskommandant Folgaria, 1916 Kdt. Rayon I (Ortler)

Ludendorff, Erich *09. April 1865; † 20. Dezember 1937;
preußischer GdI, Erster Generalquartiermeister i.d. 3. OHL ab 1916

Roth, Joseph * 12. Oktober 1859; † 09. April 1927;
österreich-ungarischer GdI, 1915 Kdt. XIV. Korps, ab 1916 Kdt. LVK Tirol und Kdt. d. 20. Korps in Südtirol - Beiname: ‚von Limanowa-Lapanow'

Schreiner-Soenegard, Leopold * o.D; † o.D.;
Rtm, Kommandant der 2. Eskadron/Schwadron der RTLs/RTKs

Stein, Hermann von * 13. September 1854; † 26. Mai 1927;
bayerischer GenLt, 1915–1917 Kdt. d. 8. bay. Res. Div., 1917 Kdt. III. bay. Korps (Grp. Stein)

Vevér, Karl Freiherr von * 28. Februar 1853; † 21. Mai 1918;
Obst, Detachementkommandant an der Ostfront 1915

Wimmer, Max * 19. Februar 1867; † o.D.;
Rtm, Eskadronskommandant der RTLs/RTKs

Abkürzungsverzeichnis

AdTk	Archiv der Truppenkörper
AOK	Armeeoberkommando
Baon	Bataillon
Bar	Baracke
BauAbt	Bau Abteilung
BayKA	Bayerisches Hauptstaatsarchiv – Abteilung Kriegsarchiv
Bef	Befehl
BS I WK	Bildstelle I. Weltkrieg
BDLSch	Berittene Dalmatiner Landes Schützen
cca	circa
d. G.	des Generalstabs
D.R./DR	Dragonerregiment
dt.	deutsch
EH	Erhard Hartung
Esk	Eskadron
FA	Faszikel
Fd	Feind
fdl	feindlich
FJI	Franz Josef I
FM	Feldmarschall
FML	Feldmarschallleutnant
FW	Feldwache
FZM	Feldzeugmeister
G	Goldegg
GdI	General der Infanterie
GdK	General der Kavallerie
GebBrig	Gebirgs-Brigade
GenKdo	General-Kommando
GenLt	Generalleutnant
GenMjr	Generalmajor
GM	Generalmajor
GO	Generaloberst
HaBrig	Halbbrigade
Halb.Brig. Kdo	Halb Brigade Kommando
IBrig	Infanterie Brigade
ID	Infanterie Division
ID-Pustertal	Infanteriedivision Pustertal
IR	Infanterieregiment
ital	italienisch
JgR	Jägerregiment
JHM	Jüdisches Historisches Museum Hohenems
K	Kaiser Karl
KA	Abteilung Kriegsarchiv
Kdt	Kommandant
KavBrig	Kavallerie Brigade
KavMGAbteilung	Kavallerie Maschinengewehrabteilung
Kl	Klasse
KSM	Kaiserschützenmuseum
KSchBrig	Kaiserschützenbrigade
k.k.	kaiserlich-königlich
Kmdt	Kommandant

Kriegsfall I	Kriegsfall Italien
k.u.	königlich-ungarisch
k.u.k.	kaiserlich und königlich
LVK	Landesverteidigungskommando
M.G.	Maschinengewehr
MG-Abteilung	Maschinengewehr-Abteilung
Mg. Instr. Kurs	Maschinengewehr Instruktions Kurs
MH	Meierhof
MILAR/MHFZ	Militärarchiv/Militärhistorisches Forschungszentrum München
MilLex	Militärlexikon
Mte	Monte
NFA	Neue Feld Akten
o.D.	ohne Daten
OHL	Oberste Heeresleitung
OeStA	Österreichisches Staatsarchiv
Ordre de bat	Ordre de bataille
ÖULK	Österreich-Ungarns letzter Krieg
öst.-ung.	österreich-ungarisch
PA	Privatarchiv
Patr	Patrouille
Pfte	Pianoforte
R	Ritter
Rt. Dalm. Lds. Schtz. Div.	Reitende Dalmatiner Landes Schützen Division
Reit.Sch.Reg	Reitende Schützen Regimenter
reit. Tir.	Reitende Tiroler
Reit. Tir. Lds. Schtz. Div.	Reitende Tiroler Landes Schützen Division
Res. Div.	Reserve Division
Resverpfl	Reserveverpflegung
Rgter	Regimenter
rTKSch	Reitende Tiroler Kaiserschützen
RTKs	Reitende Tiroler Kaiserschützen
RTL	Reitende Tiroler Landesschützen
RTLs	Reitende Tiroler Landesschützen
RTS	Reitende Tiroler Schützen
S/S.T.	Schneetunnel
SchKmdo	Schwadronskommando
aMG	schweres Maschinengewehr
St/St P	Stützpunkt
Steinhartsp	Seinhartspitze
Stlgen	Stellungen
SW-Flanke	Südwest-Flanke
Tir. Lds. Schtz. Div.	Tiroler Landes Schützen Division
TLA	Tiroler Landesarchiv
TLM	Tiroler Landesmuseen
Vert	Verteidigung
Vertf	Verteidigungsfront
VlHL	Vorlass Heinz Lehner
VL	Verlustlisten
VLI	Verlustlisten
VRTKsI	Verein Reitende Tiroler Kaiserschützen Innsbruck

Quellen und Literaturliste

Österreichisches Staatsarchiv – Abteilung Kriegsarchiv (OeStA-KA)

Terr GenKdo Innsbruck BauAbt (TR) 28. Kaserne der reitenden Tiroler Landesschützen (Pläne). Situation des Kasernenetablissement der Reitenden Tiroler Schützen in Innsbruck.

Terr GenKdo Innsbruck BauAbt (TR) 32. Innsbruck 10 – Situation Saggenkaserne Innsbruck.

Terr GenKdo Innsbruck BauAbt (TR) 32. Innsbruck 10 – Kaserne der berittenen Tiroler Landesschützen. Projects-Skizze über die im ehemals Fuchs'schen Hause Nr. 5 in der Kapuzinergasse in Innsbruck vorzunehmenden Adaptierungsarbeiten.
Terr GenKdo Innsbruck BauAbt (TR) 32. Innsbruck 10 – Kaserne der berittenen Tiroler Landesschützen. Stallungen bei der reit. Tir. Schützenkaserne.

VL VLI 78 Rt. Tir. Lds. Schtz. Div. Verlustliste 1915.

VL VLI 193 Rt. Tir. Lds. Schtz. Div. Verlustliste 1917.

AdTk 1724 Reit.Sch.Reg. Die 3. Schwadron vor Sczucin am 8. Mai 1915.

AdTk 1724 Reit.Sch.Reg. Übergang über den San am 29. Juni 1915.

AdTk 1724 Reit.Sch.Reg. Opole am 19. Juli 1915.

AdTk 1724 Reit.Sch.Reg. Niederschrift über die Gewohnheiten des Feindes.

AdTk 1724 Reit.Sch.Reg. Aufträge an das Schwadronskommando der Reitenden Tiroler Landesschützen sowie des Stützpunktes Ia bei feindlichem Angriff.

AdTk 1724 Reit.Sch.Reg. Schwadronskommando der Reitenden Tiroler Landesschützen im Fornogebiet.

AdTk 1724 Reit.Sch.Reg. Stellungsskizze des Schwadronskommandos im Fornogebiet.

AdTk 1724 Reit.Sch.Reg. Pallon-Stützpunkt.

AdTk 1724 Reit.Sch.Reg. Feldwachen und Stellungen der Reitenden Tiroler Landesschützen am Pallon-Stützpunkt.

AdTk 1724 Reit.Sch.Reg. Wachtätigkeit am Pallon-Stützpunkt.

AdTk 1724 Reit.Sch.Reg. Stellungsbehelfe für die Gebiete des Forno Gletschers.

AdTk 1724 Reit.Sch.Reg. Aufträge von Leutnant Kaspar an die Wachtposten im Forno-Gebiet.

AdTk 1724 Reit.Sch.Reg. Feldwachen und Stellungen der Reitenden Tiroler Landesschützen am Forno-Gletscher.

AdTk 1724 Reit.Sch.Reg. Angriff nach Verteidigungsverhältnis im Forno-Gebiet.

AdTk 1724 Reit.Sch.Reg. Verhalten der Besatzungen der Reitenden Tiroler Landesschützen auf den Wachtposten bei Tag und klarem Wetter.

AdTk 1724 Reit.Sch.Reg. Forno-Gletscherstützpunkt.

AdTk 1724 Reit.Sch.Reg. Forno-Feldwache 3.

AdTk 1724 Reit.Sch.Reg. Forno-Feldwache 4.

AdTk 1724 Reit.Sch.Reg. Unterstützung des Nachbarabschnittes im Forno-Gebiet.

AdTk 1724 Reit.Sch.Reg. Stützpunkt II (südliche Ortlerfront).

AdTk 1724 Reit.Sch.Reg. Stützpunkt III (südliche Ortlerfront).

AdTk 1724 Reit.Sch.Reg. Stützpunkt IV (südliche Ortlerfront).

AdTk 1724 Reit.Sch.Reg. Rosole Stützpunkt (südliche Ortlerfront).

AdTk 1724 Reit.Sch.Reg. Beschreibung der Annäherungswege der Reitenden Tiroler Landesschützen gegen feindliche Alpinistellungen im Raum Rosole.

AdTk 1724 Reit.Sch.Reg. Verhalten der Besatzungen in den eigenen Stellungen am Monte Vioz.

AdTk 1724 Reit.Sch.Reg. Einsetzen von event. Verstärkungen am Monte Vioz.

AdTk 1724 Reit.Sch.Reg. Verbindung und Nachschubsverhältnisse am Monte Vioz.

AdTk 1724 Reit.Sch.Reg. Gefecht bei Citerna am 13. März 1916.

AdTk 1724 Reit.Sch.Reg. Beschreibung der feindlichen Stellungen an der südlichen Ortlerfront (In Bezug auf eigenen Angriff).

AdTk 1724 Reit.Sch.Reg. Kommandotagebucheintrag über die Kämpfe im Presanella-Gebiet.

AdTk 1724 Reit.Sch.Reg. Lagemeldung der Reitenden Tiroler Landesschützen über Unternehmung auf der Presenaspitze und Folgeabstieg ins Monticello-Lager.

AdTk 1724 Reit.Sch.Reg. Kommandotagebuch über den Verlust des Passo Paradiso.

AdTk 1724 Reit.Sch.Reg. Lagemeldung über feindlichen Beschuss auf das Monitcello-Lager.

AdTK 1724 Reit.Sch.Reg. Abschrift des Berichtes des obigen Kmdos (K.k. Kav. Schützenhalbregiment der k.k. Reit. Tir. Kaiserschützen) Res. E. Nr. 2091.

AdTK 1724 Reit.Sch.Reg. Abschrift des Berichtes des obigen Kmdos (K.k. Reit. Dalm. Schützen. 2. Schwadron, 1 Zug.), E. Nr. 56.

NFA 900. k. u. k. Landesverteidigungs-Kmdt in Tirol. Op. Qu. Nr. 81. Bestimmungen über Spitalsabgabe und Spitalsentlassung. Aufstellung von Rekonvaleszenten-Abteilungen der Armee im Felde, 23.01.1916.

BS I WK Fronten Galizien, 808. Abgesessene Ulanen besetzen eine Waldlichtung.

BS I WK Fronten Galizien, 811. Vormarsch einer Maschinengewehrabteilung zum San.

BS I WK Fronten Galizien, 812. Vormarsch der berittenen Tiroler Landesschützen gegen den San.

BS I WK Fronten Galizien, 1208. Vormarsch zum San.

BS I WK Fronten Galizien, 1211. Abgesessene Kavallerie besetzt eine Waldlisiere.

BS I WK Fronten Galizien, 1212. Attacke.

BS I WK Fronten Galizien, 1213. Vormarsch der berittenen Tiroler Landesschützen.

BS I WK Fronten Galizien, 1214. Ulanen stürmen zu Fuss.

BS I WK Fronten Galizien, 1578. Berittene Tiroler Landesschützen in Krosno.

BS I WK Fronten Tirol, 3011. Monte Vioz-Abschnitt, Gruppe Oberleutnant Worischek (südöstlich Ortler).

BS I WK Fronten Tirol, 3012. Monte Vioz-Raum, Besatzung des Forno-Stützpunktes.

BS I WK Fronten Tirol, 4835. Drahtseilbahn am Monte Vioz. Hintergrund Plateau Taviela.

BS I WK Fronten Tirol, 11003. Stellung am Monte Vioz unterhalb des Gipfels gegen Piz Traviela, Höhe ca. 3600 m.

BS I WK Fronten Tirol, 11028. Feldwachestellung im Cevedale-Abschnitt auf Vioz Vorgipfel, im Hintergrunde Monte Cevedale.

BS I WK Fronten Isonzo, 8113. Bilder von der Isonzofront. Erzherzog Thronfolger Carl Franz Josef inspiziert berittene Landesschützen.

Archiv Marburg/Maribor

SI_PAM/1645/005/001/00023. Spomini na prvo svetovno vojno: nadporočnik Tassilo vitez Wimmersperg, zbral Otto Gariboldi.

Jüdisches Historisches Museum Hohenems (JHM)

A 1840. Abschrift des Brigadekommando Befehls vom 19. Juni 1918, Gefecht an der Hochfläche von Asiago.

The National Archives London
The National Archives, WO153/779. Italy: British front on Asiago 1918.

The Nafziger Collection of Orders of Battle
914AHAB. Austrian Field Army Northern Front August-September 1914.

915AJAC. Austro-Hungarian Army Italian Front 15 October 1915.

916AEAA. Austrian Army under Erzherzog Eugen 15 May 1916.

916AGAB. Austrian Army Russian Front 28 July 1916.

Privatarchiv Dr. Erhard Hartung (PA-EH)
Kriegsaufzeichnungen des Reitenden Tiroler Landesschützen/Kaiserschützen Franz Foltin.

Persönliche Aufzeichnungen des Reitenden Tiroler Landesschützen/Kaiserschützen Franz Foltin über seine Familie und seinen Werdegang.

Persönliche Notiz von Franz Foltin über den gefallenen Rittmeister Hans Böck und sein Pferd ‚Schlossareck'.

Schulnachricht über den Zögling Franz Foltin für das Schuljahr 1901/02 der k.k. Landwehr-Cadettenschule in Wien, 3. Jahrgang, 07.07.1902.

Aufzeichnungen des Kriegsarchivs Wien über den militärischen Werdegang von Franz Foltin.

Privatarchiv Goldegg (PA-G)
Kriegstagebuch des Reitenden Dalmatiner Landesschützen und Reitenden Tiroler Landesschützen/Kaiserschützen Anton Ritter von Goldegg und Lindenburg von 29.10.1915-30.12.1915.

Privatarchiv Verein Reitende Tiroler Kaiserschützen Innsbruck (PA-VRTKsI)
VIHL Unsere Kaiserschützen, unveröffentlichtes Manuskript. Heft 1 (38 Seiten), Innsbruck 1999.

VIHL Unsere Kaiserschützen, unveröffentlichtes Manuskript. Heft 2 (33 Seiten), Innsbruck 2003.

OP/03/1915. k.u.k. Militärkommando in Innsbruck. Präs. Nr. 691. Verlegung von Formationen, 12.01.1915.

OP/90/1915. k.u.k. Ministerium für Landesverteidigung. Präs. Nr. 428 II. Fußabteilungen der Kavallerie-Formierung, 14.01.1915.

OP/513/1915. k.u.k. Militärkommando in Innsbruck. Präs. Nr. 3582. Kav. Fussabteilung, Formierung. 19. Feber 1915.

Präs. Nr. 7694. K.u.k. Militärkommando in Innsbruck. 19. April 1915, Verlegung der Fusseskadron in den Subrayon II.

Kartenausschnitt aus Situationsoleate Subrayonskommando II, 27.04.1915.

Situationsoleate der Linie a. IIa, 27. Juni 1915, Westfront und Nordfront.

06/09/1915. k.u.k. 54. Halb.Brig Kdo. Ordre de bat d. 54. HalbBrig Kdo.

Kartenausschnitt „Lage am 31. August 1915“. K.u.k. 54. Halbbrigadekommando.

OP 17/6. k.u.k. Gruppenkommando FML. v. Gusek, Ueberwachung der Strassenpolizei.

Befehl Nr. 72. Innsbruck 27. März 1918. Verlautbarung des Befehles des Kmdos. der k.k. RTKSch.

Befehl Nr. 75. Innsbruck 30. März 1918. Änderung der Feldpostnummer der 1. Feldschwadron.

Befehl Nr. 78. Innsbruck 3. April 1918. Fleischportion für Mannschaft.

Befehl Nr. 91. Innsbruck 18. April 1918. Fleischsurrogierung.

Befehl Nr. 92. Innsbruck 19. April 1918. Änderung der Feldpostnummer der 2. Feldschwadron.

Befehl Nr. 98. Innsbruck 26. April 1918. Mg. Instr. Kurs.

Befehl Nr. 106. Innsbruck 6. Mai 1918. Änderung der Feldpostnummer der Maschinengewehrschwadron (FePoNr. 525).

Befehl Nr. 107. Innsbruck 7. Mai 1918. Änderung der Feldpostnummer des Kommandos der k.k. Reitenden Kaiserschützen.

Befehl Nr. 110. Innsbruck 11. Mai 1918. Änderung der Feldpostnummer der 4. Feldschwadron.

Befehl Nr. 113. Innsbruck 15. Mai 1918. Änderung der Feldpostnummer der 3. Feldschwadron.

Befehl Nr. 123. Innsbruck 27. Mai 1918. Mg. Instr. Kurs.

Befehl Nr. 126. Innsbruck 31. Mai 1918. Änderung der Feldpostnummer des Kommandos der k.k. Reitenden Kaiserschützen.

Befehl Nr. 126. Innsbruck 31. Mai 1918. Mannschaftsabgabe an Maschinengewehrschwadron (FePoNr. 369).

Befehl Nr. 128. Innsbruck 3. Juni 1918. Futtergebühr ab 1. Juni.

Befehl Nr. 130. Innsbruck 5. Juni 1918. Rtm. Gerlich Abgang zur Armee im Felde.

Befehl Nr. 135. Innsbruck 11. Juni 1918. Änderung der Feldpostnummer der 2. Feldschwadron.

Befehl Nr. 138. Innsbruck 14. Juni 1918. Verlautbarung des Befehles des Kommandos der Reitenden Tiroler Kaiserschützen.

Befehl Nr. 142. Innsbruck 19. Juni 1918. Änderung der Feldpostnummer der 1. Feldschwadron.

Befehl Nr. 142. Innsbruck 19. Juni 1918. Änderung der Feldpostnummer der 4. Feldschwadron.

Originalentwurf der Rede von Generalmajor Rudolf Miksch-Hermanny der 150-Jahr-Feier des Tiroler Kaiserschützenbundes.

Originalentwurf der Rede von Generalmajor Rudolf Miksch-Hermanny anlässlich der Fahnenweihe für das 21. Feldjäger Bataillon Kufstein am 28.05.1961.

Tiroler Landesmuseen – Kaiserschützenmuseum Bibliothek
TLM-Tiroler Landesmuseen, KSM-Bibliothek, Kiste VI. Rudolf Florio, Aus der Geschichte der Kaiserschützen. „Das Gefechtstagebuch des I. Regiment".

Historische Zeitungen

Agramer Zeitung

Allgemeiner Tiroler Anzeiger

Armeeblatt. Militärwissenschaftliche Wochenschrift für die Interessen unserer Land- und Seemacht

Bote für Tirol und Vorarlberg

Bozner Zeitung

Bozner Nachrichten

Danzer's Armee-Zeitung

Der Tiroler

Die Zeit

Feldzeitung. Streffleur's Militärblatt

Fremden-Blatt

Grazer Tagblatt

Il Giornale d'Italia

Illustrirte Zeitung

Innsbrucker Nachrichten

Innsbrucker Tagblatt

Kärtner Tagblatt

Kriegs-Zeitung des Akademischen Turn-Vereines Graz

Lavantthaler Bote

Lienzer Zeitung

Meraner Zeitung

Militär-Zeitung

Mühlviertler Nachrichten

Neue Freie Presse

Neue Warte am Inn

Neues Wiener Tagblatt

Neue Tiroler Stimmen

Oesterreichische Volks-Zeitung

Oesterreichische Wehrzeitung

Oesterreichisch-ungarische Wehr-Zeitung „Der Kamerad"

Pester Lloyd

Pustertaler Bote. Politisches Lokal- und Provinzblatt

Politische Chronik der österreichisch-ungarischen Monarchie

Prager Abendblatt

Reichspost

Salzburger Chronik

Salzburger Volksblatt

Tiroler Anzeiger

Tiroler Volksblatt

Vorarlberger Volksblatt

Vorarlberger Volksfreund

Welt-Blatt

Wiener Allgemeine Zeitung

Wiener-Zeitung (Wiener Abendpost)

Znaimer Wochenblatt

Chroniken und Ego Dokumente

Ehren-Chronik Weltkrieg 1914-1918 des Zugsführer Johann Georg Zauner aus Hallstatt.

Kögler Franz, Meine Kriegserlebnisse. 1. Weltkrieg, Ostfront, Juni 1914 bis September 1915, [https://studylibde.com/doc/2089512/franz-k%C3%B6gler--meine-kriegserlebnisse--1.-weltkrieg--ostfr...], eingesehen am 26.09.2019.

Mayr Robert, Erlebnisse am Monte Vioz (3644 m) im Jahre 1917, in: *Mitteilungen des Österreichischen Alpenvereins des Zweiges Innsbruck (1/1974)*, S. 1-4.

Rettenberger Schützenchronik, zweiter Teil: Tradition, Rettenberg bei Kolsass, o.D.

Österreich-Ungarisches Generalstabswerk (ÖULK)

Österreich-Ungarns letzter Krieg 1914-1918, Vom Kriegsausbruch bis zum Ausgang der Schlacht bei Limanowa-Lapanów. Das Kriegsjahr 1914, Band 1, hrsg. v. Edmund Glaise-Horstenau, Wien 1931.

Österreich-Ungarns letzter Krieg 1914-1918, Vom Ausklang der Schlacht bei Limanowa-Lapanów bis zur Einnahme von Brest-Litowsk. Das Kriegsjahr 1915, Band 2, hrsg. v. Edmund Glaise-Horstenau, Wien 1931.

Österreich-Ungarns letzter Krieg 1914-1918, Von der Einnahme von Brest-Litowsk bis zur Jahreswende. Das Kriegsjahr 1915, Band 3, hrsg. v. Edmund Glaise-Horstenau, Wien 1932.

Österreich-Ungarns letzter Krieg 1914-1918, Die Ereignisse von Jänner bis Ende Juli. Das Kriegsjahr 1916, Band 4, hrsg. v. Edmund Glaise-Horstenau, Wien 1933.

Österreich-Ungarns letzter Krieg 1914-1918, Die Ereignisse von August bis Jahresende. Das Kriegsjahr 1916, Band 5, hrsg. v. Edmund Glaise-Horstenau, Wien 1933.

Österreich-Ungarns letzter Krieg 1914-1918, Das Kriegsjahr 1917. Band 6, hrsg. v. Edmund Glaise-Horstenau, Wien 1936.

Österreich-Ungarns letzter Krieg 1914-1918, Das Kriegsjahr 1918, Band 7, hrsg. v. Edmund Glaise-Horstenau, Wien 1938.

Österreich-Ungarns letzter Krieg 1914-1918, Registerband, hrsg. v. Edmund Glaise-Horstenau, Wien 1938.

Gesetzesblätter und k.u.k. Vorschriften/Verordnungen/Protokolle
Adjustierungsvorschrift für das k. u. k. Heer 1910/1911, Teil I, Wien 1910/11.

Reichsgesetzblatt für die im Reichsrate vertretenen Königreiche und Länder. Jahrgang 1912/128. Gesetz vom 5. Juli 1912, betreffend die Einführung eines neuen Wehrgesetzes.

Reichsgesetzblatt für die im Reichsrate vertretenen Königreiche und Länder. Jahrgang 1912/235. Gesetz vom 21. Dezember 1912, betreffend die Stellung der Pferde und Fuhrwerke. *Verordnungsblatt für die k.k. Landwehr*, Zirkularverordnung vom 21. März 1917, Präs. Nr. 6129 (Normalverordnungsblatt 15/17).

Staatsgesetzblatt für die Republik Österreich. Jahrgang 1920/122. Wehrgesetz vom 18. März 1920, §11 Benennung und Adjustierung der Truppen.

Stenographische Protokolle des Abgeordnetenhauses des Reichsrates 1861-1918. Haus der Abgeordneten. 67. Sitzung der XVIII. Session am 12. Mai 1908. Interpellanza dei deputati Avancini, Olivia, Pagnini, Pittoni, Scabare sonsorti al Signor Ministro per la difesa del paese, concernete le condizioni sanitarie della guarnigione di Pergine.

Dienstvorschriften/Dienstbehelfe und Ausbildungsbehelfe
Bundesministerium für Landesverteidigung, Dienstvorschrift für das Bundesheer. Truppenführung, Wien 2004.

Bundesministerium für Landesverteidigung, Dienstvorschrift für das Bundesheer. Taktisches Führungsverfahren, Wien 2012.

Bundesministerium für Landesverteidigung, Dienstvorschrift für das Bundesheer. Gebirgskampf/Bataillon, Wien 2018.

Bundesministerium für Landesverteidigung, Militärlexikon (MilLex), Wien 2020.

Instruktionsbuch für die Einjährig-Freiwilligen des k.u.k. Heeres. VIII Teil. Pferdewesen und Pferdekunde. Für Einjährig-Freiwillige der Kavallerie, Feldartillerie und Traintruppe, Wien [1]81907.

Präsidialbureau des Ministeriums für Landesverteidigung, Schematismus der k. k. Landwehr und der k. k. Gendarmerie der im Reichsrate vertretenen Königreiche und Länder für 1912, Wien 1912.

Präsidialbureau des Ministeriums für Landesverteidigung, Schematismus der k. k. Landwehr und der k. k. Gendarmerie der im Reichsrate vertretenen Königreiche und Länder für 1913, Wien 1913.

Präsidialbureau des Ministeriums für Landesverteidigung, Schematismus der k. k. Landwehr und der k. k. Gendarmerie der im Reichsrate vertretenen Königreiche und Länder für 1914, Wien 1914.

Schmid Hugo, Taktisches Handbuch, Wien 91911.

Schmid Hugo, Heerwesen. 2. Teil: Österreich-Ungarn. Lehr- und Lehrbehelf für Militär- Erziehungs- und Bildungsanstalten sowie Instruktionsbuch für Reserveoffiziersschulen, Wien 1917.

Seidl Ludwig W., Seidls kleines Armeeschema. Dislokation und Einteilung des k. u. k. Heeres, der k. u. k. Kriegsmarine, der k. u. k. Landwehr und der königlich ungarischen Landwehr (76/1914).

Historische Karten

Cartographen Anstalt Wagner und Debes Leipzig, Historische Karte Trient (Trento) 1914. Kartenausschnitt Via Grazioli.

Europa 1914 [https://d-maps.com/], eingesehen am 11.02.2022.

Mittelbach Karte, Frontverlauf der Südwestfront 1917 (Ausschnitt). Kartenausschnitt Zufallspitze bis Presanella Alpen.

Redlich Josef, Plan von Innsbruck 1907. Kartenausschnitt Saggengasse/Kapuzinergasse.

Übersichts-Karte des Kriegsschauplatzes der italienischen Nordostfront aus italienischer Sicht in: Massimo Bontempelli, Dallo Stelvio al Mare, Firenze 1915, S. 22.

Übersichts-Karte des Kriegsschauplatzes in Tirol, in: Viktor Schemfil, Die Kämpfe im Drei Zinnen-Gebiet und am Kreuzberg in Sexten 1915-1917. Verfasst auf Grund österreichischer Kriegsakten, Schilderungen von Mitkämpfern und italienischer kriegsgeschichtlicher Werke, 2. Aufl. (=Schlern-Schriften 274), Innsbruck 1986, S. 17.

Literatur

o.A., *Abtheilung für Kriegsgeschichte des k.k. Kriegs-Archivs,* Die Occupation Bosniens und der Hercegovina durch k.u.k. Truppen im Jahre 1878. Nach authentischen Quellen, Wien 1878.

o.A., Inventare Österreichischer Archive. VIII. Inventar des Kriegsarchivs Wien (Band 2), Wien 1953.

o.A., *Österreichs Hort,* Geschichts- und Kulturbilder aus den Habsburgischen Erbländern. Eine Festgabe an das österreichische Volk zur Jubelfeier des Kaiser Franz Joseph I 1908 (Band 2), Wien [2]1910.

o.A., Publikationen des Österreichischen Staatsarchivs. VIII. Inventar des Kriegsarchivs Wien (=II. Serie: Inventare österreichischer Archive), Wien 1953.

o.A., Salzburgs Kavallerie, in: *Österreichisches Soldatenblatt (2/1936),* S. 297-303.

o.A., *Traditionstruppen des Bundesheeres,* Die „Reitenden Tiroler Kaiserschützen“, Wien 1937.

Acerbi Enrico, Le truppe da montagna dell'esercito austro-ungarico nella Grande Guerra 1914 – 1918, Rossato 1991.

Ahnert Kurt, Fröhliche Heerfahrt! 600 lustige Aufschriften auf Eisenbahnwagen. Erste Sammlung der volkskundlichen Soldatenbücher, Nürnberg [5]1917.

Angetter Daniela/Schramm Josef-Michael, Über den Minierkrieg in hochalpinen Fels- und Eisregionen (1. Weltkrieg, SW-Front, Tirol 1915-1918) aus ingenieurgeologischer Sicht, in: *Geo.Alp (11/2014)*, S. 135-160.

Artl Gerhard, Die „Strafexpedition". Österreich-Ungarns Südtiroloffensive 1916, Brixen 2015.

Beimrohr Wilfried, Die Landes- bzw. Kaiserschützen im Ersten Weltkrieg, in: *Die k.k. Landwehr Gebirgstruppen. Geschichte, Uniformierung und Ausrüstung der österreichischen Gebirgstruppen von 1906 bis 1918*, hrsg. v. Hermann Hinterstoisser, Wien 2006, S. 38-67.

Benedikt Heinrich, Die Botschaft des Fürsten Anton Esterházy (Jänner 1751 - November 1752), in: *Mitteilungen des Instituts für Österreichische Geschichtsforschung (64/1956)*, S. 34-64.

Berendt Otto, Die 5er Dragoner im Weltkrieg 1914-1918, Wien 1940.

Bontempelli Massimo, Dallo Stelvio al Mare, Firenze 1915.

Bossi-Fedrigotti Anton, Die Kaiserjäger im Ersten Weltkrieg, Graz [2]2009.

Bourke Joanna, New Military History, in: *Palgrave Advances in Modern Military History*, hrsg. v. Matthew Hughes/William J. Philpott, London 2006, S. 258-280.

Braito Emil Karl, Ludwig Ganghofer und seine Zeit, Innsbruck 2005.

Broucek Peter, Ein General im Zwielicht. Die Erinnerungen Edmund Glaises von Horstenau, Band 1: K. u. k. Generalstabsoffizier und Historiker, (=Veröffentlichungen der Kommission für Neue Geschichte Österreichs Band 67), Wien-Köln-Graz 1980.

Cacciaguera Georgie/Gatti Maria Maola, Military Structures of Trento: Conserving and Restoring Value, in: *Save Heritage: Safeguard of architectural visual, environmental Heritage (2011)*, S. 1-8.

Cadorna Luigi, Memoires du General Cadorna. La Guerre sur le front italien jusqu'a l'arret sur la ligne de la Piave et du Grappa: 24 mai 1915-9 novembre 1917 (Band 1 - Französische Übersetzung), Limoges 1924.

Cappellano Filippo, L'Imperial regio Esercito austro-ungarico al fronte italiano (1915-1918). Dai documenti del Servizio informazioni dell' esercito italiano, Rovereto 2002.

Creveld Martin van, Kampfkraft. Militärische Leistung und Organisation 1939-1945, Freiburg [2]1992.

Czuba Franz, Die Organisation des k.u.k. Heeres in ihrem gegenwärtigen Zustande systematisch dargestellt, Wien 1872.

Deák István, Der K.(u.)K. Offizier 1848-1918, Wien-Köln-Weimar 1991.

Dirrheimer Günther, Erläuterungen zu den Uniformbildern der österr.-ung. Armee im Ersten Weltkrieg, in: *Österreichische Militärische Zeitschrift (1082/1967)*, S. 72-76.

Duruy Franz, Österreich-Ungarn und Italien, Wien 1910.

Eberl Erwin, Im Dienste für die Heimat. Skizzen zur Geschichte der Österreichischen Landwehr, in: *Deutsches Soldatenjahrbuch 1980 (=Deutscher Soldatenkalender 28)*, S. 134-143.

Egger Rainer, Das Kriegsarchiv vom Ersten zum Zweiten Weltkrieg, in: *Mitteilungen des Österreichischen Staatsarchivs (49/2001)*, S. 13-40.

Etschmann Wolfgang, Die Südfront 1914-1918, in: *Tirol und der Erste Weltkrieg*, hrsg. v. Klaus Eisterer, Innsbruck-Wien 1995, S. 27-60.

Foltin Franz, Reitkunst in Schule und Gelände. Studie nach bekannten Werken, theoretische Betrachtungen aus praktischer Erfahrung, rhytmische Gymnastik zu Pferde, Innsbruck 1937.

Fontana Josef, Geschichte des Landes Tirol. Vom Neubau bis zum Untergang der Habsburgermonarchie (1848-1918). Band 3, Bozen-Innsbruck-Wien 1987.

Forcher Michael, Tirol und der Erste Weltkrieg. Ereignisse, Hintergründe, Schicksale, Innsbruck-Wien 2014.

Forstner Franz, Przemysl. Österreich-Ungarns bedeutendste Festung (=Militärgeschichtliche Dissertationen österreichischer Universitäten Band 7), Wien 1987.

Fritsch Erhard, Stollenbau an der Italienfront 1915-1918. Ein Streifzug auf den Spuren des Gebirgskrieges zwischen Ortler, Dolomiten und Julischen Alpen (1. Teil), in: *Mitteilungen des Landesvereins für Höhlenkunde in Oberösterreich (105/2001)*, S. 46-68.

Fröhlich Eduard, Der Kampf um die Berge Tirols. In österreichischer und italienischer Darstellung. Quellenstudie, Bregenz 1932.

Fröhlich Hermann, Geschichte des Steirischen K. u. K. Infanterie-Regimentes Nr. 27 für den Zeitraum des Weltkrieges 1914-1918, Band 1, Graz 1937.

Fröhlich Hermann, Geschichte des Steirischen K. u. K. Infanterie-Regimentes Nr. 27 für den Zeitraum des Weltkrieges 1914-1918, Band 2, Graz 1937.

Gasser Hubert, Das Militärschriftgut in den Staatsarchiven Bozen und Trient, in: *Mitteilungen des Österreichischen Staatsarchivs (49/2001)*, S. 411-416.

Goldegg Diana, I diari di Anton e Emma de Goldegg nella guerra dei boeri e nella la guerra mondiale- dall'avventura alla guerra, phil.Bachelorarbeit Verona 2017.

Golowitsch Helmut, Der Kampf um die nordwestlichen Einfallspforten nach Tirol, in: *Moritz Lempruch, Der König der deutschen Alpen und seine Helden. Ortlerkämp-*

fe 1914-1918 (Nachdruck von 1925), ergänzt durch historische Beiträge, hrsg. v. Helmut Golowitsch, Nürnberg 2005, S. 244-331.

Granichstaedten-Czerva Rudolf, Andreas Hofers alte Garde, Innsbruck 1932.

Granichstaedten-Czerva Rudolf, Die „Gletscher-Husaren". Die Geschichte der Reitenden Tiroler Kaiserschützen, in: *Der Soldat. Unabhängige Zeitung für Wehr- und Sicherheitspolitik (16/1961)*, S. 11.

Gschließer Oswald, Zur Geschichte des Heerwesens in Tirol. 4. Teil (Schluß). Die Zeit von 1861 -1914, in: *Veröffentlichungen des Museums Ferdinandeum (40/1960)*, S. 60-208.

Gschließer Oswald, Das Kaiserschützenmuseum im Schloß Ambras bei Innsbruck, in: *Deutsches Soldatenjahrbuch 1973 (=Deutscher Soldatenkalender 21)*, S. 247-255.

Haring Sabine A., Wir-Gefühle, Feindbilder und Feindseligkeit, in: *Emotion, Habitus und Erster Weltkrieg. Soziologische Studien zum militärischen Untergang der Habsburger Monarchie im ersten Weltkrieg*, hrsg. v. Helmut Kuzmics/Sabine A. Haring, Göttingen 2013, S. 269-468.

Heiss Hans, „Man pflegt Südtirol zu sagen und meint, damit wäre alles gesagt." Beiträge zu einer Geschichte des Begriffes „Südtirol", in: *Geschichte und Region/ Storia e regione (9/2000)*, hrsg. v. Hans Heiss u.a., Bozen 2000, S. 85-109.

Hildebrand Karl Friedrich, Die Generale der deutschen Luftwaffe 1935-1945. Die militärischen Werdegänge der Flieger-, Flakartillerie-, Fallschirmjäger-, Luftnachrichten- und Ingenieur-Offiziere einschließlich der Ärzte, Richter, Intendanten und Ministerialbeamten im Generalsrang (Band 2: H-N) in: *Deutschlands Generale und Admirale*, hrsg. v. Dermot Bradley u.a., Osnabrück 1991.

Hindenburg Paul von, Aus meinem Leben, Leipzig 1920.

Hinterstoisser Hermann, Kaiserschützen - seit 100 Jahren, in: Der Gardist (37/2017), S. 49-58.

Hinterstoisser Hermann, Die Uniformierung und Ausrüstung der k.k. Landwehr-Gebirgstruppen, in: *Die k.k. Landwehr Gebirgstruppen. Geschichte, Uniformierung und Ausrüstung der österreichischen Gebirgstruppen von 1906 bis 1918*, hrsg. v. Hermann Hinterstoisser, Wien 2006, S. 79.

Hochedlinger Michael, Quellen zum kaiserlichen bzw. k. k. Kriegswesen, in: *Quellenkunde der Habsburgermonarchie (16.-18. Jahrhundert). Ein exemplarisches Handbuch (= Mitteilungen des Instituts für Österreichische Geschichtsforschung, Ergänzungsband 44)*, hrsg. v. Josef Pauser/Martin Scheutz/Thomas Winkelbauer, Wien-München 2004, S. 162-181.

Hönel Alexander, Die Adjustierung des k.u.k. Heeres (Band 2). 1868-1918. Die Kavallerie, Wien 1999.

Huber Hugo, Krieg in den Bergen, in: *Echo Spezial (7/2003)*, Krieg in den Alpen. Der Erste Weltkrieg. Wie Tirol geteilt wurde, S. 45-55.

Hutečka Jiří, „New“ Military History of the First World War. Achievements and Limits, in: *Dějiny-teorie-kritika (1/2018)*, S. 99-123.

Hübner Hans Dieter, Unterwegs auf historischen Spuren. Wanderungen und Exkursionen zu den Schwerpunkten der österreich-ungarischen Südtiroloffensive 1916. Von der Hochebene Lavarone-Vezzena und Lusern bis zu den Sieben Gemeinden (Band 3), Norderstedt 2016.

Jankowski Paul, Verdun. Die Jahrhundertschlacht, Frankfurt am Main 2015.

Jerabek Rudolf, Potiorek. General im Schatten von Sarajevo, Wien 1991.

Jochberger Wolfgang, Der Erste Weltkrieg in den Ortleralpen, in: *Tirol vor und im I. Weltkrieg. Der Erste Weltkrieg 1914-1918*. Die Tiroler Front 1915-1918, hrsg. v. Südtiroler Schützenbund, Bozen 2005, S. 163-172.

Jordan Alexander, Krieg um die Alpen. Der Erste Weltkrieg im Alpenraum und der bayerische Grenzschutz in Tirol (=Zeitgeschichtliche Forschungen Band 35), Berlin 2008.

Jurnitschek Alfred, Die Wehrmacht der österreichisch-ungarischen Monarchie im Jahre 1873, Wien 1873.

Kaes Michael, Die Salzburger Dragonerschwadron Nr. 6, in: Pallasch. *Zeitschrift für Militärgeschichte (1/1997)*, S. 2-10.

Kern Felix, Von der alten österreichischen Armee, Ried im Innkreis 1930.

Kodera Josef/Werkmann Karl/Fontana Oskar, Heldenkämpfe der Kaiserschützen 1914-1918. Nach Berichten von Mitkämpfern, Wien 1918.

Köfler Werner, Militaria im Tiroler Landesarchiv, in: *Mitteilungen des Österreichischen Staatsarchivs (49/2001)*, S. 391-400.

Köll Lois, Der Krieg auf den südlichen Ortler-Bergen 1915-1918 (= Schlernschriften Nr. 162), Innsbruck, 1957.

Krauß Alfred, Das „Wunder von Karfreit“ im besonderen der Durchbruch bei Flitsch und die Bezwingung des Tagliamento, München-Berlin [3]1926.

Kroener Bernhard R., Militär, Staat und Gesellschaft im 20. Jahrhundert (1890-1990) in: *Enzyklopädie Deutscher Geschichte (Band 87)*, hrsg. v. Lothar Gall, Oldenburg 2011, S. 1-140.

Kuhn Franz Freiherr von, Der Gebirgskrieg, Wien 1870.

Kuzmics Helmut, Krieg, Emotionen und der Europäische Zivilisationsprozess. Die Entwicklung kriegsbezogener Affekte im industrialisierten Krieg am Beispiel der habsburgischen Armee im Ersten Weltkrieg, in: *Emotion, Habitus und Erster Weltkrieg. Soziologische Studien zum militärischen Untergang der Habsburger Monarchie im ersten Weltkrieg*, hrsg. v. Helmut Kuzmics/Sabine A. Haring, Göttingen 2013, S. 493-542.

Langes Gunther, Front in Fels und Eis. Der Weltkrieg im Hochgebirge, München 1933.

Lautner A[…], Berittene Landesschützen. Marsch f. Pfte. Mk 1. Innsbruck, in: *Musikalisch-literarischer Monatsbericht über neue Musikalien, musikalische Schriften und Abbildungen für das Jahr 1895 (67/1895)*, hrsg. v. Friedrich Hofmeister, S. 97.

Lempruch Moritz, Der König der deutschen Alpen und seine Helden. Ortlerkämpfe 1914-1918 (Nachdruck von 1925), ergänzt durch historische Beiträge, hrsg. v. Helmut Golowitsch, Nürnberg 2005.

Lichem Heinz, Spielhahnstoß und Edelweiß. Die Friedens- und Kriegsgeschichte der Tiroler Hochgebirgstruppe „Die Kaiserschützen" von ihren Anfängen bis 1918: K. k. Tiroler Landesschützen-Kaiserschützen-Regimenter Nr. I – Nr. II – Nr. III, Graz 1977.

Lichem Heinz, Krieg in den Alpen 1915-1918. Band 1: Ortler-Adamello-Gardasee, Augsburg 1992.

Lichem Heinz, Krieg in den Alpen 1915-1918. Band 2: Die Dolomitenfront, Augsburg 1993.

Lichem Heinz, Krieg in den Alpen 1915-1918. Band 3: Karnische und Julische Alpen, Monte Grappa, Piave, Isonzo, Augsburg 1993.

Lintner Thomas, Die Tiroler Frage 1918/1919 unter Berücksichtigung der Erinnerungskultur zwischen 1920 und 2010 (=Mitteleuropäische Geschichte und Kultur 6), Wien 2020.

Lucas James, Fighting Troops of the Austro-Hungarian Army 1868-1914, New York 1987.

Mackinder Halford J., The Geographical Pivot of History, in: *The Geographical Journal (4/1904)*, S. 421-437.

Martínez Sariego Mónica, *Tomorrow in the battle think on me*. Haunting ghosts, remose and guilt in Shakespeare's *Richard III and Javier* Marías, in: *Visitors from beyond the Grave*. Ghosts in World Literature, hrsg. v. Dámaris Romero González/Israel Muñoz-Gallarte/Gabriel Laguna-Mariscal, Coimbra 2019, S. 173-186.

Miksch-Hermanny Rudolf, Die Durchbruchsschlacht bei Flitsch im Oktober 1917. Die Ereignisse bei der 22. Schützendivision im Allgemeinen und beim Kaiserschützenregiment Nr. I im Besonderen, Hall 1924.

Minniti Fortunato, Il Piave, Bologna 2002.

Mondini Marco, Kriegführung: Die italienische Gebirgsfront, in: *Katastrophenjahre. Der Erste Weltkrieg und Tirol*, hrsg. von Hermann J. W. Kuprian/Oswald Überegger, S. 367-384.

Moser E[…], Die Kavallerie ist überholt, in: *Schweizer Soldat. Monatszeitschrift für Armee und Kader mit FHD-Zeitung (10/1946-1947)*, S. 168-170.

Neugebauer Karl-Volker, Grundzüge der Deutschen Militärgeschichte. Historischer Überblick (Band 1), Freiburg 1993.

Obwegs Günther, „…ich mach halt' immer einen guten Gedanken…". Eine Spurensuche, Terenten 2003.

Oertzen Karl Ludwig, Rüstung und Abrüstung: eine Umschau über das Heer-, und Kriegswesen aller Länder, Band 37, Berlin 1911.

Oeser Erhard, Pferd und Mensch. Die Geschichte einer Beziehung, Darmstadt 2007.

Oršolić Tado, Sudjelovanje dalmatinskih postrojbi u zaposjedanju Bosne i Hercegovine, in: *Radovi Zavoda za povijesne znanosti HAZU u Zadru (2000)*, S. 287-303.

P[…] E[…], Über Kriegshandlungen im albanischen und mazedonischen Gebirgslande, in: Organ der *Militärwissenschaftlichen Vereine (71/1905)*, hrsg. v. Ausschusse des Militärwissenschaftlichen Vereines in Wien, S. 85-122.

Pizzinini Meinrad, Reitende Tiroler Landes- bzw. Kaiserschützen im Ersten Weltkrieg, in: *Die k.k. Landwehr Gebirgstruppen. Geschichte, Uniformierung und Ausrüstung der österreichischen Gebirgstruppen von 1906 bis 1918*, hrsg. v. Hermann Hinterstoisser, Wien 2006, S. 72-73.

Pöppinghege Rainer, Abgesattelt! – Die publizistischen Rückzugsgefechte der deutschen Kavallerie seit 1918, in: *Tiere im Krieg. Von der Antike bis zur Gegenwart*, hrsg, v, Rainer Pöppinghege, Paderborn 2009, S. 235-250.

Rest Stefan/Ortner Christian/Ilming Thomas, Des Kaisers Rock im 1. Weltkrieg. Uniformierung und Ausrüstung der österreichisch-ungarischen Armee von 1914 bis 1918, Wien 2002.

Rauchensteiner Manfried, Der Tod des Doppeladlers. Österreich-Ungarn und der Erste Weltkrieg, Graz 1993.

Regele Oskar, Überlieferungspflege im Bundesheer. Durch die Jahrhunderte österreichischen Soldatentums, Wien 1931.

Rumpler Helmut, Das Völkermanifest Kaiser Karls vom 16. Oktober 1918. Letzter Versuch zur Rettung des Habsburgerreiches, Wien 1966.

Rumpler Helmut/Horel Catherine, Soldaten zwischen nationalen Fronten. Die Auflösung der Militärgrenze und die Entwicklung der königlich-ungarischen Landwehr (Honvéd) in Kroatien-Slawonien 1868-1914, Wien 2009.

Sauer Egon, Österreichische Kavallerie von den Anfängen bis zur Gegenwart, Wien 1997.

Sauermoser Siegfried, Lawinenkundliche Analyse der Lawinenereignisse an der Italienfront im Ersten Weltkrieg, Dissertation Wien 2020.

Schaumann Walther, Der österreichische Gegenangriff auf die Punta San Matteo (3692 m. ü. M.) am 3. September 1918, in: ASMZ: Sicherheit Schweiz: Allgemeine schweizerische Militärzeitschrift (134/1968), S. 80-588.

Schaumann Walther, Die Gebirgstruppen Westeuropas, in: *ASMZ: Sicherheit Schweiz: Allgemeine schweizerische Militärzeitschrift (137/1971)*, S. 163-169.

Schemfil Viktor, Die Pasubio-Kämpfe 1916-1918. Genaue Geschichte des Ringens um einen der wichtigsten Stützpfeiler der Tiroler Verteidigungsfront, verfasst auf Grund österreichischer Feldakten und italienischer kriegsgeschichtlicher Werke, Bregenz 1937.

Schennach Martin P., Das Tiroler Landlibell von 1511. Zur Geschichte einer Urkunde, Innsbruck 2011.

Schmidl Erwin A., Ein Staat mit drei Armeen – das Heerwesen der Donaumonarchie, in: Die k.k. Landwehr Gebirgstruppen. Geschichte, Uniformierung und Ausrüstung der österreichischen Gebirgstruppen von 1906 bis 1918, hrsg. v. Hermann Hinterstoisser, Wien 2006, S. 12-15.

Schmidl Erwin A., Kriegführung: Die österreichisch-ungarische ‚Südfront', in: *Katastrophenjahre. Der Erste Weltkrieg und Tirol*, hrsg. von Hermann J. W. Kuprian/ Oswald Überegger, S. 347-366.

Schober Richard, Tiroler Front im Ersten Weltkrieg, in: *Tirol vor und im I. Weltkrieg. Der Erste Weltkrieg 1914-1918. Die Tiroler Front 1915-1918*, hrsg. v. Südtiroler Schützenbund, Bozen 2005, S. 133-144.

Schubert Peter, Piave 1918. Österreich-Ungarns letzte Schlacht, Klagenfurt-Wien 2000.

Schrötter Hermann, Klimatische Beobachtungen und Studien anlässlich der Landungsmanöver in Dalmatien, August 1911, nebst Notizen zur Hygiene des Marsches, in: *Akademie der Wissenschaften. Mathematisch-Naturwissenschaftliche Klasse. Denkschriften (97/1921)*, S. 93-150.

Skorpil Robert, Pasubio, Innsbruck u.a. 1934.

Sloninka von Holodów Adolf, Die Kämpfe um die Ortigara-Lepozzestellung im Juni 1917 unter besonderer Berücksichtigung des entscheidenden Schützenangriffes der Kaiserschützen am 25. Juni 1917, Hall 1927.

Steininger Rolf, Der Große Krieg 1914-1918 in 92 Kapiteln, Reinbeck 2016.

Stolz Otto, Das Tiroler Landsturmregiment Nr. II im Kriege 1914-1915 in Galizien (=Veröffentlichungen des Tiroler Landesmuseums Ferdinandeum Nr. 18), Innsbruck 1938.

Stolz Otto, Geschichte und Bestände des staatlichen Archivs (jetzt Landesregierungs-Archives) zu Innsbruck (=Inventare Österreichischer Staatlicher Archive Band VI.), Wien 1938

Stöckelle Gustav, Der letzte Waffengang, in: *Unser Heer. 300 Jahre österreichisches Soldatentum in Krieg und Frieden*, hrsg. v. Ludwig Ledlicka, Wien 1963, S. 269-314.

Trautwein Thomas, Militär Märsche, in: *Mittheilungen des Deutschen und Oesterreichischen Alpenvereins (1/1884)*, S. 284.

Ubl Hannsjörg, Der Erste Weltkrieg 1914-1918. Die Tiroler Front 1915-1918. Die große Ausstellung zum Krieg in den heimatlichen Bergen, Bozen 2005.

Ulmer Toni, Die Kaiser- bzw. Landesschützen (Geschichte, Organisation, Einsatz im Weltkrieg 1914/18), in: *Festschrift des Vereines Gebirgstruppen-Gedenkstätte Vorarlberg anläßlich der Weihe des Ehrenmales bei der Schattenburg in Feldkirch vom 21. bis 23.Mai 1971: 1914-1918, 1939-1945*, hrsg. v. Gebhard Bilgeri, Feldkirch 1971, S. 66-68.

Unterseher Lutz, Der Erste Weltkrieg. Trauma des 20. Jahrhunderts, Wiesbaden 2014.

Überbacher Johann, Von Bomben und Besatzern, in: *Echo Spezial (7/2003)*, Krieg in den Alpen. Der Erste Weltkrieg. Wie Tirol geteilt wurde, S. 96-97.

Überegger Oswald, Tabuisierung – Instrumentalisierung – verspätete Historisierung. Die Tiroler Historiographie und der Erste Weltkrieg, in: *Biographien. Vite di provincia (= Geschichte und Region/Storia e regione 1/2002)*, hrsg. v. Hannes Obermair/Carlo Romeo, Innsbruck u.a. 2002, S. 125-150.

Überegger Oswald, Mythos Gebirgskrieg oder: Wie aus Tirolern Helden wurden, in: *Regionale Zivilgesellschaft in Bewegung/Cittadini innanzi tutto. Festschrift für Hans Heiss*, hrsg. v. Hannes Obermair/Stephanie Risse/Carlo Romeo, Bozen 2012, S. 602-625.

Veltze Alois, Die Geschichte des Weltkrieges mit besonderer Berücksichtigung des früheren Österreich-Ungarn (Band 2), Wien 1920.

Wagner Anton, Der Erste Weltkrieg. Ein Blick zurück (=Truppendienst-Taschenbücher Band 7), Wien ^{2}1993.

Weber Fritz, Alpenkrieg, Klagenfurt-Wien 1934.

Wegner Bernd, Wozu Operationsgeschichte?, in: *Was ist Militärgeschichte?*, hrsg. v. Thomas Kühne/Benjamin Ziemann, Paderborn u.a., 2000, S. 105-113.

Weiser Fritz, Kaiserschützen, Tiroler-Vorarlberger Landsturm und Standschützen, Wien 1933.

Winrow Andrew, The British Army Regular Mounted Infantry 1880-1913, New York 2017.

Witzleben Gerhard August von, Beiheft zum Militair-Wochenblatt, Berlin 1876.

Wohnout Helmut, Die Okkupation Bosnien-Herzegowinas 1878, in: *Des Kaisers Bosniaken. Die bosnisch-herzegowinischen Truppen in der k.u.k. Armee. Geschichte und Uniformierung 1878-1918*, hrsg. v. Neumayer Christoph/Schmidl Erwin A., Wien 2008

Woinovich Emil/Veltze Alois, Helden des Roten Kreuzes. Aus den Akten des k.u.k. General-Inspektorates der freiwilligen Sanitätspflege, Wien 1915.

Wrede Alphons, Geschichte der k. und k. Wehrmacht. Die Regimenter, Corps, Branchen und Anstalten von 1618 bis Ende des XIX. Jahrhunderts, Band 5, (=Supplement zu den „Mittheilungen des k. und k. Kriegs-Archivs"), Wien 1903.

Zecha Wolfgang, „Unter die Masken!“ Giftgas auf den Kriegsschauplätzen Österreich-Ungarns im Ersten Weltkrieg, Wien 2000.

Ziemann Benjamin, Militärgeschichte. Perspektiven auf Militär und Gesellschaft im 19. und 20. Jahrhundert, in: *Aus Politik und Zeitgeschichte (16-17/2020)*, S. 4-10.

Internetquellen

o.A., Il Fronte Dolomitico. La Grande Guerra sulle Dolomiti (Apezzo, Cadore, Comelico, Pusteria). Gli Uomini. Le Truppe, Kombinierte Division „Pustertal“. Ordine di Battaglia al 24 maggio 1915, [https://www.frontedolomitico.it/Uomini/truppe/pustertal.html], eingesehen 23.04.2020.

Božič Mate, PRIČA IZ PRVOG SVJETSKOG RATA: Dalmatinske pukovnije iskazale su iznimnu hrabrost u borbi protiv Talijana, radilo se o brutalnim bitkama prsa o prsa. [https://dalmatinskiportal.hr/hrvatska/prvi-svjetski-rat/39545], eingesehen 17.10.2020.

Deflers Isabelle/Fischer-Kattner Anke, Was ist Kulturgeschichte der Gewalt? Antworten aus der Neuen Militärgeschichte [https://www.unibw.de/geschichte/prof/fnz/aktuell], eingesehen am 10.06.2021.

Echternkamp Jörg, Militärgeschichte, in: *Docupedia-Zeitgeschichte. Begriffe, Methoden und Debatten der zeithistorischen Forschung*, [https://docupedia.de/zg/Militaergeschichte], eingesehen 14.06.2021.

Hausdorf Ewald, Exkurs zum Verständnis der Waffengattung Kavallerie [https://cavallerie.at/exkurs-zum-verständnis-der-kavallerie/], eingesehen am 08.04.2020.

Hausdorf Ewald, Klassische Formation und Veränderung der Taktik [https://www.cavallerie.at/exkurs-zum-verst%C3%A4ndnis-der-kavallerie/klassische-formationen-und-ver%C3%A4nderung-der-taktik/], eingesehen am 08.04.2020.

Hayden Jo Ellen, Horses and Mules, [https://www.worldwar1centennial.org/index.php/the-animals.html], eingesehen 05.05.2020.

Horath Daniel, Rezension zu: Thomas Kühne/Benjamin Ziemann, Was ist Militärgeschichte?, Paderborn 2000, in: H-Soz-Kult, 15.02.2001, [https://www.hsozkult.de/publicationreview/id/ reb-3238], eingesehen 21.07.2021.

Museo Storico Italiano della Guerra, Euregioausstellung 2021. Bergwärts. Das militärische Versorgungssystem zwischen der Zugna und dem Hochland, [https://2021.euregio.info/bergwaerts-dasmilitaerische-versorgungssystem-zwischen-der-zugna-und-dem-hochland/], eingesehen 17.01.2022.

Traditionsverein K.k. Kaiserschützenregiment Nr. I, Kaiserschützen-Gedicht, [http://www.kaiserschützen.tirol/deutsch.html], eingesehen am 01.04.2020.

Anhang/Faksimiles

Dienstgrade und Rangabzeichen der k.k. Tiroler Landesschützen und Reitenden Tiroler Landesschützen

Rangabzeichen[1194]

Grasgrüne Egalisierung mit Edelweißabzeichen		Grasgrüne Egalisierung	
Kaiserschütze	Ks.	Reiter	RTKs
Patrouillenführer	Ptrf.	Patrouillenführer	Ptrf.
Unterjäger	Ujg.	Korporal	Kpl.
Zugsführer	Zgsf.	Zugsführer	Zgsf.
Oberjäger	Objg.	Wachtmeister	Wm.
Stabsoberjäger	StObjg.	Stabswachtmeister	StWm.
Offiziersstellvertreter	OffzStv.	Offiziersstellvertreter	OffzStv.
Leutnant	Lt.	Leutnant	Lt.
Oberleutnant	ObLt.	Oberleutnant	ObLt.
Hauptmann	Hptm.	Rittmeister	Rtm.[1195]

1194 PA-VRTKsI-VIHL. Unsere Kaiserschützen, unveröffentlichtes Manuskript. Heft 2, S. 26.
1195 Die weiteren Offiziersdienstgrade vor den Generalsrängen - Major - Oberstleutnant - Oberst waren wiederum bei allen Tiroler Landesschützen gleich. *Wiener Zeitung (25.11.1874)*, S. 26.

Zusammensetzung der Ausrüstung bei den Tiroler Landesschützen zu Pferd

Die Gesamtausrüstung bei den Tiroler Landesschützen zu Pferd-Kompanien setzte sich im Jahr 1874 aus Montur, der Mannes-Rüstung, der Pferde-Rüstung, dem Pferde-Putzzeug sowie dem Feldgerät zusammen. Der Soll-Bestand an Ausrüstung je Kompanie betrug wie folgt: Betreffend der Montur umfassten die einzelnen Kompanien: 246 Stück Feldkappen, 192 Stück Mäntel, 238 Stück Stiefelhosen, 99 Stück Hosenriemen, 335 Hemden, 366 Gattien (Unterhosen), 380 Paar Fußlappen, 254 Stück Halsflöre, 268 Paar Stiefel, 33 Handschuhe, 38 Stück Portepées, 236 Stück Anschnallsporen samt Riemen, 10 Stück Brotsäcke. Die Mannesausrüstung bestand aus 175 Stück lederne Packtornister, 15 Zwilchtornister, 265 Steckkuppeln zum Säbelbajonett, 10 Steckkuppeln zum Pioniersäbel, 526 Cavallerie-Patronentaschen, 263 Cavallerie-Patronentaschen-Leibriemen, 256 Carabiner-Riemen, 256 Revolvertaschen ohne Tragriemen, 8 Revolvertaschen mit Tragriemen, 266 Revolver-Anhängeschnur samt Federhaken, 194 Mantelriemen. In Bezug auf die Pferde-Rüstung sowie dem Pferde-Putzzeug stellten die Kompanien 133 Stück Wilchzäume, 133 Stück Kinn- und Nasenriemen, 133 Stück gabelförmige Strupfenstücke, 138 Stück Schleifzügel, 133 Stück Sättel, 133 Stück Sättelsitzdecken, 133 Stück Pferdedecken, 133 Paar Sattel-Filz-Unterlagen, 133 Stück Obergurten, 133 Stück Untergurten samt Strupfen, 133 Paar Steigriemen, 133 Paar Steigbügel, 134 Garnituren Packriemen zu jeweils 5 Stück, 133 Stück Hufeisentaschen, 133 Stück Vorderzeuge, 163 Stück Stallhalftern, 189 Stück Stallhalftern-Anhängeriemen, 147 St ück Striegel, 153 Stück Kartatschen. Die Feldgeräte beinhalteten 191 Stück kleine Feldflaschen samt Tragschnur, 115 Stück Cavalerie-Kochgeschirr für 2 Mann, 115 Stück Cavalerie-Kochgeschirr-Tragriemen, 115 Stück Cavalerie-Kochgeschirr-Säcke, 191 Stück Essschalen samt Deckel, 8 Stück Kaffeeportionen-Becher, 135 Stück Fußfessel, 27 Stück Tränkeimer, 142 Stück Hafersäcke, 168 Stück Futtertornister, 140 Stück Fouragierstricke, 135 Stück Pferdepflöcke.[1196] Die Zuteilung von Reserve-Futtermitteln wurden für die k.k. berittenen Landwehr-Kavallerie-Truppen im Jahr 1877 normiert. Hierbei erhielten jede Eskadron des Tiroler Kavalleriekörpers 35 Stück Hafersäcke. Demgegenüber wurden den berittenen Schützen in Dalmatien jeweils lediglich 20 Stück Hafersäcke zugewiesen. Diese Futtermittel wurden ab jenem Zeitpunkt im Soll-Bestand der Untergliederung Feldgeräte geführt und dienten als so genannter „Sperrbestand" in Friedenszeiten, durften also nur im Kriegsfall abverbraucht werden.[1197]

1196 *Wiener Zeitung* (25.11.1874), S. 26.
1197 *Militär-Zeitung* (11.08.1877), S. 5-6.

Reitende Tiroler Landesschützen.

Als durch das Landwehrgesetz 1869 die Bestimmung getroffen wurde, daß auch Tirol berittene Truppen aufzustellen habe, wurden 1872 zwei Kompagnien „Landesschützen zu Pferd in Tirol und Vorarlberg" errichtet. 1889 wurden sie auf eine Division ergänzt. 1894 erhielten sie die Bezeichnung „Berittene Tiroler Landesschützen", 1910 wurden sie in „Reitende Tiroler Landesschützen" umbenannt; im gleichen Jahre wurden sie um eine Eskadron vermehrt.

Bei Ausbruch des Weltkrieges 1914 wurden die Reitenden Tiroler Landeschützen als Divisionskavallerie in Ostgalizien verwendet. Als in der Schlacht bei Rawa-Ruska-Lemberg die 88. Kaiserschützenbrigade bei Lelchowka eingesetzt wurde, versahen die R.T.L. die Feindaufklärung sowie den Melde- und Verbindungsdienst mit hervorragender Schneid und trugen damit zum siegreichen Ausgang dieses Gefechtes wesentlich bei. Aber auch im Kampfe zu Pferd und in Fußgefechten zeichneten sie sich wiederholt aus, so auch beim Sturm auf Stawki. Im Kavalleriedetachement Oberst v. Vevér eingeteilt, zeichneten sich die R.T.L. beim Vorstoßen des Gegners nach der Schlacht bei Limanowa-Lapanow, besonders aber bei der Offensive 1915 aus.

Nach dem Durchbruch bei Gorlice übersetzten sie bei Otfinów den Dunajec und kämpften in den Gefechten bei Medrzechow, Lubacz und Saczuczin tapfer mit. Ende Juni 1916 überschritten sie bei Wrzawy den San und warfen, über Józefów gegen Opole vorgehend, den Gegner zurück. Im Herbst wurden die R.T.L. an der Strypa eingesetzt, wo sie, namentlich beim Friedhof Zarwaniecki, schwere Kämpfe zu bestehen hatten. Neu aufgestellte Marschschwadronen wurden bereits im Mai an die italienische Grenze verlegt, wohin im Oktober auch die Division kam. Die 1. Schwadron gelangte an die Kärntner Front, die 2. u. 3. Schwadron und die M.G.-Abt. nach Südtirol, wo sie südlich Mojetto Stellung bezogen. Die Division, nun in 4 Schwadronen, 3 M.G.- und 3 Fußabteilungen gegliedert, wurde nach der Offensive 1916 vorwiegend an der Tiroler Front verwendet. 1917 wurden die R.T.L. in „Kaiserschützen" umbenannt.

Später kam die 1. Schwadron zur 48. Infanterie-, die 2. Schwadron zur Kaiserjäger-, die 3. Schwadron zur 56. Schützen- und die 4. Schwadron zur 50. Inf.-Division, mit welchen sie die 12. Isonzoschlacht und die Kämpfe in den Sieben Gemeinden mitmachten. Auch in der Junischlacht 1918 und dann bis Ende Oktober verblieben die Schwadronen bei diesen Divisionen. (3. Schwadron bei der 52. Division), die Maschinengewehrschwadronen bei der 6. und 50. Division und bei der X. Armee, wo sich auch das zu Fuß formierte „Schützenhalbregiment" befand.

Die „Reitenden Tiroler Landesschützen" können auf ihre Tätigkeit im Weltkriege – es war ihr erster und letzter Feldzug – mit Stolz zurückblicken.

Rettenberger Schützenchronik, zweiter Teil: Tradition, Rettenberg bei Kolsass, o.D.

Zauner Joh. Georg

Zugsführer i. Alb. Rgt. d. Reit. T. K. Sch.
Silb. T.M. 2 Kl., Bronz. T.M., K.T. Krz., Eis. Verd. Krz.

Er rückte am 8.8.1915 z. K.K. Sch. Rgt. Nr. 2 nach Enns ein, wurde transferiert z. Alb. Rgt. d. Reit. T. K. Sch., zog am 26.10.1915 i. Feld geg. Ita lien u. hatte ehrenvollen Anteil a. d. Kämpfen am Montozzopass b. Telegr. Forcellapass, ferner a. d. Kämpfen am Presanellopass. Am 27.5.1918 mehrfach verletzt durch Steinschlag i. Spital n. Male-Trient u. i. d. Rekonvaleszentenheim. Am 7/6 1918 eingerückt z. Rgt. am Montozzopass z. d. Stellungskämpfen. Am 5.11.1918 geriet er i. Male i. ital. Gefangenschaft, flüchtet u. gelangte über Meran Jaufenpass, Sterzing, Innsbruck am 10.11.1918 i. d. Heimat zurück.

Ehren-Chronik Weltkrieg 1914-1918 des Zugsführer Johann Georg Zauner aus Hallstatt. PA-VRTKsI (Facsimile in Sammlung Spinn).

A[...] Lautner, Berittene Landesschützen" Marsch für Pianoforte, Innsbruck 1895. PA-VRTKsI (Facsimile in Sammlung Spinn).

3
Berittene-Landesschützen.
Marsch.
A. Lautner.
Signal.
Piano.
Trombi Solo.
Verlags-Eigenthum der Musikalienhandlung Johann Gross (S.A. Reiss) in Innsbruck.
J. G. 267.
Fine.
5
J. G. 267.
Marsch da capo al fine.
J. G. 267.